Negociando o inegociável

Daniel Shapiro

Negociando o inegociável

Como resolver conflitos que parecem impossíveis

Tradução: Marcelo Barbão

GLOBOLIVROS

Copyright © 2020 Editora Globo S.A. para a presente edição
Copyright © 2016 Daniel Shapiro

Todos os direitos reservados. Nenhuma parte desta edição pode ser utilizada ou reproduzida — em qualquer meio ou forma, seja mecânico ou eletrônico, fotocópia, gravação etc. — nem apropriada ou estocada em sistema de banco de dados sem a expressa autorização da editora.

A ilustração na página 37, intitulada *Drawing Hands* é de autoria de M.C. Escher © 2020 The M.C. Escher Company — Holanda. Todos os direitos reservados.

Texto fixado conforme as regras do Acordo Ortográfico da Língua Portuguesa (Decreto Legislativo no 54, de 1995).

Título original: *Negotiating the Nonnegotiable*

Editora responsável: Amanda Orlando
Assistente editorial: Isis Batista
Preparação: Érika Nogueira
Revisão técnica: Luís Alberto Nogueira
Revisão: Carolina Rodrigues e Thamiris Leiroza
Diagramação: Abreu's System
Capa: Douglas Watanabe

1ª Edição, 2021 – 1ª reimpressão, 2022

CIP-BRASIL. CATALOGAÇÃO NA PUBLICAÇÃO
SINDICATO NACIONAL DOS EDITORES DE LIVROS, RJ

S54n   Shapiro, Daniel, 1971-
            Negociando o inegociável : como resolver conflitos que parecem impossíveis / Daniel Shapiro ; tradução Marcelo Barbão. – 1. ed. – Rio de Janeiro : Globo Livros, 2021.
            400 p. ; 23 cm.

   Tradução de: Negotiating the nonnegotiable : how to resolve your most emotionally charged conflicts
   Inclui índice
   ISBN 978-65-86047-92-9

   1. Negociação. 2. Emoções. 3. Relações humanas. 4. Autorrealização I. Barbão, Marcelo. II. Título.

21-71216   CDD: 158.2
                 CDU: 159.947

Leandra Felix da Cruz Candido – Bibliotecária – CRB-7/6135

Direitos exclusivos de edição em língua portuguesa para o Brasil adquiridos por Editora Globo S.A.
Rua Marquês de Pombal, 25 — 20230-240 — Rio de Janeiro — RJ
www.globolivros.com.br

*Para Mia, Noah, Zachary, Liam, mamãe e papai,
Maddie e Mike, Steve e Shira, Margaret, Betsy, Peter e Susan
por me ensinarem sobre a única coisa inegociável da vida: o amor.*

O desafio

Toda geração da espécie humana acredita que é mais evoluída,
mais sofisticada e mais "moderna"
que aquelas que a precederam.

Porém não importa o quão depressa a sociedade avance,
as pessoas envolvidas em conflitos são, e sempre serão, humanas.

O desafio é como conectar as partes divididas
quando nossos valores mais fundamentais estão em jogo.

Como
negociamos o inegociável?

Sumário

Prefácio por Jorge Paulo Lemann 11
Introdução: Por que este livro? 15

Parte 1: Por que ficamos presos no conflito? 21
   1. É difícil resolver um conflito de forte carga emocional 23
   2. A identidade é importante (mais do que você pensa) 25
   3. A identidade é negociável? 35
   4. Como evitar a tentação de entrar em conflito 49

Parte 2: Como se libertar 57
   5. Pare a vertigem antes que ela o consuma 59
   6. Resista à compulsão à repetição 81
   7. Reconheça tabus 101
   8. Respeite o sagrado — não o ataque 125
   9. Use a política de identidade para unificar 149

Parte 3: Como reconciliar relações 171
   10. Como superar as divisões — um método de quatro etapas 173
   11. Revele os mitos de identidade 183
   12. Trabalhe a dor emocional 209

13. Crie conexões transversais 223
14. Reconfigure o relacionamento 243

Parte 4: Como negociar o inegociável 257
15. Gerencie a dialética 259
16. Promova o espírito de reconciliação 281

Agradecimentos 285
Apêndice i 291
Apêndice ii: A escada do ser 293
Notas 297
Bibliografia selecionada 363
Índice 381

Prefácio
Por Jorge Paulo Lemann

Conheci o professor Daniel Shapiro em 2017, durante a Brazil Conference em Harvard e no MIT, evento organizado pelos estudantes brasileiros de Boston, desde 2015. Assim que subiu ao palco para fazer a abertura do encontro, Shapiro fisgou a atenção de todos na plateia, inclusive a minha. Articulado, bem-humorado, dono de um raciocínio simples e cristalino, ele falou sobre a importância de nós, brasileiros, desenvolvermos o que chama de "apreciação" para tentarmos resolver nossas diferenças. Ou seja, termos sensibilidade e respeito em relação ao ponto de vista do outro, em vez de apenas tentarmos impor a nossa própria visão. Segundo o professor, esse é o ponto de partida para solucionar qualquer conflito. Não poderia haver mensagem mais apropriada para inaugurar uma conferência que busca transcender a polarização ideológica e discutir soluções para os problemas brasileiros.

Ainda que só tivéssemos sido apresentados pessoalmente naquele encontro, eu já ouvira falar de Shapiro muito antes da conferência. Vários jovens alunos haviam me contado que as aulas de negociação que ele ministra em Harvard foram as mais práticas e úteis a que assistiram na universidade. Sua classe, de quarenta vagas, é sempre concorridíssima, somando cerca de 350 candidatos por ano. Depois de ouvir tantos elogios dos estudantes e de assistir à palestra, fiquei curioso para saber o que mais poderia aprender com o professor. Foi então que mergulhei em seu livro mais recente,

Negociando o inegociável. Eu conhecia bem o livro precursor desse tema em Harvard, *Como chegar ao sim*, publicado em 1981 pelos professores Roger Fisher e William Ury, dois grandes mentores de Shapiro. Mas há diferenças significativas entre as duas obras. Enquanto Fisher e Ury tratam mais da mecânica de como conduzir uma negociação satisfatória, Shapiro trilha outro caminho. Ele entra a fundo nos aspectos psicológicos e examina como a nossa identidade e as nossas emoções estão fortemente atreladas à forma que conduzimos qualquer negociação; das complexas relações entre países e empresas às mais cotidianas discussões entre familiares e amigos. Além de apontar essas barreiras, Shapiro mostra como é possível superá-las. Uma de suas lições valiosas é que, para a resolução de qualquer conflito, é mais eficaz tentar entender o que é de fato importante para o outro lado — e por que — do que insistir em alardear o seu próprio ponto de vista.

Vejo todos os dias como a capacidade de negociar, e de acomodar interesses que à primeira vista parecem divergentes, podem levar a um caminho de crescimento. Moro há mais de quinze anos na Suíça, um país dividido em dezenas de cantões, onde convivem culturas distintas e quatro idiomas oficiais. Apesar da aparente complexidade e divisões, trata-se de um país com uma incrível prosperidade. Como isso é possível? O professor Shapiro explica como os seres humanos se deixam levar pelo chamado "efeito das tribos" e discute o que devemos fazer para prevenir o impacto negativo desse fenômeno na resolução de um conflito e na convivência entre culturas distintas.

Já estive envolvido em negociações muito complicadas em que esse "efeito das tribos" muitas vezes se manifestava. Em circunstâncias como essa, sempre ficou claro para mim que o embate direto nunca foi a melhor escolha. No início da década de 2000, participei das negociações que deram origem à então InBev, uma associação entre a brasileira Ambev e a belga Interbrew, precursora da AB Inbev. De um lado, três jovens brasileiros — Marcel Telles, Beto Sicupira e eu — que haviam começado a investir no mercado de bebidas havia quinze anos. Do outro, três famílias belgas cuja tradição no ramo cervejeiro se iniciara mais de seis séculos antes. Eram nacionalidades, culturas e experiências diferentes. Mas, em vez de nos concentrarmos em como aquilo poderia nos afastar, focamos a construção de um sonho comum: o de criar uma potência mundial no mercado de cerveja.

Superamos nossas diferenças com um acordo que dava a cada um dos grupos de acionistas, brasileiros e belgas, 50% de votos. Para quem observava de fora, parecia impossível que esse arranjo funcionasse. Mas, ao contrário do que previam os céticos, a aliança prosperou. Recentemente renovamos nosso acordo até 2034 e mantivemos o objetivo de tocar o negócio — agora AB Inbev — da maneira mais produtiva e longeva possível. Na época em que nos associamos às famílias belgas ainda não tínhamos lido o professor Shapiro, e quando finalmente conheci o trabalho dele, fiquei surpreso quando li que existe uma ciência inteira por trás do comportamento humano durante qualquer negociação ou conflito. Uma vez que você domina esta ciência, não existe limite para o que pode ser conquistado. Eu tenho aprimorado e levado estas técnicas comigo todos os dias.

Nos últimos anos tenho me dedicado bastante a outro sonho, o de elevar a qualidade da educação no Brasil. Nesse sentido, um dos maiores desafios da Fundação Lemann recentemente foi colaborar com vários grupos de perfis muito diferentes para a criação de uma Base Nacional Comum Curricular (BNCC). Embora eu não tenha participado das negociações entre os envolvidos no projeto, recomendei aos representantes da Fundação que deveríamos focar a missão comum de deixar o nosso ensino básico mais forte. Começamos a conversa reconhecendo e apreciando as especialidades de cada grupo e discutimos como usar essas diferentes perspectivas em nossa vantagem para atingir o objetivo comum da melhor forma possível. O sonho que moveu essa elaboração da Base foi criar um conjunto de aprendizagens essenciais que todos os estudantes brasileiros devem obter durante a educação básica. Conseguimos a aprovação necessária em pouco tempo e já estamos em fase de implantação. Essa abordagem ao projeto foi uma prova de que até no Brasil, polarizado e com tantas opiniões divergentes, é possível chegar a um consenso e a um resultado muito positivo quando exercitamos a "apreciação" entre diferentes grupos.

Imagino que o leitor, como eu, não tenha passado um dia de sua vida sem negociar algo, seja no ambiente familiar, no trabalho ou no convívio social. Penso também que todos se perguntam o porquê de vivermos em um mundo hoje tão dividido, no qual parece que a maioria prefere o embate ao diálogo. *Negociando o inegociável* é um guia para um mundo melhor — e especialmente necessário para o Brasil atual. Só construiremos o país que merecemos se começarmos a focar mais o objetivo que nos une e menos os posicionamentos que nos afastam e nos impedem de desfrutar dos benefícios de um diálogo construtivo. Vamos botar de lado nossas divergências tribais e seguir o roteiro de Dan Shapiro.

Introdução:
Por que este livro?

Negociando o inegociável introduz um novo paradigma para resolver conflitos — um que fala tanto ao coração quanto à cabeça. Assim como os cientistas descobriram o funcionamento interno do mundo físico, a minha investigação no campo da resolução de conflitos revelou forças emocionais que levam as pessoas ao conflito. Essas forças são invisíveis aos olhos, mas seu impacto é sentido profundamente: elas podem separar amigos próximos, terminar um casamento, destruir uma empresa e alimentar a violência sectária. Se não aprendermos a combater essas forças, a tendência é que acabemos nos envolvendo repetidamente nos mesmos conflitos frustrantes, com os mesmos resultados frustrantes. Este livro fornece as ferramentas necessárias para superar essas dinâmicas e promover relações de cooperação, transformando o conflito de forte carga emocional em uma oportunidade para benefício mútuo.

Senti a necessidade de um novo paradigma há 25 anos em um café na fragmentada Iugoslávia. Tinha acabado de mediar um workshop de uma semana sobre resolução de conflitos para refugiados adolescentes — sérvios, bósnios muçulmanos e croatas — e vários agora estavam discutindo as diferenças entre a vida na Iugoslávia e nos Estados Unidos.[1] O som de tiros ainda ecoava na mente daqueles adolescentes, mas ali estávamos nós, no olho do furacão, bebendo café turco e conversando sobre futebol e sobre quem gostava de quem no workshop que estávamos fazendo. Entre nós estava Veronica, uma garota de dezessete anos com o cabelo comprido e olhos azuis, que tinha um olhar intenso inquietante. Ela tinha falado pouco durante todo o workshop, então fiquei surpreso quando, durante uma pausa na conversa, ela falou, de repente:

"Isso aconteceu há nove meses", começou ela, com o olhar fixo no prato. "Eu e meu namorado estávamos almoçando na casa dele. Bateram na porta. Entraram três homens armados." Ela levantou a vista por um momento, sem saber se deveria continuar. "Eles empurraram meu namorado contra a parede. Ele tentou lutar, mas os três eram mais fortes. Eu tentei gritar, mas não consegui. Queria correr para pedir ajuda. Fazer *alguma coisa*. Mas congelei."

Agora sua voz, que já era monótona, ficou ainda mais sem vida e seus olhos se arregalaram.

"Eles agarraram meus ombros, me imobilizaram e seguraram a cabeça dele na frente da minha. Vi o medo nos olhos dele. Ele tentou se libertar, mas eles o seguraram firme."

Ela fez uma pausa novamente e depois disse: "Um deles pegou uma faca e eu assisti enquanto cortavam a garganta dele".

O barulho do café desapareceu. Olhei para ela, atordoado, sentindo como se estivesse preso à minha cadeira. Queria confortá-la, apoiá-la de alguma forma, mas não sabia o que dizer. E tão de repente quanto Veronica tinha começado a contar esse momento de horror, ela ficou quieta.

Eu e meus colegas tínhamos só mais uma noite na Iugoslávia; ao amanhecer, pegaríamos um trem para Budapeste. Fiquei triste por deixar os participantes do workshop, tinha me afeiçoado muito a eles, que, naquela zona de guerra terrível, tinham confiado seus segredos a nós. No entanto, mais que tristeza, senti culpa: eu ia voltar ao conforto e à segurança dos Estados Unidos, enquanto eles permaneceriam no meio do desespero.

Quando nosso carro se aproximou da estação de trem, na manhã seguinte, meu coração deu um pulo. Todos os 24 adolescentes do nosso workshop estavam parados na plataforma, acenando. Veronica estava entre eles. Ela se aproximou para se despedir.

"Não seja como todos os outros que vieram ajudar", disse ela. "Não diga que vai se lembrar de nós e depois nos esquecer."

Dei a ela minha palavra.

A PEÇA QUE FALTA

O que leva os humanos a se envolverem em conflitos destrutivos? Somos psicologicamente predispostos a repetir a mesma dinâmica várias vezes — apesar dos resultados frequentemente calamitosos? E como podemos resolver conflitos de forte carga emocional quando nossas crenças e nossos valores mais estimados estão em jogo? Essas são as questões vitais no cerne do meu trabalho.

Embora talvez você nunca se encontre em uma situação tão terrível quanto a de Veronica, não pode evitar conflitos de forte carga emocional. São parte do que significa ser humano. Você pode se ressentir do seu parceiro, guardar rancor de um colega ou se desesperar com a deterioração das relações étnicas. O quadro abaixo ilustra algumas das inúmeras circunstâncias em que surgem esses conflitos.

Exemplos de conflitos de forte carga emocional

- Um **casal** briga pelos valores que deveriam governar sua vida juntos. Como eles negociam perspectivas divergentes sobre finanças, papéis familiares e política?
- **Pais** não permitem que seus filhos se casem fora da sua religião, classe social ou etnia. Qualquer filho que tentar explorar tais opções, mesmo remotamente, será rejeitado.
- Uma **equipe de trabalho** se divide em linhas culturais e experimenta tensão interna sobre quem deve liderar a equipe. Um lado desconfia do outro, fala sobre o outro a portas fechadas e produz resultados péssimos.
- **Líderes corporativos seniores** chegam a um impasse na questão da alocação de orçamento, divididos sobre quais são os valores que devem representar a empresa. Eles deveriam priorizar o lucro a curto prazo? A reputação a longo prazo? Serviço comunitário?

- Um **bairro** é abalado por uma controvérsia local que divide os residentes segundo linhas raciais ou étnicas. A maioria das pessoas de um lado se recusa a falar com as pessoas do outro, e existe o medo implícito de que haverá um aumento da violência.
- Uma **comunidade** é engolida por uma "cultura global" maior, ameaçando seus costumes e valores locais.
- Membros de um **grupo político** passam a ver a competição por recursos como uma busca para definir sua identidade coletiva; eles pegam em armas para lutar por seus direitos.
- Uma **nação** enfrenta um debate de valores sobre a erosão da identidade nacional em meio a um influxo de influências culturais, religiosas e seculares estrangeiras.

Você não pode resolver esses conflitos se não cortá-los pela raiz — que se estende por debaixo da racionalidade, das emoções, até o cerne de quem você é: sua identidade. Por padrão, os oponentes tendem a definir suas identidades em oposição uma à outra: isto é, *eu* contra *você*, *nós* contra *eles*. Apontamos dedos, atribuímos culpas, insistimos: "Isso é culpa *sua*". Mas esse choque de identidades apenas aumenta o conflito. Uma abordagem melhor é resolver problemas de forma colaborativa: revelar os interesses de cada pessoa e se comprometer a chegar a um acordo que funcione para os dois lados. No entanto, em um conflito de forte carga emocional, de uma disputa conjugal a um choque entre nações, a solução colaborativa de problemas costuma se mostrar insuficiente. Por quê?

Primeiro, você não pode *resolver* emoções. Livrar-se da raiva ou da humilhação é bem diferente de resolver um problema de matemática. As emoções são idiossincráticas; nenhuma equação matemática pode dizer com certeza como o outro lado reagirá. Desculpar-se com seu cônjuge pode não dar em nada hoje, mas poderá funcionar muito bem amanhã.

Segundo, mesmo que você queira racionalmente reparar as relações — com sua esposa, com seu chefe — impulsos emocionais frequentemente o estimulam a continuar brigando. Em um conflito de forte carga emocional, algo dentro de você impede a resolução cooperativa de problemas: um nó de ressentimento, a intuição de que o outro lado está disposto a atacá-lo, uma voz que sussurra: *não confie neles*. Esteja você em conflito com alguém que ama ou odeia, um desejo interior de resistir à cooperação pode atrapalhar a resolução.

Por fim, você não pode simplesmente adotar as crenças do outro lado como suas. Em um conflito acalorado, sua identidade está em jogo, mas não é uma mercadoria que você possa usar como moeda de troca. O que você acredita é o que você acredita.

Então como você *resolve* conflitos de forte carga emocional?

Passei décadas investigando essa questão — e fiz algumas descobertas importantes ao longo do caminho. Este livro é o resultado. Escrito aqui em Cambridge e à noite em cafés durante minhas viagens de pesquisa pelo mundo — do Cairo a São Paulo, de Zurique a Dar es Salaam, de Sydney a Tianjin, de Tóquio a Nova Delhi —, *Negociando o inegociável* começou com a percepção de que conflitos de forte carga emocional podem parecer inegociáveis, mas também podem ser resolvidos. E nasceu da convicção de que ninguém precisa passar pela agonia que Veronica suportou.

O método

Desenvolvi um método prático para superar as mais difíceis divisões emocionais. Esse método utiliza uma característica única do conflito que tem sido constantemente ignorada: o espaço entre os lados. Normalmente, vemos o conflito como um conceito binário — *eu* contra *você*, *nós* contra *eles* — e focamos a satisfação de nossos interesses independentes. Mas o conflito existe literalmente *entre* nós — em nosso relacionamento — e nesse espaço vivem dinâmicas emocionais complicadas que impedem a cooperação. Aprender a transformar um conflito de forte carga emocional em uma oportunidade para benefício mútuo exige que você aprenda a navegar nesse espaço de forma eficiente.

Meu objetivo foi decodificar o espaço entre os oponentes e criar processos para ajudá-los a lidar com emoções intransigentes, dinâmicas divisoras e crenças conflitantes. O resultado é o método que chamo de Teoria da Identidade Relacional, que apresenta etapas práticas que produzem efeitos dinâmicos, mais ou menos como as poucas ações simples necessárias para acender uma pilha de madeira produzem o efeito dinâmico do fogo.

A maior barreira para a resolução de conflitos é o que chamo de Efeito das Tribos, uma mentalidade divisora que coloca você e o outro lado como adversários inevitáveis. Enquanto você estiver preso nessa mentalidade, ficará preso no conflito. A saída é se opor às cinco forças ocultas que o atraem para essa perspectiva — as Cinco Tentações da Mente Tribal — e cultivar relações positivas por meio do processo de *dinâmica integrativa*. Durante o processo, você enfrentará tensões inevitáveis — *dialética relacional* — que ameaçam fazer com que seu conflito pareça uma proposição sem vencedores. Este livro mostrará como superar esses obstáculos aparentemente inegociáveis.

Para chegar a esse método, realizei experimentos de laboratório, revisei milhares de artigos de pesquisa, consultei líderes políticos e empresariais, aconselhei famílias e casais em dificuldades e entrevistei centenas de especialistas, de negociadores políticos a ativistas de cidadania, de chefes de Estado a executivos de empresas. Também fundei e dirigi o Programa Internacional de Negociação de Harvard, que serve como base educacional e de pesquisa para investigar as raízes emocionais e identitárias da resolução de conflitos.

Essas experiências me ensinaram muito e, em *Negociando o inegociável*, compartilho essas ideias com você.[2] Embora este livro tenha sido escrito para ajudá-lo a resolver seus desentendimentos mais tensos, também é minha tentativa de honrar minha palavra. Desejo homenagear Veronica, os outros 23 jovens de nosso workshop e todas aquelas pessoas ao redor do mundo, de qualquer lado de qualquer conflito, que sofrem em nome da identidade. Acredito que existe uma maneira melhor. Acredito que *deve* existir.

Este livro é uma prova dessa visão.

Daniel L. Shapiro
CAMBRIDGE, MASSACHUSETTS

Parte 1
Por que ficamos presos no conflito?

1. É DIFÍCIL RESOLVER UM CONFLITO DE FORTE CARGA EMOCIONAL

Todos lutamos com conflitos de forte carga emocional. Eles podem nos atacar em casa, no trabalho ou dentro de nossa comunidade, impondo-nos enormes custos. Casais se divorciam. Famílias se dividem. As empresas desmoronam diante de políticas e brigas tóxicas nos escritórios. Nações se fraturam e são arrastadas para a violência. Esses conflitos são tão poderosos que podem assumir o controle de nossas vidas, estressar-nos profundamente e parecerem impossíveis de superar. Mas eles podem ser resolvidos e este livro mostra como, com base em inovações em psicologia e resolução de conflitos para mapear um caminho que supere a divisão.

Conflitos de forte carga emocional podem parecer extremamente frustrantes porque nenhuma abordagem parece resolvê-los. Se argumentarmos mostrando o nosso ponto de vista, o outro lado argumenta de volta, e a disputa aumenta. Se nos acomodarmos às demandas deles, sentimos ressentimento. Se evitarmos discutir completamente a discordância, o conflito ficará oculto. Até os esforços para resolver problemas fracassam. Quantas vezes tentamos em vão resolver um conflito com um membro da família ou colega?

Por isso, procuramos uma solução rápida para curar nossos problemas de relacionamento, como se houvesse alguma pílula mágica para resolvê-los.

Mas não é assim que a vida funciona. É preciso tempo e esforço para se libertar dos padrões arraigados que sustentam nossas relações disfuncionais.

Este livro fornece um método universalmente aplicável para chegar ao cerne de nossos conflitos e trabalhar com êxito com eles. Devemos olhar por baixo das questões substanciais — dinheiro, políticas, recursos — para o papel da identidade em nossas interações. No momento em que nos sentimos ameaçados por quem somos ou pelo que defendemos, um conjunto de forças emocionais invade e nos atrai para o conflito. Ficamos presos a uma mentalidade antagônica. Contrariar essas tentações abre espaço emocional para que possamos curar nossas queixas e reconstruir conexões.

Nas páginas a seguir, exploramos esse método em detalhes. Cada capítulo baseia-se no anterior e a maioria termina com uma Tabela de Aplicação Pessoal que fornece orientações práticas sobre como aplicar as ferramentas. As planilhas são essenciais para o processo de mudança e, combinadas com a própria estrutura, criam um método abrangente para reconciliar as relações mais tensas.

Passamos agora a um exemplo de caso que ilustra o imenso poder que a identidade detém sobre todos nós. A situação pode parecer estranha, mas a dinâmica não é. Ao ler o caso, pense em como ele reflete os conflitos em sua vida e no mundo turbulento ao nosso redor.

2. A identidade é importante (mais do que você pensa)

O MUNDO EXPLODIU em Davos. Aconteceu há vários anos na cúpula anual do Fórum Econômico Mundial, nas montanhas cobertas de neve da Suíça. Eu havia convocado uma reunião de 45 líderes mundiais em uma pequena sala escondida dos olhos e ouvidos da imprensa. Esses líderes tinham negociado alguns dos conflitos mais desafiadores do mundo, mas nenhum estava preparado para o que iria acontecer — uma negociação muito estranha, que extrapolaria os corredores do fórum até o epicentro de todas as nossas vidas.[1]

Tudo começou de forma muito inocente. Quando os líderes entraram na sala, um jovem membro da equipe entregou a cada um deles um lenço colorido e os levou até uma das seis mesas. Fiquei observando como o CEO de uma das primeiras cinquenta empresas da lista da *Fortune* chegou ao seu lugar, seguido por um vice-chefe de Estado, que cumprimentou o CEO com um aceno diplomático. Um importante reitor de universidade se sentou ao lado de um especialista em segurança enquanto, em uma mesa vizinha, um artista conversava com um professor. Uma música suave tocava ao fundo, e o clima era tranquilo.

Quando o relógio bateu uma hora, a música parou e eu me dirigi ao centro da sala. "Bem-vindos", falei, um pouco nervoso, avaliando aquele respeitado grupo que me olhava com expectativa. "É uma honra estar aqui com todos vocês hoje."

Quando a palavra "tribos" apareceu em uma tela atrás de mim, iniciei a sessão. "Nosso mundo está se tornando cada vez mais um mundo tribal. À medida que a interdependência global e os avanços da tecnologia se entrelaçam, temos mais oportunidades de nos conectar com mais pessoas. No entanto, esse mesmo fio de conexão — essa comunidade global emergente — também ameaça aspectos fundamentais de quem somos. É natural, então, que tenhamos a tendência a recuar para a segurança e continuidade das tribos."[2]

O grupo pareceu intrigado. Continuei. "Todos pertencemos a várias tribos. Uma tribo é qualquer grupo que consideramos semelhantes a nós, seja com base na religião, na etnia ou mesmo no nosso local de trabalho. Sentimos uma conexão quase familiar com a tribo; investimos emocionalmente nela. Isso significa que uma comunidade ou nação religiosa pode parecer ser uma tribo. Uma família pode ser tão unida a ponto de parecer uma tribo. Até empresas multinacionais podem dar a sensação de serem uma tribo. As tribos estão ao nosso redor.

"Hoje exploraremos o poder das tribos. Vocês e os outros em sua mesa terão a oportunidade de se conhecer — formando uma tribo própria em sua mesa. Vocês terão cinquenta minutos para responder a um pequeno grupo de perguntas desafiadoras para definir as principais qualidades da sua tribo. Por favor, respondam a todas essas perguntas por consenso e não por votação. E certifiquem-se de permanecer fiéis ao seu próprio sistema de crenças."

As instruções pareceram aceitáveis para todos — até que distribuí a planilha contendo as perguntas. O professor levantou a mão. "Você quer que respondamos a *estas* perguntas por consenso? Em cinquenta minutos? Para com isso!"

Ele estava certo em sua irritação, já que estávamos pedindo aos participantes que respondessem perguntas moralmente divisoras como: "Sua tribo acredita em pena de morte?", "Sua tribo acredita em aborto?" e "Quais são os três valores mais importantes para sua tribo?".

"Ministrei esse exercício dezenas de vezes", assegurei ao professor, "e todo mundo sempre consegue terminar de alguma forma. Portanto, deem o melhor de si e tenham uma resposta para cada pergunta até o final do tempo previsto." Ele assentiu relutantemente e os participantes começaram a trabalhar. Uma tribo passou quase trinta minutos definindo e priorizando seus valores tribais, enquanto outra ficou presa à questão de saber se a pena de morte deveria ser legal. Uma tribo em um canto distante ria e brincava como amigos em um bar, enquanto uma mesa vizinha estava profundamente absorta na tarefa.

Ao fim dos cinquenta minutos, a sala ficou um breu. Uma música sinistra começou a tocar — um órgão de tubos tocava uma escala assustadora de notas. "O que está acontecendo?", sussurrou um capitalista de risco de 85 anos. Ele virou a cabeça quando ouviu uma batida forte na porta lateral, depois, um estrondo. Todo mundo na sala ficou parado, sem saber o que esperar. Entrou um alienígena de olhos arregalados com pele verde pálida e olhos negros que pareciam de mosca. Ele andou pelas mesas, passando pelo boquiaberto capitalista de risco e diminuiu a velocidade para tocar os cabelos do professor com seus longos tentáculos verdes. "Seus terráqueos miseráveis", rosnou o alienígena. "Vim para destruir a Terra!"

"Vou dar uma oportunidade para salvar este mundo da destruição completa", provocou o alienígena. "Vocês devem escolher uma dessas seis tribos como a tribo para todos aqui. Todos vocês devem assumir os atributos dessa tribo. Não podem mudar nenhum desses atributos. E, se não puderem chegar a um consenso ao fim de três rodadas de negociação", ameaçou o alienígena, "o mundo será destruídooooo!" A criatura, então, levantou os braços, riu e saiu da sala.

As luzes voltaram a se acender e todos olharam em volta, perplexos. Houve algumas risadas e, em seguida, os participantes entraram em ação, agrupando-se em suas mesas para definir uma estratégia para as próximas negociações.

Seis banquetas estavam no meio da sala, uma para cada líder de cada tribo. Anunciei o começo da primeira rodada e as tribos enviaram seus representantes para negociar. Esta rodada foi bastante amigável. As seis tribos se familiarizaram com as principais características umas das outras.

Após alguns minutos, o CEO de uma empresa com sede em Dubai disse: "Devemos começar discutindo nosso processo de negociação. *Como* vamos tomar nossa decisão aqui?" Era uma pergunta boa e racional, do tipo que praticamente qualquer consultor de negociação aconselharia que deveria ser feita. Mas o CEO foi abafado por um editor de revista da Tribo Feliz que, sentindo a pressão de defender o próprio grupo, reclamou: "Por que ninguém está ouvindo *nossa* tribo?".

"Você terá a sua chance", respondeu um representante da Tribo Cosmopolita. Mas a primeira rodada terminou sem que o editor de revista pudesse dizer mais alguma coisa.

Na segunda rodada, a temperatura emocional da sala se intensificou. Esses líderes estavam determinados a salvar o mundo. O carismático líder da Tribo do Arco-Íris, um executivo de negócios bem-vestido, proclamou: "Acreditamos em todas as cores, todos os gêneros, todas as etnias. Venha para a nossa tribo! Nós vamos aceitar todos vocês!". Ele abriu os braços em um gesto acolhedor e duas tribos imediatamente se juntaram a ele. Um capitalista de risco cruzou os braços, olhou furioso para o representante da Tribo do Arco-Íris e reclamou: "Se todos somos iguais, por que você não se junta à nossa tribo?".

Na terceira rodada, um frenesi tomou conta da sala. Os líderes da vez incluíam cinco homens e uma mulher, todos discutindo se o humanitarismo ou a compaixão representavam um valor central mais importante. Os homens gritavam uns com os outros e com a mulher, que estava tão furiosa que se levantou do banquinho, com o rosto corado, apontou o dedo e gritou: "Este é apenas mais um exemplo do comportamento competitivo masculino! Vocês todos devem vir para a *minha* tribo!". Apenas uma tribo concordou em se juntar à dela.

Momentos depois, o mundo explodiu.

A força fundamental do conflito

É tentador desconsiderar a dinâmica do Exercício das Tribos por ter sido realizada por líderes em Davos, mas *os instintos deles não são essencialmente diferentes dos seus ou dos meus*. Nas duas últimas décadas, promovi o exercício dezenas de vezes com estudantes de Direito, Administração, Psicologia e Política e importantes líderes políticos e empresariais na Europa, no Oriente Médio, na América do Norte, Austrália e Ásia. O mundo explodiu sempre, com a exceção de um punhado de vezes.[3] Essa dinâmica tribal parece tão convincente que os participantes perdem de vista seu objetivo de salvar o mundo em prol de uma identidade criada em meros cinquenta minutos.

Minha pesquisa internacional me levou a concluir que o Exercício das Tribos evoca dinâmicas emocionais intrínsecas aos conflitos do mundo real. Pense com que facilidade o mundo explode nas vidas de casais divorciados, unidades de negócios concorrentes e facções rivais. E, à medida que nosso mundo enfrenta crises compartilhadas em torno de temas como segurança, mudanças climáticas e comércio mundial, os entrincheiramentos tribais colocam cada vez mais em risco toda a raça humana.

Mas é difícil perceber essas dinâmicas quando estamos no meio delas. Após o Exercício das Tribos em Davos, um rabino reconhecido internacionalmente admitiu com grande vergonha: "Eu e meus pais fomos quase vítimas do Holocausto. Jurei: 'Nunca mais'. Mas aqui estou eu, respondendo às restrições deste exercício sem sequer uma palavra de protesto até ser tarde demais". Um acadêmico observou: "Decidi que deveria ou mostrar uma liderança unificadora ou me transformar em um demagogo, quebrando as regras do jogo. Mas não consegui ser nenhum dos dois e fui uma decepção para a história e a humanidade".

Dimensões centrais da resolução de conflitos

Este livro oferece conselhos cruciais para resolver conflitos de forte carga emocional.[4] O mundo poderia ter sido salvo em Davos se os líderes tivessem dado atenção às principais dimensões da resolução de conflitos: racionalidade, emoções e identidade.* Embora os estudiosos frequentemente tratem essas

---

* Defino "resolução de conflitos" como o processo de criar harmonia a partir da discórdia. Isso significa que a resolução de conflitos abrange tudo, de mediação internacional a um abraço de desculpas em seu cônjuge. A palavra "resolver" vem das palavras latinas *re* e *solvere*. Resolver é afrouxar, da mesma forma que um solvente dissolve outra substância. "Resolver" conota um derretimento, um desembaraço, um desamarrar. É exatamente isso que acredito que precisa acontecer em um conflito de forte carga emocional. Necessitamos afrouxar os laços tóxicos, derretê-los, abrir o caminho para os laços naturais de harmonia que creio sustentarem o caráter humano.

dimensões como independentes, a neurociência sugere que elas estão relacionadas.[5] Somente abordando as três podemos esperar chegar a uma solução satisfatória em um conflito de forte carga emocional.

Homo economicus

A primeira dimensão da resolução de conflitos considera as pessoas como atores racionais, subscrevendo o modelo *Homo economicus* de comportamento humano. Esse modelo afirma que sua principal motivação é fazer com que seus interesses sejam atendidos da maneira mais eficiente possível. Se você puder satisfazer os interesses da outra parte enquanto satisfaz os seus, tanto melhor. A característica definidora desse paradigma é a busca por um acordo que maximize os ganhos mútuos ou, pelo menos, satisfaça seus interesses sem piorar os de sua contraparte.[6]

Apesar do apelo direto deste modelo, a explosão em Davos revela seus limites. Os líderes globais que participaram do Exercício das Tribos tinham todas as ferramentas da racionalidade à sua disposição, além de um portfólio coletivo incomum de experiência de liderança em tempos de crise. Eles tentaram usar a razão a seu favor, como quando o CEO da empresa sediada em Dubai instou as tribos a definirem um processo de negociação. Também tinham incentivos poderosos para salvar o mundo e evitar a humilhação pública de um esforço fracassado. Porém, por mais altas que fossem as chances de esses líderes salvarem o mundo por meios racionais, o planeta acabou explodindo diante de seus olhos — na verdade, como resultado de suas próprias palavras e ações.

Homo emoticus

Uma nova geração de pesquisa sugere uma segunda dimensão para a resolução de conflitos: emoções.[7] Você não é apenas um tomador de decisões racional; além da razão está o domínio emocional, que anima suas ações e pensamentos. Você é, em outras palavras, um ser que poderíamos chamar de *Homo emoticus*. De acordo com esse modelo, as emoções podem facilitar a resolução de conflitos — desde que você ouça o que elas estão dizendo. Assim como a fome alerta para a necessidade de se alimentar, as emoções alertam para necessidades psicológicas não atendidas. Por exemplo, a frustração diz que um obstáculo está no seu caminho; a culpa o leva a corrigir um erro. As emoções são mensageiras, sinalizando se uma situação está se desenrolando a seu favor. Cabe a você usar esses sinais para ajustar seu curso conforme necessário.

Mas as emoções também podem impedir a resolução de conflitos. Em Davos, os líderes fizeram apelos emotivos para atrair outros para sua tribo, mas esses esforços fracassaram. Raiva, orgulho e ressentimento amplificaram as diferenças tribais até o ponto em que as negociações terminaram em um impasse.[8] Depois que o mundo explodiu, perguntei ao grupo: "Quantos de vocês acham que outra pessoa neste exercício agiu irracionalmente?". Quase todos levantaram as mãos. Um vice-chefe de Estado resumiu o emergente tema da experiência do grupo: "Vivemos em um mundo tribal. Se não pudermos lidar com as emoções de forma construtiva, estamos condenados".

Homo identicus

Para entender por que o mundo explodiu em Davos e por que ele pode explodir na sua vida, você deve olhar além da razão, além da emoção, para o domínio da identidade. Essa terceira dimensão do comportamento humano é representada em um modelo que chamo de *Homo identicus*, que está enraizada no princípio de que os seres humanos buscam significado em sua existência.

Um conflito de forte carga emocional recebe sua "carga" porque implica aspectos fundamentais de sua identidade: quem você é, o que considera importante e como concebe o significado em sua vida. Em outras palavras, ameaça *você*.

Enquanto conflitos de forte carga emocional geralmente dependem de diferenças carregadas de valores como religião, política ou lealdade familiar, os seres humanos podem se apegar fortemente a qualquer questão, dando-

-lhe profunda importância. Mais uma vez, considere a lição de Davos: levou apenas cinquenta minutos para esses líderes se aferrarem tão intensamente a uma identidade recém-formulada que sacrificaram o mundo em defesa dela. Considere como é muito mais difícil no mundo real negociar cooperativamente quando crenças e valores de longa data estão ameaçados. Como, por exemplo, uma empresa multinacional deve enfrentar o conflito cultural entre seus funcionários chineses, alemães, sul-africanos e norte-americanos, cada um em seu próprio país de origem e tentando reconciliar a cultura da empresa com os costumes locais? Como um mediador queniano nas Nações Unidas pode ajudar da melhor forma um conflito político em Jerusalém entre as vizinhas comunidades islâmicas e judaicas? Tais conflitos são praticamente impossíveis de resolver sem levar em consideração a consciência da identidade.

Homo identicus implica não apenas sua identidade individual, mas o *espaço entre* você e o outro lado. Qual é a natureza do seu relacionamento? Se marido e mulher discutem incessantemente, o espaço entre eles pode parecer tenso; os amigos rapidamente percebem e perguntam: "Algo está acontecendo entre eles?". Esse espaço pode ficar frio e entupido ou quente e acolhedor, e a dinâmica emocional envolvida pode separá-lo do outro lado ou uni-lo. Em uma galáxia, o espaço entre duas estrelas cintilantes não é vazio: ele contém uma força gravitacional que molda o relacionamento entre eles.[9] Da mesma forma, o espaço emocional entre você e a outra parte define seu relacionamento como amigos ou inimigos, amantes ou traidores.

Desbloqueando o poder da identidade

Este livro revela um método poderoso para navegar o complexo cenário da identidade. Você pode saber fatos com certeza, mas nunca pode se conhecer completamente. O mais próximo que se pode chegar é usando a reflexão. Quanto mais você refletir, mais saberá.[10] Portanto, ao ler este livro, pense no papel da identidade nos seus conflitos mais difíceis. Você verá forças ocultas alimentando relações destrutivas, bem como novas possibilidades de resolução.

Em Davos, os líderes tropeçaram nesse processo. Depois que o mundo explodiu, eles ficaram em silêncio. Eu perguntei: "Como estão se sentindo?". Todos pareciam deprimidos, exceto um: o professor. Ele ficou de pé, com o rosto vermelho e apontou o dedo para mim. "Isso é culpa *sua*!", gritou ele. "Você nos levou a explodir o mundo — com todas as perguntas que devíamos responder, com o curto período de tempo que nos deu." Ele balançou a cabeça, repetindo: "Isso é tudo culpa *sua*". Ele se sentou, cruzou os braços e olhou para mim.

Eu esperava que alguém do grupo fosse me culpar caso o mundo explodisse. Eu era um alvo fácil — em muitos aspectos, um alvo justo —, mas a raiva do professor era mais intensa do que eu havia previsto. Todos olharam para mim.

"Você está certo", falei. "Fiz tudo o que estava ao meu alcance com o objetivo de estruturar este exercício para que o mundo *terminasse* explodindo. Fiz perguntas em que era praticamente impossível chegar a um acordo. Dei um tempo limitado para negociar. Usei a força alienígena para que tivessem que escolher uma tribo e não as outras. Então, sim, você está certo."

O rosto do professor se suavizou quando reconheci minha responsabilidade. Ele descruzou os braços.

"Mas", continuei, diminuindo o ritmo das minhas palavras, "no final do dia, *vocês* podiam escolher. Poderiam ter chegado a um acordo. Poderiam ter me questionado e resistido às regras. Poderiam. Mas não fizeram. Vocês... poderiam... ter escolhido."

O professor assentiu, as bochechas coradas. Eu havia revelado a verdade que ele não queria admitir: ele e os outros líderes tinham todo o poder para salvar o mundo, mas fracassaram. Eles se trancaram em uma definição limitada de identidade e deixaram o mundo queimar. O conflito nunca tinha sido imutável, mesmo que parecesse assim.

3. A IDENTIDADE É NEGOCIÁVEL?

No extravagante *Alice no País das Maravilhas*, de Lewis Carroll, a jovem e encantadora Alice encontra uma lagarta enigmática que fuma narguilé e que faz uma pergunta aparentemente simples: "Quem é *você*?".

Alice responde hesitante: "Eu... eu mal sei, senhor, no momento — pelo menos eu sei quem eu *era* quando me levantei esta manhã, mas acho que devo ter mudado várias vezes desde então".[1]

Alice tropeça em questões complicadas de identidade. Quem é ela, como se tornou quem é e como sabe que é quem *acha* que é? Sua reflexão de que deve ter mudado várias vezes desde a manhã indica a convicção de que a identidade é fluida. Mas o que incomoda a pobre Alice é que, apesar dessa crença, ela *sente* uma consistência em sua experiência vivida. Sabe que mudou, mas se sente a mesma.

Esse paradoxo vai direto ao centro da resolução de conflitos. Se a identidade é absolutamente fixa, a única maneira de resolver um conflito é comprometer sua própria identidade ou convencer o outro lado a comprometer a dele. O conflito torna-se, assim, uma proposição ganha-perde. No entanto, se sua identidade é totalmente fluida, você não tem garantia de que nenhuma das partes honrará um acordo. Como você pode ser responsabilizado por suas ações de ontem se é uma pessoa diferente hoje?

Uma saída: a natureza dual da identidade

Alice nos tira desse enigma com uma visão que se mostra essencial para a resolução de conflitos: alguns aspectos de sua identidade mudam — enquanto outros permanecem os mesmos. Sua identidade é tanto fluida *quanto* fixa.[2]

Em um conflito, no entanto, é fácil perder de vista esse fato. Quando sua identidade é ameaçada, você se fecha em autodefesa e a concebe como um todo único e imutável. Chamo isso de *falácia da identidade fixa* — e por causa dela, você exige que a outra parte aceite *suas* perspectivas, *seu* sentido de certo e errado, *seus* valores. Se o outro lado mantiver a mesma suposição egoísta, os dois ficam presos em um impasse cada vez maior, até que seu conflito pareça insolúvel.

Mas isso é uma ilusão. Assumir desde o início que seu conflito é insolúvel é enterrar bem fundo a possibilidade de reconciliação. Enquanto um conflito de forte carga emocional é difícil de resolver, é muito mais útil direcionar a atenção para os aspectos de identidade que você *pode* alterar, e não para aqueles que parecem imutáveis. De fato, praticamente todas as partes da sua identidade têm um grau de fluidez, embora algumas sejam muito mais fáceis de mudar do que outras.[3]

Este capítulo estabelece as bases para o restante do livro, fornecendo ferramentas fundamentais para superar a falácia da identidade fixa. Apesar do impacto generalizado da identidade, os oponentes raramente sabem o que é ou como abordá-la. Portanto, este capítulo apresenta uma estrutura para ajudá-lo a descobrir e alavancar os aspectos mais significativos de identidade que sustentam seu conflito.

Quem é você?

Sua identidade compreende *todo o espectro de persistentes e fugazes características que o definem*.[4] Essas características se integram para fazê-lo ser *um*: um todo unificado que inclui seu corpo e sua mente, seu aparato neurológico e sua posição na sociedade, seus processos inconscientes e pensamentos conscientes e seu duradouro sentido de existência, bem como suas observações passageiras.

Embora essas características o definam, você também as define. Você é tanto o *objeto* de análise quanto o *sujeito* fazendo a análise. Essa relação recíproca é vividamente ilustrada pelo esboço de M. C. Escher, *Mãos desenhando*, que mostra as mãos de um artista se desenhando. Quando perguntei ao meu filho de seis anos, Zachary, o que achava do desenho, ele disse: "Ele está se *criando*!". Quando se trata de identidade, você também se cria.

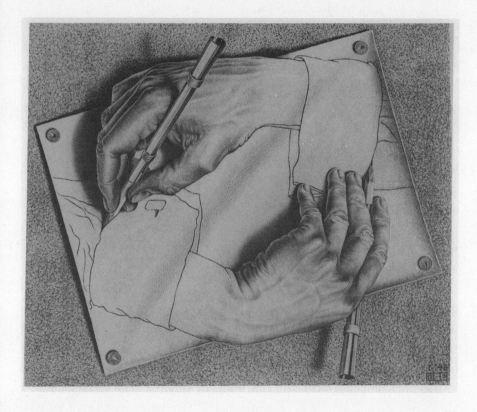

Em reconhecimento a essa qualidade autorreferencial, alguns estudiosos da negociação propuseram que sua identidade é "a história que você conta para si mesmo".[5] Essa definição é perspicaz, mas incompleta. Você é uma história não apenas contada, mas também sentida. Você é a personificação dessa história e também a pessoa que a conta.[6] O psicólogo pioneiro William

James chamou a história que você se conta como o *meu* e sua experiência incorporada como o *eu*.[7] Tudo o que você experimenta em um conflito — uma onda de vergonha, um desejo de escapar, um impulso de gritar — não será apenas vivido e sentido por você, mas também narrado a você, por você, em tempo real.

Duas facetas da identidade são fundamentais para resolver um conflito de forte carga emocional: identidade central e identidade relacional. Nas seções a seguir, descrevo esses dois aspectos e ilustro como você pode aproveitá-los para resolver conflitos.

TOME CONSCIÊNCIA DA SUA IDENTIDADE ESSENCIAL

Sua identidade essencial é *o espectro de características que o definem como indivíduo ou como grupo — sua essência*. Isso inclui tudo, de seu corpo, personalidade e profissão até suas crenças espirituais e práticas culturais.[8] O mundo se tornaria um caos se ninguém tivesse uma identidade central. As nações não teriam constituições ou bandeiras; as empresas não teriam marcas; e as pessoas não teriam nomes ou personalidades. Sua identidade essencial é a plataforma a partir da qual você sintetiza suas experiências em um sentido coerente de si mesmo, com continuidade e ideais claros. Se você se sentir confuso sobre sua identidade essencial — inseguro de quem é ou o que representa —, decisões de todos os tipos se tornam problemáticas.

A multiplicidade da identidade. Sua identidade essencial inclui suas preferências pessoais e traços de personalidade, além de sua identificação com grupos sociais. Você se considera norte-americano, japonês, libanês, hispânico, protestante, muçulmano, judeu, hindu ou ateu? Como aluno, pai, executivo, liberal ou conservador? Por pertencer a vários grupos, você tem várias identidades sociais. Uma pessoa pode ser sino-americana, protestante, professora e conservadora.

Em um conflito, você deve decidir qual das suas identidades sociais vai priorizar.[9] Pode sentir lealdades concorrentes com base em sua fé, etnia, convicções políticas e cidadania nacional. Talvez sua identidade religiosa pareça mais importante, mas você enfatiza sua identidade nacional para se encaixar com seus vizinhos. Mesmo em uma conversa casual com um amigo, você deve decidir se quer discutir política, religião ou responsabilidades profissionais, com cada decisão moldando os contornos de sua identidade.

Quando se identifica como membro de grupos específicos, outros o classificam. Se você é o único executivo sino-americano na reunião de sua empresa sobre diversidade cultural, os colegas podem fazer com que você se sinta muito consciente dessa identidade, mas ela pode não ter tanta importância num encontro com um bom amigo em um café. Mas você não é impotente frente à rotulação social — uma lição que o professor Henri Tajfel, fundador da teoria da identidade social, aprendeu durante a Segunda Guerra Mundial. Ele era um judeu polonês que estudou na França e se uniu ao exército francês durante a guerra. Após um ano de serviço, o exército alemão o capturou e o colocou em vários campos de prisioneiros de guerra alemães por cinco anos. Os alemães o interrogaram muitas vezes: Você é judeu? De onde você é? Ele revelou sua identidade judaica, confiante de que as autoridades descobririam essa informação. Mas percebeu que essa identidade não era inteiramente fixa. Ele decidiu viver fingindo que era um judeu *francês*. Se os alemães descobrissem sua identidade social como judeu *polonês*, ele teria sido morto, com certeza.[10]

Os aspectos mais significativos da sua identidade essencial são o que chamo de Cinco Pilares da Identidade: crenças, rituais, lealdades, valores e experiências emocionalmente significativas. Esses pilares fornecem uma estrutura para avaliar o que está em jogo em um conflito de forte carga emocional. Uma ameaça a *qualquer um* desses pilares gera uma crise existencial, porque aspectos significativos da sua identidade essencial parecem ameaçados.

A principal função da identidade não é apenas permanecer vivo ou transmitir seus genes, mas *encontrar sentido na vida*.[11] São os Cinco Pilares que trazem significado à existência. Assim como o cérebro, o coração e os pulmões são centrais para a sobrevivência física, os Cinco Pilares são centrais para a vitalidade da identidade. Eles ajudam a explicar por que o mundo explode repetidamente no Exercício das Tribos: os participantes se preocupam menos com a preservação do mundo do que com a defesa do que consideram o significado de sua tribo.

Quanto mais cedo você perceber quais de seus próprios pilares são ameaçados, mais facilmente poderá lidar com essas vulnerabilidades e se concentrar novamente na solução de seu conflito. Os Cinco Pilares da Identidade formam a sigla *Brave*, em inglês.

Os Cinco Pilares da Identidade

1. **Crenças** são ideias específicas que você considera verdadeiras.
2. **Rituais** incluem seus costumes significativos e atos cerimoniais, sejam feriados, ritos de passagem, oração regular ou jantar com a família.
3. **Lealdades** são as fidelidades que você sente em relação a um indivíduo ou grupo, como membro da família, amigo, figura de autoridade, nação ou ancestral.
4. **Valores** são princípios orientadores e ideais abrangentes, geralmente expressados, em uma palavra como justiça, compaixão ou liberdade.
5. **Experiências emocionalmente significativas** são eventos intensos, positivos ou negativos, que definem uma parte de você. Elas abrangem tudo, desde o dia em que você se casou até a hora em que seu primeiro filho nasceu, o momento em que seus pais lhe deram um tapa até a memória da violência em massa realizada contra seu grupo.

Quando você passar por um conflito de forte carga emocional, percorra os Cinco Pilares da Identidade para detectar quais podem parecer ameaçados. Uma crença central está em jogo? O outro lado está ameaçando uma lealdade familiar ou religiosa? Depois de avaliar seus próprios pilares, imagine o que pode estar em jogo do outro lado. É provável que nem você nem sua contraparte venham a chegar a um acordo que ameace um pilar pessoalmente importante.

* * *

A identidade essencial não é totalmente fixa. Meu filho de dez anos, Noah, competiu recentemente em uma partida de futebol, marcando sete gols para seu time, enquanto o adversário não marcou nenhum. Assim, com apenas um minuto de jogo, os treinadores decidiram colocá-lo no outro time. Noah marcou dois gols para seus oponentes e acabou "perdendo" o jogo por dois a sete. Ele se sentiu frustrado a noite toda, pois, em poucos segundos, sua lealdade mudou de um time para o outro.

Mas a identidade essencial de Noah não passou por uma reforma completa. Ele estava no acampamento de verão e não sentia uma ligação forte com nenhum dos times. Se fosse a Copa do Mundo e ele tivesse sido transferido para o time adversário, teria se esforçado muito mais para redefinir sua lealdade. A identidade essencial tem *alguma* fluidez, mas os pilares mais profundos da identidade estão extremamente arraigados.

A identidade essencial de um grupo também pode mudar.[12] Uma empresa pode redefinir seus valores orientadores, mas permanecer a "mesma" empresa, assim como um partido político pode modificar suas crenças essenciais e permanecer o "mesmo" partido político. De fato, os grupos estão constantemente negociando os limites de suas identidades, decidindo quem está "dentro", quem está "fora" e até o que significa estar "dentro".[13] É como se houvesse um círculo representando o grupo, e os membros negociassem quais valores, crenças e rituais pertencem a esse círculo. Grupos políticos, religiosos e sociais geralmente mantêm seus rótulos sociais tradicionais, apesar de redefinirem os significados fundamentais desses rótulos.

Embora sua identidade essencial seja geralmente resistente a mudanças, outra faceta da identidade é mais maleável e fornece um caminho poderoso para resolver até mesmo os conflitos de mais alta carga emocional.

Reconheça o poder da sua identidade relacional

Sua identidade relacional é *o espectro de características que definem seu relacionamento com determinada pessoa ou determinado grupo*.[14] Ao interagir com seu cônjuge, você se sente distante ou próximo, constrangido ou livre para ser como você realmente é?[15] Enquanto sua identidade essencial busca significado na existência, sua identidade relacional busca significado na *coexistência*.[16] Ela muda constantemente à medida que você negocia a natureza de um relacionamento, o que significa que você tem um imenso poder para moldá-la.[17]

Para ilustrar o conceito de identidade relacional, veja a imagem abaixo. Antes de continuar lendo, decida qual quadrado é mais escuro, A ou B.

A resposta: são iguais. Apesar da percepção de que o quadrado A é mais escuro que o quadrado B, eles são de fato idênticos. (Se você continuar em dúvida, cubra tudo, exceto os quadrados A e B.) A ilusão de ótica é resultado do fato de que você percebe não a realidade objetiva das caixas, mas uma caixa em relação à outra.

Essa mesma dinâmica perceptiva vale para as diferenças de identidade. Você tem uma identidade essencial que permanece distinta, mas o que importa na reconciliação de um conflito não é apenas sua identidade essencial, mas também sua identidade relacional — como você percebe quem é em relação aos outros e como eles percebem a relação deles com você.

Tome como exemplo o que aconteceu em Davos. No Exercício das Tribos, todos começaram as negociações como colegas ansiosos para salvar o mundo da destruição. Mas a afiliação de cada tribo a outras tribos rapidamente entrou em colapso — *e tensões crescentes praticamente não tinham nada a ver com diferenças na identidade central de cada tribo*. A rejeição percebida pela Tribo Feliz na primeira rodada levou-a a tentar dominar as rodadas seguintes. O representante da Tribo do Arco-Íris atraiu duas outras tribos para se unirem à dele em uma coalizão tensa. A questão central que preocupava cada tribo era "Com quem nos sentimos conectados — e por quem nos sentimos rejeitados?".

Nenhuma medida quantitativa pode dizer o grau preciso de sua conexão com o outro lado. O melhor indicador é estar consciente de como você se *sente* em qualquer relacionamento. Mas, enquanto as características que definem a identidade essencial são tipicamente concretas ("sou psicólogo e valorizo a autenticidade"), essas identidades relacionais definidoras são muito mais abstratas ("sinto que nosso relacionamento está se desfazendo").[18]

Embora a identidade relacional possa parecer um pouco amorfa, na verdade envolve duas dimensões concretas: afiliação e autonomia.[19] Percebê-las e entender como funcionam pode ajudá-lo a construir relações de cooperação em um conflito.[20]

Construir afiliação

Afiliação denota sua conexão emocional com uma pessoa ou grupo. Conexões estáveis e construtivas tendem a produzir emoções positivas e um desejo de cooperar, mesmo em tempos de guerra.[21] Quando entrevistei o tenente-general H.R. McMaster, que na época era coronel do Terceiro Regimento de Cavalaria Blindada em Tal Afar, Iraque, ele relatou que os esforços mais bem-sucedidos para estabilizar partes do Iraque se baseavam principalmente na capacidade das tropas dos Estados Unidos de construir afiliação com o povo iraquiano.[22] De fato, ele havia apresentado um programa de treinamento no qual os soldados obtinham as informações desejadas somente depois de se sentarem com os moradores, tomarem chá com eles e fazerem perguntas culturalmente respeitosas.[23] Essas ações aparentemente simples de afiliação tiveram um grande impacto na medida em que cada lado começou a apoiar o outro, compartilhar informações e trabalhar em prol da segurança mútua.

O lado oposto da afiliação é a rejeição. Se o gerente reúne seus colegas para uma importante reunião interna, mas não o convida, apesar de ser uma autoridade no assunto, é provável que você se sinta ressentido. Pode se perguntar o que fez para perder sua posição no círculo interno e ficaria com medo de que todos se voltem contra você. A dor da rejeição é igualmente aguda fora do local de trabalho. Se todos os seus parentes receberem um convite para uma festa de família e você não, poderá se sentir angustiado.

Os neurocientistas descobriram que a angústia da rejeição social fica registrada no córtex cingulado anterior, a mesma parte do cérebro que processa a dor física.[24] Seu cérebro responde à rejeição da mesma forma que a um soco no estômago: uma vez atingido, você resiste a cooperar, mesmo que isso vá contra seus interesses racionais, e as tentativas para resolver seu conflito se tornam muito mais difíceis.[25]

Respeite a autonomia — ou tome cuidado

"Autonomia" refere-se à sua capacidade de exercitar sua vontade — pensar, sentir, fazer e ser como gostaria, sem imposição indevida de outras pessoas. Testemunhei recentemente a briga de um casal em um café. "Acalme-se!", disse o marido baixinho. A esposa olhou para ele e retrucou: "Não *me* mande ficar calma! *Você* é que precisa se acalmar!". Qualquer que fosse a discussão original, o conflito desse casal agora tinha se transformado em uma batalha pela autonomia. Nenhum dos dois queria que o outro dissesse o que devia fazer. No momento em que você sente alguém pisando em sua autonomia, o ressentimento aumenta — e você deseja retrucar.[26]

O conceito de autonomia ajuda a explicar por que algo tão básico quanto o nome de um país pode ser motivo de sérios conflitos internacionais. As tensões surgiram durante o colapso da Iugoslávia, quando uma de suas seis repúblicas declarou independência sob o nome "República da Macedônia". Isso desencadeou uma série de problemas com a vizinha Grécia, que tem uma região no norte do país chamada Macedônia há muitos anos. Esta região abriga cerca de 3 milhões de cidadãos que reivindicam ascendência macedônica e o uso exclusivo do nome "Macedônia".

Como um líder grego explicou o conflito: "Sentimos que nossos vizinhos estão usurpando nossa herança cultural ao erguerem estátuas em suas principais praças de Alexandre, o Grande, e coisas assim. Estes são ícones históricos *gregos*. Eles estão tentando roubar nossa cultura, nossa alma". Por sua vez, um líder da república vizinha argumentou: "Temos o direito de determinar nosso próprio nome e destino. Não é esse o direito de todo Estado? Não estamos impondo nada aos gregos. Exatamente o oposto. Nossa cultura celebra todas as culturas. Somos uma comunidade de comunidades. Madre Teresa viveu aqui em Skopje, a apenas trinta metros de uma igreja, uma mesquita e uma sinagoga. Celebramos nossa herança diversificada".[27]

Entendido em termos de identidade relacional, um lado está dizendo: "Ao erguer estátuas de Alexandre, o Grande, em suas principais praças e reivindicar o nome da Macedônia, você está desafiando nossa autonomia!". O outro lado insiste: "Ao exigir que mudemos nosso nome e deixemos de celebrar a diversidade, você está violando *nossa* autonomia!". Observe que o núcleo do conflito não é apenas substância, mas uma luta por *autonomia* sobre fatores como fronteiras geográficas, história, cultura e soberania.

Seja na disputa pelo nome Macedônia ou na vida cotidiana, há diferenças de opinião sobre quanta autonomia é apropriada ou esperada, assim como há variações em quanta afiliação é aceitável. O piloto de carros de corrida quer dirigir a 160 quilômetros por hora nas estradas locais porque gosta de sentir o prazer da velocidade; as famílias que moram na área querem que motoristas dirijam devagar e com cautela. Uma garota quer usar uma tiara na escola; os administradores exigem que todos usem um uniforme padrão. As mesmas leis, políticas e normas formuladas para manter unido o tecido da sociedade também podem destruí-lo, gerando o que Freud chamou de descontentamento da civilização.

O Exercício das Tribos novamente oferece um caso em questão. Vários anos após minha experiência em Davos, promovi o exercício no Cairo, Egito, para um grupo de executivos de negócios e líderes políticos. Seis representantes estavam sentados no centro da sala para negociar de qual tribo eles deveriam fazer parte, cientes de que a indecisão levaria à destruição do mundo. Na segunda das três rodadas, um executivo de negócios chamado Mohammed disse: "*De jeito nenhum* teremos tempo para ouvir as crenças tribais de todos e chegar a uma decisão consensual. Vamos escolher uma tribo aleatoriamente tirando um papel de um chapéu e todos devemos nos juntar a essa tribo". Fadi, outro executivo, concordou. Mohammed rasgou uma folha de papel em seis pedaços e escreveu o nome de cada tribo em um deles, depois colocou as tiras em uma caneca de café e puxou uma. Por acaso, era sua tribo. Ele e Fadi se sentiram satisfeitos e voltaram aos seus lugares. Tinham salvado o mundo... ou foi o que pensaram.

Eu me virei para os outros negociadores, ainda sentados no meio da sala, e perguntei:

"Todos concordam em se juntar à tribo de Mohammed?".

Eles balançaram a cabeça negativamente.

"Não!", disse um.

"Como assim, você não aceita minha tribo?", indagou Mohammed. "Foi um processo justo!"

"Você fraudou o processo!", gritou outro líder.

"Não, eu não fraudei!", respondeu ele, pegando as tiras de papel e mostrando para o grupo.

"Não importa!", insistiu um líder político. "Quem deu a *você* o direito de decidir o processo?"

Este grupo estava agora fora de controle, e discutiram no restante das rodadas dois e três. Mas não houve debate sobre nenhum dos sistemas de crenças das tribos, suas identidades centrais. Também não houve nenhuma discussão sobre o que deveria servir como um bom processo para decidir como salvar o mundo. O que eles discutiram foi se Fadi e Mohammed tinham o direito de impor o processo. O grupo se voltou contra esses dois homens, cuja decisão unilateral violava o sentido de autonomia das outras tribos a ponto de resistirem ao acordo. O mundo explodiu no Cairo.

Conclusão: Fazendo um de dois

Em um conflito, o principal desafio relacional é descobrir como satisfazer seu desejo de ser simultaneamente um *com* a outra parte (afiliação) e um *separado da* outra parte (autonomia). Fundamentalmente, como você pode coexistir como dois uns e como um conjunto de dois?

Tanto a autonomia quanto a afiliação são intrínsecas a qualquer relacionamento, e sua capacidade de mantê-los em equilíbrio é fundamental para as relações harmoniosas.²⁸ As crianças, por exemplo, tentam se encaixar em suas famílias *e* encontrar as próprias vozes independentes à medida que amadurecem. Um casal romântico tenta equilibrar o desejo de cultivar seu relacionamento ao mesmo tempo que preserva algum "tempo sozinho". Em uma fusão, a gerência sênior procura criar um corpus organizacional singular, à medida que os departamentos lutam para manter a autonomia cultural e política. Ainda mais amplamente, organizações internacionais como as Nações Unidas trabalham para promover um *ethos* global de paz e, ao mesmo tempo, respeitar os valores únicos dos Estados membros.

Em um nível mais profundo, a capacidade de *transcender* a tensão entre autonomia e afiliação representa o desafio ético central da vida — um ponto que Confúcio entendeu bem. Dizem que ele concebeu o céu, a terra e a humanidade como partes de um universo singular, um Grande Todo. Ele observou que, enquanto vivemos nossas vidas, temos a oportunidade de atravessar esferas mais profundas da existência. O mais raso é viver no mundo natural, governado apenas pelo instinto. Quando descobrimos nosso ego, percebemos que temos autonomia para melhorar nosso lugar no mundo; nós podemos nos autoatualizar. No final, percebemos não apenas nosso próprio ego, mas também a ordem social maior; entramos na esfera moral da existência e nos sentimos obrigados a servir à humanidade. Por fim, percebemos que a própria ordem social é apenas uma parte do Grande Todo, que transcende a autonomia e a afiliação na busca do bem total.²⁹

Resumindo

Não é de admirar que Alice tenha se sentido tão confusa ao explicar quem era para a lagarta que fumava narguilé. A identidade é uma questão complicada. Pode ser tanto fixa quanto fluida, psicológica e sociológica, consciente e inconsciente. Assim como o País das Maravilhas desorientou o senso de identidade de Alice, um conflito com fortes cargas emocionais pode atrapalhar seu próprio sentido de identidade. Ao entender melhor como a identidade essencial de cada lado pode estar em risco, você pode superar a falácia da identidade fixa e descobrir fontes fundamentais de descontentamento, além de desejos e medos ocultos.[30] E remodelando sua identidade relacional como cooperativa, você cria laços mais estreitos de conexão.

Mesmo assim, a identidade pode ser mais um passivo do que um ativo — a menos que saiba como se proteger contra forças dinâmicas que podem suplantá-lo em um conflito. O restante deste livro apresenta um método concreto para enfrentar esse desafio.

TABELA DE APLICAÇÃO PESSOAL

Estar consciente é crucial para resolver o cerne de um conflito. Lembre-se de um conflito difícil na sua vida e reflita sobre as seguintes questões.

1. O que parece estar pessoalmente em jogo no conflito? Considere suas crenças, rituais, lealdades, valores e experiências emocionalmente significativas.

2. O que poderia estar pessoalmente em jogo para a outra parte?

3. Com que intensidade você se sente rejeitado — e por quê?

   1   2   3   4   5   6   7   8   9   10
   (um pouco rejeitado)   (extremamente rejeitado)

4. Com que intensidade o outro lado se sente rejeitado — e por quê?

   1   2   3   4   5   6   7   8   9   10
   (um pouco rejeitado)   (extremamente rejeitado)

5. De que forma o outro lado sente que você está se impondo e impedindo a capacidade dele de tomar decisões?

4. Como evitar a tentação de entrar em conflito

*Somente aqueles que tentam o absurdo alcançarão o impossível.
Eu acho que está no meu porão... vou subir e verificar.*

— M. C. ESCHER

A MENTALIDADE IMPORTA. Se acredita que um conflito é negociável, você se abre para oportunidades de se conectar com o outro lado e encontrar caminhos criativos para a resolução. Mas ameaças à identidade costumam provocar uma mentalidade divisora que transforma desacordos provenientes de um problema solúvel em algo aparentemente intransponível.[1] Chamo essa mentalidade de Efeito das Tribos e, para evitar sucumbir a ela, este capítulo vai alertá-lo sobre suas principais características e as forças emocionais que o atraem para ela. Ao observar essas dinâmicas, você pode se afastar delas, adotar um estado de espírito cooperativo e provocar mudanças fundamentais sem fazer mudanças fundamentais.

Cuidado com o Efeito das Tribos

Uma ameaça à identidade pode causar o Efeito das Tribos, uma mentalidade antagonista que coloca sua identidade contra a do outro lado: trata-se de *eu contra você, nós contra eles*.[2] Essa mentalidade provavelmente evoluiu para ajudar os grupos a protegerem suas linhagens contra ameaças externas. Hoje, ela pode ser ativada com facilidade em um conflito entre duas pessoas, seja entre irmãos, cônjuges ou diplomatas.

O Efeito das Tribos o estimula a fazer uma desvalorização geral da perspectiva do outro simplesmente porque é *dele*. É, portanto, mais do que uma resposta fugaz de luta ou fuga. Como uma *mentalidade*, ela pode mantê-lo refém de sentimentos polarizados por horas, dias ou anos; por meio da aprendizagem, modelagem e narração de histórias, pode ser transmitida por meio de gerações, implacavelmente resistente a mudanças.[3]

O Efeito das Tribos tem o objetivo de proteger sua identidade contra ataques — mas isso tende a sair pela culatra. À medida que você reforça suas fronteiras psicológicas e entra em um estado de autoproteção, suas perspectivas de colaboração diminuem.[4] O medo o leva a priorizar o interesse próprio a curto prazo, em detrimento da cooperação a longo prazo. Como resultado, se você e o outro lado adotarem essa mentalidade, criarão dois sistemas que se autorreforçarão, vinculados a um conflito infinito. Você conspirou para reforçar o conflito que pretende resolver. Esse é o paradoxo central do Efeito das Tribos.

Como você sabe quando está nele?

O Efeito das Tribos é fundamentalmente uma mentalidade antagonista, impositiva e fechada.[5]

(1) **Antagonista.** O Efeito das Tribos nos leva a ver nosso relacionamento com o outro lado através de uma lente antagonista, aumentando as diferenças entre nós e minimizando as semelhanças.[6] Mesmo se nos sentimos próximos da outra pessoa, o Efeito das Tribos instiga uma espécie de amnésia relacional, na qual esquecemos todas as coisas boas de nosso relacionamento e lembramos apenas as ruins. Em Davos, por exemplo, os líde-

res entraram em nosso workshop como colegas com inúmeras semelhanças, mas rapidamente se tornaram adversários e mantiveram uma disposição para a divisão. O filósofo Martin Buber descreve isso como uma transformação de um relacionamento "eu-você" para um "eu-isso". O outro não é mais um ser humano, mas um selvagem *isso*.

(2) **Impositiva.** O Efeito das Tribos gera a convicção autointeressada de que nossa perspectiva não só está certa, como também é moralmente superior. A legitimidade está do nosso lado e preparamos um argumento para defendê-la.[7] Mesmo quando um grupo beligerante comete um ato tão violento quanto um massacre, "os assassinos geralmente têm a consciência limpa e ficam surpresos ao se verem descritos como criminosos".[8] De fato, no Exercício das Tribos, frequentemente observo cada grupo culpando desdenhosamente os outros: "Como você pode preferir sua tribo e não a sobrevivência global?". As tribos raramente reconhecem o próprio papel fundamental na destruição do mundo. A presunção é fácil de reconhecer nos outros, mas menos óbvia em nosso próprio comportamento.

(3) **Fechada.** O Efeito das Tribos molda nossa identidade em uma entidade fixa. Nesse sistema fechado, passamos a caracterizar a nós mesmos e ao outro lado como imutáveis. Em vez de ouvir o outro lado para aprender sobre suas preocupações, criticamos sua perspectiva e condenamos seu caráter. Mas não ousamos criticar nossa própria perspectiva, pois temermos ser desleais à nossa própria identidade.[9]

O que aciona o Efeito das Tribos?

Quando nossa identidade se sente ameaçada, tendemos a reagir com um conjunto rígido de comportamentos que os neurocientistas chamam de uma *resposta a ameaças*.[10] Essa resposta pode ser simples, como recuar instintivamente quando vemos uma cobra deslizar na nossa frente, ou mais complexa, como o próprio Efeito das Tribos, que tem o objetivo de proteger não apenas nosso corpo, mas também nossa mente e nosso espírito.[11]

O Efeito das Tribos é acionado quando um aspecto *significativo* de nossa identidade parece ameaçado. Isso significa que mesmo um desacordo aparentemente pequeno pode provocar uma forte reação emocional, uma dinâmica que Freud chamou de *narcisismo das pequenas diferenças*.[12] Quanto mais parecidos somos — sejam irmãos, vizinhos ou membros de uma mesma ordem religiosa —, mais nos compararemos com o outro e nos sentiremos ameaçados pelas diferenças menores.[13] Em Davos, por exemplo, os líderes discutiram se "humanitarismo" ou "compaixão" representavam um valor central mais importante. Embora para alguém de fora essa distinção possa parecer insubstancial, eles a consideraram uma ameaça existencial. Aceitar a posição da outra tribo teria diminuído o significado da própria tribo.

Essa mesma dinâmica leva os casais a se irritarem cronicamente com diferenças "triviais", assim como leva um irmão a dar as costas a outro irmão durante uma guerra civil. As infinitas semelhanças da humanidade se apagam diante de uma diferença singular que assume grande importância.[14] Em resumo, o trivial pode se tornar mais do que uma questão de preocupação trivial.

Enquanto uma *ameaça* à identidade aciona o Efeito das Tribos, *respeito* à identidade produz relações harmoniosas.[15] Sentimos a liberdade de ser quem queremos ser e desfrutamos de nossa conexão emocional com os outros. Mas, quando nosso sentido de autonomia e afiliação parece ameaçado, forças emocionais protetoras entram em ação e a autoproteção supera a colaboração.[16]

Combata as cinco tentações da sua mente tribal

Superar o Efeito das Tribos requer uma estratégia muito semelhante à adotada pelo herói grego Ulisses. Ao navegar em seu navio para casa após dez longos anos lutando na Guerra de Troia, ele conheceu a deusa Circe, que o alertou sobre um perigo que enfrentaria em sua viagem: belas sereias com vozes encantadoras que enfeitiçavam os marinheiros, obrigando-os a ir para a Ilha das Sereias, onde seus navios colidiam contra as rochas pontiagudas da costa e deixavam "montes de corpos". Antes de zarpar, Ulisses ordenou que sua tripulação colocasse cera nos ouvidos e o amarrasse ao mastro. Se ele implorasse para ser libertado, eles deveriam recusar suas ordens e apertar ainda mais a corda. Com esse plano, Ulisses e seus homens navegaram em segurança, passando pelas sereias.

O Efeito das Tribos, como as sereias, vai atraí-lo. Quanto mais profundamente você estiver envolvido em suas dobras emocionais, mais difícil será resistir à atração. Em um conflito de forte carga emocional, essa atração se origina em um poderoso conjunto de dinâmicas emocionais, que eu chamo de as Cinco Tentações da Mente Tribal.[17] A tabela a seguir fornece uma visão geral delas.

As Cinco Tentações da Mente Tribal

1. **Vertigem** é um estado de consciência distorcido no qual um relacionamento consome suas energias emocionais.
2. **Compulsão à repetição** é um padrão de comportamento autodestrutivo que você se sente motivado a repetir.
3. **Tabus** são proibições sociais que dificultam as relações de cooperação.
4. **Ataque ao sagrado** é um ataque aos pilares mais significativos da sua identidade.
5. **Política de identidade** é a manipulação de sua identidade para benefício político de outra pessoa.

As tentações são *forças emocionais* que moldam suas relações para serem antagonistas, atraindo-o para o Efeito das Tribos ou puxando mais profundamente para ele. Elas saturam sua consciência com sentimentos de imposição, banem sentimentos angustiantes para o inconsciente e promovem comportamentos opositores. Também tendem a afetar suas relações em diferentes pontos no decurso de um conflito. Alguns, como a política de identidade, frequentemente incitam a conflitos; outros, como os tabus, aparecem durante o próprio conflito; outros ainda, como a vertigem, surgem como uma consequência psicológica do conflito.

Embora as tentações pretendam proteger sua identidade dos perigos da culpa, das mudanças e da exploração, o impacto delas é tipicamente contraproducente. Como o próprio Efeito das Tribos, elas reforçam uma mentalidade autoprotetora que diminui as perspectivas de colaboração.[18] O gráfico a seguir descreve essas dinâmicas por meio do que chamo de Matriz Relacional. Ele ilustra como as cinco tentações o atraem para o Efeito das Tribos, enquanto outro conjunto de forças — dinâmica integrativa — o leva para uma mentalidade mais produtiva. A menos que você evite com cuidado as tentações, elas o atrairão para o Efeito das Tribos, deixando-o com o mesmo destino dos marinheiros que não resistiram ao canto das sereias.

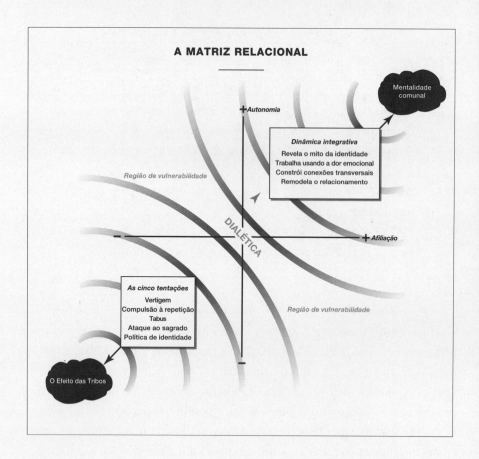

Resumindo

Assisti, novamente, a *Guerra nas estrelas* com meus filhos e acabei cativado por um tema central do filme — que fala diretamente dos problemas em jogo, quando lidamos com conflitos de forte carga emocional. O mestre Jedi Obi-Wan Kenobi descreve a "Força" como um campo de energia, criado por todos os seres vivos, que une a galáxia. A Força tem um lado sombrio, que se alimenta de ódio, raiva e medo, e um lado de luz, alimentado pela compaixão. Essas duas energias estão em constante tensão, sempre atraindo cidadãos da galáxia para seus lados.

Quando sua própria identidade se sente ameaçada, você pode escolher como responder. O Efeito das Tribos o tenta para o lado sombrio, polarizando as relações em uma dinâmica divisora, enquanto uma mentalidade comunitária o atrai para o lado da luz, buscando trazê-lo mais perto por meio da dinâmica integradora.[19] Na próxima parte do livro, examinaremos como combater as Cinco Tentações da Mente Tribal, a dinâmica que o atrai para o lado sombrio do conflito. Embora as tentações operem frequentemente fora da sua consciência, é possível se libertar do poder delas sobre você. Os capítulos 5 a 9 mostram como conseguir isso, e os seguintes oferecem conselhos para ajudá-lo a promover de maneira proativa a dinâmica integradora que o levará em direção à luz.

Parte 2
Como se libertar

5. Pare a vertigem antes que ela o consuma

Durante meu primeiro ano na faculdade, um excêntrico professor de inglês contou sobre uma discussão que ele tivera com a esposa no shopping a respeito da compra de uma cara colcha com estampa floral.

"Ficaria perfeita em nosso quarto!", exclamou a esposa.

"Já temos uma colcha", disse o professor.

"Você viu como aquela coisa está esfarrapada?", perguntou ela.

"Eu durmo com ela todas as noites. Está ótima!"

"Ugh!", respondeu ela. "Será que *tudo* precisa virar uma batalha com você?"

"Vai começar de novo", ele suspirou. "Sempre que brigamos, é *minha* culpa."

"Tudo o que quero fazer é comprar uma colcha!", reclamou ela. "Você não pode me apoiar pelo menos uma vez?"

O professor se perguntou: *Por que ela precisa ser tão controladora?* Ele olhou a esposa nos olhos e disse friamente: "Não consigo imaginar uma compra *pior* do que esta colcha!".

Com isso, a situação piorou muito. "Não sei por que me casei com você!", disparou ela de volta.

Bem quando o professor estava prestes a explodir, notou uma multidão de espectadores observando a discussão. Envergonhado, olhou para o relógio e teve outra surpresa: tinham se passado vinte minutos, enquanto ele achava que a discussão tinha durado apenas poucos minutos. Ele contou à esposa que horas eram e a raiva deles se transformou em preocupação: estavam atrasados para o almoço com amigos. Correram para o restaurante, perplexos: como uma conversa sobre uma colcha de estampa floral se transformou em uma disputa pública regada por lágrimas?

O DESORIENTADOR MUNDO DA VERTIGEM

A força psicológica que atraiu o professor e sua esposa para o Efeito das Tribos é algo que chamo de vertigem: *um estado de consciência distorcido no qual um relacionamento consome suas energias emocionais*.[1] Quando o casal entrou em vertigem, um estado parecido ao hipnótico os dominou; cada um se fixou nas palavras cheias de raiva do outro, determinado não a resolver, mas, sim, a ganhar a discussão.[2]

A palavra "vertigem" deriva do latim *vertere*, significando "virar". Talvez você conheça o termo do filme de Alfred Hitchcock *Um corpo que cai* (*Vertigo*, no original em inglês), que descrevia o termo como uma tontura provocada pelo medo de altura. A medicina moderna diferencia uma variedade de distúrbios nos quais as pessoas têm a sensação de que tudo está girando.[3] Peguei emprestado o termo para descrever a condição única em que alguém se sente preso dentro de um vertiginoso estado de relações antagônicas.[4] A discussão entre o professor e sua esposa começou bem. Mas, como os egos foram atacados, cada cônjuge cruzou um limiar emocional e caiu no espiralado estado de vertigem.[5]

Imagine a vertigem como um tornado girando ao seu redor e da outra pessoa. Suas paredes rodopiantes impedem que você veja algo além dos limites do seu relacionamento conflituoso, assim como o professor e sua esposa não viram nada além da loucura da briga deles.[6] Fortes rajadas de vento sopram em você e na outra pessoa, aumentando a intensidade de sua experiência emocional e transformando a raiva em ira, a tristeza em desespero. De pé no centro deste tornado, você consegue ver o céu acima, uma imagem vívida de seus maiores medos no futuro, enquanto o solo desenraizado abaixo de você revela seu passado doloroso. Este tornado pode mantê-lo preso no Efeito das Tribos por horas, dias ou até gerações.

Neste capítulo, explorarei a atração da vertigem, por que ela pode ser tão prejudicial e como você pode se libertar dela.

Obstáculos

Vários fatores tornam especialmente difícil superar a vertigem:

1. A vertigem o afeta mesmo sem você perceber

A vertigem é uma força especialmente poderosa, pois pode induzi-lo a acreditar que não está realmente influenciando seu comportamento. Você fica tão envolvido com suas emoções rodopiantes que nem percebe que elas o estão incitando a brigar.[7] Você continua se sentindo racional e equilibrado; é o mundo ao seu redor que parece estar girando descontroladamente, não o mundo dentro de você.

Sob a influência da vertigem, uma situação aparentemente inócua pode facilmente se tornar muito mais intensa. Uma disputa por uma colcha se transforma em uma pessoa se perguntando: "A minha esposa vai me controlar assim para sempre?", enquanto o outro vasculha um arquivo de dores do passado: "Será que tudo precisa virar uma batalha com você?".

Mesmo que a vertigem pareça diminuir, ela pode persistir ao longo do tempo, variando em intensidade e, depois de um tempo, você pode parar de percebê-la completamente.[8] Embora desapareça em um segundo plano, no entanto, pode continuar envenenando sutilmente seus relacionamentos e obscurecendo o espaço emocional entre você e a outra parte.

2. A vertigem diminui sua capacidade de autorreflexão

Como ser humano, você tem a capacidade não apenas de pensar e sentir, mas também de *refletir* sobre esses pensamentos e sentimentos. Como a vertigem consome suas energias emocionais, ela diminui severamente sua capacidade de autorreflexão, forçando-o a confiar em padrões habituais de comportamento e noções predeterminadas sobre a outra pessoa. Disso resultam três consequências marcantes.[9]

Você reencena, sem pensar, um roteiro de conflito. A esposa do professor não viu a discussão no shopping como um incidente isolado — ela o viu como mais um exemplo de que o marido sempre transforma uma simples conversa em briga. Como resultado, ela respondeu automaticamente com uma reação habitual, reafirmando as mesmas frustrações que tinha expressado várias vezes.

É muito fácil adotar um roteiro de conflito contraproducente. Ao treinar oficiais militares em negociação, descobri que eles têm uma forte compreensão dessa tendência. Um oficial de alto escalão do exército me contou como, depois de enfrentar a morte diariamente durante seus nove meses no Iraque, ele voltou para casa e, no início da noite, ouviu os pais discutindo sobre o filme a que iam assistir. Incapaz de acreditar que a causa da discussão era um filme, ele entrou correndo na sala, gritando: "Quem se importa com o filme que vamos ver, #$%?", e se afastou. Depois de ficar furioso por cinco minutos, quase atordoado, ele se acalmou e pediu desculpas aos pais. Mais tarde, percebeu que, após viver tanto tempo lado a lado com a morte, participando de combates e vendo companheiros perecerem, ele havia se acostumado tanto a um constante estado de vertigem que sua reação mesmo diante de um conflito inócuo tinha sido extrema. O roteiro do conflito tornou-se tão incorporado em sua mente que agora era reproduzido com uma facilidade indesejável.

Você sofre diminuição da capacidade de emoções autoconscientes. Outra consequência infeliz da vertigem é que ela reduz sua capacidade de experimentar emoções autoconscientes como culpa ou vergonha.[10] O soldado da história por exemplo, não experimentou esses sentimentos ao confrontar seus pais com raiva. As emoções autoconscientes geralmente aparecem quando há uma discrepância entre como você pensa que os outros se sentem sobre você e como *quer* que eles se sintam em relação a você. Como o soldado confiava no comportamento prescrito, no entanto, ele não estava atento ao momento presente e era incapaz de monitorar a moralidade de seu comportamento. Depois que a vertigem passou, ele ficou se perguntando: "O que deu em mim? Eu sou realmente esse tipo de pessoa?".

Você estereotipa a outra pessoa. A vertigem não apenas diminui sua capacidade de refletir sobre o próprio comportamento, mas também reduz sua capacidade de ver os *outros* claramente. Os professores Susan Fiske e Steven Neuberg descobriram que todos começam automaticamente a estereotipar: conscientemente ou não, você categoriza as pessoas com base em idade, gênero, etnia e outros fatores aparentes.[11] Em um ambiente não ameaçador, você pode reexaminar essas suposições e determinar se elas são verdadeiras, mas, quando está em um estado de vertigem, exerce uma energia mínima para avaliar a precisão de suas percepções estereotipadas.[12]

Enquanto o professor e a esposa estavam brigando, passaram a se ver como caricaturas simplificadas. Ela era a esposa esbanjadora e controladora; ele, o marido briguento e sovina. Os dois ignoraram todos os anos de conhecimento acumulado sobre as peculiaridades, hábitos, valores, desejos e medos do outro e, na verdade, ignoraram o próprio amor que sentiam um pelo outro. Em vez de procurar descobrir as intenções *racionais*, procuraram confirmar as *irracionalidades* do outro por todos os meios, mesmo que isso significasse gritar em uma loja de departamentos lotada. Os estereótipos reforçavam suas perspectivas presumidas.

O termo "estereótipo" deriva das palavras gregas *stereos* ou "rígido" e *tupos* ou "impressão". Um estereótipo reduz a grande sinfonia do caráter de uma pessoa em uma única nota. Se você se apega a uma impressão negativa do outro — se reduz uma pessoa a uma imagem unidimensional, recusando-se a apreciar as nuances dele ou dela ou a questionar suas próprias suposições —, entrega-se ao turbilhão da vertigem.

Os estereótipos foram explorados em pesquisas posteriores por Fiske e Neuberg, que mostraram que, depois de categorizar alguém, você procura evidências confirmatórias para apoiar sua visão e desconsiderar qualquer informação inconsistente que possa desafiá-la.[13] A esposa do professor procurou em seu banco de dados de memórias um exemplo de como o marido era sovina, identificou alguns exemplos sólidos e passou a usá-los para confirmar seu julgamento. Enquanto isso, o professor empregava o mesmo processo mental para encontrar evidências do excesso de gastos da esposa. As inúmeras ocasiões em que o professor *não* foi sovina e sua esposa *não* gastou demais foram ignoradas; porque esses exemplos não apoiavam a visão rígida com a qual cada parte estava comprometida, ela foi ignorada automaticamente.[14]

3. A vertigem restringe sua percepção de tempo e espaço

Em um sentido muito literal, a vertigem distorce seu sentido de tempo e lugar. Seu foco diminui até excluir todo o resto, exceto a situação imediatamente na sua frente — sem que você perceba que isso está acontecendo.[15] O professor e a esposa estavam tão afetados pelo conflito que não perceberam que havia espectadores ao redor ou quanto tempo tinha passado.[16] A vertigem afeta seu estado de consciência a tal ponto que, enquanto seu mundo fica de cabeça para baixo, você ainda acredita que está do lado de cima.[17]

Deformações do tempo. A vertigem tem um duplo impacto no seu senso de tempo, semelhante à experiência de uma paraquedista que salta pela primeira vez. Quando ela salta do avião, o tempo se dilata na emoção do momento.[18] No começo, os segundos passam muito devagar e ela percebe cada som e imagem.[19] Mas, por continuar caindo, ela se acostuma à sensação. Ainda se sente assustada, mas sua consciência muda de um estado de hipervigilância para outro de emoção em transe. O tempo se comprime: ela agora sente que ele passa mais rápido do que sugere o relógio.[20] Quando chega ao chão, ela se pergunta: "Já acabou?".[21]

Durante a vertigem, a ameaça inicial de conflito diminui seu senso de tempo, e você fica bastante atento a todas as palavras, ações e sentimentos da outra pessoa. Mas, à medida que se ajusta à vertigem, seu sentido de tempo acelera e as horas parecem minutos. Nesse estado de transe da mente, você está efetivamente operando no piloto automático e começa a usar velhos roteiros de conflito para guiar seu comportamento.[22] Na linguagem de William James, seu sentido de consciência (o *eu*) orienta sua experiência enquanto sua identidade essencial (o *meu*) se amontoa em segundo plano repetindo esses roteiros. Depois de se libertar da vertigem por ações como finalizar um divórcio, reconciliar-se com um colega ou se reconectar com um parente, pode parecer surpreendente descobrir quanto tempo passou.[23]

Deformações espaciais. Quando você está em um estado de vertigem, o espaço emocional entre você e a outra pessoa parece comprimido, condensado. O professor e sua esposa encheram o espaço emocional entre eles com raiva, desespero e solidão, acrescentando cada vez mais queixas até o ponto em que não puderam mais aguentar. O resultado infeliz? A afirmação cortante da esposa de que não conseguia mais lembrar por que tinha se casado com o marido.

Como a vertigem é um estado de espírito, os espectadores verão esse comportamento como irracional; eles são incapazes de apreciar a força das emoções que estão consumindo os lados opostos. Trabalhei em zonas de guerra e ouvi regularmente pessoas que não vivem em regiões tão conflitivas perguntando: "Por que elas simplesmente não se entendem?". Mas aqueles que estão dominados pela vertigem simplesmente não percebem que estão tomados por emoções tão poderosas. Este é o paradoxo da vertigem: afeta sua percepção do tempo e do espaço sem que você perceba.

Se você se envolver no conflito de forte carga emocional de outras pessoas, provavelmente absorverá de forma inconsciente algumas das emoções *delas*. Você entra no redemoinho emocional da vertigem estilo tornado delas. Pense no fardo emocional que as crianças sofrem quando crescem em uma casa com pais brigando constantemente. Ou imagine o desafio que os mediadores enfrentam ao tentarem manter a calma enquanto os oponentes lançam insultos uns aos outros. Mesmo em nível internacional, é fácil absorver as emoções da vertigem. Nos anos 1990, durante a guerra na Iugoslávia, trabalhei com refugiados sérvios, croatas e bósnios em uma cidade nos arredores da Sérvia e rapidamente me acostumei à tensão causada pela vertigem na região. Quando liguei para minha mãe, que estava nos Estados Unidos vendo regularmente notícias sobre os combates, ela expressou preocupação com a minha segurança. "Pare de se preocupar, mãe", assegurei a ela. "Está tudo bem." Eu realmente acreditava que isso era verdade, mas só percebi que era um peixe na água depois que meu trabalho terminou. Viajando de trem da Sérvia para Budapeste, senti um peso deixando meus ombros e um alívio no peito e nos braços quando o trem atravessou a fronteira. Meus músculos ficaram relaxados e entrei em um estranho estado de calma. Reconheci que enquanto estava na Sérvia, eu me encontrava em uma região dominada pela vertigem e só percebi o quanto havia sido afetado por ela quando saí de lá.

4. A vertigem o deixa preso no negativo

Talvez o maior desafio apresentado pela vertigem seja obrigá-lo a prestar atenção às *memórias negativas*, lembranças que fornecem "evidências" de que você está certo e é bom, enquanto a outra pessoa está errada e é má. Superar a vertigem significa superar essa fixação. Pode ser uma proposição extraordinariamente desafiadora, no entanto, porque a vertigem amplifica as memórias negativas do passado *e* do futuro.

A dor do passado vai assombrá-lo. Durante o sangrento conflito da Irlanda do Norte, um piloto brincou uma vez com os passageiros que desembarcavam naquele país: "Bem-vindos a Belfast. Por favor, atrasem seus relógios trezentos anos". Segundo sua compreensão, a luta da região era o resultado de injustiças de longa data que perduravam até o presente. As feridas da nação ainda eram sentidas com uma intensidade que o tempo não diminuíra em nada.[24]

O professor Vamık Volkan, da Universidade da Virgínia, desenvolveu uma teoria convincente sobre esse fenômeno, observando que muitos grupos definem sua identidade atual em parte por meio de um "trauma escolhido" — uma lesão dolorosa e não resolvida do passado.[25] Pense na importância do Holocausto para os judeus; a Nakba, o êxodo forçado, para os palestinos; a colonização europeia para os africanos; ou a crucificação de Jesus para os cristãos.

Se um grupo traumatizado não trabalha suficientemente seus sentimentos de vergonha, humilhação e desamparo, a dor emocional pode ser transmitida por muitos anos. Volkan chama isso de *transmissão transgeracio-*

nal de trauma. Sentimentos e pensamentos do passado ficam ligados ao presente por meio de um *colapso do tempo*, deixando o grupo vitimizado *agora* pelo que aconteceu *naquela época*, no passado distante.[26] Como escreve o estudioso Michael Ignatieff: "Os repórteres nas guerras nos Bálcãs frequentemente observavam que, quando ouviam histórias de atrocidades, às vezes não tinham certeza se elas tinham ocorrido ontem ou em 1941, 1841 ou 1441".[27]

A vertigem é frequentemente a fonte dessa projeção de traumas do passado sobre o presente. Quando se apodera de um grupo inteiro, desperta traumas adormecidos e dores profundamente arraigadas, o que torna a reconciliação algo muito difícil. Mesmo em um conflito interpessoal, a vertigem pode estimular o colapso do tempo e complicar a resolução. No shopping, a esposa do professor invocou as queixas do passado para as circunstâncias atuais, alimentando ressentimentos por negligências que datavam de décadas.

Memórias de um futuro temido consomem você. Como você pode ter memórias do futuro? As memórias não são um artefato das experiências do passado? Nem sempre. Em um conflito de forte carga emocional, você tende a imaginar os piores cenários sobre o que o outro lado pode fazer com você no futuro, como humilhá-lo ou atacá-lo. Se esse cenário imaginado tiver carga emocional suficiente, poderá ficar impresso em sua memória, até que, com o tempo, você esqueça que é algo que inventou. Consequentemente, seu cérebro abriga uma memória autônoma como uma eventualidade assustadora e você experimenta a narrativa lembrada como se ela realmente tivesse ocorrido. Seu futuro temido se torna um passado *de facto*, e essa "realidade" o leva ao Efeito das Tribos. Agora você tem a "prova" de que o outro lado não é de confiança.[28]

Psicologicamente, um trauma escolhido do passado não é diferente da lembrança de um futuro temido; eles causam o mesmo efeito, porque ambos envolvem a incorporação de um cenário emocionalmente significativo em um conflito atual. É possível que um grupo étnico possa entrar em guerra com base em um trauma escolhido de quinhentos anos atrás ou que tema que ocorra daqui a quinhentos anos. Surpreendentemente, nenhum membro do grupo realmente passou por esses eventos. Mas, para eles, é uma história que evoca uma resposta emocional poderosa o suficiente para motivar um chamado às armas.

A vertigem cria uma câmara de eco de sentimentos negativos. Como você mergulha em um sistema fechado de memórias nocivas, questões triviais podem ganhar importância. No Exercício das Tribos, por exemplo, o mundo geralmente explode porque uma tribo se sente excluída. Quando está em jogo a própria sobrevivência do planeta, preocupações sobre a exclusão não deveriam ser um assunto tão significativo. Mas, dentro do reino distorcido da vertigem, a exclusão é uma ameaça potente à identidade da tribo. A discussão sobre a colcha é igualmente trivial, mas, do ponto de vista distorcido da vertigem, a identidade do professor parecia estar sendo prejudicada, aumentando a ressonância da questão.

Livrar-se da vertigem

Se o problema essencial da vertigem é o fato de que restringe sua gama de pensamentos, sentimentos e ações, então, a fim de se libertar dela, é necessário uma estratégia para expandir seu estado de consciência. Isso envolve várias etapas, resumidas no gráfico a seguir.

Obstáculo	Estratégia
1. A vertigem o afeta sem você notar.	1. Esteja consciente dos sintomas da vertigem.
2. A vertigem diminui sua capacidade de autorreflexão.	2. Sacuda seu relacionamento para sair desse estado de transe.
3. A vertigem restringe sua percepção de tempo e espaço.	3. Expanda seu campo de visão.
4. A vertigem o prende nas memórias negativas.	4. Externalize o negativo.

Passo 1: Esteja consciente dos sintomas da vertigem

Enquanto estava na pós-graduação, eu e um bom amigo fomos dirigindo de Boston a Nova York, conversando sobre tudo, desde a paz mundial até as namoradas do jardim de infância. Ficamos tão absorvidos em nossa conversa que, apesar de termos instruções precisas, perdemos a saída da rodovia — e só percebemos que tínhamos feito isso depois de dez minutos. A vertigem opera de maneira semelhante. Como ela diminui sua capacidade de autorreflexão, a realidade presente escapa da consciência. Recuperar essa consciência é fundamental e envolve três estágios:

Primeiro, aprenda a identificar os sintomas da vertigem. Três se destacam:

Você é consumido pelo conflito? Perceba se estiver pensando sobre o conflito mais do que praticamente qualquer outra coisa em sua vida. Você pode estar obcecado com os erros cometidos pela outra pessoa ou estar hipersensível às críticas que ela faz a você.

Você vê o outro como um adversário? Esteja alerta para o perigo de ver o conflito como uma batalha emocional, e não como uma diferença de opiniões.

Você está focado no negativo? Observe se o conflito o leva a refletir sobre eventos dolorosos do passado ou eventos temidos no futuro.

Segundo, pare. No momento em que você perceber que está entrando em vertigem, respire. Então respire de novo. Desacelere. Aguarde até recuperar a perspectiva antes de continuar a discussão.

Terceiro, chame-a pelo nome. O simples ato de nomear a vertigem pode reduzir profundamente o poder dela sobre você. Ao dar um rótulo, você transforma seu redemoinho abstrato de emoções em um "isso" discreto para discutir e superar, reativando sua capacidade de autorreflexão. Quando eu e minha esposa recentemente tivemos uma discussão que ameaçava perder o rumo, ela disse: "Sinto como se estivéssemos entrando em vertigem. Queremos mesmo passar a tarde discutindo?". O simples reconhecimento do início da vertigem nos ajudou a resistir à tentação. Concordamos em discutir o assunto em questão por mais alguns minutos e, se não chegássemos a uma resolução, faríamos uma pausa, o que impediria que nos perdêssemos no espaço confuso entre nós.

Passo 2: Sacuda seu relacionamento para sair desse estado de transe

Às vezes, a única coisa que vai tirar você de um estado de consciência de transe é uma sacudida — um abalo abrupto que reorienta sua percepção do relacionamento com a outra pessoa.[29] A seguir apresento alguns métodos para isso.

Lembre-se do seu propósito. A vertigem o leva a um frenesi de emoções, facilitando a perda de sentimentos defensivos, em vez de abordar questões concretas no centro do conflito. Uma maneira poderosa de sacudir o relacionamento é perguntar a si mesmo: "Qual é o meu propósito neste conflito?". É zombar da outra pessoa ou descobrir maneiras melhores de convivermos bem? À medida que a discussão se desenrola, enfatize as aspirações compartilhadas. Um casal que está se divorciando, por exemplo, pode se beneficiar ao lembrar que seu objetivo conjunto é garantir o bem-estar físico, mental e espiritual de seu filho.

Use o poder da surpresa. Uma segunda estratégia para sacudir seu relacionamento é recorrer ao poder da surpresa. Imagine o que poderia ter acontecido se, durante aquela cena feia no shopping, o professor tivesse deixado de lado seu roteiro de conflito e causado uma surpresa na esposa que eliminasse a raiva que ela sentia. Suponha, por exemplo, que, depois que ela disse que não tinha mais certeza do motivo pelo qual eles se casaram, tivesse respondido: "No meu caso, porque eu te amava. E continuo amando agora. Vamos voltar ao shopping e dar uma olhada na colcha?". A raiva da esposa poderia muito bem ter começado a passar como resposta ao pedido dele. Logo, eles sentiriam o retorno do sentido de perspectiva, junto com a capacidade de pensar racional e generosamente. Eles poderiam até ter rido do absurdo de tudo: uma colcha seria suficiente para separá-los assim?

A sacudida bem posicionada pode ser igualmente eficaz nas relações internacionais. Considere a famosa visita de Sadat, o presidente do Egito, a Israel. Até 1977, nenhum líder árabe havia visitado o Estado judeu. Israel e

Egito travaram quatro guerras, e Israel manteve o controle sobre a Península do Sinai, uma região do Egito que havia capturado no conflito de 1967. Os israelenses tinham pouca esperança de que a paz pudesse existir entre as duas nações. Então, em um ato que surpreendeu o mundo, o presidente Sadat desembarcou no aeroporto Ben Gurion e passou 36 horas em Israel, indo ao Knesset e reunindo-se com os principais líderes. A visita de Sadat fez o público israelense ver os egípcios não como adversários, mas como parceiros, levando a um acordo de paz entre os dois países.[30]

Um pedido de desculpas inesperado pode ser a sacudida mais poderosa de todas. Enquanto o casal discutia no shopping, o professor poderia ter respirado fundo, parado e dito à esposa: "Acabei de falar muitas coisas ruins para você agora. Desculpe. Falei sem pensar". Essa admissão provavelmente a faria parar, surpresa com essa mudança repentina de acontecimentos. Se sentisse que o pedido de desculpas do marido era uma expressão sincera de remorso, o espaço entre eles teria ficado aberto para uma conversa construtiva.

Convocar uma autoridade legítima. Em um café perto de Harvard, há vários anos, vi em primeira mão como explorar o poder da autoridade pode tirar uma pessoa do meio da vertigem. Eu estava sentado em uma mesa, desfrutando de um chocolate quente em uma noite de fim de inverno, debruçado sobre meu laptop escrevendo um artigo, quando notei dois garçons se empurrando. A princípio, pensei que fosse uma brincadeira, até que um dos homens deu um empurrão no outro e eles começaram a trocar golpes. Meu coração disparou quando aquele lugar tipicamente pacífico foi transformado em um ringue de boxe.

Como eu paro isso? Pensei. Separo os dois? Chamo o gerente? Grito algo insano, mas que os distrairia? Anos depois, ainda me lembro que meu impulso, por mais estranho que tenha sido, foi gritar: "Olha, o Jerry Seinfeld está entrando no café!". Seinfeld era a estrela mais popular da televisão na época, e minha intenção era sacudir esses combatentes e tirá-los da vertigem. Mas não falei nada.

Enquanto isso, os garçons continuavam se atacando à vista de todos nós. Sem saber o que fazer, finalmente gritei: "Parem!", e tentei ficar entre eles. Mas os pretensos touros furiosos me ignoraram, dando socos ao meu redor.

Momentos depois, dois policiais entraram no café e, como que por mágica, os dois garçons ficaram congelados. A mera visão de policiais uniformizados imediatamente fez com que lembrassem algumas coisas sobre a lei e as consequências que poderiam sofrer. Eles olharam para os policiais com um medo palpável, e esse medo foi mais do que suficiente para liberá-los da vertigem. Os policiais interrogaram os garçons sobre o incidente e, em três minutos, os antigos adversários trocavam um aperto de mãos.

Para escapar da vertigem, chame uma figura de autoridade mutuamente respeitada: um conselheiro espiritual, mediador, advogado, terapeuta ou chefe de família. Considere o caso dos irmãos de meia-idade que se viram em conflito após a morte da mãe rica e viúva, que deixou um testamento pouco preciso.[31] Era a receita para o desastre tribal: quem deveria ficar com o anel da mamãe? As pinturas na sala de jantar? A casa em que viveram na infância? Quando esses irmãos se encontraram com um mediador, ele viu que já estavam profundamente envolvidos em um caso clássico de vertigem, por isso invocou a única figura de autoridade disponível: a mãe deles. "Se ela estivesse aqui", perguntou ele, "o que *ela* iria querer?" A mãe tinha acalentado a coesão da família e, quando esses irmãos foram lembrados disso, quiseram honrar os valores de sua mãe. O mediador repetia essa pergunta, tirando-os da vertigem sempre que ela estava a ponto de retornar.

Mude de assunto. Um ex-chefe de Estado uma vez compartilhou comigo seu próprio segredo para lidar com crises diplomáticas: "Não mude a mente das pessoas. Mude o assunto". Essa é a quarta estratégia para afastar seu relacionamento da vertigem.

Imagine que o ano é 1996 e você é um funcionário do alto escalão dos Estados Unidos no Oriente Médio. Começa a violência mortal depois que os israelenses abrem um túnel turístico na Cidade Velha, em Jerusalém. Os palestinos alegam que o ato mina o controle árabe da sagrada mesquita Al--Aqsa e suas reivindicações a Jerusalém Oriental como sua futura capital. O que você recomendaria que fosse feito para evitar mais atos de violência?

O embaixador Dennis Ross, então diretor de assuntos do Oriente Médio do Departamento de Estado dos EUA, enfrentou exatamente essa situação. Ele viu sinais de vertigem e percebeu que "as coisas estavam entrando em espiral e poderiam sair de controle".[32] As partes envolvidas reagiam não apenas às circunstâncias atuais, mas também aos traumas escolhidos e aos futuros temidos, o que serviu para reforçar o rótulo de adversários que tinham colocado um no outro. Como Ross observou: "Precisamos de algo para dar a eles espaço para pensar e recuar", então organizou uma cúpula nos Estados Unidos entre o presidente palestino Yasser Arafat e o primeiro-ministro israelense Benjamin Netanyahu. A reunião desviou a atenção da violência retaliatória, direcionando-a para a possibilidade de um acordo mútuo. A vertigem que atingia os dois lados havia sido habilmente subjugada.

Passo 3: *Expanda seu campo de visão*

A vertigem gera claustrofobia emocional; obstrui suas relações com emoções negativas que restringem seu sentido de espaço e tempo. Para escapar da vertigem, você precisa expandir esses dois sentidos.[33]

Amplie seu sentido de espaço

Considere revisar sua orientação física e psicológica em relação ao outro lado para promover relações de cooperação.

Altere seu ambiente físico. A disposição de uma sala de negociação tem um impacto substancial em como as coisas progridem dentro dela. Negociar em um escritório branco estéril é uma experiência muito diferente de conduzir uma discussão em uma sala de estar. Mesmo nas relações internacionais, algumas negociações importantes foram realizadas nas casas dos líderes globais, com crianças correndo para lá e para cá; esses fatores humanizadores ajudaram a manter a vertigem sob controle. Discutir questões em ambientes informais ajuda a se sentir sem restrições pelos limites estreitos das lealdades tribais. Os pequenos detalhes do ambiente são igualmente importantes. Você e o outro lado estão sentados nas extremidades opostas da mesa ou lado a lado, indicando que os dois estão enfrentando o mesmo problema?

Lembro-me de executar uma iteração fascinante do Exercício das Tribos para um conjunto de líderes internacionais, incluindo CEOs globais, especialistas em segurança e autoridades de saúde. Depois que as seis tribos definiram seus atributos tribais únicos, retornaram ao plenário e sentaram-se em círculos separados e condensados. Como sempre, o alienígena chegou e deu seu aviso ameaçador. Mas o que aconteceu depois foi incomum. Um por um, um representante de cada tribo caminhou até a frente da sala e apresentou os valores de sua tribo, transformando o processo de negociação em uma campanha política competitiva entre seis tribos, cada uma disputando os "votos" das outras tribos. A vertigem atacou rapidamente. As tribos poderiam ter se libertado da vertigem, reunindo-se em um grande círculo para negociar suas diferenças ou organizando uma área menor na qual os agentes de cada tribo pudessem fazer uma conferência. As duas soluções teriam ajudado a aumentar a cooperação. Mas, em vez disso, eles escolheram essa estrutura incomum que, sem surpresa, levou à explosão do mundo.

Veja o conflito de um novo ponto de vista. Na vertigem, os problemas em questão podem assumir tal gravidade que recuar da sua posição parece uma derrota esmagadora. Você pode combater isso examinando sua situação de um ponto de vista mais amplo.

Imagine levar uma nave espacial para a Lua, olhar para a Terra e perceber como é pequeno o seu conflito no grande esquema das coisas. Frank White, um colega de Harvard, estudou a psicologia dos astronautas e descobriu que, depois que voltam à Terra, acontece uma profunda mudança cognitiva em sua visão das relações humanas: para eles, todos os problemas do mundo parecem secundários em relação ao objetivo de abraçar a Terra como um todo. Ele chama essa perspectiva expansiva de *efeito visão geral*.[34] Mesmo se você nunca chegar ao espaço, ainda poderá se beneficiar desse exercício em perspectiva.

Você também pode mudar seu ponto de vista de maneiras mais modestas. Imagine que seu conflito é um edifício de doze andares e os dois lados em disputa estão no último andar. Lá em cima a situação é intensa, angustiante, um turbilhão emocional. Agora imagine dizer à outra parte em seu conflito que espere lá no 12º andar por alguns minutos. Você entra no elevador. Enquanto desce, andar por andar, respira fundo e sente a calma que sente ao expirar. Começa a perceber os sentimentos de vulnerabilidade da outra pessoa e pode apreciar melhor os seus. Quando chega ao térreo, entende mais claramente a contribuição de cada lado para o conflito. Agora aperte o botão para voltar ao 12º andar e terminar sua conversa.

Reoriente seu sentido de tempo

Uma maneira final de expandir seu campo de visão é ampliar a maneira como você aborda o tempo.

Desacelere. Como a vertigem causa uma cadeia de emoções reativas, pode ser útil diminuir o ritmo da conversa e apenas ouvir — não para registrar ataques, mas para detectar emoções subjacentes. Você também pode diminuir a velocidade da comunicação: aguarde algumas horas antes de responder ao e-mail que o irritou. Fale mais devagar, lembrando-se de esperar um momento antes de responder. Ou, se estiver envolvido em uma conversa prolongada, faça pausas periódicas para manter alguma distância entre o conflito e suas emoções.

Avance rápido. No exemplo do nosso shopping, o professor poderia ter dito à esposa: "Finja que viajamos dez anos no futuro e estamos olhando para trás nessa briga sobre a colcha. Que conselho você acha que essas versões mais antigas e sábias de nós mesmos nos dariam?".

Eu usei essa técnica de avanço rápido há vários anos ao projetar e copromover um workshop de negociação privado para negociadores israelenses e palestinos. Em vez de pedir que discutissem maneiras de romper o impasse — o que os levaria rapidamente a um estado de vertigem —, eu os desafiei a imaginar como seria um estado pacífico de convivência entre eles daqui a vinte anos, de uma perspectiva econômica, social e política. Essa pergunta transformou um potencial campo de batalha em uma sessão de *brainstorming* colaborativo. Prever um futuro específico tornou esse futuro mais tangível do que os medos abstratos provocados pela vertigem. Aquela sessão plantou as sementes de uma grande iniciativa de paz.

Rebobine. Quando eu e minha esposa entramos em conflito, a vertigem regularmente nos tenta a transformar um argumento de curta duração em um fiasco de longo prazo. Nessas ocasiões, lembro-me de nosso relacionamento em seus momentos mais felizes: a primeira vez que flertei com ela, o dia em que nos casamos em Block Island, como é bom rir das piadas absurdas de nossos três filhos. Essas lembranças abrem espaço em minha mente para decidir se quero seguir o caminho da vertigem — e quase sempre prefiro não o seguir.

Digo "quase sempre" por duas razões: primeiro, sou humano, e às vezes a força da vertigem é forte demais para resistir. Segundo, a vertigem, quando adequadamente controlada, às vezes tem seus méritos. Por exemplo, você pode pensar consigo mesmo: *Estou sentindo vertigem agora, mas é bom me expressar.* Por mais valioso que possa ser em determinado momento, recomendo que você defina um prazo para sair dela: *Vou olhar para meu relógio e, em dez minutos, vou propor uma pausa.* Embora essa deliberação de propósito possa parecer antinatural, ela ajuda a estabelecer um mecanismo importante para romper o controle da vertigem sobre seu senso de tempo.

Passo 4: Externalize o negativo

Você precisa de uma estratégia para combater o foco obsessivo da vertigem sobre o negativo — que permita revelar emoções angustiantes sem se deleitar nelas. Mas como você formula uma?

Nomeie a dinâmica

Oscar Wilde observou certa vez que "o homem é menos ele mesmo quando fala por si só; dê a ele uma máscara e, então, falará a verdade".[35] Em um conflito, falar diretamente sobre emoções angustiantes pode parecer combativo, especialmente se você sentir sua dor como resultado das palavras ou do comportamento do outro. Você precisa de uma técnica que permita falar sobre obstáculos emocionais sem falar especificamente sobre emoções — em outras palavras, para ajudá-lo a ter uma conversa direta de maneira indireta.

Você precisa *externalizar o negativo* — isto é, usar a comunicação simbólica para discutir as forças emocionais pesando sobre seu relacionamento.

Em vez de reagir à dinâmica conflituosa em jogo em uma conversa e seguir direto para a vertigem, você pode identificar essas dinâmicas e criar estratégias em voz alta sobre a melhor forma de lidar com elas. Ao objetivar sua experiência subjetiva, você dá um nome e uma realidade concreta às forças intangíveis que impelem seu conflito.[36]

Um estudo de caso: Zachary e o lado sombrio

Quando meu filho mais novo, Liam, era bebê, meu filho do meio, Zachary, então com seis anos, lutava para encontrar seu lugar na hierarquia dos irmãos. Ele começou a agir muito agressivamente contra seus dois irmãos. Em vez de punir Zachary por expressar o que eu sabia ser um verdadeiro descontentamento emocional, tentei ajudá-lo a externalizar sua experiência emocional para que pudesse lidar melhor com ela. Um sábado de manhã, sentei-me com ele no sofá.

"Eu e a mamãe notamos como você está tratando mal seus irmãos", disse a ele. "Também notamos que nos últimos dias você empurrou Noah e o pequeno Liam. Não é o Zachary que conhecemos. Como devemos chamar o sentimento que faz você querer empurrar seus irmãos? Você conhece algum personagem de desenho animado que possa descrever o sentimento? Ou uma cor? Ou alguma outra coisa?"

Ele pensou um pouco e então, tendo acabado de ler um livro sobre *Guerra nas Estrelas*, soltou: "O lado sombrio!".

"Ótimo!", falei. "E o que você deve fazer se sentir que ele está começando a assumir o controle?"

"Pegar um sabre de luz... e lutar contra ele!"

"Boa ideia. E como você vai fazer isso?"

Ele sorriu, fingindo ter um sabre de luz nas mãos. "Assim!", disse ele com um sorriso, antes de correr para brincar lá fora com os irmãos. Olhei pela janela para observá-los e poucos momentos depois vi Zachary novamente empurrando o irmão mais novo.

Saí no quintal e perguntei: "Zachary, o que aconteceu?".

"Nada", disse ele com culpa.

"Você empurrou o Liam?"

"Empurrei", ele admitiu.

"O lado sombrio dominou você?"

Referir-me às suas emoções dessa maneira me permitia resolver o problema sem fazê-lo se sentir atacado ou castigado.

"Sim", respondeu ele com a voz baixa.

"Você vai se esforçar mais para lutar contra ele?", perguntei.

"Vou", respondeu ele com um sorriso tímido.

Mais tarde naquele dia, Zachary veio correndo até mim. "Papai, adivinha!", disse ele. "O lado sombrio queria que eu empurrasse o Liam, mas eu usei meu autocontrole!"

Ele estava orgulhoso de si mesmo, e eu estava orgulhoso dele. O que poderia ter sido uma situação punitiva se transformou em uma oportunidade de aprendizado que acabou beneficiando não apenas Zachary, mas toda a nossa família.

Externalizar o negativo é uma técnica útil em uma ampla gama de situações de conflito. O processo é quádruplo: primeiro, visualize uma cena típica do seu conflito, como a briga de Zachary com seus irmãos. Segundo, lembre-se dos sentimentos dominantes que o levaram a ter relações antagônicas. Não há necessidade de identificar emoções precisas — apenas lembre-se do sentimento geral que tomou conta de você. No caso de Zachary, um impulso agressivo o dominava. Terceiro, escolha uma metáfora para descrever esse sentimento, como Zachary fez com "o lado sombrio". Por fim, imagine essa dinâmica sentada em uma cadeira próxima e crie estratégias para o seu relacionamento com ela. Considere o que a leva a aparecer e decida como vai lidar com isso. Zachary percebeu que seu lado sombrio surgia quando seus irmãos o excluíam e decidiu que usaria seu autocontrole para resistir. Sua estratégia funcionou. O lado sombrio tornou-se uma força tangível fora dele, com a qual agora podia lutar e finalmente derrotar.

Resumindo

A vertigem nos ajuda a entender por que os cônjuges acabam aos gritos e os colegas rapidamente se voltam um contra o outro em uma disputa acirrada. Essa condição emocional afeta tanto nossa psique que até a questão mais trivial pode evoluir para um conflito sério. Mas, ao tomar consciência dos sintomas da vertigem, você pode se proteger. E se estiver no controle, lembre-se de voltar a uma mentalidade mais colaborativa e descobrirá que lidar com um conflito de forte carga emocional é infinitamente mais fácil.

Obviamente, seus problemas não terminaram, pois quatro outras tentações também disputam o controle de sua mente tribal.

Tabela de aplicação pessoal

1. Até que ponto você está consumido no seu conflito?

   1   2   3   4   5   6   7   8   9   10
   (livre de vertigem)   (mergulhado na vertigem)

2. Você está sendo consumido por quais pensamentos e sentimentos?

3. Como você pode impedir que a vertigem o consuma? Por exemplo, você poderia lembrar seu propósito, sacudir o relacionamento ou externalizar o negativo?

4. O que você pode falar ou fazer para impedir que o outro lado caia na vertigem?

6. Resista à Compulsão à Repetição

Somos, todos nós, criaturas da compulsão à repetição.[1]
— DANIEL SHAPIRO,
NEGOCIANDO O INEGOCIÁVEL

Somos, todos nós, criaturas da compulsão à repetição.
— DANIEL SHAPIRO,
NEGOCIANDO O INEGOCIÁVEL

No filme *Tempos modernos*, Charlie Chaplin entra em um barraco e, quando fecha a porta da frente, uma madeira balança e cai sobre sua cabeça. A mesma cena se repete diariamente: Chaplin entra, fecha a porta e recebe um golpe. Então, um dia, Chaplin entra e a madeira fica parada. Ele olha para cima, perturbado, depois reabre a porta e a fecha com força. A madeira cai sobre ele. *Agora* ele pode continuar com sua vida.[2]

A experiência de Chaplin ilustra uma das forças mais poderosas que leva as pessoas ao conflito: a compulsão à repetição. Essa força obriga a reconstituição dos mesmos padrões de comportamento diversas vezes.[3] Os problemas em si podem mudar — talvez você discorde de seu cônjuge sobre as finanças hoje e as divisões das tarefas domésticas amanhã — mas a dinâmica subjacente permanece estática de uma forma enlouquecedora. No nível internacional, a compulsão à repetição leva os grupos etnopolíticos rivais a se envolverem em uma série interminável de confrontos, à medida que o mundo olha e lamenta: "Eles nunca mudarão".

Talvez mais perturbadora, a compulsão à repetição inconscientemente o estimula a recriar as *condições* que produzem um conflito recorrente. Efetivamente pode transformá-lo em um autossabotador, implantando em você um desejo irresistível de reconstituir as dores do passado e convencendo-o de que, assim como Chaplin, precisa que aquela madeira acerte sua cabeça mais uma vez.

Mas por que somos propensos a esse comportamento? E, mais importante, como podemos nos livrar dessa compulsão?

Neste capítulo, exploraremos a natureza da compulsão à repetição no que se refere à resolução de conflitos — baseando-nos em conceitos da psicanálise, da neurociência, do tratamento cognitivo-comportamental, da cognição social, da etologia e da teoria relacional — e um método de quatro passos projetado para ajudá-lo a se libertar dessa compulsão.

A ANATOMIA DA COMPULSÃO À REPETIÇÃO

A repetição é um aspecto fundamental da vida humana. Você acorda no mesmo horário todas as manhãs, come os mesmos tipos de comida e ri dos mesmos tipos de piadas. Alguns comportamentos repetitivos são úteis — mas outros, como a compulsão à repetição, podem causar danos.

Sigmund Freud de início assumiu que os seres humanos são fundamentalmente guiados pelo *princípio do prazer*, o que os leva a buscar prazer e evitar a dor. Essa teoria fazia sentido — até Freud encontrar uma série de paradoxos. Por que, ele se perguntou, algumas pessoas se envolvem repetidamente em relacionamentos que terminam em "desprazer"?[4] É um mero acidente que todos os amigos de um indivíduo o acabem traindo? Que todos os seus protegidos o abandonem com raiva? Que seus relacionamentos românticos sempre comecem de forma incrível, mas fracassem depois de três meses? Freud concebeu a compulsão à repetição como uma maneira de explicar essa "força demoníaca" que é "mais primitiva, mais elementar, mais instintiva do que o princípio do prazer que ele substitui".[5]

Vejo a compulsão à repetição como um *padrão de comportamento disfuncional que você se sente motivado a repetir*. É uma forma mais complexa de hábito, que ganha vida quando um estímulo produz uma resposta desejada.[6] (Por exemplo, você sente ansiedade por cafeína, por isso entra sem pensar em uma cafeteria e pede um café. O estímulo produz a resposta que você desejava — e logo você desenvolve um hábito sério de tomar café expresso.) A compulsão à repetição é mais profunda, tentando-o a repetir o que você preferiria não repetir.[7] Você involuntariamente se coloca em uma situação autodestrutiva, repetindo de modo inconsciente um padrão de comportamento antigo, enquanto assume que é o produto da circunstância atual.[8]

Para se libertar da compulsão à repetição, é importante primeiro entender como isso distorce suas percepções durante um conflito.

Primeiro, você sofre uma ferida emocional. Quando sua identidade é violada — seja por agressão, abuso ou mudança catastrófica nas circunstâncias —, a experiência deixa uma ferida emocional dolorosa. Considere a experiência da minha amiga Jen. Quando ela tinha sete anos, seu pai saiu de casa e nunca mais voltou. Seu abandono a afetou profundamente e deu origem a uma cicatriz emocional duradoura. Quando era criança, ela brincava ao ar livre com os amigos, mas olhava o tempo todo para o começo da rua, esperando ver o carro do pai se aproximando. Ele nunca apareceu.

Segundo, você manda as emoções dolorosas para o exílio no seu inconsciente. Você prende essas emoções em uma cela dentro dos corredores da sua mente, esperando nunca mais vê-las. Quando conheci Jen, ela tinha trinta anos, mas o abandono de seu pai continuava sendo o evento mais doloroso de sua vida. Ela nunca procurou terapia, no entanto, e raramente discutia sua infância com os amigos, limitando sua tristeza, vergonha e raiva dentro daquela câmara em seu inconsciente, fingindo que essas emoções não existiam.

Terceiro, você é hipervigilante a qualquer estímulo que possa produzir uma ferida emocional semelhante. Embora Jen tenha reprimido suas emoções, elas se recusaram a ficar isoladas em seu inconsciente. Elas chutavam as paredes, batiam no teto e gritavam sem parar. Sempre que ela inconscientemente detectava uma situação de conflito em sua vida que sugeria, mesmo de forma modesta, abandono, ela recorria à única experiência que conhecia. Apesar das evidências em contrário, ela acreditava firmemente que seu marido iria trai-la, seu chefe a demitiria e sua melhor amiga terminaria a amizade. Em todas essas situações, Jen se mostrava como vítima da deserção. A dor de sua ferida na infância ressurgia regularmente, transformando até conflitos não relacionados em cenários dolorosamente familiares.

Quarto, você inconscientemente tenta aliviar seus sentimentos dolorosos. Embora a maneira mais eficaz de lidar com emoções dolorosas seja desenterrá-las e encará-las, enfrentá-las pode ser assustador. A compulsão à repetição oferece uma rota alternativa — tenta ajudá-lo a dominá-las sem lidar diretamente com elas.[9]

No entanto, tem eficácia limitada, porque restringe seu repertório comportamental. Por um lado, a compulsão à repetição pode encorajá-lo inconscientemente a "simular" emoções dolorosas, repetindo as mesmas condições que o magoaram inicialmente com a esperança de que *desta vez* você vai "dominar" seu trauma antigo. Sempre que o marido de Jen viajava a negócios, ela se sentia profundamente abandonada e, quando ele voltava para casa, brigavam com intensidade incomum, com a esperança secreta de que *desta vez* ela seria capaz de ter o controle da situação.[10] Mas é claro que quanto mais ela gritava, mais distanciava seu marido, o que levava repetidamente ao mesmo abandono que ela tanto temia.

Por outro lado, você pode evitar situações em que suas emoções reprimidas surgirão. Por exemplo, Jen permanecia alerta a qualquer contexto em que alguém pudesse abandoná-la. Quando acreditava ter identificado tal perspectiva, adotava medidas preventivas, distanciando-se antes que a outra pessoa pudesse fazer o mesmo com ela. O resultado desse recuo prematuro era previsível: suas amigas se sentiam rejeitadas — e a abandonavam. Mais uma vez, Jen recriou as próprias circunstâncias do abandono que estava tentando dominar.

Embora a compulsão à repetição possa causar um sofrimento contínuo devido à sua natureza autodestrutiva, ela é, em alguns aspectos, bem-intencionada e uma parte necessária do processo de cura.[11] Isso faz você pensar: *Eu realmente preciso suportar essa dor de novo?* E, por fim, é exatamente essa pergunta que o ajudará a deter a compulsão à repetição.

Possível narrativa a usar	Ansiedade				
	Ciúme				
	Abandono	X	X	X	X
		Briga com o marido	Briga com os amigos	Briga com a mãe	Briga com o colega de trabalho
	Circunstância					

Barreiras para a libertação

Você pode se encontrar à mercê da compulsão à repetição, lutando contra um inimigo aparentemente invencível. Várias características da compulsão à repetição fazem com que ela pareça quase impossível de derrotar.

1. *A compulsão à repetição acontece automaticamente*

Como a compulsão à repetição opera fora da consciência, você tende a repetir o mesmo velho conflito —, mas não sabe que está fazendo isso. Aqueles com quem você interage, enquanto isso, estão repetindo as compulsões pela repetição deles mesmos.[12] Juntos, vocês criam um ciclo de discórdia baseado tanto em cada um de seus medos independentes quanto em fatos objetivos.

Depois que Jen se casou, ela e o marido, Mark, procuraram resolver algumas questões no casamento. Eles discutiam por tudo, desde o melhor momento para jantar até como as finanças da família deveriam ser gerenciadas. Em um de seus conflitos típicos, Mark podia abrir um extrato do cartão de crédito, virar para Jen e dizer: "Precisamos ter mais cuidado com as finanças". Ela encararia isso como uma acusação, uma invasão de sua autonomia e responderia: "Concordo — e podemos começar cortando todos os brinquedos tecnológicos que *você* compra!". Então Mark e Jen ficariam com raiva, inconscientemente entrando em um padrão que eles conheciam muito bem.

2. *A compulsão à repetição parece resistente à educação*[13]

Enquanto a conscientização da *vertigem* ajuda a ver além, a consciência de que você está enredado na *compulsão à repetição* faz pouco para ajudá-lo a se libertar dela. Jen e Mark estavam bem cientes de sua tendência a cair em brigas recorrentes de duas horas, mas reconhecer isso diretamente não ajudou a desestimular a repetição. Quando Jen percebia uma batalha iminente, às vezes implorava para que mudassem de rumo.

"Espere!", dizia ela. "Isso está saindo de controle. Você realmente quer voltar à mesma briga de sempre?"

Mark estreitava os olhos: "Por que você está colocando a culpa em *mim*?".

"Só estou tentando nos ajudar, Mark!", insistia Jen. "Foi *você* quem começou!"

"Como assim, *eu* comecei?"

A tentação persuasiva da compulsão à repetição superava o conhecimento de sua futilidade por ambos os cônjuges. Eles estavam conscientes de que tinham caído nas garras dela, mas se sentiam impotentes para vencê-la.

3. *A compulsão à repetição assume o controle de seus sentimentos*

A compulsão à repetição o afasta das realidades emocionais do seu conflito atual, fazendo com que reconheça um padrão de comportamento passado *com a convicção completa de que seu conflito atual é determinado apenas pelas circunstâncias atuais.*[14] Você não diferencia mais as memórias passadas da realidade presente, resultando em um "sistema de sentimentos" quebrado que não pode manter uma presença emocional completa.[15] embora você se sinta presente no momento, está, na verdade, vivendo o passado.

No momento em que sua identidade se sente ameaçada, sua ansiedade aumenta — e a compulsão à repetição entra em cena para reduzir esse mal-estar. Você atua como um marionetista, controlando sua experiência emocional e tornando-se efetivamente passivo. Experimenta sentimentos como coisas que acontecem com você, entidades fora do seu controle, como se fosse "atraído por algum fogo fatal".[16] Era isso que acontecia com Jen e Mark, que tentaram várias vezes conversar com calma, ouvir o outro e resolver problemas, em vez de sucumbir à hostilidade usual. Mas, mesmo quando conseguiram resolver um conflito de maneira amigável, admitiram sentir um desejo persistente de voltar aos velhos hábitos, como se tivessem negócios emocionais inacabados para concluir. A compulsão à repetição tentou que voltassem a seus padrões conhecidos.[17]

4. A *compulsão à repetição parece enraizada*

Um dos maiores equívocos a respeito da compulsão à repetição é que essas reações autodestrutivas podem simplesmente ser "desaprendidas". O problema é que esse comportamento parece arraigado, parte integrante do que faz você ser *você*. Como poderia desaprender aquilo que em parte o define? Quando Mark tentou, de boa-fé, ajudar Jen a se livrar de seus medos de abandono, ela retrucou: "Eu sou quem eu sou — e não vou mudar! Por que não pode simplesmente me aceitar como eu sou?".

A Libertação

Se você não pode desaprender a compulsão à repetição, está destinado a repeti-la para sempre? Não. Para recuperar o controle de seu destino emocional, você pode adotar uma estratégia de quatro passos que aborda cada uma das principais dificuldades da compulsão à repetição.[18]

> **ESTRATÉGIA PARA QUEBRAR A COMPULSÃO À REPETIÇÃO**
>
> 1. Perceba a compulsão à repetição o mais cedo possível.
> 2. Resista à tentação de repetir os mesmos padrões.
> 3. Recupere o poder sobre seus sentimentos.
> 4. Acrescente uma nova rotina ao seu repertório.

1. Perceba a compulsão à repetição o mais cedo possível: O método GCI

Assim como é mais fácil para a polícia capturar um assaltante de banco se tiverem uma foto dele, você será mais eficaz em deter a compulsão à repetição com uma foto do seu padrão típico de conflito.

Comece por identificar um relacionamento que repetidamente entra em tensão com um conflito. Você briga várias vezes com seu cônjuge, seus filhos ou um colega? O conflito é inevitável — você pode esperar ter diferenças com outras pessoas —, então procure especificamente padrões de confusão recorrentes, situações nas quais você evita repetidamente, confronta, acusa, culpa ou sabota uma solução direta. Se você continuar tendo o mesmo tipo de desacordo com os mesmos resultados insatisfatórios, é provável que a compulsão à repetição esteja em jogo.

Depois de identificar esse conflito recorrente, mapeie o padrão-chave que você tende a repetir, incluindo o gatilho, o ciclo de discórdia e o impacto ("o método GCI").[19] A consciência desse padrão permite que você impeça sua repetição. A tabela na página 85 fornece um guia para que você comece.

a) Gatilho

Para determinar o gatilho do seu conflito, pergunte-se que comportamentos ou eventos específicos instigaram a tensão. Você não foi convidado para o casamento de um membro da família? Seu parceiro de negócios desistiu de um contrato? Sua organização política foi excluída de uma conferência econômica regional? O conflito é frequentemente visto como a confluência de grandes forças, mas mesmo um pequeno ataque pode servir como um gatilho potente. No caso de Mark e Jen, as divergências mais duras costumavam ocorrer quando Mark voltava de uma viagem de negócios, deixando Jen sozinha em casa por dias, sentindo-se profundamente abandonada.

b) Ciclo de discórdia

Um gatilho o lança para o que eu chamo de ciclo de discórdia, o que faz com que você reconheça um padrão contraproducente de conflito. Examine esse padrão: quem entra em confronto com quem? Por quê? Quem primeiro tenta resolver o conflito? Quando? Como termina o conflito? Seu ciclo de discórdia tende a permanecer o mesmo; é improvável que a maneira como você briga com seu cônjuge ou chefe mude de um dia para o outro. Isso significa que é previsível, e como é previsível, você pode aprender a reconhecê-lo. Se você aprender a reconhecê-lo, poderá trabalhar para alterá-lo.

O ciclo de discórdia funciona como uma cadeia química volátil: uma ação gera outra, e outra, e assim por diante, levando a um resultado explosivo. Mas, como essa cadeia segue uma sequência regular, você pode interpor uma nova ação em qualquer ponto e afetar o ciclo inteiro. Da mesma forma, em um conflito, pequenas mudanças em qualquer estágio do desacordo podem significar a diferença entre um diálogo construtivo e uma discussão explosiva.

Para mapear o ciclo de discórdia, faça um gráfico da essência do que normalmente acontece depois que o conflito é desencadeado, fazendo três perguntas:

1. Quem diz ou faz o quê?
2. Como a outra pessoa responde?
3. Por quê? Continue fazendo essas perguntas até obter uma imagem completa do ciclo de discórdia. Você pode até tentar observar o ciclo enquanto está no meio dele, observando seu padrão de comportamento e sentimentos em desenvolvimento; imediatamente depois, registre o que descobriu.

Depois de mapear seu ciclo de discórdia, dê um nome a ele. Tal como acontece com a vertigem, atribuir um rótulo à dinâmica permite externalizá-

-la e confrontá-la. Mark e Jen deram o nome de "Pirraça de Viagem", um aceno para o gatilho típico de seus conflitos: quando Mark volta de uma viagem de negócios.

c) Impacto

Para entender o impacto do seu conflito, examine o efeito no seu relacionamento e na sua capacidade de fazer as coisas. Você pode se surpreender com o custo que o conflito impõe em sua vida.

Alguns anos atrás, fiz uma consultoria para uma empresa regional na qual a produtividade havia sofrido um declínio recente. Ao entrevistar executivos de toda a organização, surgiu um tema: os conflitos surgiam regularmente porque os funcionários se sentiam hipercriticados, desvalorizados e subservientes. O custo dessa cultura tóxica para a empresa era imenso: os executivos procuravam empregos em outros lugares, trabalhavam sem ânimo e não se entusiasmavam em ir ao escritório. Ao ser informada dessas descobertas, a liderança da empresa iniciou um treinamento de negociação em toda a organização para melhorar a camaradagem e capacitar os funcionários em todos os níveis. Os resultados foram impressionantes. Um programa intensivo de vários anos transformou positivamente a cultura corporativa, melhorou a maneira como os funcionários lidavam com os conflitos e aumentou os resultados. Nada disso teria acontecido se não fosse a avaliação inicial que documenta o impacto negativo do conflito na empresa.

Mantenha seu mapa em mente

Agora que você tem um mapa de sua compulsão à repetição, seja cuidadoso ao usá-lo, mantendo-se consciente de seus gatilhos, do seu ciclo de discórdia e das consequências típicas. Uma ferramenta simples para ajudá-lo é sensibilizar-se com o que o neurocientista Antonio Damasio chama de "marcadores somáticos"[20] — as ondas de desconforto que ocorrem quando uma determinada situação é percebida como semelhante a uma ameaça anterior. Monitore esses sentimentos — eles são a maneira como seu corpo o informa de um perigo em potencial.[21] Esse desconforto que você sente pode ser uma dica de que você está prestes a reencenar a compulsão à repetição.

2. Resista à tentação de repetir os mesmos padrões

A força motriz da compulsão à repetição é o que chamo de *tentação da compulsão*, o desejo principal de levá-lo a repetir seu padrão de comportamento. Para se libertar da compulsão à repetição, você precisa estar ciente da tentação da compulsão e reconhecer seu poder — sem ceder.[22]

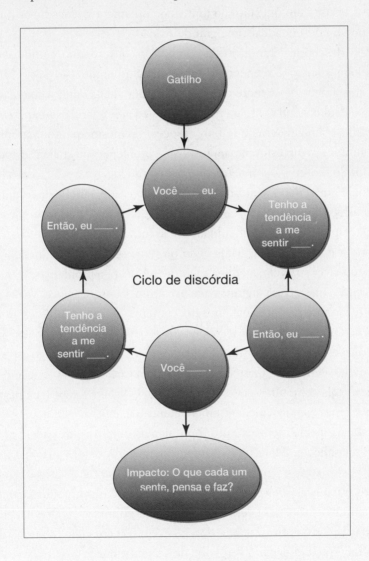

Procure pela Tentação da Compulsão

O ciclo de discórdia normalmente começa quando você se sente maltratado em relação a um problema pessoal muito sensível, como rejeição, abandono, desamparo ou emasculação. Essas questões são "profundas" porque se estendem além das preocupações superficiais específicas do conflito em questão. Se o assunto em questão são limites ou orçamentos, mesmo as menores coisas podem desencadear uma grande reação.

Para descobrir a tentação da compulsão, observe um comportamento disfuncional que você reencena sempre em um conflito — raiva excessiva, medo, afastamento — e tente entender as razões subjacentes à sua reação. O professor Paul Russell compara esse processo a aprender a esquiar.[23] Imagine descer uma colina íngreme e sempre tropeçar no mesmo ponto. Seu instrutor faz perguntas em um esforço para resolver o problema: "Você fica se apoiando no tornozelo direito — já machucou o esquerdo alguma vez? Existe algo naquele local que o deixa ansioso?". Russell sugere que, embora sua luta possa parecer arbitrária a princípio, em algum momento "deixa de ser simplesmente um espaço persistente de dificuldades e se torna uma disfunção sistemática que aponta para o trauma. Mais cedo ou mais tarde, se o indivíduo quiser esquiar, ou viver sua vida, a colina íngreme mostrará o problema".[24]

Faça a si mesmo as perguntas que o instrutor de esqui coloca. Você cria um padrão recorrente disfuncional em seus conflitos — deixando de escutar, evitando a conexão ou sabotando a cooperação? No momento em que esse padrão ocorre, algo está ameaçando sua identidade? Você tem medo de algo específico? Preste muita atenção às questões que geram emoções fortes, que sugerem que a tentação pela compulsão pode estar próxima. Consulte a tabela na página 88 para problemas comuns que consomem atenção durante o conflito.

Esteja especialmente atento a problemas ocultos que podem ser difíceis de reconhecer. Mark, por exemplo, percebeu que em suas brigas com Jen ele costumava se sentir emasculado. Jen era dura e decisiva, fazendo-o sentir-se fraco e pequeno, o que o levava a compensar gritando com força, algo que nunca fazia, para demonstrar sua "masculinidade". Depois, ele analisou suas ações objetivamente e entendeu que o verdadeiro objetivo de seu comportamento era evitar a vergonha de se sentir fraco.

Reconheça a tentação da compulsão — sem sucumbir a ela

Depois de identificar um problema profundamente sensível que o leva ao conflito, imagine esse problema sentado à mesa à sua frente. Aceite-o como algo real, um objeto tangível. Quando você reconhecê-lo no conflito seguinte, permita-se sentir toda a força emocional dele arrastando você. Em vez de sucumbir a ela, observe todas as emoções que ela está estimulando dentro de você — seja ansiedade, medo, raiva ou vergonha.[25] Suas emoções são exatamente isso: apenas emoções. Você tem poder para responder a elas como quiser.

Mark aprendeu isso em primeira mão. Ao discutir com Jen, ele sentia a necessidade de ser forte e gritar como um "homem de verdade". Ele examinou seus sentimentos de vergonha, constrangimento e ressentimento, olhou-os com compaixão e aceitou o poder que exercem. Ficou surpreso com a força da tentação da compulsão, mas, em vez de reagir com agressão, ele avaliou essa experiência interior sem julgamento e conseguiu controlá-la. Ele não sucumbiu.

A TENTAÇÃO DA COMPULSÃO

Você está sempre com medo de se sentir...

- Abandonado
- Alienado
- Dependente
- Emasculado
- Vazio
- Enredado
- Desamparado
- Inferior

- Insignificante
- Tratado com indulgência
- Impotente
- Rejeitado
- Subordinado
- Usado
- Fraco
- Inútil

A tentação da compulsão é uma questão profundamente sensível que permeia repetidamente seu conflito.

3. *Recupere o poder sobre seus sentimentos*

Para responder com sinceridade às circunstâncias atuais, em vez de implantar um roteiro preestabelecido, você precisa esclarecer os contornos emocionais do seu conflito, os sentimentos laterais não relacionados ao problema em questão e trabalhar para curar feridas antigas.

Esclareça os contornos emocionais do seu conflito atual

Embora algumas de suas emoções sejam sem dúvida agitadas pelas circunstâncias do seu conflito atual, outras provavelmente serão um produto da compulsão à repetição. Para detectar estas últimas, faça três perguntas importantes a si:[26]

- *Essas questões são minhas ou são suas?* Perceba o que leva cada um de vocês a entrar em conflito.
- *Isso é agora ou é do passado?* Sintonize as feridas passadas que afetam sua experiência atual.
- *Eu fiz isso ou foi você?* Observe o que cada um contribuiu para o conflito — e se alguém está sendo injustamente culpado.

Deixe de lado sentimentos estranhos

Depois de esclarecer os contornos do seu conflito atual, separe os sentimentos extrínsecos — aqueles baseados em dores do passado. Imagine seu conflito como um jogo de futebol e permita apenas que duas equipes entrem em campo: você e o outro lado. Se os jogadores do seu passado reaparecerem — rejeição, abandono, inferioridade —, mande-os de volta ao banco. Eles não fazem parte do seu conflito atual. Podem assistir ao jogo, mas não podem participar.

Se essas emoções persistirem, confronte-as diretamente: *Você não é parte deste conflito! Sei que está preocupado com que eu possa ser rejeitado novamente e agradeço sua preocupação, mas agora você está no banco.* Mantenha-se firme. Depois que seu conflito for resolvido, decida se deve ou não se aprofundar nos sentimentos estranhos que se revelaram ao longo do processo.

Jen reconheceu sua tendência a se sentir abandonada quando Mark viajava e prometeu controlar seu medo de abandono. Toda vez que Mark chegava em casa de uma viagem, ela e Mark sabiam que teriam que trabalhar duro para não voltar a um ciclo de discórdia. Jen assumiu o controle de suas emoções, separando a dor do passado (o abandono do pai) da sensação de perda durante as viagens de negócios do marido. Ela admitiu sentir a tentação da compulsão que a empurrava a reagir com raiva ao "abandono" dela e dos filhos por Mark durante uma semana. Mas, em vez de agir, ela abordou sua raiva direta e simplesmente: *A viagem de Mark ajuda a sustentar nossa família*, dizia para si mesma. *É diferente do abandono do meu pai*. Com tempo, paciência e muito trabalho, sua compulsão à repetição desapareceu.

Trabalhe as feridas emocionais

Jen descobriu uma maneira eficaz de lidar com sua ferida emocional: ela percebeu seus sentimentos de abandono e os deixou de lado em seus conflitos com Mark, quebrando assim o controle da compulsão à repetição. Mas a dor da própria ferida continuou existindo, pois ela ainda mantinha um profundo ressentimento pelo pai. Para vencer essa dor e recuperar totalmente o poder sobre suas emoções, ela precisava lidar com sua ferida emocional.

Esse processo requer compromisso e coragem. Pode ser feito com o apoio de um bom amigo ou profissional de cura, ou mesmo por meio de atividades criativas, como escrever um diário, pintar ou tocar música. Se você se sentir pronto para mergulhar em sua dor, em um esforço para liberá-la, aqui estão alguns passos básicos que oferecem um ponto útil para começar.

Primeiro, identifique um problema profundamente sensível que desencadeia repetidamente emoções fortes, como medo de rejeição, abandono ou inferioridade. Revise o gráfico na página 85 para ajudá-lo a identificar uma tentação da compulsão que regularmente o leva a entrar em conflito.

Segundo, trace as origens desse problema. Onde sua sensibilidade à rejeição ou subordinação teve início? Comece pensando em sua infância. Quando você se sentiu assim? Obviamente, nem todas as sensibilidades se desenvolvem no início da vida. Se seu ex-cônjuge foi infiel, por exemplo, você pode estar constantemente lidando com questões de lealdade em seus relacionamentos íntimos. Problemas emocionalmente sensíveis podem muitas vezes criar raízes em nível grupal também. O Holocausto deixou uma marca indelével de hipersensibilidade na experiência judaica de segurança.

Terceiro, explore sentimentos dolorosos que acompanham a ferida. Para Jen, uma série de emoções dolorosas estavam ligadas ao seu medo do abandono. Ela se sentou com uma amiga de confiança e começou um doloroso processo de tentar entender e aceitar essas emoções. Entrar nesse espaço emocional parecia assustador para ela. Por isso deu a si mesma permissão para entrar naquele lugar assustador e sair quando quisesse. Em seguida, sentou-se com seu medo do abandono, deu um nome às emoções dominantes que surgiram e articulou a mensagem que cada emoção transmitia a ela. Mergulhou em seus sentimentos de raiva, insegurança e medo de intimidade, perguntando com uma voz envergonhada: "Sou digna de amor?". Ela tinha contido essas emoções sombrias por mais de duas décadas, mas agora estava recuperando o controle sobre elas.

Quarto, libere a dor. Isso requer uma decisão e um esforço conscientes. Depois que sua dor for "ouvida", você pode liberá-la; ela disse o que precisava dizer. Jen percebeu que podia decidir se manteria o fardo emocional do abandono — e escolheu liberá-lo. O processo foi emocionalmente doloroso, mas purificador.

Quinto, transforme sua ferida em uma fonte de força. As cicatrizes do abandono de Jen permanecerão com ela para sempre, mesmo liberando a dor de suas memórias de infância. Em vez de ver a si mesma como vítima dessas circunstâncias, ela reformulou sua perspectiva, prometendo ser um farol de amor para a própria família e os amigos e nunca abandonar um amigo ou parente necessitado.

4. Acrescente uma nova rotina ao seu repertório

Se você não consegue desaprender comportamentos autodestrutivos, está condenado a repeti-los para sempre? Não. A neurociência nos diz que você pode adicionar novas rotinas ao seu repertório. Imagine voltar para casa do trabalho por sua rota habitual. Embora seu cérebro tenha como base caminhos neurais firmemente estabelecidos, você pode criar novos. Quanto mais andar por uma nova rota, mais vai fortalecer os caminhos neurais associados a essa rota. Em breve a "nova" rota se tornará o padrão. Da mesma forma, em um conflito, você pode criar uma nova rotina comportamental para substituir a antiga, autodestrutiva. Em breve, descobrirá que sua rota mais nova e mais saudável é a que ocorre naturalmente.

Embora você não possa alterar o comportamento do outro, modificar sua própria rotina pode afetar produtivamente o relacionamento. Para criar uma nova rotina, lembre-se do seu padrão típico de conflito, mapeado no gráfico na página 85. Agora, conceba uma alternativa construtiva para esse repertório comportamental, considerando os passos que você pode seguir para fazer o seguinte.

- **Antecipe o gatilho.** Quando você sabe o que o provoca, está mais bem equipado para detê-lo. Se você e seu cônjuge brigam frequentemente por causa das finanças da casa, você pode concordar em discutir assuntos financeiros apenas com um consultor financeiro presente ou se comprometer a manter um orçamento mensal.
- **Substitua um comportamento no ciclo de discórdia.** Revise seu ciclo de discórdia e escolha um comportamento para alterar. Por exemplo, imagine um ciclo típico de discórdia entre você e uma colega sobre os planos de um projeto. Ela o critica, você a critica, ela o critica de novo e você se retira. Uma abordagem alternativa seria que você demonstrasse empatia com a situação dela após o ataque inicial.
- **Substitua todo o ciclo de discórdia.** Visualize um ciclo construtivo de diálogo para substituir o atual. Os dois fundadores de uma *start up* de tecnologia seguiram esse conselho. À medida que os investimentos em sua empresa aumentavam, escalava a intensidade de suas discussões. Percebendo que suas relações deterioradas poderiam prejudicar a empresa, eles se sentaram e articularam um processo alternativo para lidar com suas diferenças. Em vez de se envolverem em um ciclo de ataque e contra-ataque, eles concordaram em compartilhar perspectivas e buscar um terreno comum, uma abordagem que se mostrou muito mais eficaz para sua empresa e seu relacionamento.

Cuidado com as recaídas

A decisão de mudar seus padrões fundamentais de comportamento requer uma reconceitualização de sua identidade — uma tarefa que pode ser extremamente difícil. Lembro-me de ver minha querida avó, que eu chamava de Nan, lutando para parar de fumar. Com o passar dos anos, o hábito cobrou seu preço. Mesmo com um tanque de oxigênio para ajudá-la a respirar e o câncer de pulmão se espalhando, ela ainda fumava um cigarro escondido de vez em quando. O hábito lhe custou a vida.

Embora o vício certamente tenha contribuído para o comportamento de minha avó, acredito que a identidade era seu principal obstáculo. Ela se identificava como fumante — eu também a via assim — e não conseguia se imaginar de outra maneira; tinha feito parte de quem ela era por quase cinquenta anos.

Revise sua autoimagem

Para se libertar da compulsão à repetição, é necessário idealizar uma nova autoimagem e visualizar você mesmo tornando essa imagem realidade. Você pode até escolher uma pessoa como inspiração e canalizar as qualidades dessa pessoa em seu próximo conflito. Como será agir como essa pessoa? O que você poderia dizer se o outro lado o ofendesse? O que você pode fazer para gerar a boa vontade deles? Ensaie a resposta em sua mente muitas vezes, até que se torne instintivo.

Elabore um plano para se proteger contra recaídas

William James escreveu: "Acumule todas as circunstâncias possíveis que reforçarão os motivos corretos; coloque-se assiduamente em condições que incentivem o novo caminho; assuma compromissos incompatíveis com o velho; faça uma promessa pública se for o caso; em resumo, envolva sua resolução com toda a ajuda que puder".[27] Talvez a maneira mais poderosa de fazer jus à exortação de James seja pedir ajuda para se proteger contra o retorno da compulsão à repetição. Jen, por exemplo, sabia que, embora fosse responsável por se livrar de suas amarras, o esforço combinado com Mark para ajudá-la a alcançar esse objetivo foi mais eficaz do que se ela estivesse lutando sozinha.

Tome cuidado com o momento desprotegido[28]

Antes de se relacionar com o outro lado, reflita sobre o que eles podem dizer ou fazer que poderia levá-lo a repetir um padrão destrutivo de comportamento. Em seguida, considere a pergunta mais importante: o que você pode dizer ou fazer para evitar a compulsão à repetição?

Ao mediar uma disputa acalorada, eu estabeleço normas para impedir que os oponentes voltem à compulsão à repetição: "O objetivo da nossa sessão é ajudá-los a entender melhor as perspectivas um do outro e a explorar maneiras de reconciliar suas diferenças. Reconheço que você está em um barranco — e é fácil voltar a cair em sua antiga dinâmica de conflito. Portanto, nosso objetivo hoje é ter uma conversa diferente, mais produtiva, na qual você ouça para aprender e não para se defender". Durante a mediação, ouço com atenção para garantir que cada participante trate o outro com respeito. Se uma das partes ofender a outra, eu imediatamente interrompo para lembrar as duas partes de nossas normas — e redireciono a discussão para o diálogo construtivo.[29]

Há momentos, no entanto, em que é provável que você baixe a guarda e não haja mediador para resgatá-lo. Com um pouco de análise, muitas vezes você pode antecipar essas situações e fazer um plano para evitá-las. Por exemplo, durante as férias com toda minha família, eu e minha esposa costumávamos nos envolver com assiduidade em um padrão emocionalmente desgastante de conflito, no qual ficávamos zangados por alguma ofensa percebida, depois ficávamos envergonhados por que nosso relacionamento não era "perfeito". Nesse ponto, fingíamos que nossa conexão era boa, o que apenas exacerbava nossa tensão. Quando percebemos esse padrão, fizemos um plano para nos proteger dele, concordando em conversar em particular todas as noites para desabafar qualquer frustração e nos reconectar emocionalmente, evitando assim a compulsão à repetição.

Resumindo

A compulsão à repetição é um padrão que nasce do medo — medo de abrir uma caixa de Pandora de emoções que são tão dolorosas, tão difíceis de suportar, que terminaram trancadas. Mas, embora a compulsão à repetição permita que você adie temporariamente o acerto de contas com esses sentimentos brutos, logo vai sentir a tentação de revivê-los, envolver-se repetidamente nos mesmos comportamentos destrutivos. Não há espaço para você sentir nada além das mesmas emoções familiares ou responder com algo diferente do mesmo roteiro habitual. O medo o entorpece, e a compulsão à repetição compromete sua capacidade de mudar.

Mas a situação não é desesperadora.

Todo medo é um desejo disfarçado. Apesar de toda a sua destrutividade, a compulsão à repetição carrega uma mensagem de esperança. Representa o seu desejo de se libertar da dor do passado e fornece as sementes da mudança. Se você conseguir reimaginar o desejo central que o leva a repetir — o desejo de conexão em vez de abandono, amor em vez de indiferença —, está no caminho certo para quebrar o feitiço da compulsão para sempre.

Tabela de aplicação pessoal

1. O que tende a acionar o gatilho e levá-lo ao conflito? Identifique sentimentos e pensamentos que surgem tipicamente.

2. Crie um enredo de seu *ciclo de discórdia*: O que você faz? Como eles respondem? Como você responde a eles?

3. Como o conflito *impacta* em você emocionalmente?

4. O que você poderia fazer para quebrar a compulsão à repetição?

7. Reconheça Tabus

Pense em algo que sente, mas que não consegue expressar a um membro da família: um profundo ressentimento, uma mágoa de longa data, uma pontada de inveja. Agora imagine os dois envolvidos em um conflito, com essa coisa indescritível, quase impossível de vocalizar, no centro de sua discórdia. Como você resolve um conflito que não pode discutir?

Bem-vindo ao desafio da terceira tentação da mente tribal: *tabus*. Neste capítulo, examinaremos o que são, por que frustram seus esforços para resolver conflitos e como você pode navegá-los com sucesso. Os tabus cumprem importantes funções sociais, mas, se você não tomar cuidado, eles podem atraí-lo para o Efeito das Tribos.

O incidente de Marraquexe

Durante a cúpula regional do Fórum Econômico Mundial em Marraquexe, Marrocos, há alguns anos, apareci no programa *The World Debate* da BBC, em um episódio intitulado "As pessoas certas estão falando?". O episódio foi criado para educar seus 70 milhões de telespectadores sobre o conflito entre Israel e a Palestina, apresentando um debate entre líderes políticos e empresariais israelenses e palestinos. Eles pediram que eu apresentasse desafios às questões levantadas.

O debate ocorreu em uma grande tenda ao ar livre, com uma plateia composta de mais de cem líderes políticos, CEOs e diretores de organizações não governamentais. No palco, um empresário do Bahrein, de fala franca, estava sentado ao lado de Mohammed Dahlan, ex-ministro de Segurança da Autoridade Palestina. Deveria haver também um israelense no palco, mas alguns dias antes o rei do Marrocos tinha se recusado a se reunir com o presidente de Israel, por isso o governo israelense boicotou a cúpula em represália. Isso colocou a BBC em dificuldades. A emissora tinha divulgado o debate como uma representação justa e equilibrada dos pontos de vista de ambos os lados, e agora um lado não estava representado.

Felizmente, a rede conseguiu recrutar um ex-embaixador de Israel nas Nações Unidas para aparecer via satélite a partir de Jerusalém. A sala silenciou quando começou o programa.

"Bem-vindos a Marraquexe!", disse o anfitrião, Nik Gowing. "As reuniões presenciais entre os principais líderes do Oriente Médio podem conseguir segurança e paz duradouras em toda a região e além? O impulso para as negociações de alto nível parece estar vacilando. Melancolia e desconfiança entre as duas partes parecem estar crescendo novamente. Então, para a paz no Oriente Médio: as pessoas certas estão conversando?"

A plateia aplaudiu.

Gowing caminhou em direção à lateral do palco, onde eu estava sentado. "Estou acompanhado pelo professor Daniel Shapiro", disse ele a título de introdução e depois me perguntou: "Você analisa por que negociações funcionam e por que fracassam. Fornece conselhos a grupos e governos ao redor do mundo. Dan Shapiro, que tipos de pessoas ou personalidades oferecem chances de negociações bem-sucedidas?".

Defendi a importância da negociação e a necessidade de que as partes opostas ouçam as preocupações umas das outras, depois respirei fundo, aliviado. Tinha mostrado os pontos principais que queria destacar.

Então Gowing se aproximou de Dahlan, perguntando a ele: "Então, as pessoas certas estão conversando?".

Quando Dahlan começou a responder em árabe, Gowing o interrompeu e disse: "Você poderia falar em inglês?".

"Não", respondeu ele.

"Achei que tínhamos concordado que você falaria em inglês", disse Gowing, claramente frustrado.

"Não", respondeu Dahlan, com igual frustração. "Não concordamos."

Gowing mexeu no fone de ouvido, aparentemente recebendo uma mensagem do produtor, confirmando, presumi, que Dahlan havia *realmente* concordado em falar em inglês. O programa não tinha um tradutor. Enquanto o público sussurrava e a fita continuava rolando, o produtor se juntou a Gowing no palco para uma rápida conversa.

De repente, percebi que esse programa não era apenas *sobre* o conflito israelense-palestino: estávamos efetivamente no *meio* dele e os tabus ocupavam o centro do palco. O rei do Marrocos achou que o encontro com o presidente israelense era um tabu, porque isso poderia sugerir que ele estava normalizando as relações com Israel. O presidente israelense, por sua vez, considerou tabu ingressar em uma cúpula após essa rejeição pública.[1] E o sr. Dahlan via o desvio de suas raízes baseadas em identidade como um tabu: ele queria representar o povo palestino usando com orgulho sua língua e identidade nativa, e estava claro que não iria recuar. Por fim, o sr. Dahlan se recusou a mudar de posição e o dr. Husam Zomlot, da Autoridade Palestina, o substituiu. O programa teve que ser refilmado desde o início.

O fiasco da BBC levanta várias questões importantes. O que exatamente são os tabus — e por que eles são importantes? Por que tropeçamos neles? E como deveríamos acomodá-los para promover o diálogo construtivo?

O QUE SÃO TABUS?

Tabus são proibições sociais — ações, sentimentos ou pensamentos que uma comunidade considera inaceitáveis.[2] A palavra "tabu" foi introduzida no idioma inglês em 1777, quando o explorador britânico James Cook capitaneou o HMS *Resolution* pelo Pacífico até o que eram então conhecidas como Ilhas

Friendly e agora são conhecidas como Tonga. Cook descobriu que os habitantes da ilha usavam a palavra *tabu* para se referir a tudo que era proibido, e o termo logo chegou ao idioma inglês — talvez porque descreva com facilidade uma dinâmica familiar para as pessoas em quase todas as culturas.

Todo tabu tem três componentes — uma proibição, um castigo por quebrá-lo e um significado de proteção.

Proibição

Um tabu identifica certos sentimentos, pensamentos ou ações como fora dos limites, criando uma divisão entre o que é aceitável e o que é proibido dentro de uma comunidade à qual você pertence, seja sua família, seu local de trabalho, ou a sociedade em geral.[3] Por exemplo, sexo antes do casamento é aceitável em algumas culturas, mas tabu em outras. Um tabu é, assim, uma construção social[4] e é proibitivo apenas na medida em que concordamos tacitamente com suas restrições.[5] Palavrões não têm um poder inerente: se você dissesse uma obscenidade inglesa calmamente a alguém que não fala inglês, ele o encararia sem expressão nenhuma, como se você tivesse dito a palavra "cadeira". Atribuímos significados proibitivos a palavras, pensamentos e ações — o que significa que também podemos atribuir *novos* significados para eles.

Punição

Todo tabu vem com uma punição quando for violado.[6] Quanto mais intensa a punição, maior a probabilidade de que você se sinta pressionado a obedecer ao tabu. Você aceita ou sofre as consequências.[7] Sanções típicas por quebrar um tabu:

Não fale sobre essa questão... *ou vou embora.*
Não negocie com essas pessoas... *ou será banido de nossa comunidade.*
Não coma esse tipo de comida... *ou quebrará uma aliança religiosa.*
Não toque naquele cadáver... *ou vai contaminar seu corpo e alma.*

Proteção

Os tabus agem como regras sociais não escritas que o impedem de dizer ou fazer coisas que ofendem valores considerados importantes pela sociedade ou pelos poderosos membros dentro dela.[8] Alguns tabus o protegem de cometer sacrilégio. Por exemplo, na religião judaica é tabu deixar cair a Torá, com uma tradição ditando que o violador e aqueles que tiverem testemunhado o ato fiquem em jejum por quarenta dias. Outros tabus o protegem de perigos morais e práticos — o tabu contra o adultério ajuda a manter uma ordem social e familiar estável e também reduz a propagação de doenças sexualmente transmissíveis. Outros ainda podem proteger sua identidade de críticas, como quando as regras de polidez inibem as pessoas de menosprezar as opiniões umas das outras.

Os tabus têm uma estreita semelhança funcional com a compulsão à repetição: ambos são sistemas imperfeitos projetados para defender sua identidade de danos. A compulsão à repetição usa mecanismos *psicológicos* como a repressão, para protegê-lo de pensamentos, sentimentos e comportamentos indesejáveis, enquanto os tabus usam mecanismos *sociais*, como o ostracismo, para protegê-lo de pensamentos, sentimentos e comportamentos inaceitáveis. E assim como as tentativas de quebrar a compulsão à repetição encontram resistência *psicológica*, as tentativas de quebrar um tabu frequentemente encontram resistência *social*. Em Marraquexe, como o apresentador da BBC Nik Gowing solicitou que Dahlan falasse em inglês, este se recusou; quanto mais Gowing pressionava, mais Dahlan resistia.

Por que tropeçamos em tabus?

Vários obstáculos tornam difícil lidar com tabus.

1. Não estamos cientes de um tabu

Às vezes, inadvertidamente, caímos em território tabu, ofendendo por acidente os valores de uma pessoa. Há vários anos, enquanto conduzia um workshop de negociação no Oriente Médio, eu e um assistente de ensino simulamos uma negociação para um grupo de participantes, todos de alto escalão. Normalmente, acho que os participantes gostam de dramatizações, pois elas energizam a sala. Mas, naquele dia, algo deu errado e havia uma tensão misteriosa, mas perceptível, na sala. Durante um intervalo, um funcionário do governo se aproximou de mim e perguntou se poderíamos falar em particular. "Adoramos seu workshop", disse-me ele, "mas durante a dramatização, você cruzou a perna direita, expondo a sola do seu sapato aos participantes do lado esquerdo da sala, incluindo um membro da família real." Inconscientemente, eu havia violado um tabu, esquecendo que na cultura árabe mostrar a sola do seu sapato é visto como um insulto sério. Eu não quis, mas isso não me impediu de causar uma ofensa.

2. Nós temos medo de discutir a questão tabu

Os tabus tornam as conversas difíceis ainda mais difíceis. Quebrar um tabu pode parecer assustador — mas evitar quebrá-lo o manterá atolado em um conflito.[9] O fato de sua mãe favorecer seu irmão o enlouquece, mas você não consegue nem imaginar como tratar um assunto tão tenso com ela. Seu colega, que por acaso é sobrinho do chefe, fracassou várias vezes na preparação da parte dele da apresentação, mas o pensamento de discutir o problema com seu chefe o faz tremer. Os tabus podem prendê-lo em uma situação sem saída.

De fato, apenas *pensar* em quebrar um tabu pode ser angustiante, como demonstra um conjunto convincente de estudos do professor Philip Tetlock, da Wharton. Tetlock e seus colegas pediram aos participantes que julgassem a permissibilidade de certas atividades, como a venda de órgãos humanos para pessoas no final da lista de transplantes. Para os participantes que consideravam a atividade moralmente censurável, a simples ideia de violar esse tabu era profundamente perturbadora. Quanto mais os participantes contemplavam a proposta de quebra de tabus, maior era a inquietação moral.[10]

Os tabus são fundamentalmente conservadores: eles preservam o status quo. Se você infringir uma lei, corre o risco de ser punido, mas esse castigo geralmente é proporcional à gravidade do crime. Se você quebrar um tabu, corre o risco de ser punido de forma *desproporcional*. Como os tabus protegem os valores e as normas de uma comunidade, os riscos envolvidos são especialmente altos, e a punição excessiva é um impedimento destinado a impedir as ofensas mais inaceitáveis. Em *A Letra Escarlate*, de Hawthorne, Hester Prynne comete adultério e é condenada a usar um A escarlate bordado em seu vestido pelo resto da vida, um reconhecimento público de sua transgressão. A mensagem é clara: viole um tabu e irá colocar em risco sua posição física, social e espiritual na comunidade.

3. *Nós não temos metodologia*

A maioria das pessoas não tem uma metodologia sistemática de como tratar um problema tabu. Essa proibição deve ser ignorada ou respeitada? Sam, um executivo que participou de um workshop de negociação que ministrei, enfrentou esse mesmo dilema. Ele confidenciou que era católico e bissexual e tinha passado anos pesquisando textos teológicos na tentativa de reconciliar essas duas facetas de sua identidade. Tinha concluído que poderiam coexistir sem contradição. Ele nunca havia levantado a questão de sua sexualidade com seus pais, mas sabia que a desaprovação seria forte, que a veriam como uma ofensa a Deus. Sam sentia-se culpado, envergonhado, zangado e dividido: como deveria abordar seu confronto com o tabu? Ele não tinha um sistema prático para fazer isso.

COMO PASSAR PELOS TABUS

Os obstáculos descritos anteriormente são enormes, mas *é* possível superá-los. Fazer isso exige que você tome consciência dos tabus, estabeleça uma zona segura para discuti-los e decida sistematicamente como tratá-los. O quadro a seguir resume os obstáculos e as estratégias envolvidas.

Obstáculo	Estratégia
1. Não temos conhecimento de um tabu.	1. Fique ciente dos tabus.
2. Temos medo de discutir o tabu.	2. Estabeleça uma zona segura.
3. Não temos estrutura para decidir como tratar um tabu.	3. Faça um plano de ação: o sistema AAQ.

Passo 1: Fique ciente dos tabus

Vários anos atrás, visitei um casal em sua casa recém-comprada; fui acompanhado por uma amiga chamada Terri, uma entusiasta do setor imobiliário, que perguntou aos nossos anfitriões: "Então, quanto vocês pagaram por esta casa?". O casal se entreolhou e disse: "Nós não discutimos esse tipo de coisa". Terri havia involuntariamente tocado em um tabu — privacidade financeira — e foi punida por seu erro com um silêncio constrangedor e nunca mais foi convidada para ir à casa deles.

Quebrar tabus produz resultados previsíveis: É provável que a parte ofendida expresse alguma variação de "Agora você foi longe demais" ou "Está passando dos limites". Os tabus protegem partes importantes da identidade e violá-las provoca uma forte reação emocional. Se você estiver ciente dos tabus, no entanto, poderá evitar violar pelo menos *alguns* deles.

Reconheça os tabus

Na minha família, é um tabu abraçar meu pai. Ele é uma pessoa amorosa, mas evita o afeto físico. Toda família tem seus próprios parâmetros únicos que estabelecem certos comportamentos como inaceitáveis. *Não fale sobre o passado de guerra do vovô. Não fale sobre a luta da mãe contra a depressão. Não fale bem sobre o outro lado da família.* Da mesma forma, toda cultura tem tabus que limitam ou silenciam certos comportamentos. Em qualquer conflito, é essencial tomar consciência de tabus relevantes que poderiam impedir a resolução construtiva.

Para reconhecer tabus em sua própria vida, imagine que você foi chamado para escrever um guia secreto sobre o que não pode dizer ou fazer em seus próprios relacionamentos conflitivos. Quais são as "regras"? Quais assuntos estão proibidos? Com quem você não pode falar? Quando? Onde? Até a expressão de emoções específicas pode ser um tabu: é aceitável mostrar raiva ou tristeza em seu relacionamento? Que emoções você deve reprimir para preservar boas relações?

Seja especialmente sensível a alguns tipos específicos de tabus:

1. Tabus na expressão pessoal. Esses tabus o proíbem de revelar informações que uma comunidade à qual você pertence considera íntima demais. Quando eu era adolescente, eu e meus amigos víamos como tabu contar os segredos para adultos de nossas vidas românticas. No entanto, quando meu avô foi diagnosticado com câncer e tinha a estimativa de um mês de vida, eu me encontrei em particular com ele enquanto estava deitado na cama e contei meus segredos mais profundos. Ele continuou lutando contra o câncer e viveu outros três anos saudáveis, para minha profunda felicidade, mas todos os meus segredos de adolescente logo se tornaram assunto de fofocas da família.

2. Tabus sobre blasfêmia. Eles proíbem o desrespeito ao que você reverencia. Você pode criticar o comportamento das pessoas dentro de sua própria tribo, mas outras pessoas fora dela não podem fazer essa crítica. Minha esposa pode criticar o comportamento de nossos filhos, mas ficarei ofendido se um vizinho fizer as mesmas observações. Os tabus protegem o que consideramos sagrado. No islamismo, por exemplo, há um tabu contra a profanação do Alcorão, um ato blasfemo punível com prisão ou até a morte.[11]

3. Tabus sobre associação. Esses tabus proíbem a associação com qualquer pessoa, lugar, coisa ou ideia considerada suja, doente ou moralmente contaminada; nós nos distanciamos deles para proteger a pureza sagrada de nossas crenças. Isso torna extremamente difícil a negociação direta com certos adversários, pois cada lado tem medo de se aproximar demais — e terminar se contaminando moralmente. Quebrar um tabu sobre associação leva a pesadas punições, como aprendeu o astro do basquete Dennis Rodman.[12] Apesar das relações tensas entre os Estados Unidos e a Coreia do Norte, ele fez amizade com o apaixonado fã de basquete Kim Jong-un, líder supremo da Coreia do Norte. Embora a amizade deles tenha aberto canais pouco ortodoxos para a negociação internacional, a mídia ocidental castigou Rodman por seu relacionamento, que rompia o tabu ocidental sobre associação.

Conheça os tabus que restringem o comportamento do outro lado

Antes de julgar as ações da outra pessoa como irracionais, considere como os tabus podem estar limitando sua capacidade de expressar sua identidade. Um caso em questão vem de Žitište, Sérvia, uma pequena vila devastada por guerras, inundações e deslizamentos de terra. Em 2007, os moradores reuniram-se em torno de uma proposta para erguer uma estátua na praça da vila, decidindo finalmente homenagear o icônico personagem do cinema Rocky Balboa, com as mãos com luvas de boxe levantadas em triunfo.[13] Um país que ainda está se reconstruindo após a devastação da guerra e uma campanha de bombardeio da OTAN liderada pelos Estados Unidos escolheu uma imagem nascida em Hollywood como um objeto de reverência cívica — uma decisão difícil de entender.

Mas, quando vista no contexto de tabus locais, a estátua de Rocky assume um significado mais profundo. Os cidadãos de Žitište enfrentaram a proibição de homenagear um soldado — um assunto mais típico para um memorial —, em um conflito que não era nem um pouco claro.[14] A cidade também enfrentou a dificuldade de homenagear qualquer líder ou grupo étnico; escolher um sobre o outro levaria ao ressentimento entre os eleitorados rivais.

Então o povo de Žitište *contornou* o tabu, chegando a um compromisso que não violava nenhum dos problemas espinhosos em questão. "Pensamos muito sobre o que representaria nossa imagem", escreveu um cidadão. "Rocky Balboa (...) é um personagem que nunca desiste."[15] A moral: os tabus limitam nossa liberdade, mas com meios criativos podemos escapar do domínio deles.

Passo 2: Estabeleça uma zona segura

Explorar questões tabu exige sentir-se seguro o suficiente para pensar o impensável, discutir o indiscutível — ousar questionar crenças e convenções que parecem inatacáveis. Comece imaginando o espaço relacional entre você e a outra pessoa como uma região de terra fechada em um mapa. A maior parte da região é segura para você explorar — é uma zona segura de tópicos para discutir livre e confortavelmente. Mas espalhados por toda a região existem enclaves de questões extremamente sensíveis. Esses territórios tabus estão fortemente vigiados e repletos de minas terrestres emocionais. Qualquer pessoa que tente romper suas fronteiras corre o risco de se machucar. Essa era a realidade que enfrentavam os líderes no incidente de Marraquexe, que chegaram à fronteira do território tabu — e decidiram não passar dos limites. Para resolver um conflito de forte carga emocional, você precisa mudar tópicos sensíveis do território do tabu para uma zona segura — um espaço social temporário no qual os tabus podem ser examinados sem medo de punição ou compromisso moral.

Aqui estão diretrizes para ajudá-lo a estabelecer um ambiente seguro para discutir tabus:

1. Deixe claro seu objetivo

Defina o que deseja alcançar em sua discussão. Você deseja expor queixas não ditas, entender melhor os pontos de discórdia ou divulgar sua dor? Lembre-se firmemente de seu objetivo de ficar ancorado se a vertigem começar.

2. Estabeleça os limites da conversa

Discuta explicitamente quais problemas cada um de vocês está aberto a discutir. "Podemos conversar em algum momento sobre o incidente de maio passado?", ou, "Acho difícil falar sobre a disfunção da nossa empresa sem poder considerar alguns dos líderes envolvidos. Tudo bem discutirmos isso em particular?". Chegue a um acordo mútuo. Se você levantar uma questão tabu sem o consentimento compartilhado, o outro lado poderá ver a questão tabu como uma ameaça e culpá-lo por abordá-la.

Discuta os limites da confidencialidade. Que material você pode compartilhar com seu chefe ou melhor amigo? Se estiver conversando com seu cônjuge sobre um ato de traição, por exemplo, poderia concordar que sua conversa é completamente confidencial, que não deve ser compartilhada com ninguém, exceto talvez um terapeuta. Se estiver negociando um tratado de paz e quiser discutir uma questão tabu, talvez concorde que cada uma das partes envolvidas poderia compartilhar o conteúdo da discussão com seu respectivo governo, mas sem atribuição pessoal.

3. Explore tabus sem compromisso

Concorde em *explorar* tabus — mas não assuma compromissos vinculativos sobre como lidar com eles. Como os problemas de tabu são muito sensíveis, essa diretriz permite que você os discuta sem medo de violá-los. Os negociadores políticos regularmente colocam essa diretriz em prática. Anos atrás, em Oslo, na Noruega, um grupo de acadêmicos e representantes políticos secundários — todos negociadores não oficiais — elaboraram secretamente os Acordos de Oslo com base na *negação*: embora esses negociadores tenham informado a seus respectivos governos sobre seu progresso, os próprios governos não estavam participando diretamente e, portanto, poderiam negar o envolvimento direto caso as negociações fracassassem.

4. Construa um processo de reafirmação moral

Independentemente de decidir ou não quebrar um tabu, o mero ato de explorá-lo pode parecer uma transgressão moral. Você pode se sentir culpado e envergonhado apenas por *pensar* em quebrar uma proibição. Portanto, uma zona segura deve incluir um processo para ajudá-lo a reafirmar seus valores e limpar sua consciência.[16] Por exemplo, você pode anotar os valores que mais aprecia, confirmar seu compromisso com esses valores e lembrar-se de como as discussões que são tabus se relacionam com esses valores. Como alternativa, tome medidas concretas para purificar sua consciência: depois de discutir o problema com a bebida de um cônjuge, por exemplo, doe tempo ou dinheiro para apoiar a pesquisa sobre dependência.

Passo 3: Faça um plano de ação: o sistema AAQ

Depois de criar uma zona segura para falar, você pode usar o sistema AAQ para avaliar se aceita o tabu, se o desgasta aos poucos até desaparecer ou o destrói rapidamente.

Aceitar o tabu?

Considere os custos e benefícios de preservar o tabu em vez de quebrá-lo. Aceitar um tabu pode dar trabalho, mas isso não significa que você deve se comprometer a aceitá-lo para sempre. Um marido pode aceitar que é tabu discutir a infidelidade de sua esposa agora, mas reconhecer que esse acordo implícito pode mudar com o tempo. Ou ele pode decidir aceitar as restrições relativas ao tabu em alguns círculos, mas não em outros — por exemplo, recusando-se a discutir o assunto com a esposa, mas confiando em um amigo próximo.

Embora a aceitação de um tabu possa impedir a comunicação aberta, ela tem um benefício principal: pode promover a harmonia. Há vários anos, conduzi uma sessão de treinamento em negociação em Harvard para importantes executivos chineses. Durante o almoço, o CEO de uma empresa multinacional discutiu a importância na China de evitar humilhar os outros e cultivar *guanxi*, a conexão pessoal que existe entre as pessoas.

"Como você negocia questões sensíveis, então?", perguntei.

Ele sorriu, pensou por um momento e respondeu: "Na cultura chinesa, a harmonia é essencial. Podemos até varrer um conflito crítico para baixo do tapete para ser tratado mais tarde".

"Mas isso não acaba intensificando o conflito?", perguntei.

"Em certo nível. Mas resolver o conflito é secundário. Resolução é mais um conceito ocidental. A cultura chinesa enfatiza a preservação dos relacionamentos."

Amolecer o tabu?

Amolecer um tabu requer comunicação estável e aberta. Quando eu promovo o diálogo entre grupos étnicos em disputa, por exemplo, tenho consciência dos tabus que inibem a conversa, o que pode resultar em um silêncio tenso ou um diálogo protegido. Para promover a expressão do não dito, posso dizer ao grupo: "Discutimos diversos tópicos importantes hoje. Gostaria de saber se, antes de encerrarmos, poderíamos compartilhar algo que pensamos em dizer, mas não dissemos". Para quebrar o gelo, acrescento: "Sinto que estamos contornando alguns dos problemas reais, mas não quero ser eu a pressioná-los a falar nada". Outra técnica que às vezes uso é fazer o grupo refletir sobre suas emoções: "Antes de terminarmos o dia, imagine-se indo para casa hoje à noite: Qual será o seu sentimento dominante sobre a nossa sessão de hoje? Tudo o que você gostaria de ter dito, mas não falou?".[17]

Amolecer tabus é um processo gradual. Um exemplo impressionante envolve o desmantelamento da comunicação restrita entre os Estados Unidos e a União Soviética. Durante a era em que cresci, a Guerra Fria entre essas duas potências ainda estava em vigor, e a ideia de um norte-americano interagindo com alguém de um país comunista era quase inconcebível. Ainda me lembro do meu rígido professor de ginástica da sétima série, chamando qualquer aluno que causava problemas de comunista. Imagine a minha surpresa quando, alguns anos depois, minha família decidiu receber um estudante de intercâmbio da Hungria — a *comunista* Hungria.

Inúmeros obstáculos impediram a entrada de Andy nos Estados Unidos, e levou todo um ano de burocracia e empecilhos antes de sua chegada. Mas o impacto de sua presença em mim e em meus amigos foi profundo. Quanto mais eu o conhecia, mais sem sentido pareciam os tabus entre Leste e Oeste. Andy amava blues, os Beastie Boys, e ficava acordado até tarde para comer muitas tigelas de Cheerios — as mesmas coisas que eu amava. Nós nos divertimos tocando violão juntos e conversando sobre garotas. Não demorou muito para entender que, quaisquer que fossem os tabus existentes entre nós, éramos, no fundo, seres humanos. O fato de Andy ter passado aquele ano nos Estados Unidos quebrou um tabu social, mas também foi amolecendo um que existia em minha mente. Aprendi, pouco a pouco, que interagir com pessoas comuns vivendo em um sistema político ou cultural diferente era um passo fundamental para relações pacíficas e não deveria ser proibido.

No acalorado mundo político das relações governamentais, essa lição pode se perder rapidamente. Então, o que deveria ser feito para melhorar as relações? Como, por exemplo, dois governos com crescente sentimento antagônico e nenhuma relação formal poderiam reduzir o risco de confronto diante da proibição da comunicação entre países?

Considere métodos criativos para amolecer o tabu. Os líderes empresariais podem trabalhar em projetos conjuntos de desenvolvimento econômico. Os estudantes universitários podem colaborar no treinamento de habilidades de negociação pela internet ou em um país neutro. Os médicos podem se unir para combater a propagação global de doenças. E ambientalistas podem cooperar na redução da poluição. Tais esforços podem parecer não convencionais durante um conflito — e de fato são, pois atraem as pessoas para o território do tabu e, consequentemente, as colocam em risco de desaprovação social por parte da família, de amigos, da mídia e da sociedade. Mas esses esforços também têm o potencial de abrir novos caminhos para a reconciliação.

Amolecer tabus é uma atividade bem conhecida de um segmento pequeno, mas importante, da população: os comediantes, que no geral estão isentos de proibições de comunicação. Os comediantes têm certa liberdade para examinar publicamente, comentar e criticar as normas e práticas aceitas, seja por meio de comentários incendiários sobre política ou apoiando pontos de vista sobre religião. Ao dar voz a verdades difíceis, os comediantes têm a capacidade de conduzir o discurso público de maneiras que não estão disponíveis aos não artistas, vocalizando a natureza ilógica de muitos tabus e despojando-os, mesmo que durante uma piada, de parte de seu poder. Se também examinarmos um tabu prejudicial sob a luz, podemos começar a esvaziá-lo.

Um caso em questão envolve a disseminação do HIV e da AIDS na África, onde muitas pessoas infectadas pelo vírus sentiram o estigma da doença com tanta intensidade que ocultaram seu diagnóstico para preservar suas conexões com famílias, amigos, parceiros e comunidades. Por causa desse tabu, o vírus se espalhou incontrolavelmente. Por fim, profissionais de saúde, ativistas e outras organizações assumiram o papel de quebradores de tabus, expressando a importância das práticas de sexo seguro. Se mais pessoas tivessem falado — falado *abertamente* antes, a taxa de infecção poderia não ter sido tão alta.

Para amolecer tabus em larga escala, é essencial convencer os guardiões, pessoas que controlam o acesso a caminhos para a mudança.[18] Por exemplo, na clássica comédia de Aristófanes *Lisístrata*, a personagem principal, frustrada com a prolongada guerra do Peloponeso, implora às mulheres da Grécia que não façam sexo com seus homens até o conflito terminar. Mesmo após o início da greve das mulheres, os negociadores atenienses e espartanos continuam discutindo sobre os termos de um acordo de paz. Mas, quando Lisístrata apresenta a bela deusa da paz aos negociadores, o desejo deles substitui sua obstinação e rapidamente concluem um pacto.

A estratégia de Lisístrata — influenciar aqueles que podem afetar a mudança — é bastante útil na resolução de conflitos. Por exemplo, se dois departamentos na sua organização estão envolvidos em uma disputa acirrada, descubra quais pontos de vista influenciam muito as atitudes de cada departamento. Coloque esses guardiões em um processo de reconciliação e vai descobrir que consumir um tabu está facilmente ao seu alcance.

Quebrar um tabu?

Essa é a abordagem mais direta para quebrar um tabu e exige muita coragem. Envolve implementar uma espécie de bola de demolição social, provocando mudanças rápidas, mas potencialmente pode provocar a ira daqueles que preferem manter o status quo.

Nelson Mandela passou a vida quebrando tabus. Em 1948, o regime dominante da África do Sul, o Partido Nacional, impôs um sistema de segregação racial conhecido como apartheid, que diminuiu severamente os direitos legais dos negros. Mandela protestou contra a política, comprometendo-se inicialmente com a dissidência não violenta, mas depois organizou ataques a alvos do governo. Ele foi preso, julgado por sabotagem e condenado à prisão perpétua. Depois de 27 anos em cativeiro, voltou a liderar a África do Sul por meio de uma transição não violenta para o governo multirracial.

Mandela reconheceu que o maior desafio nessa transição foi, como previu o ativista antiapartheid Tokyo Sexwale, "não tanto a libertação de negros do cativeiro, mas (...) liberar os brancos do medo".[19] Mandela teve a coragem de quebrar tabus sobre a mistura de raças, criando um modelo para a sociedade multirracial que tão claramente imaginava. Após sua eleição como o primeiro presidente negro da África do Sul, Mandela fez o impensável: convidou a Sra. P.W. Botha, esposa do ex-presidente branco da África do Sul, para um almoço junto com as viúvas de outros líderes do apartheid, unindo aqueles que haviam perpetuado um terrível sistema por décadas.[20] Esse foi um passo em sua introdução de uma nova norma nacional baseada na filosofia africana de *ubuntu*, que enfatiza a interconexão de todos os seres humanos.[21]

APLICANDO O SISTEMA AAQ

Antes que seu conflito piore, reserve um tempo para concluir a Tabela de Análise de Tabus, uma ferramenta simples para avaliar se você deve aceitar, amolecer ou quebrar um tabu. Ao examinar os custos e benefícios dessas abordagens, você pode tomar uma decisão ponderada sobre o que fazer. Observe também sua reação emocional a cada abordagem, percebendo quais *parecem* corretas.

Outra técnica útil para avaliar os custos e benefícios é imaginar que você quebrou o tabu ontem. O que exatamente você disse e fez, e como os outros reagiram? Agora imagine que você quebrou o tabu há cinco anos. Sua vida ainda é infeliz desde aquele evento? Este simples exercício mental pode ajudá-lo a avaliar o impacto da sua decisão.[22]

Depois de avaliar sua própria situação, revise a Tabela de Análise de Tabus, mas agora da perspectiva da outra parte. Se a outra parte se apegar a um tabu que agrava o conflito, considere as maneiras por meio das quais eles se beneficiam ao preservá-lo, bem como o que veem como os custos para quebrá-lo. Mandela reconheceu que muitos brancos mantinham um tabu contra a interação com os negros. Ele amoleceu o tabu do outro — com um efeito poderoso.

No entanto, se você involuntariamente quebrar um tabu, assuma a responsabilidade pessoal e repare as relações o mais rápido possível. Durante o workshop no Oriente Médio no qual acidentalmente expus a sola do meu sapato, voltei à sala, reconheci que alguns participantes poderiam ter ficado ofendidos com minhas ações e depois expliquei que minha ofensa não tinha sido intencional. Pedi sinceras desculpas e houve uma mudança notável no humor. O grupo voltou a ficar entusiasmado, como eu sabia que ele era. No final do dia, o membro da família real se aproximou de mim e disse: "Você é sensível demais". Mas, em seu tom, notei apreciação por ter assumido a responsabilidade pela quebra do tabu.

Tabela de Análise de Tabus

	Benefícios	**Custos**
Aceitar o tabu	1. Quem poderia se beneficiar com a preservação do tabu? Por quê?	2. Quais são os custos se o tabu for preservado?

Amolecer o tabu	1. Quem poderia se beneficiar com o amolecimento do tabu? Por quê?	2. Quais são os custos se o tabu for amolecido aos poucos?
Quebrar o tabu	1. Quem poderia se beneficiar com o fim do tabu? Por quê?	2. Quais são os custos de quebrar o tabu?

Retomar o poder:
Criar tabus para limitar o comportamento nocivo

Até agora, este capítulo discutiu tabus como fatores problemáticos que são prejudiciais à resolução de conflitos. Eles podem, no entanto, servir a um propósito construtivo, agindo como proibições sociais contra comportamentos destrutivos.[23] Se os presidentes de duas grandes empresas entrarem em desacordo, terão uma ampla gama de opções possíveis para resolver o conflito: podem discutir suas diferenças, insultar um ao outro, abrir um processo — ou um deles pode até matar o outro. Esta última opção, é claro, parece quase inconcebível, pois é imoral e, por sua própria natureza, um tabu. A proibição social contra uma facada no contexto corporativo faz com que tal ato seja pouco frequente.[24]

Temos o poder de criar "tabus construtivos" — rituais que evitam comportamento agressivo.[25] A utilidade de tabus construtivos ficou clara para mim no decorrer de uma conversa com um casal em que o marido era um republicano obstinado e a esposa uma sólida democrata. Eles claramente se amavam, mas eu estava curioso por saber como eles realmente *conviviam* um com o outro. No final, eles tinham uma política simples. "Toda terça-feira à noite conversamos sobre política", explicou a esposa. "No resto da semana, o assunto é tabu." Eles criaram uma proibição funcional que preservou seu relacionamento e abriu espaço para que os valores de cada parceiro fossem respeitados.

Como esse casal, você pode seguir quatro passos simples para criar um tabu construtivo:

(1) **Identifique um comportamento que leva ao conflito**, como discutir política ou rediscutir uma rivalidade interdepartamental tóxica.

(2) **Defina quando e onde o comportamento é inaceitável.** A discussão política deve ser proibida nos dias de semana ou feriados? É permitido compartilhar ansiedades durante a temporada de eleições?

(3) **Implemente o tabu.** A esposa pode decidir implementar o tabu de forma independente, dizendo ao marido: "Eu me recuso a falar com você sobre política em qualquer dia, exceto às terças-feiras". Se ele concordar ou não, ela pode manter a restrição. Como alternativa, o casal poderia implementar o tabu em conjunto. Uma terceira opção é que uma figura de autoridade institua o tabu, se os pais do casal exigissem que eles se abstivessem de discutir política, por exemplo.

(4) **Esclareça o castigo social por quebrar o tabu.** O casal no exemplo acima estabeleceu o tabu com o entendimento de que quem o quebrasse suportaria o peso vergonhoso da raiva conjugal por priorizar o interesse próprio acima da conduta pacífica de seu relacionamento.

O economista Kenneth Boulding observou que os tabus definem atividades "que poderiam ser feitas fisicamente, mas que estão além de nossa barreira psicológica".[26] Se, por exemplo, sua comunidade sofrer uma onda de violência nas ruas, você poderia se juntar aos seus vizinhos para transformar a violência em um tabu, talvez lançando uma campanha de antiviolência popular, incluindo a juventude local, líderes religiosos, pais, funcionários do governo e líderes comunitários. Essa mesma abordagem pode ser usada para combater a violência radicalizada — como tiroteios em escolas ou atos extremos de violência etnopolítica — mobilizando guardiões que podem institucionalizar tabus legítimos contra esses comportamentos.[27]

Juntando tudo

Na ensolarada cidade turística de Sharm El-Sheikh, no Egito, fui o facilitador de um workshop chamado "Construindo a paz, quebrando tabus". O objetivo era ajudar a liderança regional a enfrentar tabus políticos que restringiam o progresso nas negociações entre israelenses e palestinos. Coliderada por Tony Blair, ex-primeiro ministro do Reino Unido e enviado especial do Quarteto do Oriente Médio das Nações Unidas na época, a sessão incluiu participantes que variavam de negociadores de alto nível e líderes governamentais a pessoas da realeza e religiosos.

Para criar uma zona segura, estabeleci as regras do nosso workshop, incluindo confidencialidade e respeito mútuo. No tenso contexto do conflito, eu sabia que uma conversa produtiva só seria possível se os participantes se sentissem seguros o suficiente para expressar suas opiniões honestas. Também enfatizei que nosso workshop era *exploratório*, oferecendo a todos a chance de pensar fora das restrições do conflito. Ninguém teria que se comprometer com qualquer ação discutida no workshop. Isso liberou os participantes para se envolverem em conversas energizadas.

O sr. Blair pediu a palavra para discutir seu envolvimento na negociação do acordo de paz de Belfast que ajudou a resolver o conflito na Irlanda do Norte. Ele explicou que negociações eficazes não poderiam ter ocorrido em um ambiente de violência e contra-ataque. Os dois lados precisavam de "espaço para respirar" — uma zona segura que, uma vez estabelecida, abriu possibilidades que Blair afirmou "nunca imaginou ser possível".

O restante do workshop foi uma sessão de trabalho. No centro da sala, eu havia colocado uma mesa circular isolada por uma corda de veludo vermelha. Era o território do tabu. Na mesa, havia dez envelopes, cada um contendo um pedaço de papel no qual havia sido escrito um tabu específico no conflito entre israelenses e palestinos: o status de Jerusalém, o direito de retorno dos refugiados, o controle dos locais sagrados e até o uso dos nomes "Israel" e "Palestina".

Dividi os participantes em pequenos grupos de trabalho e um representante de cada grupo selecionou um envelope aleatoriamente, trouxe de volta à sua mesa e leu em voz alta o tópico do tabu para o qual o grupo deveria preencher uma Tabela de Análise do Tabu. O simbolismo envolvido neste processo foi importante: eu queria que os participantes experimentassem de maneira tangível como seria remover o tabu do perigoso território e levá-lo para a zona segura de nosso workshop, onde poderiam explorar ideias com mínimo risco pessoal de contaminação ou punição.

Uma hora depois, os grupos compartilharam suas principais conclusões. Como Tony Blair observou mais tarde: "A Sessão de Tabus em Sharm El-Sheikh levantou questões importantes sobre os medos que cada lado tem sobre como abordar essas questões tabus. É apenas com o aumento da consciência sobre essas questões e enfrentando-as que podemos esperar avançar em desafios como o Oriente Médio". Um jornalista do *New York Times* discutiu a sessão posteriormente com um dos líderes de alto nível, que supostamente havia entrado na sessão sentindo-se sem nenhuma esperança com o processo de negociação, mas saiu otimista, fortalecido com novas ideias sobre como lidar construtivamente com os tabus que estão no coração do impasse e da paz.[28]

Eu havia projetado que o workshop deveria terminar com um ato de reafirmação moral. Cada grupo de trabalho teve uma escolha: poderiam inserir a descrição do tabu de volta no envelope e devolvê-lo ao território do tabu — ou levar o tabu com eles quando o workshop acabasse, um gesto simbólico demonstrando que continuariam a pensar em como quebrá-lo. Vários grupos devolveram seus envelopes à mesa no centro da sala, uma ação de baixo custo que confirmava seus valores e contrariava sentimentos de transgressão moral.

Apesar das precauções que você pode tomar, nenhuma zona segura é 100% segura. Em um dos grupos do workshop de Sharm El-Sheikh, dois homens estabeleceram um rápido relacionamento, discutindo seus tabus com muita animação. Notei que um dos homens de repente pareceu surpreso, juntou seus pertences e correu para a porta. "Está tudo bem?", perguntei, apressando-me para intervir. O cavalheiro, um importante empresário libanês, respondeu: "Eu não sabia com quem estava falando até agora". O homem com quem ele falava era de fato um ex-político e negociador da paz israelense. "Não tenho problemas com os israelenses", explicou o empresário libanês. "Simplesmente não posso arriscar aparecer em uma foto." A lei libanesa proibia o contato com israelenses; portanto, se uma foto tivesse sido tirada dos dois homens, as implicações para a carreira e a família do empresário poderiam ter sido graves. Embora ele não se identificasse pessoalmente com o tabu, temia quebrá-lo e sofrer as consequências. Mesmo na zona segura do nosso workshop, os tabus dominavam.

Resumindo

Tabus têm uma má reputação — e merecidamente, considerando o papel que desempenham na criação de conflitos. Mas também vimos como eles têm uma função importante na preservação daquilo que consideramos importante. Eles nos prendem durante conflitos de forte carga emocional — mas também nos unem, fornecendo uma cartilha que mostra o comportamento adequado, bem como um sentido de ordem e união. E quando criados com cuidado e adotados mutuamente, os tabus podem até *resolver* conflitos.

Tabela de aplicação pessoal

1. Qual é o tabu que está dificultando a resolução do conflito?

2. Avalie três posturas para lidar com o tabu:

	Benefícios	Custos
Aceitar o tabu		
Amolecer o tabu		
Quebrar o tabu		

3. Decida qual é a melhor postura: Aceitar? Amolecer? Quebrar?

4. Como implementar essa postura? Faça um *brainstorm* abaixo.

8. Respeite o sagrado — não o ataque

"Por que vocês estão aqui?", perguntou o rei Salomão às primas Magda e Anya, que estavam diante dele com olhos preocupados.

"Vossa Majestade", disse Magda, "tenho um bebê recém-nascido. Três dias depois que ele nasceu, Anya deu à luz um filho dela. Certa noite, Anya adormeceu com o bebê ao seu lado, rolou sobre ele e a criança morreu. Quando ela acordou e viu o que tinha feito, entrou no meu quarto e trocou o menino morto pelo meu vivo."

"Mentirosa!", disse Anya.

"Você é a mentirosa!", respondeu Magda, e as duas mulheres trocaram acusações.

"Chega!", gritou o rei. "Traga-me uma espada. Vou dividir o menino em dois e dar metade a cada mulher."

Anya olhou para o rei em pânico. "Por favor, Majestade, dê a criança a ela", implorou em lágrimas. "Não o mate."

"Que o menino não seja nem meu nem dela. Pode cortá-lo", disse Magda.

O rei fez uma pausa, olhando entre as duas mulheres. "Dê a Anya o garoto", pronunciou ele. "Ela é a mãe legítima, pois ninguém gostaria que seu filho fosse morto."

Esta história bíblica, adaptada de "O julgamento do rei Salomão", ilustra muito bem o imenso desafio inerente à negociação de assuntos sagrados. Tanto Anya quanto Magda eram mães, mas a ameaça de ataque do rei ao sagrado revelou a diferença entre elas. Se a disputa entre elas fosse por uma propriedade, poderiam simplesmente dividir a terra em questão, cada uma reivindicando uma vitória parcial. Mas, ao negociar o sagrado — neste caso, a criança — não há divisão fácil. O sagrado é indivisível, e o rei usou esse fato para identificar a verdadeira mãe.

Bem-vindo ao mundo do sagrado

Quando suas crenças mais profundas parecem ameaçadas, você pode terminar atolado na quarta tentação de sua mente tribal, o *ataque ao sagrado*. Este é um ataque aos pilares mais significativos da sua identidade: qualquer assunto profundamente significativo que pareça sacrossanto, isento de debate. Os cônjuges discordam com intensidade sobre quais valores incutir em seus filhos. Os funcionários rejeitam um colega que critica os principais valores institucionais. Negociadores internacionais emperram na discussão sobre quem deve controlar a terra sagrada.

Um ataque ao que você considera sagrado desencadeia uma poderosa reação emocional que, para quem está de fora, pode parecer uma reação exagerada, irracional. Mas não é visto assim por você. O objetivo central da identidade é ajudá-lo a entender a sua experiência no mundo — e o sagrado representa sua forma mais profunda de significado. Um ataque ao sagrado causa profundas feridas, abalando os pilares mais sensíveis da sua identidade e fortalecendo o medo de que você não vai aguentar o golpe.[1]

O que é o sagrado?

Defino o sagrado como *aquilo que percebemos estar imbuído de significado divino*.[2] O "divino" não precisa se referir a uma entidade especificamente religiosa.[3] Embora o objeto da nossa veneração possa ser uma divindade, um profeta ou um texto sagrado, também pode ser um membro da família, um lugar amado, ou um evento de que gostamos.[4] Assim como uma pessoa religiosa considera sagradas as escrituras abençoadas, um nacionalista vê a bandeira de seu país como um objeto sagrado que nunca deve ser desfigurado e uma viúva considera sagrada as cinzas do cônjuge falecido.[5]

Reverenciamos como divino o que vemos como imbuído de significado infinito, intrínseco e inviolável.

Infinito

Meu amor pelos meus filhos e o valor deles para mim é incálculavel. Mas o amor não quantificável apresenta problemas na resolução de conflitos. Quando os negociadores são forçados a quantificar o sagrado, o ato parece moralmente ofensivo e praticamente impossível. Após um ato fatal de terrorismo, como um governo deve distribuir compensações para as famílias das vítimas? O valor deve variar de acordo com o destinatário, com base em critérios como idade e renda da vítima? Fazer essas perguntas é desconcertante e tomar as decisões necessárias é extremamente difícil.

Intrínseco

O divino tem um significado intrínseco. Não é apenas que sinta que meus filhos sejam sagrados; da minha perspectiva eles *são* sagrados. O valor infinito deles reside neles, não na minha crença sobre eles. Percebemos o significado do divino como uma característica inata do objeto de nossa reverência.

Inviolável

Como todo aspecto do divino tem um valor infinito, insultar uma parte de uma entidade sagrada é insultar sua totalidade. É irrelevante se alguém queima dez páginas da Bíblia ou do Corão ou risca uma única palavra; a ofensa é um sacrilégio. Descartar um ataque ao sagrado como "menor" negligencia o fato de que qualquer ofensa cometida contra um objeto reverenciado, por menor que seja, pode parecer enorme para a parte ofendida.[6]

As pessoas diferem em suas convicções sobre o sagrado

Meu livro sagrado pode ser seu livro de histórias. Embora você possa encontrar algum valor moral na história, eu reverencio o livro como sagrado. Você pode pisar no livro acidentalmente e ficar imperturbável, enquanto eu sentiria profunda vergonha e culpa se fizesse o mesmo. No que diz respeito ao sagrado, acreditamos de todo o coração que nossa verdade é *a* verdade.

Se eu atacasse o que você considera sagrado, violaria o tabu supremo — o respeito por suas verdades mais profundas — e os conflitos rapidamente poderiam surgir. Invadi seu espaço sagrado, o que "está separado e proibido".[7] Deixar de tratar esse espaço com a devida reverência pode resultar em qualquer coisa, desde a dissolução de uma família até a declaração de uma fátua.

Salman Rushdie experimentou isso em primeira mão com a publicação de seu romance *Os versos satânicos*. Muitas comunidades muçulmanas consideraram o título e o conteúdo do livro uma ofensa direta aos princípios do Islamismo, enquanto Rushdie argumentou que ele tinha a liberdade literária de escrever ficção sem limites. As consequências deste confronto foram intensas e abrangentes. Rushdie recebeu milhares de ameaças de morte, o romance foi banido em muitos países e aconteceram protestos no mundo todo. Alguns meses após a publicação inicial do livro, o aiatolá Khomeini, então líder supremo do Irã, emitiu uma fátua: "Estou informando a todos os bravos muçulmanos do mundo que o autor de *Os versos satânicos*, um texto escrito, editado e publicado contra o islamismo, o Profeta do Islã e o Alcorão, juntamente com todos os editores que sabiam de seu conteúdo, estão condenados à morte. Apelo a todos os muçulmanos valentes, onde quer que estejam no mundo, que os matem sem demora, para que ninguém se atreva a insultar as crenças sagradas dos muçulmanos daqui por diante. Quem for morto por essa causa será um mártir, se Alá quiser".[8]

Rushdie e sua esposa se esconderam por anos, e episódios esporádicos de violência impediram qualquer esperança de solução do problema. A fátua foi levantada uma década depois, embora Rushdie permanecesse intransigente com sua postura sobre liberdade literária.[9] Sem dúvida, muitos oponentes do livro de Rushdie também mantiveram sua posição, deixando sem resposta o desafio de como conciliar perspectivas diferentes sobre o sagrado. Isso é possível?

Obstáculos à negociação do sagrado

A melhor estratégia para lidar com um ataque ao sagrado é a prevenção. Em vez de ser vítima de um conflito sobre o sagrado, tome medidas proativas para "negociar o sagrado" — abordar de maneira colaborativa diferentes visões sobre questões significativas. Alguns obstáculos tornam essa tarefa especialmente difícil.

1. Não sabemos o que é sagrado

Podemos ofender as sagradas preocupações de alguém sem nem mesmo perceber. Uma empresária esqueceu recentemente de responder a um e-mail importante de um de seus principais clientes, e este ligou e gritou com ela. A empresária pediu desculpas e explicou que seu filho adolescente acabara de sofrer um acidente. O cliente não sabia dessa situação e expressou remorso.[10]

2. Confundimos o sagrado e o secular

Imagine que você está organizando um jantar e, quando um dos convidados chega, ele sorri, dá um abraço em você e entrega trinta dólares. "Não tive tempo de passar no mercado", explica ele, "mas é quanto planejava gastar em uma garrafa de vinho."[11]

O gesto do seu amigo é, no fundo, bem-intencionado; ele quer demonstrar gratidão pelo seu convite generoso. O gesto dele também é racional; está oferecendo a você não apenas a quantia total que gastaria com vinho, mas também uma escolha de como você prefere gastar o dinheiro, em vez de lhe dar uma garrafa de que você poderia não gostar. Mas o maço de notas que ele coloca nas suas mãos causa calafrios enquanto você pensa: *Não é o dinheiro, é a intenção que conta.* Mas, à medida que seu convidado conta seu dia agitado, como a semana dele foi esmagadora com a esposa fora da cidade e o filho mais novo com gripe, você começa a perceber que, mesmo diante do caos temporário em sua vida, ele estava sinceramente *de-*

terminado a levar algum tipo de presente. Então, por que a situação parece tão estranha?

Em pequena escala, essa situação demonstra os meios pelos quais o sagrado e o secular podem entrar em conflito. O pensamento que colocamos em um ato de gentileza — levar um presente à anfitriã, por exemplo — é em si um gesto sagrado, mas como a oferta de dinheiro é uma característica do mundo secular, entregar trinta dólares como oferta em um jantar confunde esses dois mundos de uma maneira desconcertante.

Em uma escala maior, borrar esses dois campos pode levar à indignação moral — como Salman Rushdie descobriu. Dois anos depois que o Aiatolá emitiu a fátua, Rushdie escreveu um ensaio intitulado: "Não há nada sagrado?", no qual argumentava que "a literatura é o único lugar em qualquer sociedade em que, dentro do sigilo de nossas próprias mentes, podemos ouvir *vozes falando sobre tudo de todas as maneiras possíveis*". Rushdie via a literatura como uma "arena privilegiada" para explorar os limites do sagrado. Para o Aiatolá, era blasfêmia.

3. Não respeitamos devidamente o sagrado

Quando as pessoas estão em conflito por algo sagrado, cada lado tende a resistir a expressar respeito pelas crenças sagradas do outro por medo de que isso prejudique sua própria identidade. Assim, nenhum dos lados aprecia o que o outro considera sagrado, levando todos a se sentirem desvalorizados.

4. Nós nos recusamos a nos comprometer com questões sagradas

Um conflito sobre o sagrado pode parecer impossível de superar — e por boas razões. O sagrado invoca o absoluto, e as diferenças absolutas parecem totalmente irreconciliáveis. Pode parecer intolerável comprometer nossas crenças em prol da resolução.

Imagine contar a um judeu hassídico israelense que você tem a resposta para o conflito sobre Jerusalém: simplesmente divida o Muro das Lamentações ao meio. Da mesma forma, imagine sugerir a um devoto muçulmano que vive em Jerusalém Oriental que todo esse conflito poderia ser evitado se eles abandonassem a mesquita Al-Aqsa. Tais proposições irrealistas indubitavelmente causariam ofensa, porque elas não respeitam adequadamente esses dois locais sagrados e os povos que os reverenciam. O sagrado tem tanto poder sobre todos nós que chegar a um acordo parece intolerável para resolver esses conflitos.[12]

Obstáculo	Estratégia
1. Não sabemos o que é sagrado.	1. Sensibilize-se sobre o sagrado.
2. Confundimos o sagrado e o secular.	2. Separe o sagrado do secular.
3. Não respeitamos devidamente o sagrado.	3. Reconheça o que cada lado considera sagrado.
4. Nós nos recusamos a nos comprometer com questões sagradas.	4. Resolva o problema na esfera de identidade de cada lado.

A ESTRATÉGIA PARA NEGOCIAR O SAGRADO

Para resolver efetivamente os conflitos que invocam o sagrado, é necessário superar os obstáculos descritos acima — cada um dos quais tem uma estratégia correspondente para tornar isso possível.

1. *Sensibilize-se sobre o sagrado*

Um ataque ao sagrado é frequentemente fácil de identificar, como foi o caso do romance de Rushdie. Se alguém emite uma fátua que o condena à morte, é seguro dizer que o sagrado está em jogo. Para negociar em colaboração, no entanto, você deve trabalhar para *evitar* um ataque ao sagrado. Isso exige que você tome consciência do que cada parte considera sagrada para que possa respeitar esses limites.[13]

A melhor maneira de determinar o que é sagrado é refletir sobre os Cinco Pilares da Identidade, introduzidos no capítulo 2: crenças, rituais, lealdades, valores e experiências emocionalmente significativas. Comece revendo o gráfico na página 123 e considerando quais pilares parecem sagrados para você no conflito. Por exemplo, você sente uma ameaça a uma crença espiritual, a um amigo próximo a quem você sente lealdade ou a um ritual que sua família pratica há gerações?

Em seguida, adote a perspectiva da outra parte e visualize qual dos pilares mais sagrados dela pode se sentir ameaçado. Quando você se encontrar com eles, pode perguntar: "O que parece estar em jogo para você neste conflito?". Embora seja difícil discutir uma questão tabu (justamente porque é tabu), o sagrado é um assunto que as pessoas tendem a estar dispostas a discutir quando a sintonia for estabelecida.

Ouça as questões que mais tocam a outra parte. Uma amiga minha está aberta a comentários pessoais sobre quase qualquer questão — você pode menosprezar o intelecto, a personalidade ou o estilo de vestir dela —, mas, se você criticar os dois filhos dela, que têm um significado sagrado em sua vida, prepare-se para a tempestade de ira.

Observe também as convicções às quais o outro lado se mantém firme. Crenças e valores sagrados são elementos centrais de nossa identidade e extremamente resistentes à mudança; eles parecem ser autoevidentes e indiscutíveis para nós. Um defensor militar fervoroso pode debater os méritos da guerra com um pacifista igualmente apaixonado, mas é provável que os dois continuem com suas próprias crenças, por mais fortes que sejam as causas de ambos os lados.

Aprenda as histórias mais profundas que o outro lado conta sobre quem elas são, de onde vieram e para onde estão indo.[14] Por exemplo, ao entender a herança étnica deles, você pode obter uma visão dos valores significativos que eles adquiriram com essa afiliação — como trabalhar duro, manter a fé no divino ou confiar apenas em pessoas próximas.[15] Também ouça os ideais transcendentes que os chamam à ação em sua organização, grupo étnico ou nação. Quais crenças e valores eles aspiram a deixar como legado em sua organização ou nesta terra?

Aumente sua consciência dos espaços físicos que o outro lado considera sacrossanto. Embora o sagrado seja ilimitado, os seres humanos santificam os espaços consagrando um local físico, como uma mesquita, igreja ou sinagoga. Mesmo escolas e hospitais podem ser santificados dessa maneira. Como estes *santuários de identidade* servem como manifestações físicas de nossas crenças sagradas, sua profanação provoca indignação moral.[16] Por exemplo, o incêndio criminoso é inaceitável, mas, se o prédio envolvido for um templo espiritual, o impacto emocional em uma comunidade pode ser devastador.

O sagrado também está incorporado em *catedrais no tempo* ou períodos específicos destinados a atividades santificadas.[17] À medida que conhecemos o tempo sagrado do outro lado — férias, dias de celebração, momentos de oração —, obtemos uma visão dos rituais e valores que definem quem eles são. Aqueles que observam o sábado, por exemplo, devem descansar, relaxar e libertar suas mentes das preocupações da vida cotidiana. Desrespeitar uma catedral no tempo é outro exemplo de um ataque ao sagrado. Se sua família respeita o ritual de um jantar noturno juntos, a inesperada ausência de seu filho adolescente poderá parecer um ataque ao sagrado, uma demonstração de desrespeito ao tempo santificado da família.

	Você sente que é uma ameaça a...
1.	**Crenças sagradas** — convicções culturais, religiosas ou sociais vitais?
2.	**Rituais sagrados** — atividades significativas ou práticas espirituais?
3.	**Lealdades sagradas** — lealdade intensa a amigos próximos, familiares ou aliados políticos?
4.	**Valores sagrados** — ideais ou princípios defendidos de forma profunda?
5.	**Experiências sagradas** — experiências emocionalmente significativas que definem integralmente sua identidade?

2. *Separe o sagrado do secular*

Recentemente, uma parente minha, Clare, enfrentou um sério dilema. Advogada brilhante, ela dedicou sua vida a prestar serviços jurídicos *pro bono* às famílias nativo-americanas em dificuldades — um compromisso que a mantém perpetuamente à beira da falência. Ela mora em uma pequena comunidade periférica, onde possui 40 hectares de terra arborizada. Uma empresa de energia está perfurando poços de gás naturais na área e ofereceu a ela quase 100 mil dólares para ter acesso ao gás em sua propriedade, além de uma porcentagem de qualquer gás que chegar ao mercado. Essa proposta daria a ela uma renda muito necessária, mas violaria suas profundas convicções — e as das pessoas que ela estava ajudando — em relação à sacralidade da terra. O que ela deveria fazer?

Distinguir o importante do sagrado. Para começar, Clare teve que avaliar o valor da terra para ela, procurando dentro de si para esclarecer seus sentimentos. A terra era importante, pseudossagrada, sagrada ou *sagrada sagrada*?

Se fosse meramente **importante**, ela se sentiria apegada à terra, mas seria capaz de sacrificá-la pelo lucro financeiro. Portanto, ela estaria inclinada a negociar um contrato com a empresa de gás.

Se a terra fosse **pseudossagrada** — termo criado pelo professor Max Bazerman e seus colegas da Harvard Business School —, ela teria valor intrínseco sob algumas condições.[18] Talvez ela sentisse sua sacralidade ao interagir com seus amigos nativo-americanos, mas, em particular, visse a terra como uma preocupação secular. Nesse caso, ela poderia ser persuadida a assinar o contrato de extração de gás.

Se a terra fosse **sagrada** para ela, continuaria tendo um valor intrínseco, e permitir a perfuração iria trair um valor essencial. No entanto, esse valor sagrado não estaria além do campo da negociação, porque ela poderia perceber que o sacrifício da terra poderia servir a outros valores sagrados, como sua capacidade de continuar seu trabalho *pro bono*.

Finalmente, se ela considerasse a terra como **sagrada sagrada**, possuiria uma santidade superior. Ela sentiria um apego profundo a ela, vendo-a como algo que não poderia ser violado em nenhuma circunstância. Não havia maneira concebível de negociar um contrato com a empresa de gás natural.

Por fim, Clare concluiu que a terra era sagrada para ela. Estava emocional e espiritualmente apegada a ela e acreditava que tinha valor intrínseco.[19]

Então, Clare estava preocupada com o que fazer com esta terra que considerava sagrada: se ela permitisse a perfuração em troca de dinheiro, sentiria que estava comprometendo sua integridade. O psicólogo social Philip Tetlock chama isso de "troca do tabu", quando trocamos um valor sagrado por um secular.[20] O simples pensamento de fazê-lo pode gerar um sentimento de vergonha, pois o próprio ato de comparação viola o valor sagrado, um fenômeno que o filósofo Joseph Raz denominou "incomensurabilidade constitutiva".[21] Comparar o sagrado (terra) com o secular (dinheiro) chama-se efetivamente cometer sacrilégio.[22] De fato, quanto mais Clare pensava em permitir a extração de gás, mais envergonhada ela se sentia.

Algumas decisões inevitavelmente confrontam valores sagrados com preocupações seculares. Os governos, por exemplo, devem decidir como alocar fundos limitados para subsidiar gastos como custos com saúde (despesas que sustentam o valor sagrado da vida) e a melhoria de estradas e edifícios (custos que atendem ao interesse secular em conveniência e ordem). Mesmo dentro de sua própria família, você deve decidir como alocar finanças limitadas sem violar suas crenças sagradas. Você vai doar toda sua renda para alimentar os pobres ou parar de pagar suas contas e doar esse dinheiro para o avanço na pesquisa do câncer?

Graus de sacralidade. Quanto mais em direção ao centro, mais inviolável é a crença.

Considere reformular as questões como sagradas ou seculares. Se o seu conflito confronta um valor sagrado e um secular — uma mistura explosiva — considere reformular o valor secular como sagrado ou o valor sagrado como secular.

Clare percebeu que seu dilema repousava não em sacrificar a terra por dinheiro, mas em escolher entre dois valores sagrados: proteger sua terra ou ajudar seus clientes empobrecidos. Por um lado, se ela recusasse o contrato, manteria seu valor de proteger a terra — mas como todos os seus vizinhos já tinham assinado o contrato, sua terra e água de poço ainda permaneceriam em risco. Por outro lado, se ela assinasse o contrato, poderia continuar a oferecer seus serviços e obter garantia legal de que qualquer dano à terra seria corrigido. Agora, seu conflito envolvia um choque de valores sagrados. (Philip Tetlock se refere a esse tipo de situação como uma *troca trágica*, escolher um valor sagrado significa comprometer outro.) Por fim, ela assinou o contrato para garantir que poderia continuar atendendo seus clientes. Reenquadrar a situação como um conflito sobre valores sagrados não foi apenas uma tática retórica: esclareceu o que estava realmente em jogo.[23]

Mas o perigo de confrontar valores sagrados uns contra os outros é que a disputa pode acabar irremediavelmente em um impasse. Se um navio estiver afundando e o barco salva-vidas tiver espaço para apenas mais um passageiro, o sobrevivente deve ser seu filho ou o de outra pessoa? É uma pergunta praticamente impossível, pois não existe um critério final para respondê-la. Transformar um conflito sobre o sagrado em um problema prático oferece o potencial para resolvê-lo. Na analogia do barco salva-vidas, a pergunta pode ser reformulada de "O filho de quem é mais valioso?" para "Como podemos salvar as duas crianças?". Ao reformular o sagrado em termos seculares, podemos evitar o problema de tentar determinar o valor inerente.

3. Reconheça o que cada lado considera sagrado

Imagine a mente do outro lado como um museu. Seu objetivo é reconhecer seus artefatos sagrados, tesouros históricos e lembranças de orgulho ou vergonha. Assim como você nunca entraria em um museu e reorganizaria os quadros, não tente mudar o que ele considera sagrado.

Embora você não tenha as mesmas crenças do outro lado, respeite a *reverência* que eles sentem por essas crenças. Imagine um marido e uma esposa discutindo sobre a religião em que criarão seus filhos. Embora o marido não queira que os filhos sejam criados dentro da fé de sua esposa, ele pode reconhecer a reverência dela por essa fé dizendo: "Sei que temos diferenças, mas também aprecio o quanto você reverencia seus valores e como é importante que você possa transmiti-los aos nossos filhos". Essa declaração demonstra que o marido conhece as crenças sagradas de sua esposa, o que permite uma discussão mais profunda de seus valores e de como eles se sobrepõem.

Você quer que o outro lado sinta seu reconhecimento e respeito pelas preocupações deles. Duas táticas podem ajudá-lo a honrar os valores sagrados deles sem comprometer os seus:

Fale a "linguagem do sagrado". O sociólogo Émile Durkheim sugeriu que deveríamos colocar o sagrado em um mundo de significado totalmente diferente do profano. Uma taça de vinho é apenas isso, a menos que você seja um cristão participando da missa, quando ela simboliza o sangue de Cristo. Se tratarmos o vinho consagrado como simplesmente uma bebida, cometeremos um ataque ao sagrado. A linguagem secular enfoca a realidade concreta e medições quantificáveis de valor. A linguagem do sagrado, ao contrário, converge em torno de temas de valor simbólico que existem fora das restrições da lógica de causa e efeito. Requer um vocabulário especial para garantir o respeito por seu assunto.[24] Portanto, quando você falar com outras pessoas sobre o que elas consideram sagrado, considere sua escolha de palavras como uma demonstração de respeito pelas crenças delas.

Para falar a linguagem secular:	Para falar a linguagem sagrada:
Concentre-se na "maximização de valor".	Concentre-se em honrar valores.
Atenção direta a interesses tangíveis, como dinheiro.	Atenção aos valores morais, emocionais ou espirituais que impulsionam o conflito.
Discuta os termos do acordo.	Discuta narrativas de sofrimento, orgulho e conexão com o sagrado.
Debata o que vocês "devem" um ao outro.	Aprecie o mérito na perspectiva de cada lado.
Faça concessões tangíveis.	Ofereça concessões simbólicas, como um pedido de desculpas ou ação para atenuar as ofensas.
Discuta com base em leis e regras seculares.	Convença por meio de regras sociais implícitas, normas espirituais, decretos religiosos e rituais.
Enquadre a discussão como uma troca de bens.	Enquadre a discussão como um avanço na compreensão mútua.
Comunique diretamente seus interesses.	Recorra à metáfora e a outros métodos indiretos para iluminar seus sentimentos sobre o sagrado.
Crie um contrato para construir confiança.	Aproveite o tempo para criar laços pessoais estreitos para construir confiança.
Concentre-se em questões tangíveis (por exemplo, eles deveriam ter armas nucleares?).	Explore preocupações emocionais, culturais e espirituais (por exemplo, o país X deseja manter seu orgulho cultural e autonomia nacional).

Depois de mostrar que aprecia os valores sagrados da outra parte, ela estará mais receptiva a honrar os seus. Ajude-os a entender o que você considera sagrado e por quê. Em vez de simplesmente listar seus valores sagrados, apresente-os no contexto de uma narrativa pessoal: Quando esses valores começaram a ganhar um significado especial para você? O que o motiva a considerá-los sagrados: uma crença de toda a vida, uma experiência de infância, um pressentimento?

Encontre um terreno comum no sagrado. Se alguém profanar o que você considera sagrado, efetivamente demolirá seu sentido de "imortalidade simbólica" — o sentimento de que, depois que você morrer, viverá por meio de suas ideias, suas crenças, seus valores ou sua família.[25] Se um adversário destrói o templo ou o manuscrito mais sagrado para a sua fé, você irá sentir a dor mais forte da sua vida.

Mas a imortalidade simbólica também apresenta uma oportunidade de conexão. Embora você e o outro lado possam ter muitas crenças divergentes, também é provável que haja um terreno comum no sagrado.[26] Lembre-se do exemplo do marido e da esposa discutindo em qual religião criar seus filhos. Esse casal pode encontrar consolo no fato de que ambos desejam um componente espiritual na vida de seus filhos.

Considere reconhecer explicitamente um relacionamento, evento ou princípio que você e o outro lado consideram sagrado. Por exemplo, os negociadores reunidos para resolver uma disputa etnopolítica podem se comprometer com o princípio de que o futuro de todos os seus filhos é sagrado. Uma abordagem semelhante foi usada pelo presidente Anwar Sadat, que definiu sua viagem histórica à mesquita Al-Aqsa em Jerusalém e ao Knesset israelense como "verdadeiramente sagrada"; na verdade, esse enquadramento ajudou a garantir espaço político para a negociação conjunta dos Acordos de Paz em Camp David.[27] Mesmo em um casamento, os casais que consideram suas afiliações sagradas se envolvem em mais resolução colaborativa de problemas e menos agressões verbais, investem mais em seu relacionamento e obtêm maior satisfação do casamento.[28]

4. *Resolva o problema na esfera de identidade de cada lado*

Para resolver problemas sagrados, é necessário entender se cada lado interpreta a identidade como fixa, fluida ou como uma combinação dos dois. Chamo essa concepção do ego como *esfera de identidade*, e enquadrar sua comunicação na esfera de identidade do outro pode aumentar a eficácia da negociação.

Adapte sua mensagem à esfera de identidade deles

Há vários anos, um importante advogado internacional compartilhou comigo uma história sobre como ele havia combinado de se encontrar com um adolescente que estava se preparando para executar uma missão suicida no Oriente Médio. O advogado planejava dizer ao garoto: "Se você se tornar um homem-bomba, poderá aparecer nos jornais por um ou dois dias. Mas, se você dedicar os próximos setenta anos de sua vida a melhorar a educação, os direitos humanos e a prosperidade econômica aqui na região, pense na profunda diferença que poderia fazer". A reunião nunca ocorreu — e o advogado nunca teve a chance de defender sua causa.

Embora o argumento do advogado fizesse sentido racionalmente, eu me senti desconfortável com isso. Imaginei-me como um adolescente se preparando para o meu momento de martírio, desfrutando da emoção de estar em uma missão sagrada, com o apoio da minha comunidade e o encorajamento dos meus mentores, e me preparando para a fanfarra que me receberia no paraíso. Imaginei-me sentado em frente a um advogado norte-americano que apresentava um argumento racional contra minha missão. Percebi que a abordagem do advogado, embora brilhante, era de fato racional *demais*: não levava em conta a esfera de identidade do garoto — como ele se via no mundo. Enquanto o advogado falava a linguagem secular, era mais provável que o garoto respondesse na linguagem do sagrado. Combater uma narrativa sagrada com um argumento secular quase certamente teria sido ineficaz.[29]

Você também estará muito mais bem posicionado para influenciar a outra parte se puder adaptar sua mensagem à esfera de identidade deles. Observei que as pessoas tipicamente posicionam sua identidade em uma das quatro esferas: fundamentalista, construtivista, anatista ou quantumista.

- Em uma mentalidade *fundamentalista*, você vê sua identidade como fixa e governada por forças fora do seu controle.[30] As leis da natureza ou a intenção do divino determinam quem você é.[31] Considere um exemplo cotidiano. Minha esposa frequentemente pede que eu acorde cedo para passar um tempo com ela e nossos filhos antes da escola; da minha parte, peço que ela fique acordada até tarde para passar um tempo comigo. Ela é uma pessoa da manhã enquanto eu sou uma coruja da noite, então nossos argumentos sobre esse assunto andam em círculo até que um de nós levanta as mãos e diz: "Não posso mudar você e não posso me mudar".
- No estado de espírito *construtivista*, a identidade é uma construção social em constante evolução. Você cria sua identidade por meio de interações com outras pessoas e por meio da introspecção. Nessa perspectiva, o sagrado não tem essência divina, e um objeto como um livro sagrado, nenhuma santidade inerente. É o indivíduo que projeta significado no livro, transformando-o de uma pilha de papel em algo imbuído do divino. Para os fundamentalistas, a realidade é um absoluto que existe fora da influência humana; para o construtivista, a realidade está nos olhos de quem vê.
- Na esfera *anatista*, você não tem identidade permanente. É formado por "pensamentos sem pensador", uma concha consciente com emoções e pensamentos à deriva, mas sem essência.[32] Esta esfera baseia-se no termo budista *anatta*, que se refere à ideia de que existimos como um não eu, uma ilusão do ego, um fluxo de consciência em constante evolução. Nas palavras do psicólogo William James, somos *ego puro* vivendo no mundo empírico do *eu*. De acordo com o Buda, *anatta* tem como base a ideia de que "a forma não é o ego, as sensações não são o ego, as percepções não são o ego, a reunião não é o ego, a consciência não é o ego". A *anatta* transcende o mundo material do apego, experimentando a identidade como ondas em movimento no oceano da vida.
- Na estrutura *quantumista*, a identidade é uma combinação de natureza e criação. Crenças espirituais ou biológicas fundamentais preparam o cenário para uma panóplia de possíveis egos, enquanto as forças sociais constroem sua consciência única. Sua identidade é fixa e fluida, e você percebe objetos sagrados dessa mesma perspectiva. Um livro sagrado contém um significado intrínseco e construído. Você dá um significado sagrado a ele e, por sua vez, o reverencia por seu significado agora intrínseco.

Essas quatro categorias não têm limites estritos e a esfera de um indivíduo pode mudar com o tempo. Negociar o sagrado não significa que você deva categorizar precisamente a esfera de identidade do outro, mas que deve avaliá-la bem o suficiente para enquadrar sua mensagem com palavras que ressoarão emocionalmente dentro deles. Como orientação, se o outro lado estiver em uma esfera fundamentalista da identidade, por exemplo, discuta questões sagradas a partir de *dentro* do contexto de doutrinas e posições absolutas dele. Se, por outro lado, sua contraparte vê a identidade por meio de uma estrutura quantumista, você tem maior latitude para discutir argumentos absolutistas e opções criativas para resolver problemas sagrados.

Na conversa nunca realizada do advogado com o possível homem-bomba, o conselho dele — de que o garoto tinha uma potencial longa vida de influência pela frente — era perspicaz, mas não usava a esfera de identidade mais apropriada. O advogado presumiu que o garoto era quantumista, aberto ao pensamento criativo de mudar de rumo. Mas imaginar o menino como fundamentalista exigia uma reformulação da mensagem do advogado para a linguagem do sagrado. Em vez de discutir inicialmente o futuro do garoto, o advogado poderia ter perguntado sobre suas convicções sagradas, por que acreditava nelas e quais, em particular, eram as mais importantes para ele. Ele poderia ter questionado a interpretação do garoto sobre o islamismo e como isso o estava levando a sacrificar sua vida. Poderia ter perguntado quais pressões culturais e familiares eram tão importantes que valia a pena morrer por elas. Ao guiar a conversa para o campo do sagrado e conectar diretamente a conversa às crenças e aos valores fundamentais do menino, o advogado poderia convidá-lo a explorar interpretações alternativas das verdades religiosas absolutistas, mantendo a reverência por seus dogmas espirituais e introduzindo novas maneiras de interpretá-las.

Negociar com pessoas que têm crenças fundamentalistas é difícil para um negociador, mas também é difícil para os fundamentalistas. Ironicamente, os limites ideológicos fixos limitam a autonomia *deles* para negociar com você. A identidade rígida deles os deixa presos dentro de uma "caixa", tornando imperativo que você, negociador, adapte suas palavras à esfera deles.

Esferas de identidade: Como vemos a natureza da identidade

A identidade é inata?	Sim	Fundamentalista	Quantumista
	Não	Anatista	Construtivista
		Não	Sim

A identidade é socialmente criada?

Formule opções para conectar os lados além da divisão.

Depois de adaptar sua mensagem à esfera de identidade do outro, gere opções para diminuir a divisão substantiva entre as partes. Aqui estão algumas maneiras ilustrativas de fazer isso.

a) Confie na ambiguidade construtiva. Uma maneira pragmática de conciliar diferenças sagradas é chegar a um acordo que cada lado possa interpretar segundo sua própria esfera de identidade. O ex-secretário de Estado dos Estados Unidos, Henry Kissinger, chamava isso de *ambiguidade construtiva*.

Considere o dilema de uma amiga minha hindu, Aarti, quando ela e seu noivo cristão, Joseph, preparavam-se para o casamento. Uma parte importante da maioria das cerimônias de casamento hindus é ficar na frente de uma fogueira para invocar seu poder purificador. Mas a mãe de Aarti pensava que no cristianismo, a fogueira pode simbolizar não apenas a sarça ardente sagrada, mas também a ira de Deus. A fogueira poderia fazer com que a família de Joseph se sentisse desconfortável, mas a ausência da fogueira diminuiria o significado sagrado da cerimônia para a família de Aarti. Para resolver o dilema deles, Aarti e Joseph decidiram fazer seus votos diante da chama de uma vela. A escolha foi aceitável para Joseph, cuja igreja ritualmente usava velas para cerimônias religiosas, e foi bem vista pela família de Aarti, que acolheria qualquer inclusão de fogo. Cada família foi capaz de interpretar a vela de acordo com os princípios de sua respectiva fé.

b) Reinterpretar o significado do sagrado. O sagrado é geralmente visto como originário de um poder superior, como um deus, que concede aos mortais ordenação divina ou grande inspiração. No entanto, mesmo aqueles em posição de transmitir melhor o significado do sagrado — sacerdotes, imãs, rabinos e outros líderes espirituais — estão sujeitos às armadilhas nas quais todos os humanos podem cair. Na maioria das tradições, eles têm a tarefa de interpretar dogmas, liturgias e rituais, o que significa que essas elucidações permanecem abertas à possibilidade de reinterpretação.[33]

Em um conflito sobre o sagrado, considere explorar interpretações alternativas do sagrado, uma prática conhecida como *hermenêutica*.[34] Comecei a apreciar o poder dessa abordagem durante o aconselhamento de um programa de negociação cofundado por Walid Issa, um educador palestino que cresceu no campo de refugiados de Deheishe em Belém. Em 1948, seu avô soube que o exército israelense estava se aproximando de sua pequena vila de Beit Etab, então a família fugiu de casa. Quase sessenta anos depois, Walid, que tinha então dezenove anos, preparava-se para viajar para os Estados Unidos para fazer faculdade. Antes de partir, seu avô lhe disse: "Não tenho dinheiro para lhe dar, mas essa é a coisa mais valiosa que possuo". Ele entregou a Walid uma chave de metal enferrujada, exatamente a que costumava trancar sua antiga casa em Beit Etab. "Eu a levo perto do meu coração", explicou ele ao neto. "Nunca me decepcione."

Walid não sabia o que fazer com esse presente, o que lhe causou grande angústia. Inicialmente, ele presumiu que isso significava que seu avô queria que ele recuperasse seu lar ancestral. Mas, ao examinar a chave todos os dias, percebeu que ela representava algo muito diferente: era um símbolo que o incentivava a fazer as pazes com os israelenses e a honrar a identidade de seu avô. Ele olhou além da própria chave física, carregada de um passado doloroso, para seu *espírito*, que abria possibilidades de ação. Ele fez uma parceria com um educador israelense para formar Shades, um programa de negociação de alto impacto que treina uma nova geração de líderes palestinos e israelenses no governo e no setor privado.

c) Dê 100% para cada um. Uma vez perguntei ao meu filho Noah: "O que você faria se duas pessoas estivessem brigando pela mesma coisa, e fosse tão importante para cada uma delas que nunca desistissem?". Ele olhou para mim e, sem nem pensar, disse: "Dividiria".

A estratégia de Noah é frequentemente negligenciada em situações de conflito, em que batalhas por terras sagradas e regiões disputadas resultam rotineiramente em morte e destruição. Mas sua resposta inocente foi perspicaz: o problema do sagrado não está localizado em um pedaço de terra ou herança familiar, mas na mente. Você não pode compartilhar terras ou um anel familiar com *eles*. Você não pode trabalhar de forma cooperativa para resolver diferenças aparentemente irreconciliáveis com *eles*. No entanto, objetos, terra e amor geralmente *podem* ser divididos. Contrariar um ataque ao sagrado pode levá-lo a um lugar de harmonia.

Como, por exemplo, você divide a terra sagrada se dois países reivindicam plenos direitos? Essa foi a situação que o presidente Jamil Mahuad, do Equador, enfrentou ao negociar uma longa disputa de fronteira com o presidente Alberto Fujimori, do Peru. Cada líder reivindicava a faixa de terra chamada Tiwintza como sendo de seu país. Por fim, os dois homens encontraram uma solução satisfatória para os dois lados. O Equador ganhou a posse de um pedaço da terra, particularmente o local onde seus soldados tinham sido enterrados, enquanto o Peru ganhou soberania sobre ele. Os chefes dos dois países concordaram que o território em disputa se tornaria um parque internacional onde nenhuma atividade econômica, política ou militar ocorreria sem o consentimento dos dois governos.

Participe na resolução tanto dos problemas quanto da afirmação de identidade

Apesar do grande esforço para honrar o sagrado e resolver questões excepcionais, você pode ficar tão concentrado na solução de problemas que as preocupações sagradas parecem minimizadas. Em outros momentos, o diálogo pode se concentrar tanto na compreensão das queixas pessoais um do outro que o progresso nas negociações pode chegar a praticamente um impasse.

O *método zoom* é uma ferramenta simples para ajudá-lo a gerenciar essa dinâmica. Imagine visualizar seu conflito através de uma câmera. Você pode ampliar o problema para resolver aspectos específicos do conflito ou reduzir o zoom para discutir as preocupações de identidade mais amplas de cada lado. Saber precisamente *quando* aproximar ou afastar o zoom é uma habilidade poderosa. Geralmente, faz sentido começar afastando o zoom, o que permite examinar o que está pessoalmente em jogo para cada lado no conflito. Depois de compartilhar suas respectivas narrativas, aproxime o zoom para resolver os detalhes. Se a conversa perder o foco ou ficar muito tensa, afaste o zoom novamente para realinhar-se com os objetivos mais amplos que aproximaram todos. Ao ficar atento às dinâmicas em movimento desse processo, você pode aliviar a tensão emocional ao discutir questões sagradas.

O maior desafio na negociação do sagrado — e a razão pela qual emoções fortes como raiva, medo e vergonha surgem no decorrer dessa ação — é a realidade desconfortável de que a resolução requer sacrifício.[35] Chegar a um acordo com o outro lado pode parecer uma traição aos seus ideais, seus valores sagrados, sua lealdade aos mártires que lutaram por sua causa. Uma resolução bem-sucedida é possível apenas se você criar o espaço emocional e político para considerar o sacrifício pelo bem comum e reconhecer que os benefícios do sacrifício superam os custos do conflito contínuo. À medida que a conversa se desenrola, você deve aproximar o zoom para discutir os prós e os contras do sacrifício e afastar o zoom para validar o compromisso de cada lado com a preocupação final.

Resumindo

Um conflito sobre o sagrado é aquele em que as apostas são altas e o compromisso parece inconcebível. Em tais circunstâncias, pode ajudar a reconhecer respeitosamente o que cada lado considera sagrado e conceber opções para superar a importante divisão. Em última análise, o conflito sobre o sagrado não tem resultado perfeito. O desafio é criar ganhos mútuos, minimizando o sacrifício. Simplesmente conscientizar-se das questões consideradas sagradas pelo outro lado é um colossal passo adiante.

Tabela de aplicação pessoal

1. Quais aspectos da sua identidade parecem estar sob ataque? Considere suas crenças, rituais, lealdades, valores e experiências emocionalmente significativas.

2. Quais aspectos da identidade do outro lado parecem estar sob ataque?

3. Como você pode ajudá-los a entender melhor o que é sagrado para você?

4. Como você pode aprender o que é sagrado para eles?

9. Use a política de identidade para unificar

Não há história da humanidade, há apenas muitas histórias de todos os tipos de aspectos da vida humana. E uma delas é a história do poder político. Isso é elevado à história do mundo.
— KARL POPPER

CONSIDERE O QUE os três cenários a seguir têm em comum:

1. O casamento instável. Uma amiga chamada Kathy me liga chorando. O casamento com Joe está desmoronando. Mesmo de longe, posso ver a dinâmica em jogo: embora suas diferenças não sejam intransponíveis, seus pais, sem querer, os mobilizam para a batalha. Toda vez que Kathy liga para a mãe buscando consolo, a resposta dela é: "Você está absolutamente certa, Kathy. Joe *está* errado — e muito egocêntrico, como sempre. Honestamente não sei como você ainda está com ele". Enquanto isso, a mãe de Joe apoia a perspectiva dele e chama Kathy de "difícil" e "teimosa". O apoio dos pais está destruindo o casamento deles.

2. O fim da empresa. Uma empresa multinacional está no meio de uma guerra entre os departamentos de pesquisa e marketing. Um teme que o outro esteja sabotando sua produtividade e "roubando" recursos. Quando começam os preparativos para o orçamento do próximo ano, o líder de cada departamento se reúne discretamente com o CEO para defender sua própria divisão como a "alma" da empresa e um investimento mais sábio dos recursos.

3. O estado turbulento. O presidente sérvio Slobodan Milošević está diante de uma enorme multidão em Gazimestan, Kosovo, invocando a derrota da Sérvia em Kosovo seiscentos anos antes, como um chamado nacionalista às armas. "Que a memória do heroísmo de Kosovo viva para sempre!", exclama. "Viva a Sérvia! Viva a Iugoslávia! Viva a paz e a irmandade entre os povos!" Muitos observadores consideram esse discurso o ponto de ruptura que levou à guerra de Kosovo.

Em cada um dos exemplos anteriores, a quinta tentação — a política de identidade — está em jogo. A política de identidade pode comprometer a vida emocional de um casamento, a eficiência de uma organização ou a segurança de uma região. Ao contrário das outras tentações, é frequentemente usada de forma deliberada para manipular e dividir pessoas, alimentando o Efeito das Tribos. Mas, armado com as estratégias certas, você pode usar a política de identidade para melhorar seus relacionamentos e alcançar resultados satisfatórios nos conflitos para os dois lados.

O QUE É POLÍTICA DE IDENTIDADE?

Seres humanos são, por natureza, animais políticos — uma observação feita por Aristóteles há mais de 2 mil anos.[1] Todas as suas palavras e ações transmitem uma mensagem sobre sua posição política em relação aos outros. Você pode manter boas relações com seu chefe ou elogiar um amigo para fortalecer seu vínculo. Simplificando, a política tem a ver com "quem recebe o quê, quando e como".[2]

A política de identidade, então, refere-se ao *processo de posicionar sua identidade para avançar um propósito político*.[3] Você se associa com indivíduos ou grupos específicos dentro de uma estrutura de poder para melhorar suas chances de alcançar seus objetivos. Mas você também pode pagar um preço por se associar com um grupo em particular e não com outro. Todo esse processo ocorre dentro de um espaço político — um círculo social no qual as pessoas interagem para tomar decisões. Um governo é o espaço onde isso ocorre de forma mais familiar, mas outros incluem casamentos, amizades ou até locais de trabalho. Cada um desses espaços apresenta oportunidade para discordar sobre quem recebe o quê — e a que preço.

Olhando para os três exemplos no início deste capítulo, agora podemos ver como as pessoas posicionaram suas identidades para servir a algum tipo de objetivo político — e pagaram o preço:

- No casamento instável de Kathy e Joe, cada mãe procurou proteger seu filho do sofrimento emocional (*a finalidade*), aliando-se como uma defensora leal de seu filho (*posicionamento*). Cada mãe deslegitimou as preocupações do outro cônjuge, fortalecendo o senso de justiça do próprio filho, mas inadvertidamente fraturando as relações do casal (*o preço*).
- No exemplo da empresa, os líderes de pesquisa e marketing aspiravam a obter maiores recursos financeiros (*o objetivo*) e cada um se encontrou em particular com o CEO para defender a importância superior de sua própria divisão para a organização (*posicionamento*). Mas suas ações reforçaram sua divisão de longa data e reduziram a produtividade organizativa (*o preço*).
- No exemplo da Sérvia, Milošević quis mobilizar apoio para sua visão de uma Grande Sérvia (*o objetivo*), incitando o nacionalismo sérvio por meio de seu discurso sobre os antigos campos de batalha em Kosovo (*posicionamento*). Mas ele também aumentou as linhas de divisão entre os grupos etnopolíticos da região; a violência seguinte contribuiu para uma enorme perda de vidas e levou Milošević ao Tribunal Penal Internacional para a ex-Iugoslávia, onde foi acusado de crimes contra a humanidade (*o preço*).

A política de identidade se desenrola em todos os níveis da vida cotidiana. Na maioria das vezes, ela se destaca quase imperceptivelmente em segundo plano, como quando seu filho adolescente elogia seu novo corte de cabelo (*posicionamento*) e pede um aumento na mesada (*finalidade*). Mas a política às vezes pode criar situações desconfortáveis. Um vizinho bate na sua porta com biscoitos caseiros (*posicionamento*) e pergunta se você pode ajudar o filho a conseguir um emprego na sua empresa (*fina-*

lidade). Mesmo que você rejeite fundamentalmente as maquinações da política de identidade, isso é inevitável. Ao entrar na sala de conferências da sua reunião de hoje, ao lado de quem você se sentará? Em qual opinião você prestará mais atenção? Em um nível puramente prático, sua identidade pode influenciar os recursos aos quais você tem acesso e, portanto, pode ser sua passagem para privilégio ou escassez.[4] A menos que você esteja sintonizado com a política de identidade, corre o risco de se tornar um peão involuntário.

As armadilhas da política

Cuidado com as muitas maneiras pelas quais podemos ser vítimas de políticas divisoras. *Primeiro*, podemos desconhecer o cenário político, o que nos deixa vulneráveis a sermos explorados. Um líder pode nos impor uma narrativa — como Milošević fez em seu país — e criar sentimentos de divisão entre nós e os outros.[5] *Segundo*, podemos nos apegar a uma *identidade negativa*, definindo quem somos *contra* o outro lado e rejeitando tudo o que eles propõem. Em uma situação extrema, perdemos toda a aparência de nossa própria identidade, identificando-nos apenas em termos de oposição ao outro lado.[6] *Terceiro*, podemos nos sentir excluídos do processo de tomada de decisão, separando-nos ainda mais dos outros. *Finalmente*, podemos nos sentir como um peão preso em um sistema político injusto.

O restante deste capítulo oferece estratégias práticas para lidar com cada uma dessas armadilhas.

Armadilha	Estratégia
1. Desconhecimento do cenário político.	1. Mapeie o cenário político.
2. Apegar-se a uma identidade negativa.	2. Construa uma identidade positiva.

3. Confiança em um processo exclusivo de tomada de decisão.	3. Crie um processo de tomada de decisão inclusivo.
4. Tratado como um peão político.	4. Proteja-se de ser explorado.

1. Mapeie o cenário político

As pessoas podem tentar usar a política contra você, mas antes de tomar medidas efetivas para se proteger, primeiro você precisa conhecer os detalhes do cenário político. Examine quem influencia quem e quem tem o potencial de desencadear o Efeito das Tribos e impedir a resolução.

Procure dois níveis de influência política

Chimpanzés e humanos têm muito em comum. Aparentemente, as relações com os chimpanzés parecem estruturadas em torno do domínio, com o macho mais forte no topo da hierarquia. O especialista em primatas, professor Frans de Waal, no entanto, observou que ao lado dessa estrutura formal há uma organização mais informal de poder, que ele chamou de "uma rede de posições de influência". De Waal compara a estrutura hierárquica a uma "escada" e a estrutura informal a uma "rede".

Os seres humanos também navegam nesses mesmos dois níveis de influência política: hierarquias que parecem escadas e teias de influência[7] que parecem redes. Manter a consciência de ambos pode ajudá-lo a entender melhor a política que alimenta seu conflito.

A escada: quem é o chefe? A maioria das empresas está organizada de modo que todo funcionário entenda exatamente quem tem autoridade sobre quem: o chefe está no topo, e os subordinados, com seus diferentes graus de poder, estão abaixo. Mas fora de uma organização rígida como um escritório, as estruturas formais de poder nem sempre são tão claras. Há vários anos, pedi ao meu filho de seis anos, Noah, para desligar a televisão e ler um livro. Ele olhou para mim com raiva e perguntou: "Quem manda aqui — você ou a mamãe?". A pergunta era legítima; Noah estava imaginando se poderia encontrar uma brecha na estrutura de poder da família que lhe permitiria ganhar mais alguns minutos de TV. Infelizmente para ele, *os dois* — minha esposa e eu — mandamos neste lugar.

Mesmo quando uma escada de influência não é definida explicitamente, ela ainda pode ser significativa. O presidente dos Estados Unidos às vezes é chamado de "a pessoa mais poderosa do mundo", no comando de um vasto complexo militar e econômico. Mas, quando o presidente voa no *Air Force One*, quem é o mais poderoso? O piloto. De maneira mais geral, o mundo é governado por várias escadas de influência. Se você está tentando influenciar as decisões do seu CEO sobre a alocação de orçamento, pode se dar melhor se concentrar seus esforços no diretor financeiro.

A rede: quem são seus aliados? As relações políticas também são influenciadas por suas redes sociais — a rede de amigos, aliados e conhecidos com quem você se associa e de quem depende. Essas conexões podem ser institucionalizadas, como as criadas por casamento, família ou associação em uma organização social. Ou os laços podem ser casuais, como entre aliados no trabalho ou um grupo de amigos.

Posicionar-se com sabedoria pode ajudá-lo a promover sua causa política. Você pode se aproximar do cônjuge do chefe; doar dinheiro a uma universidade para aumentar as chances de seu filho ser aceito; ou ligar para um conhecido da família a fim de obter ajuda para conseguir um emprego. Provavelmente, todos os idiomas têm palavras semelhantes a "pistolão". Em árabe existe o termo *wasta*, definido aproximadamente como o uso de conexões sociais para influenciar uma decisão. Em chinês, *guanxi* refere-se às relações pessoais que você pode usar para pedir favores e serviços. Em espanhol, *palanca* sugere que você tem boas conexões. Na Tanzânia, um diplomata me descreveu o conceito único de *utani*, uma palavra suaíli que descreve "relações amistosas e engraçadas" entre tribos ou aldeias rivais nas quais "você pode brincar quase sobre qualquer coisa sem insultar".[8] Cada uma dessas abordagens é um exemplo de uma estrutura informal que promove um objetivo político.

As pessoas costumam presumir que a política formal conduz a relações informais, mas geralmente o oposto é verdadeiro: os ricos têm amizade com os ricos, os poderosos com os poderosos, e essas redes informais costumam ser um fator decisivo para quem ocupa posições de destaque em hierarquias formais.

Suas redes sociais se tornam suas tribos — compostas de parceiros com os quais você pode contar. Você escolhe seus amigos livremente e sabe que eles têm ótimas intenções. Considere o caso de um CEO nomeado recentemente cuja primeira decisão era se deveria vender parte da empresa. Ele procurou o conselho dos membros da diretoria, que o superavam na escada de influência. Mas quem ele procurava para receber conselhos confiáveis? Seu inteligente e fiel assistente administrativo.

Fique atento ao cenário político

Você tem um *continuum de conscientização*. De um lado, estão aquelas coisas que você conhece profundamente, como a expressão de raiva no rosto do seu cônjuge. No outro, estão aquelas coisas das quais você não sabe que está ciente. Ao ler isso, por exemplo, no fundo, pode haver um tique-taque de um relógio, o zumbido de uma máquina de lavar louça ou pessoas conversando por perto, mas você não está prestando atenção conscientemente a esses sons. No que diz respeito ao cenário político, para ser mais eficaz *você deve estar consciente de sua consciência*.

Perceba quando outras pessoas procuram moldar sua identidade. Em um conflito, os modeladores de identidade procuram moldar a narrativa dominante. Isso é mais aparente nas campanhas políticas, em que os líderes tentam impor uma narrativa de identidade às massas para ganhar apoio. O candidato sobe ao pódio e declara que "nós" agora devemos nos unir e combater "eles" em quaisquer questões críticas que estejam em jogo. Os modeladores de identidade transformam conflitos em recursos para um jogo de política de identidade, pressionando, de todas as maneiras possíveis, as massas em uma identidade singular.[9] Isso ocorre porque, se eles conseguirem moldá-la, ganham o prêmio que procuram: sua lealdade.

O objetivo do presidente Milošević era fazer com que os sérvios adotassem uma identidade nacionalista, mobilizando efetivamente um exército leal para servir a suas ambições políticas. Quanto mais vigorosamente ele declarava que essa ideologia nacionalista era como uma parte sagrada do destino sérvio, mais conseguia alistar apoiadores e silenciar dissidentes.

Esteja atento às circunstâncias nas quais você começa a se sentir enjaulado em uma narrativa sobre quem é. Nas organizações, os modeladores de identidade geralmente competem para moldar sua identidade para os objetivos deles. Certa vez, fui consultor de um gerente sênior que se sentia descontente com seu trabalho, apesar de uma promoção recente que tinha aumentado seu salário e feito com que ganhasse mais respeito. Ele percebeu que, em sua posição elevada, não poderia mais dizer se seus subordinados de fato queriam ser amigos dele — ou apenas se mostravam interesse por ele para obter ganhos políticos. Esse desconfortável sentimento de ambiguidade se agitava sempre dentro dele, mas apenas recentemente ele tinha tomado consciência disso. Mais uma vez, quando se trata de política de identidade, a conscientização é crucial.

Sintonize-se com as pressões políticas do outro lado. Em um conflito, o negociador do outro lado raramente é um único ator. Embora um indivíduo esteja negociando com você, ele ou ela têm associados *por trás da mesa* que têm interesses no resultado. Robert Putnam chama isso de "jogo de dois níveis": a resistência de sua contraparte à reconciliação pode não ter nada a ver com *você* (nível 1), mas tudo a ver com as pressões políticas internas *deles* (nível 2).[10] Em um conflito internacional, dois líderes podem estar pessoalmente dispostos a reparar as relações políticas prejudicadas, mas, para isso, devem navegar pelas preocupações domésticas de formuladores de políticas, agências, grupos de interesse e seus próprios conselheiros. Em um conflito conjugal, cada cônjuge pode consultar os pais para buscar perspectivas, como Kathy e Joe fizeram. Quanto mais as partes interessadas se sintonizarem com as pressões políticas da outra, melhor posicionadas estarão para conceber uma aproximação viável.

Para descobrir as pressões políticas do outro lado do conflito, coloque-se no lugar delas e imagine a quem estão tentando agradar. Esse exercício mental ajudou a resolver um conflito difícil entre uma empresa e um consultor, Tim, que nunca havia recebido pagamento por seus serviços. Ele enviou uma fatura, depois outra e depois uma terceira. A cada vez, a gerente de projetos da empresa respondia com mais uma solicitação administrativa: "Precisamos de uma nova fatura com essas estipulações", "Precisamos de um *tipo* diferente de fatura — uma que inclua custos de reembolso", "Precisamos de uma fatura *sem* custos de reembolso".

Além da frustração de não receber seu dinheiro, Tim ficou furioso com esses e-mails, que pareciam *culpá-lo* por seu pagamento estar atrasado. Percebendo que um processo seria um grande desgaste financeiro e emocional, Tim me consultou. Percebemos que nem todos os e-mails atribuíam a culpa a Tim, apenas aqueles nos quais o chefe da gerente de projetos havia sido copiado. Parecia que a gerente de projetos estava tentando encobrir seu próprio erro administrativo, esperando parecer responsável para o gerente dela, atribuindo a culpa a Tim. Depois de reconhecer essa manobra política, aconselhei Tim a elogiar a persistência da gerente de projetos (pelo menos ela nunca havia deixado de se comunicar) e depois ligar para o chefe da gerente de projetos para pedir um pagamento acelerado. Tim recebeu o cheque em uma semana.

O mesmo princípio — entrar em sintonia com as pressões políticas do outro — é essencial para a reconciliação internacional, como confirmou o ex-Secretário de Estado dos EUA James Baker quando o Programa de Negociação da Faculdade de Direito de Harvard o homenageou com seu Prêmio Anual de Grande Negociador. Ele relembrou como, após o colapso da União Soviética, os Estados Unidos poderiam ter declarado vitória na Guerra Fria. Mas Baker e o presidente George H. W. Bush decidiram que "a única coisa que devemos fazer é *não nos vangloriar*" — apesar das pressões dentro de seu próprio partido político para reivindicar esse triunfo. Esses dois líderes ficaram de olho no prêmio: construir relações de cooperação de longo prazo para promover a estabilidade internacional. Se os Estados Unidos afirmassem terem sido vitoriosos no conflito, os líderes da nascente Federação Russa enfrentariam uma reação interna política ainda mais severa, reduzindo o poder político deles e deixando os Estados Unidos com um parceiro de negociação mais fraco.

Esteja alerta para sabotadores. Sabotadores são pessoas que tentam minar seus esforços para resolver um conflito — e a política de identidade é uma ferramenta essencial no arsenal, pois o conflito combina mais com os interesses políticos do que com a resolução.

Há *sabotadores involuntários*, como as mães de Kathy e Joe, o casal que brigava demais: as duas mulheres tinham boas intenções, mas suas ações desestabilizaram o relacionamento dos filhos. Também existem os *sabotadores intencionais* — pessoas interessadas em sabotar acordos, seja um funcionário descontente que atrasa as operações ou um grupo político que tenta minar as negociações de paz. Os sabotadores intencionais geralmente mantêm seus esforços em segredo, pois o anonimato é sua maior arma.

O sabotador geralmente apoia o processo de negociação no começo — conquistando sua confiança —, mas depois o prejudica antes que um acordo de paz seja alcançado. Na peça de Shakespeare *Macbeth*, Lorde Banquo adverte Macbeth: "Para nos prejudicar, os instrumentos das trevas nos dizem verdades, nos conquistam com insignificâncias honestas, para trair nas consequências mais profundas".

Para reconhecer sabotadores, examine o cenário político de indivíduos ou grupos cuja identidade possa parecer ameaçada pela reconciliação. Sabotadores resistem à mudança; eles podem temer tanto a diminuição de sua posição hierárquica de poder quanto a alienação de círculos sociais influentes.

Considere a situação de Amy, gerente sênior de uma empresa de tecnologia de médio porte que está em rápido crescimento. Ela notou que Jack, técnico sênior e funcionário importante da equipe por vinte anos, tinha começado a agir de forma irregular. Ele atrasou um projeto, espalhou boatos sobre "gerenciamento inadequado" e passou a trabalhar sempre irritado. Jack havia se tornado um sabotador dentro da organização — mas por quê? Amy observou que um jovem contratado havia ingressado recentemente na equipe de Jack, trazendo habilidades técnicas comparáveis, e se perguntou se Jack via o novo funcionário como uma ameaça.

Em uma reunião com Amy, Jack confessou: "Estou com receio de que você queira me substituir — que estou ficando velho demais para esta empresa".

Amy, surpresa, garantiu a ele: "De jeito nenhum! Decidimos contratar o funcionário para *apoiá-lo*, não substituí-lo. A gerência sênior acredita que você seria um ótimo mentor". Amy acalmou os medos de Jack, e ele voltou ao seu desempenho habitual.

2. Construa uma identidade positiva

No decurso de um conflito, você pode ficar tão focado em derrotar o outro lado que assume uma *identidade negativa*: você define sua identidade em oposição à deles. Um exemplo clássico envolve o filho rebelde de um fiel que tanto despreza o pai que assume o ateísmo e começa a beber muito. A mesma dinâmica é característica das campanhas publicitárias políticas, quando os candidatos atacam o histórico do outro sem compartilhar nada de positivo. Se você assume uma identidade negativa, frustra qualquer resolução pacífica, porque, no momento em que o conflito é resolvido, sua identidade negativa deixa de existir — ironicamente, transformando a resolução do conflito, um resultado bem-vindo, em um golpe existencial.

Para combater a tentação de assumir uma identidade negativa, crie conscientemente uma *identidade positiva*. Isso exige que você melhore seu relacionamento com o outro lado — sua identidade relacional — e redefina sua identidade essencial em termos positivos.

Enfatize o Implacável Nós

O conselho mais poderoso para superar a política divisora é enfatizar persistentemente que seu conflito é um desafio *compartilhado*. Não é você contra o outro lado, mas vocês dois tentando resolver o conflito juntos. À medida que o Efeito das Tribos o atrai incessantemente para a divisão, você deve lutar com uma ênfase ainda mais insistente no valor da cooperação. Eu chamo isso de *Implacável Nós*.

Considere o Exercício das Tribos. Em todos os raros casos em que o mundo foi salvo, o denominador comum não foi o apelo da retórica racional, mas uma insistência obstinada entre os participantes de que o objetivo final é compartilhado: salvar *nosso* mundo.

Percebi essa lição um dia quando atendi uma batida na minha porta e encontrei uma vizinha alarmada. "Você ouviu?", perguntou ela, abalada. "Houve um ataque terrorista na maratona. Não sabemos se a Melissa está bem."

Melissa é uma vizinha em comum em nossa cidade nos arredores de Boston e ávida corredora. "Ela ainda não deu notícias."

Corri para dentro e liguei a televisão. Duas bombas tinham explodido perto da linha de chegada da Maratona de Boston, matando três pessoas e ferindo outras 250. Meu coração disparou. Eu quase tinha levado meus filhos para a linha de chegada naquele dia, mas no último minuto fiquei em casa para recuperar o atraso no trabalho.

Pouco depois, o presidente Obama fez um discurso inflamado. Ele poderia ter falado sobre terrorismo e como os Estados Unidos renovariam sua guerra *contra* isso — construindo uma identidade negativa para nós como nação —, mas ele criou uma identidade nacional positiva. "Não há republicanos ou democratas", disse ele. "Somos norte-americanos, unidos pela preocupação com nossos concidadãos." Em uma situação que ameaçava atrair uma nação inteira para o Efeito das Tribos, o presidente resistiu, escolhendo unir as pessoas em vez de atacar os ainda desconhecidos autores da tragédia.[11]

Defina identidade em termos positivos

A política positiva envolve esclarecer quem você *é* ao invés de quem você não é. Quais são os valores centrais de sua família, seu casamento, sua empresa, sua organização ou seu grupo étnico? Uma identidade positiva une as pessoas em um objetivo e sistema de valores comuns.

Para construir uma identidade positiva, identifique seus valores definidores e coloque-os em prática. Após os atentados à Maratona de Boston, por exemplo, o presidente Obama acentuou os valores da unidade norte-americana e a preocupação com os concidadãos. Seu objetivo é articular valores com os quais as pessoas de todos os lados do conflito possam se relacionar positivamente, da mesma maneira que qualquer pessoa pode se relacionar com a mensagem do presidente Obama de que, após um bombardeio, os cidadãos devem se preocupar um com o outro.

Durante uma viagem à Irlanda do Norte há vários anos, conheci Peter Robinson, o primeiro ministro da Irlanda do Norte, e sua equipe de liderança. Embora o Acordo de Dublin tenha encerrado décadas de violência, os anos seguintes foram marcados por uma tensão renovada entre as comunidades protestante e católica. O que a Irlanda do Norte pode fazer para evitar a tentação das políticas de identidade? O treinamento da liderança política nas ferramentas de negociação poderia ser útil, argumentei, mas isso por si só não resolveria o problema.

A reunião com o primeiro-ministro reforçou minha convicção de que qualquer esforço para uma mudança completa exigia a reestruturação da identidade percebida da Irlanda do Norte em termos positivos, uma ideia que compartilhei em uma reunião informal com a liderança política. "A comunidade internacional associa a Irlanda do Norte à resolução de conflitos", expliquei. "O país representa uma história de sucesso." Ele assentiu concordando. "O problema com isso", continuei, "é que as pessoas *continuam* a associar a Irlanda do Norte com conflitos. Agora que o conflito foi interrompido, e se você ajudasse a promover uma nova imagem da Irlanda do Norte que enfatizasse sua beleza cultural e geográfica?"

Eu queria sublinhar que seria possível redefinir a identidade da Irlanda do Norte, não como um país anteriormente tomado por conflitos, mas como um lugar com muitos atributos atraentes. Para sustentar a paz, a identidade deve ser mostrada de forma positiva.

O primeiro-ministro, vice-primeiro ministro e ministros de todos os partidos do governo da coalizão da Irlanda do Norte trabalharam juntos de maneira impressionante para colocar o foco nessa ideia.[12] E o presidente irlandês e a rainha britânica participaram de vários atos simbólicos de alto nível para chamar a atenção para os fortes laços entre as identidades britânica e irlandesa.[13] Apesar desses esforços, ondas de tensão contínuas na Irlanda do Norte destacaram a importância de buscar uma identidade positiva *ao longo do tempo*, reduzindo a probabilidade de que o peso do passado possa reacender hostilidades.[14]

3. Crie um processo de tomada de decisão inclusivo

Mesmo que você trabalhe arduamente para construir relações positivas, as pessoas podem se sentir excluídas do processo de tomada de decisão e trabalhar nos bastidores para sabotar o acordo. Assim, para apoiar as relações de cooperação, crie um processo de tomada de decisão inclusivo que permita a todos manter uma identidade positiva enquanto lidam construtivamente com questões difíceis.

Considere uma pergunta tão simples quanto aonde ir nas férias em família. Quem decide? Quem *decide* quem decide? Na minha família, esse problema pode causar muita confusão. Minha esposa quer relaxar nas ilhas do Caribe; eu prefiro as areias do deserto do Oriente Médio; as crianças querem as montanhas-russas da Disney World; nossos sogros querem que a família vá visitá-los. Então, Mia e eu usamos a seguinte ferramenta simples para resolver nosso dilema.

O método ECNI[15]

Esse processo fornece um modelo para a tomada de decisão inclusiva, além de considerar as diferenças de autoridade. Comece considerando três perguntas principais:

1. Qual é a decisão a ser tomada?
2. A quem essa decisão afeta?
3. Quanta contribuição cada parte interessada deveria ter no processo de tomada de decisão?

Se você acredita que uma parte interessada provavelmente é um sabotador, pode até excluí-la de parte do processo de negociação ou de todo ele, mas deve pesar isso contra o risco de que ela se sinta rejeitada e busque a desforra.

Agora desenhe três colunas em uma folha de papel. Na primeira coluna, escreva a decisão a ser tomada. Na segunda coluna, liste as pessoas mais afetadas pela decisão. Para concluir a coluna três, use o método ECNI, decidindo quais partes interessadas devem ser:

- *excluídas* do processo de tomada de decisão;
- *consultadas* antes de tomar a decisão;
- *negociadas* para chegar a uma decisão; e
- *informadas* depois de uma decisão ser tomada.

Mia e eu nos sentamos uma noite e discutimos quem deveria fazer parte da negociação de férias e quem deveria ser apenas consultado ou mantido informado. O gráfico a seguir ilustra os resultados do nosso pensamento. Eu **consultei** meu chefe de departamento sobre a data de nossa viagem para garantir que não houvesse nenhuma reunião acadêmica importante agendada para aquela época; Mia e eu então **consultamos** nossos pais e filhos perguntando quais eram seus interesses; e finalmente nós dois **negociamos** o local e **informamos** a todos: iríamos para Block Island no verão para pegar um pouco de sol na areia e caminhar, depois iríamos nos juntar aos sogros durante as férias de inverno na Disney World. Decidimos adiar qualquer viagem internacional até que nossos filhos crescessem um pouco mais. E concordamos que, se algum dos interessados se opusesse às nossas sugestões, **negociaríamos** com eles. Usando o método ECNI — excluir, consultar, negociar, informar — simplificamos a política de tomada de decisão e desfrutamos de ótimas férias.

Qual é a decisão?	Quem está envolvido?	Qual é o nível de participação?
Quando e aonde ir nas férias?	Mia	N
	Dan	N
	Pais	C (sobre local e data), I
	Filhos	C (sobre local)
	Chefe	C (sobre data) e I (sobre local)

Em termos de nível de participação: *E = Excluir essa pessoa; C = Consultar essa pessoa; N = Negociar com essa pessoa; I = Informar essa pessoa posteriormente.*

Em conflito com vários grupos: *agrupar*

Quando vários grupos estão em conflito, a política de identidade pode inflamar a divisão. Existe um sério risco de que algumas partes se sintam politicamente excluídas do processo de tomada de decisão, transformando-as em potenciais sabotadores. Mesmo que todos sejam bem-intencionados, o mero desafio de coordenar uma negociação entre um grande número de pessoas — cada uma com seu próprio conjunto de interesses — pode levar à polarização.

A solução é agrupar pessoas em um conjunto gerenciável de grupos, cada um com seu próprio representante, garantindo assim que todos ainda possam fazer uma contribuição política. Imagine, por exemplo, como é difícil chegar a um acordo sobre políticas ambientais internacionais em uma cúpula com a participação de mais de 7 mil representantes de 172 países, cada um com seus próprios interesses e expectativas. Esse foi o desafio enfrentado pelo embaixador Tommy Koh, presidente da Cúpula da Terra no Rio de Janeiro e ganhador do Prêmio Grande Negociador no Programa de Negociação da Faculdade de Direito de Harvard.[16] Koh sabia que todos precisavam se sentir confiantes de que eram parte integral do processo de tomada de decisão, então encontrou maneiras criativas de formar grupos. Isso permitiu que um único representante negociasse em nome de grupos que tinham interesse mútuo, como os "países produtores de petróleo e carvão", "nações insulares ameaçadas pela subida das águas do mar" e "defensores da preservação da floresta tropical". Depois de dividir os 7 mil representantes em um número administrável de representantes, ele esclareceu os processos políticos de informação, consultoria e negociação e produziu uma das megaconferências globais mais eficazes de todos os tempos.

4. Proteja-se de ser explorado

Não importa o quanto você trabalhe para construir uma identidade positiva, sempre haverá o perigo de que as pessoas usem políticas de identidade contra você. Portanto, é essencial tomar medidas preventivas para proteger sua identidade contra danos. Três estratégias são especialmente úteis aqui.

Dê um nome à dinâmica — e proponha uma alternativa

Se você sentir que a política de identidade está destruindo um relacionamento que você valoriza, dê um nome à dinâmica — e sugira uma maneira de alcançar relações inclusivas. Considere o conflito conjugal entre Kathy e Joe, o casal cujas respectivas mães provocaram fortes emoções com o apoio unilateral a seus filhos. Kathy poderia dizer à mãe dela: "Mãe, você sabe que eu te amo e agradeço seu apoio. Mas toda vez que brigo com o Joe, você fala mal dele, e isso apenas alimenta minha raiva. Da próxima vez em que eu estiver chateada, você também pode me ajudar a ver as coisas a partir da perspectiva dele?". É preciso coragem para fazer essa afirmação, mas ela pode significar a diferença entre respeito e rancor ou, no pior dos casos, até casamento e divórcio.

Defender políticas inclusivas é igualmente propício à reconciliação na esfera internacional. Vários anos atrás, promovi uma reunião privada na Jordânia entre líderes israelenses, palestinos e árabes, para discutir caminhos para promover a resolução do conflito israelense-palestino. Enquanto esses líderes discutiam estratégias para importar um aparato de segurança mais poderoso para estabilizar a região, um negociador frustrado, ex-chefe de Estado árabe, explodiu: "Israel será mais forte com um muro ao seu redor ou com 22 embaixadas árabes em sua capital?". Seu argumento era controverso, mas poderoso: a política inclusiva pode construir pontes de conexão.

Melhore seu poder estrutural

A política diz respeito ao poder, e o poder geralmente não reside em *quem você é*, mas *onde você está posicionado* em uma rede social ou escada de influência. As pessoas costumam se proteger de danos políticos, alinhando-se com indivíduos poderosos em suas redes sociais e escadas de influência. O círculo interno do chefe geralmente tem maior segurança no emprego do que os funcionários na parte inferior da escada.

Se você é Davi diante de Golias, procure fortalecer seu poder estrutural. Um método é construir uma coalizão política. Procure pessoas com objetivo semelhante e combine forças. Durante a Guerra Fria, por exemplo, vários Estados se uniram para formar o Movimento dos Países Não Alinhados (MNA), que não estava formalmente alinhado com os Estados Unidos ou a União Soviética. A MNA serviu de contrapeso às tendências imperialistas e colonialistas que dividiam grande parte do mundo na época.

Um segundo método é estabelecer para si um papel que o posicione em um lugar de influência política em relação ao outro lado. Um caso em questão vem de Bineta Diop, enviada especial da União Africana para mulheres, paz e segurança, e colega de um projeto que lancei para construir um currículo global sobre prevenção de conflitos. Ela me descreveu como, quando a guerra eclodiu na República Democrática do Congo (RDC) entre o governo e os rebeldes, as mulheres foram as principais vítimas e muitas delas queriam contribuir para as negociações de paz. Então Diop e sua organização, Femmes Africa Solidarité, mobilizaram líderes africanas para se encontrarem com o presidente Kabila, então com trinta e poucos anos.[17] Elas conseguiram força política a partir de sua estatura, idade e sexo. "Como suas mães e irmãs, somos motivadas pela paz", declarou Diop corajosamente ao presidente Kabila, chamando sua atenção, "e queremos aconselhá-lo." A reunião durou várias horas, e o presidente deu seu apoio ao plano delas de fazer uma reunião com os rebeldes. Esses esforços correlatos abriram o caminho para o aumento da participação das mulheres nas negociações políticas na RDC, inclusive nas negociações de Sun City que resultaram em um acordo sobre muitas questões importantes.

Um terceiro método para fortalecer seu poder estrutural é buscar agendas sociais que protejam sua identidade contra danos. Por exemplo, você pode trabalhar para institucionalizar novas leis, políticas organizacionais ou regras domésticas. Esse processo leva tempo, mas a recompensa pode ser imensa. Nos Estados Unidos, por exemplo, a Lei dos Direitos Civis de 1964 proibiu a discriminação com base em raça, religião, sexo e origem nacional. Embora a discriminação ainda exista, essas políticas sociais fornecem um importante escudo de proteção.

* * *

Alguns conselhos para Golias também são necessários. O fato de você ter poder *sobre* a outra parte não significa que tenha maximizado sua posição estratégica. Muitas vezes, você pode expandir sua influência dividindo o poder *com* o outro lado. Em vez de obrigar o outro lado a fazer o que você quer (coerção), pode se unir para conseguir que as coisas sejam feitas (cooperação).[18]

Estabelecer relações de cooperação tende a ser uma boa estratégia política de longo prazo. A coerção ameaça a autonomia do outro lado, levando a potencial resistência e ressentimento; pode funcionar a curto prazo, mas tende a ser ineficaz no longo. A cooperação, em contraste, expande o sentido de autonomia de cada lado. Reunir-se para lidar com as diferenças apenas aprofunda o investimento emocional geral na resolução do conflito e no respeito ao resultado. Os gerentes, por exemplo, podem motivar mais os funcionários por meio da cooperação do que por coerção, pois os funcionários sentem maior afiliação à empresa e maior propriedade sobre o produto de seu trabalho.

O mesmo princípio pode aumentar o sucesso no contexto político. Considere a abordagem de liderança de Julius Nyerere, o primeiro presidente da Tanzânia. Mais de 125 tribos étnicas vivem no país, criando um ambiente propício à política de identidade divisora. Mas Nyerere priorizou a identidade nacional por cima da identidade tribal.[19] Ele compartilhou o poder governamental com as principais tribos para que nenhuma delas pudesse ter autoridade total. Proibiu o censo público das afiliações tribais das pessoas; ordenou o serviço militar obrigatório para todas as classes e tribos; e deixou claro que ele era presidente não por causa de sua origem étnica específica, mas por causa de suas habilidades de liderança.[20] Esses esforços foram bem-sucedidos: apesar das ondas persistentes de conflitos violentos em outras partes da África, a Tanzânia continuou pacífica.

Crie boas relações políticas

A maneira final — e mais poderosa — de proteger sua identidade de danos é criar proativamente relações amigáveis com sua contraparte. É o Implacável Nós, de novo. Dois países com histórico de tensão devem gastar recursos consideráveis na construção de boas relações, e as autoridades eleitas mais sábias devem se reunir com seus rivais políticos *antes* de assumir o cargo, desenvolvendo relações construtivas que permitam um trabalho cooperativo em questões de divisão no futuro. Uma ex-aluna minha levou este conselho a sério: ela passou a ocupar um alto cargo no Congresso e, antes de começar, encontrou-se com sua contraparte política em uma fazenda nos arredores da cidade. Mais tarde, ela me disse que essa reunião foi fundamental para seu sucesso posterior na superação da divisão política.

Um bom relacionamento é sincero, amigável e resistente à tensão; permite que as diferenças sejam discutidas com segurança. Mas essas relações exigem manutenção. O casal que não conseguir lidar com as queixas do dia a dia deve estar preparado para uma explosão. E o negociador que tenta intermediar um acordo de paz deve manter a comunicação com as partes interessadas — ou estar pronto para lidar com a crise.

O Implacável Nós realmente deve ser implacável.

Resumindo

A política de identidade é uma questão de poder, e o poder é *relacional*: você o conquista por meio de suas relações com os outros. A política de identidade negativa pode prendê-lo em relações contraditórias que podem espiralar seu conflito em direção ao Efeito das Tribos. Políticas de identidade positivas, por outro lado, podem promover relações de cooperação. A estratégia subjacente da política de identidade positiva é direta: *Defina quem você é, não quem você não é. Posicione-se persistentemente para maximizar a parceria e minimizar o ressentimento.*

Tabela de aplicação pessoal

1. Quem poderia estar influenciando o outro lado nos bastidores — e como?

2. Como você poderia recorrer a esses influenciadores para ajudar a resolver o conflito? Por exemplo, você poderia construir uma relação com ele ou convidar um amigo comum para ajudá-lo em uma aproximação?

3. Quem poderia ter interesse em sabotar seus esforços de reconciliação? Como você pode impedi-los de fazer isso?

4. Se você sente que o outro é mais poderoso, releia a seção neste capítulo sobre como melhorar sua força estrutural e desenvolver uma estratégia para aumentar sua influência.

5. Quais são as duas coisas que você pode fazer para reestruturar o conflito como um desafio compartilhado? Você poderia pedir conselho ao outro lado sobre como resolver o conflito? Reconhece as conexões compartilhadas? ("Somos irmãos e devemos resolver isso pelo bem da nossa família.")

PARTE 3
COMO RECONCILIAR RELAÇÕES

10. Como superar as divisões — um método de quatro etapas

NÃO HÁ NADA como ouvir o falecido grande músico de jazz, Dizzy Gillespie. Quando ele leva o trompete à boca, franzindo os lábios e expandindo as bochechas como dois balões, o som que flui através de seu instrumento parece rítmico e melódico; depois, agitado como um carro que atingiu uma lombada na estrada, voltando a ser como a água de um córrego. Enquanto a bateria marca o ritmo suavemente ao fundo e um piano acentua três notas, Dizzy atinge um potente staccato — *bop-ditti-bop-bop-BOOM* — interrompendo o ritmo mais uma vez e atingindo uma escala descendente com rapidez e alarde. Essa variedade selvagem de sons e batidas, dissonantes e desconcertantes, frenéticos e extravagantes, se entrelaça em um todo surpreendentemente integrado, uma trilha harmoniosa de caprichos musicais.

O jazz encontra harmonia na dissonância. A dissonância continua, mas fica unida por uma força integradora mais profunda.

Essa visão é crucial para resolver um conflito de forte carga emocional. Para curar relações feridas, você precisa encontrar uma unidade transcendente. Embora sua identidade essencial e a da outra possam *parecer* completamente incompatíveis, não deixe que as Cinco Tentações prejudiquem seu sentido do que é possível. Você tem a capacidade de criar harmonia dentro de si e nas suas relações com os outros.[1] Depois de acreditar na possibilidade de unidade transcendente, você se abre para encontrá-la. Dizzy Gillespie teve, sem dúvida, noites ruins, procurando em vão por aquele poço indescritível de energia criativa. Algumas vezes, sem dúvida, ele ficou insatisfeito com seu próprio desempenho; a unidade transcendente pode ser ilusória. Mas suas "noites" eram impecáveis. Ele integrou ritmos afro-cubanos ao jazz afro-americano, subindo e descendo escala após escala em um ritmo extremamente rápido e criando um todo musical muito maior do que a soma de suas partes dissonantes.

Métodos convencionais de resolução de conflitos são insuficientes

Dois métodos convencionais de resolução de conflitos — negociação posicional e solução de problemas — são insuficientes para alcançar a unidade transcendente em um conflito de forte carga emocional.

Negociação posicional?

Na negociação posicional, você e o outro lado tomam posições firmes e opostas, apegam-se firmemente a elas e se recusam obstinadamente a fazer concessões. Este método funciona melhor em transações diretas. Ao comprar um carro novo, por exemplo, o comprador solicita um preço baixo, o vendedor responde com um preço mais alto e os dois lados se movimentam para a frente e para trás até finalmente concordarem com um número em algum lugar no meio. Todo mundo vai embora relativamente feliz.

A negociação posicional não é suficiente, no entanto, quando estão em jogo questões de identidade. A identidade implica questões indivisíveis de significado, memória e narrativa. Reduzir a identidade a uma mercadoria negociável que pode ser comprometida é minar sua própria essência. Para quase qualquer pessoa, esse compromisso existencial pareceria repugnante. Imagine dois líderes negociando um pedaço de terra sagrado:

> *Político A:* Se você sacrificar 20% de seus valores religiosos, nós daremos 20% a mais de terra.

Político B: Nunca vou concordar com isso! Sugiro que façamos um sacrifício de até 10% dos valores religiosos. Você acrescenta 20% no respeito ao meu povo e garantiremos uma diminuição de 5% na humilhação do seu povo por dois anos.

Político A: Somente se você incluir uma cláusula no contrato afirmando que apagará todas as lembranças negativas do meu povo. Chegamos a um acordo?

Toda a premissa da negociação apresentada — de que a identidade central pode ser ajustada e negociada quantitativamente — representa uma falha metodológica fundamental. No entanto, mesmo em Davos, os líderes mantiveram posições entrincheiradas e presumiram que sua tarefa era convencer os outros a se unirem à sua tribo, até que a negociação posicional produziu uma explosão.

Solução de problemas?

Um segundo método comum de resolução de conflitos é a *resolução colaborativa de problemas*, que incentiva os dois lados a procurar por interesses subjacentes nas suas respectivas posições e, em seguida, a criar um acordo que melhor satisfaça essas motivações mais profundas.[2] Mas essa abordagem também apresenta sérios problemas diante de um conflito de forte carga emocional.

Considere uma das histórias mais conhecidas do campo das negociações.[3] Duas irmãs jovens brigam por uma laranja. "Eu quero a laranja!", grita uma. "Não, é minha!", responde a outra. Elas ficam se empurrando. Aí aparece a mãe, frustrada e cansada. Ela deveria cortar a laranja ao meio? Falar às irmãs que nenhuma comeria a laranja? Comer ela mesma? Com conhecimento de solução de problemas, ela finalmente pergunta a cada filha: "Por que você quer a laranja?". A mais nova funga e diz que precisa da vitamina C para curar seu resfriado. A irmã mais velha diz que está fazendo uma torta e precisa da casca. Ah! A solução fica clara. Ao descobrir o que está por trás das posições declaradas das meninas para determinar seus interesses subjacentes, ela pode dar a cada filha o que elas querem, sem fazer concessões.

Problema resolvido! Será? Eu pensava assim, até me tornar pai. Tenho três meninos que brigam muito, e a solução de problemas tende a ser apenas temporária. No mundo real, a mãe na história citada poderia esperar, apenas alguns minutos depois de resolver a disputa pela laranja, que as meninas começassem a discutir sobre quem deveria receber o biscoito maior, o último pedaço de bolo ou algum outro problema. Em outras palavras, *a mãe pode ter resolvido o problema, mas não a dinâmica fundamental*. A intensidade emocional do compromisso de cada irmã em seguir seu caminho sugere preocupações mais profundas — aquelas que envolvem identidade. Quem é mais forte? Mais esperta? Mais amada? Até que essas questões sejam enfrentadas e tratadas, qualquer solução para o problema apresentado só poderá prevenir temporariamente um novo conflito.[4]

Para superar um conflito de forte carga emocional, é necessário encontrar um método alternativo de resolução de conflitos — e a harmonia dissonante de Dizzy Gillespie oferece um caminho.

O *poder da dinâmica integrativa*

Para reconciliar relações tensas, convoque o poder da *dinâmica integrativa* — forças emocionais que o levam a uma conexão maior, com a conexão mais estável sendo a unidade transcendente. Nesse estado de espírito, você se move além da atração de perspectivas opostas, além da dualidade do nós contra eles.[5] A dinâmica integrativa une você e o outro lado como *um*, separado, mas unido. Assim como as Cinco Tentações o dividem do outro lado (independentemente de suas semelhanças), a dinâmica integrativa conecta você (independentemente de suas diferenças).

A dinâmica integrativa tem o poder de transformar suas relações de antagonistas a compartilhadas,[6] mudando o centro habitual de suas energias emocionais de inimizade para amizade.[7] Conseguir isso exige um processo emocionalmente intenso para transformar suas relações até que sentimentos positivos ocorram fora de sua vontade consciente, deixando-o com a sensação de que uma nuvem escura desapareceu de repente. Eu vejo esse processo como uma *conversão relacional*, pois, por meio dele, você de fato altera o espaço emocional que existe entre você e o outro lado. Como em uma conversão religiosa, o segredo é acreditar que a mudança é possível e se entregar a ela. Você ainda sentirá emoções de atribulação, mas, se confiar no potencial da dinâmica integrativa, seus instintos de cura aparecerão em seguida.

A dinâmica integrativa leva você a uma mentalidade comunitária, caracterizada como:

1. *Cooperativa*. Em vez de encarar o outro lado apenas como uma ameaça, você é capaz de identificar laços de conexão e destacá-los para promover relações de cooperação. Você não desconsidera a diferença, mas não a transforma em base para divisão.
2. *Compassiva*. Uma mentalidade comunitária invoca compaixão em relação à sua própria situação, bem como ao sofrimento de sua contraparte. Em um conflito, algumas pessoas podem sofrer mais do que outras, mas todos sentem certo grau de dor. A compaixão é um ideal humanístico, porque demonstra que seus motivos vão além do interesse próprio.[8] À medida que suas conexões melhoram, a compaixão flui naturalmente entre você e a outra parte.
3. *Aberta*. Em uma mentalidade comunitária, você está aberto a se conectar com os outros. As paredes de sua identidade tornam-se porosas, permitindo que você perceba as preocupações do outro lado e compartilhe as suas. Em vez de se atolar em uma batalha que envolve as identidades principais, você se permite imaginar abordagens novas e criativas para se relacionar.

Mentalidade divisora (o Efeito das Tribos)	Mentalidade comunitária
1. Antagonista	1. Cooperativa
2. Autojustificada	2. Compassiva
3. Fechada	3. Aberta

A dinâmica integrativa compreende uma abordagem em quatro etapas para reconciliar relações danificadas e resolver diferenças baseadas em identidade. O gráfico a seguir descreve essas etapas e como elas se interconectam. Resumindo, o processo começa com o seu envolvimento em um método exclusivo para entender como você e o outro lado veem suas relações no conflito. Quando você sente que suas narrativas são ouvidas e reconhecidas, trabalha em conjunto pela dor emocional. À medida que suas relações se descongelam, as oportunidades se abrem para construir conexões autênticas, que fornecem uma base para reformular seu relacionamento dentro de uma narrativa que se afirma mutuamente. Os capítulos seguintes vão guiá-lo em cada etapa.

Princípios da dinâmica integrativa

Antes de discutir as especificidades da dinâmica integrativa, é útil obter uma visão geral do método e de seus objetivos. Existem vários princípios importantes a serem lembrados.

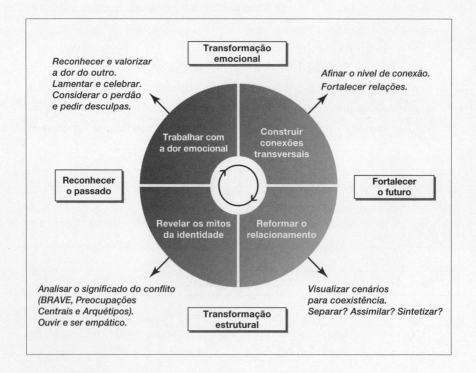

1. O objetivo: lute por harmonia, não pela vitória

Em um conflito de forte carga emocional, você pode aspirar a conquistar o outro lado, mas é improvável que isso crie condições para uma paz estável. Sua vitória é a perda do outro, e o subsequente ressentimento dele em geral inspira alguma forma de vingança.

O objetivo da dinâmica integrativa é produzir relações harmoniosas com o outro lado *e* dentro de si mesmo. Diferenças substanciais evidentes ou outras questões tangíveis podem ser resolvidas, mas as diferenças de identidade devem ser harmonizadas. Você não pode vencer a vontade do outro com suas crenças, mas pode mudar a natureza do seu relacionamento, vendo suas diferenças dentro de uma estrutura de unidade transcendente.

2. O caminho para a harmonia não é linear

Embora eu descreva a dinâmica integrativa como um processo cíclico organizado que consiste em quatro etapas lineares, essa descrição é mais uma orientação conveniente do que uma descrição precisa.[9] Para promover a dinâmica integrativa, você precisará avançar por essas etapas em um voo emocionalmente volátil: você pode desprezar seu cônjuge um dia, sentir um pouco de perdão no seguinte, retornar a um estado de lívida justificativa no terceiro dia e reconectar-se com remorso uma semana depois.

Esses quatro passos também não devem ser exaustivos, pois existem inúmeros caminhos para a reconciliação. Mas, em vez de oferecer a você um livro de mil páginas que forneceria muita informação de uso prático, identifiquei elementos críticos que são, no geral, memoráveis e aplicáveis, se você estiver tentando negociar uma disputa conjugal ou um confronto internacional.

3. O caminho para a harmonia compreende o passado e o futuro

Um conflito de forte carga emocional nos lança em um mar de histórias amargas e medos futuros, em que devemos enfrentar uma escolha fundamental: nos concentrar em curar o passado ou cooperar em atividades conjuntas que promovam relações futuras?

Uma escola de pensamento, caracteristicamente aquela com inclinação psicanalítica, argumenta que o fracasso em lidar com o passado nos condena a repeti-lo. Se uma minoria étnica se vê como o alvo histórico de abuso e discriminação social "pelos poderes existentes", é improvável que adote uma cidadania plena e entusiasta sem restituição financeira e simbólica pela injustiça percebida. Mesmo com tal restituição, o passado ainda pode assombrar o sentimento de pertencimento comunitário do grupo.

Outro conjunto de estudiosos argumenta que alimentar fantasmas do passado apenas recicla velhos conflitos. O pensamento aqui é: "O que está feito está feito. É melhor resolver os problemas atuais em conjunto e criar novos relacionamentos fortes do que repetir os antigos". A solução colaborativa de problemas toma uma posição nessa direção, concentrando os participantes na criação de soluções prospectivas para problemas prementes.

Então, qual campo acadêmico está certo? Os dois: tanto o passado quanto o futuro são importantes.[10] A experiência passada afeta suas atuais relações emocionais de forma absoluta, assim como as atuais afetam as futuras. A questão é como honrar o passado e construir um futuro melhor.[11] A dinâmica integrativa aborda esse problema olhando para trás *e* para a frente. Os dois primeiros passos do método se concentram no passado, desconstruindo narrativas de identidade e resolvendo feridas relacionais. Os dois últimos passos são relações de reconstrução voltadas para o futuro, buscando a unidade transcendente.

4. O caminho para a harmonia exige transformação emocional e estrutural

Resolver um conflito de forte carga emocional exige que você não apenas libere emoções aflitivas, mas também mude a estrutura de suas relações.[12] Uma mulher em um relacionamento abusivo pode participar da terapia com o marido e liberar grande parte de sua raiva e dor, mas, se não houver mudança nos padrões de interação entre eles, o abuso continuará. Da mesma forma, os líderes de duas facções em disputa podem negociar suas diferenças políticas, mas, se suas comunidades de origem se apegarem a percepções antagônicas umas das outras, o conflito continuará. Assim, emoções de aflição e estruturas divisórias são barreiras à resolução de conflitos, e cada uma é abordada dentro do método da dinâmica integrativa.

A CRIAÇÃO DE UMA MONTANHA

A dinâmica integrativa pode ser entendida por meio de uma comparação com a geologia. Sob nossos pés, há enormes placas de terra que criam continentes e ilhas. Essas placas são como partes de um quebra-cabeça em movimento, em constante flutuação em resposta a forças subterrâneas. Quando as bordas de duas placas colidem, elas produzem forte atividade geológica, seja na forma de um terremoto destruidor ou na criação de uma montanha.

Agora imagine que essas placas representam nossa identidade essencial à deriva por meio de interações sociais. Na maioria das vezes, desfrutamos de relativa paz de espírito. Mas, quando a identidade de duas pessoas se choca, o resultado pode ser um tremor emocional reverberante. A questão é: o confronto resultará em um terremoto ou em uma montanha?

Um terremoto é destrutivo, prejudicando a nós e aos outros, abalando a própria base de nossas identidades. A montanha é construtiva, combinando nossas identidades em um todo maior que a soma das partes. A dinâmica integrativa cria as condições para que um conflito de identidades resulte em uma montanha.

11. Revele os mitos de identidade

Os seres humanos são contadores de histórias inatos. Desde o momento em que você nasceu, sua família o envolveu com histórias sobre sua identidade — dando nomes, ensinando sobre sua cultura e implantando em você uma teia histórica de aliados e adversários. Essas histórias dão coerência à sua vida e formam sua identidade.[1]

De todas as histórias que alimentam conflitos, nenhuma o afeta mais do que seus *mitos de identidade* — a narrativa central que molda como você vê sua identidade em relação à do outro lado. Em um conflito, é provável que você se considere a vítima, e o outro lado, o vilão.[2] Você preenche os detalhes deste mito com queixas e acusações pessoais. Obviamente, o outro lado também vê o conflito por meio de um mito — e, no dele, *ele* é a vítima. A menos que você transforme a maneira como se relacionam — seus mitos —, o conflito permanecerá.

Mas caracterizar seus mitos só como uma desvantagem é contar apenas metade da história. Assim como a energia atômica pode ser usada produtivamente para gerar eletricidade, seu mito pode ser usado para gerar reconciliação. Quanto mais você aprecia os mitos do outro, mais espaço cria para construir relações positivas. O comportamento "irracional" do outro se torna compreensível.[3]

Este capítulo apresenta um método único para revelar os mitos de cada parte. Como se vê, apenas o reconhecimento de queixas não é suficiente para resolver um conflito de forte carga emocional. Você precisa de ferramentas para descompactar o significado simbólico do conflito e remodelar suas relações, gerando um diálogo melhor, permitindo que você desarme até o conflito mais explosivo.[4]

O PODER INCONSCIENTE DO MITO

O mito que você projeta sobre um conflito tem um impacto poderoso e inconsciente na forma como seu conflito se desenrola, como testemunhei enquanto promovia um exercício de negociação para a liderança global em uma conferência internacional na Europa. Dividi aleatoriamente os cinquenta participantes em classes econômicas, variando de elites a grupos de baixa renda. As elites receberam muitos recursos; as classes mais baixas não receberam quase nenhum. Os participantes tiveram três rodadas para negociar recursos com quem quisessem para maximizar seu sucesso financeiro independente. À medida que as elites aumentavam sua riqueza, a frustração das classes mais baixas crescia.

Antes da terceira rodada, anunciei uma reviravolta inesperada. As elites já tinham adquirido tanta riqueza que teriam a oportunidade de formular *novas* regras para a rodada final de negociação: elas poderiam redefinir o valor dos recursos e restringir quem poderia negociar com quem. Convidei-os a se reunir em uma sala próxima, mobiliada com sofás confortáveis, champanhe e chocolate suíço.

Eles ficaram muito felizes, mas apenas temporariamente. Ao deixarem a sala de conferências, os grupos de baixa renda vaiaram. Um empresário zangado se levantou e gritou: "Não podemos confiar neles!". Outro gritou: "Vamos começar uma revolução!". Um terceiro pediu: "Vamos roubar as coisas deles!". E, de fato, no momento em que as elites saíram da sala, um participante roubou uma de suas pastas.

Surpreendentemente, as elites passaram vinte minutos na sala discutindo como reconfigurar as regras de negociação para beneficiar as classes mais baixas, *não* a si mesmos. A essa altura, porém, a classe baixa havia entrado em um frenesi tão vertiginoso que, quando as elites voltaram para a sala principal, ataques e zombarias abafaram suas vozes. As classes mais baixas os acusavam de abusar do poder, enquanto as elites respondiam com desprezo e defendiam suas boas intenções. Todos começaram a gritar, e eu percebi que a rodada final de negociações nunca aconteceria. Foram necessários dez minutos para que o grupo se acalmasse, para que pudéssemos conversar.

O que fez com que esses líderes globais acabassem em praticamente uma guerra de classes? O mito de identidade de cada lado foi um fator significativo. As classes mais baixas admitiram que se viram como vítimas de uma ditadura, um mito ao qual se conectaram antes mesmo de as elites anunciarem as novas regras de negociação. Em outras palavras, eles *presumiram* que as elites iriam explorá-las, quando, na verdade, as elites não tinham essa intenção. Por seu lado, as elites se conectaram ao mito dos salvadores que ajudam os desamparados. Na reunião particular regada a champanhe e chocolates, eles discutiram como "resgatar" as classes mais baixas e aplicaram a tomada de decisões de cima para baixo. Nenhuma regra os proíbia de consultar as classes mais baixas, embora nunca tivessem pensado em fazer isso.[5] Assim, cada lado se baseou em um mito que interpretou mal as intenções do outro e produziu uma tempestade emocional.

Como funciona um mito

Para descobrir um mito, você deve primeiro entender suas propriedades básicas.

Um mito enquadra sua realidade emocional

Em um conflito, seu mito transforma suas emoções mais profundas em uma narrativa coerente que parece inegavelmente verdadeira. Caso outros tentem deslegitimá-la, é melhor que se preparem para a sua ira. Considere o conflito entre as elites e as classes mais baixas no exercício de negociação. As elites tentaram convencer as classes mais baixas de que tinham interesse no bem comum, mas as classes mais baixas mantiveram seus próprios mitos e se recusaram a aceitar qualquer contradição.

Seus mitos podem mudar conforme as circunstâncias mudam. À medida que as classes mais baixas no jogo da negociação se revoltavam contra as elites, seus mitos se transformavam de "vítimas" em "revolucionários". Esse novo mito enquadrou a realidade emocional deles de forma tão visceral quanto a antiga.

Um mito é tão enraizado na biologia quanto na biografia[6]

Enquanto Sigmund Freud via o conflito principalmente como resultado de experiências sociais de nossa infância, como é o caso da compulsão à repetição, outras escolas de pensamento sustentaram que o conflito tem um componente de base biológica.[7] Em outras palavras, características inatas da espécie humana podem contribuir para o conflito.

O psiquiatra Carl Jung sugeriu que todos os seres humanos compartilham um inconsciente coletivo, que abriga "um fundo de imagens inconscientes" que existe independentemente da experiência pessoal.[8] Essas imagens, conhecidas como arquétipos, encapsulam características prototípicas da humanidade.[9] Assim como os pássaros sabem voar para o sul durante o inverno, os humanos têm modelos intrínsecos para navegar o mundo social.[10] Todos nós respondemos emocionalmente a arquétipos como nascimento e morte; mãe, pai, herói e diabo; e histórias de criação e apocalipse. Embora minha imagem consciente específica do arquétipo "mãe" possa diferir da sua, compartilhamos uma compreensão primordial de seu significado emocional.

Jung está em boa companhia em sua convicção de que os humanos compartilham estruturas inatas para dar sentido ao mundo social. A neurociência descobriu um conjunto em expansão de mecanismos cerebrais conectados por toda a espécie que afetam nosso comportamento social. Os avanços na epigenética sugerem a existência de fontes não genômicas de herança biológica. O renomado linguista Noam Chomsky demonstrou que temos tanto estruturas profundas para entender o significado da linguagem quanto estruturas superficiais para comunicar seu conteúdo.[11] E estudos etológicos revelaram padrões de comportamento social intrínsecos a todos os animais, incluindo os humanos.

Um mito tece imagens arquetípicas (biologia) com seu contexto atual (biografia) para aprofundar sua realidade emocional. Imagine que um casal convida suas respectivas famílias para uma festa em um hotel e pede que observem enquanto caminham lentamente do fundo da sala até a frente. Isso seria um evento pouco dramático. Mas se esse fosse o dia do casamento do casal, a mesma situação teria profundo significado emocional para a multidão reunida. O casal evocaria arquétipos coerentes com uma narrativa poderosa sobre o vínculo humano: as famílias assumiriam o papel de testemunhas, e os noivos se tornariam amantes míticos, juntando-se por meio de uma cerimônia sagrada.

Um mito aprofunda o significado pessoal de seu conflito

Em todas as épocas, as pessoas se identificam com mitos primitivos que giram em torno de tramas de amor, ciúme, ressentimento e humilhação. Um mito infunde essas tramas no contexto de seu conflito atual.[12] Conforme você projeta sua biografia pessoal em um arquétipo, ela se enraíza simultaneamente em sua própria experiência e em um fluxo duradouro de experiência humana compartilhada. Embora seu conflito possa parecer único — e único naquele momento —, os temas subjacentes são atemporais.

De fato, um conflito pode *arrastá-lo* a um tempo mítico. À medida que você inconscientemente assume o papel de um herói ou mártir mítico, você transporta sua realidade psicológica para a era do próprio mito original. Você não vê distinção emocional entre o arquétipo mítico e a realidade que agora o confronta e entra no que o historiador religioso Mircea Eliade chama de um *eterno retorno*.[13] Eu vejo o conceito de Eliade de uma forma ampla: sempre que você projeta uma história mítica sobre seu conflito — seja de um texto antigo ou de uma história recente — é levado a um eterno retorno. Embora um estranho possa ver seu conflito como uma "disputa técnica" ou "ruptura organizativa", você o experimenta como uma luta mítica entre o bem e o mal.

Estratégia: introspecção criativa

A introspecção criativa é um método simples que desenvolvi para ajudá-lo a revelar o mito de cada lado.[14] Esse processo pega emprestadas técnicas de grandes artistas que expressam suas fantasias e medos arquetípicos por meio de histórias tangíveis e outras obras de arte. Da mesma forma, em um conflito, você pode tentar traduzir arquétipos inconscientes em imagens concretas que o ajudarão a entender melhor a identidade relacional de cada lado. Nas palavras de Jung, seu objetivo é ativar sua "imaginação mitopoeica" — sua capacidade de criar narrativas e imagens que fazem emergir experiências inconscientes.

O gráfico na página 189 descreve as principais etapas da introspecção criativa: estabelecer um espaço para um diálogo genuíno sobre tópicos controversos; identificar o que está em jogo no conflito; revelar os mitos que impulsionam os medos e as ansiedades de cada lado; e revisar os mitos para melhorar as relações.

1. Estabeleça um "espaço corajoso" para o diálogo genuíno

O senso comum sugere que você crie um "espaço seguro" para discutir questões controversas, mas essa estratégia pode dar errado. Um espaço seguro pode se tornar seguro *demais* se as regras básicas limparem seus sentimentos a ponto de permitir que você evite tópicos difíceis. Por exemplo, considere a regra comum de que é aceitável interromper um conflito ao "concordarem em discordar". Esta regra pode ajudá-lo a se *sentir* seguro, mas dá a todos a licença para optar por não participar em um diálogo intenso. Também pode favorecer o lado mais poderoso, que pode simplesmente dizer: "Não me importa a sua perspectiva. Eu simplesmente concordo em discordar". E assim o conflito persiste.

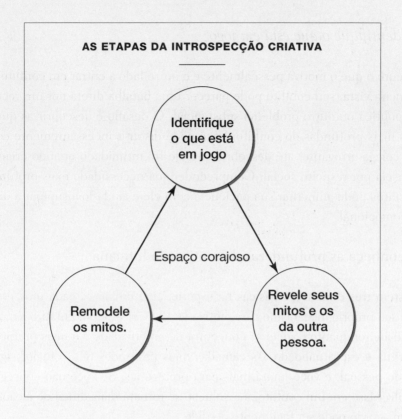

Para abordar genuinamente as questões mais profundas de um conflito de forte carga emocional, o diálogo deve parecer emocionalmente perturbador. Por isso, recomendo que você e o outro lado estabeleçam um "espaço corajoso", um ambiente de aprendizado que o incentive a abraçar as controvérsias, correr riscos pessoais e reconsiderar as perspectivas.[15] Nesse ambiente, a vulnerabilidade emocional é um sinal não de fraqueza, mas de força.

As regras em um espaço corajoso não são muito diferentes das regras em um espaço seguro — determine um código de confidencialidade, compartilhe sentimentos genuínos, ouça abertamente, seja respeitoso —, mas o enquadramento é importante. É mais provável que as pessoas discutam questões emocionalmente sensíveis em uma estrutura que prioriza a coragem pessoal, em vez de enfatizar a ilusão de segurança.[16]

2. Identifique o que está em jogo

Procure o que o motiva pessoalmente e o outro lado a entrar em conflito. À primeira vista, seu conflito pode parecer uma batalha direta por um recurso, política ou outro problema substancial. O desafio é descobrir as questões mais profundas do conflito. Você pode discutir incessantemente com um colega arrogante, até descobrir que ele foi intimidado quando criança e anseia por respeito social. Compreender sua necessidade mais profunda de status pode aumentar sua paciência com ele e ajudá-lo a superar a divisão emocional.

Reconheça as profundezas da motivação humana

Existem três dimensões básicas na experiência humana, e cada uma delas tem seu próprio mecanismo para motivá-lo. O nível superior enfatiza a racionalidade, enquanto o meio se concentra na emotividade e a mais profunda acentua a espiritualidade. As camadas mais profundas têm o maior significado pessoal, e você lutará mais para protegê-las. Se você não conseguir resolver isso em um conflito, a resolução se tornará mais difícil de alcançar e um acordo pode ser facilmente perdido.[17]

Racionalidade é a camada da lógica, do entendimento intelectual e da análise sistêmica. Isso o motiva a agir por meio de *razões*. Em um conflito, você e o outro lado têm razões para fazer o que estão fazendo; no campo da negociação, são chamados *interesses*. Embora as posições das pessoas possam estar em desacordo em um determinado conflito, seus interesses subjacentes tendem a ser muito mais compatíveis.

Emotividade traz intensidade pessoal ao mundo ao seu redor. Sua experiência emocional em um conflito geralmente é o resultado de "preocupações centrais" não atendidas, necessidades relacionais fundamentais.[18] Roger Fisher e eu descobrimos que cinco preocupações principais tendem a estimular muitas emoções que surgem em um conflito: apreciação, afiliação, autonomia, status e papel.[19] Se uma preocupação central é atendida, sentimos emoções positivas e estamos mais inclinados a cooperar; se não for atendida, tendemos a nos sentir angustiados. Quando trabalho com líderes corporativos e governamentais, costumo fazer com que eles analisem seus conflitos para descobrir preocupações centrais não atendidas que impulsionam as emoções de cada lado. Como resultado, os líderes encontram fontes ocultas de discórdia, e o comportamento irracional do outro lado se torna mais compreensível e gerenciável.

Espiritualidade pode ser a mais complexa dessas camadas e a mais pertinente para resolver um conflito de forte carga emocional. A dimensão espiritual não está necessariamente preocupada com o divino em si, mas representa um *sentido mais profundo de propósito*. Enquanto um choque de perspectivas racionais leva a um debate animado, um choque espiritual pode levar a uma oposição zelosa.

A espiritualidade o motiva por meio de um *chamado* — uma diretiva básica sobre a melhor forma de cumprir o propósito de sua vida. Ela o impulsiona, às vezes com um sussurro delicado e às vezes com um grito, obrigando-o a andar por *este* caminho, não *aquele*. Responder a um chamado é, portanto, buscar uma ação que expanda seu sentido de totalidade emocional. Você se identifica com algo maior do que você — família, nação, etnia, religião, ideologia — que o atrai para a ação, "dizendo" o que você deve fazer para se sentir emocionalmente inteiro, independente do custo.

Sua mente racional pode atender a esse chamado, e sua mente emocional pode fazê-lo avançar. Mas o chamado irradia dos santuários internos de sua identidade, daquilo que os religiosos podem chamar de "alma". Você pode fechar seus ouvidos a esse chamado ou abafá-lo com o barulho da vida cotidiana, mas, ao ignorá-lo, fracassa em tirar proveito deste guia significativo para a reconciliação.

Procure entender o significado mais profundo do conflito

Ao contemplar o significado racional do conflito, você descobrirá as principais preocupações em jogo que, por sua vez, fornecerão bases para descobrir o significado espiritual do conflito. Para descobrir essas três camadas do conflito, explore as seguintes perguntas por conta própria e depois com o outro lado:

1. Quais interesses estão em jogo? Olhe por baixo das posições para os interesses por trás deles.[20] Por exemplo, John e Sarah, sócios seniores em uma pequena empresa que está enfrentando dificuldades financeiras, discordam sobre a demissão de dois funcionários. "Para que a empresa sobreviva", diz John, "precisamos despedir os dois." Sarah discorda. "Não", ela insiste. "Demiti-los vai amolecer o coração e a alma da nossa empresa." John fica bravo, perguntando por que ela sempre precisa fazer oposição. Mas embora John e Sarah tenham adotado posições contrárias, seus interesses são de fato compatíveis. Os dois desejam economizar nos custos da empresa, manter sua essência e preservar sua sociedade. Eles avaliam as opções de ganhos mútuos e decidem sobre o possível: manter os dois funcionários enquanto mudam a empresa para um prédio mais barato.

2. Quais são as principais preocupações pessoais em jogo? Examine quais preocupações podem estar alimentando as emoções mais fortes do seu conflito. Você se sente desvalorizado por sua perspectiva? Tratado como adversário? Excluído da tomada de decisão? Rebaixado no status? Preso em um papel insatisfatório? Então, coloque-se no lugar do outro e visualize quais das principais preocupações dele podem parecer não satisfeitas.

Antes que John e Sarah pudessem resolver o problema, tiveram que escapar da atração da vertigem. Sarah fez isso ao perceber as preocupações essenciais não abordadas em si mesma, mas também em John. Ela percebeu que estava se sentindo desvalorizada por sua perspectiva; sua autonomia parecia afetada quando John "disse" a ela o que fazer; ela se sentiu tratada como adversária; seu status parecia menosprezado; e seu papel na empresa pareceu insubstancial. Ela percebeu que John provavelmente se sentia exatamente da mesma maneira. Essa autorreflexão sobre as principais preocupações ajudou a acalmar suas fortes emoções, criando um espaço para a solução de problemas.

3. Quais pilares de identidade parecem estar em jogo? Descobrir a camada espiritual de seus mitos pode ser um processo intenso, que exige que você olhe para dentro e seja honesto sobre o que percebe. Mas, por meio da percepção espiritual, você pode descobrir aspectos de si mesmo que afetam substancialmente o seu comportamento, aspectos dos quais você talvez pouco saiba ou negue por completo.

Para perceber sua experiência espiritual dentro do conflito,[21] reflita sobre seus pilares de identidade. Quais de suas crenças, rituais, alianças, valores ou experiências fundamentais parecem ameaçados? Quais pilares o estão chamando para a ação?

Você também pode se fazer *perguntas comparativas* para entender melhor o que realmente importa para você no conflito. Se você estabeleceu uma boa conexão com o outro lado, pode fazer a ele as mesmas perguntas:[22]

- O que você mais deseja que os outros entendam sobre sua experiência?
- Como essa disputa difere pessoalmente das anteriores?
- Se você olhasse para trás nessa disputa daqui a cinco anos, o que veria que não consegue ver agora? O que você consideraria mais importante?
- Como um amigo seu descreveria sua experiência neste conflito?
- Como sua mãe descreveria sua experiência nesse conflito e com o que ela ficaria mais preocupada? O que você acha que ela não entenda de sua perspectiva?

Você pode sentir-se confiante de que a outra parte é motivada apenas por preocupações racionais, emocionais ou espirituais, mas não se deixe enganar: todas as três são significativas. O gráfico na página 194 sugere algumas perguntas adicionais para ajudá-lo a decifrar o significado mais profundo de um conflito.

Mesmo um racionalista pode experimentar o mundo de um espiritualista. Há pouco tempo, encontrei meu colega Mooly Dinnar em um café. O pai dele tinha morrido uma semana antes, havia sofrido uma hemorragia cerebral, depois de uma queda. Embora Mooly não seja particularmente religioso, ele revelou como os momentos finais da vida de seu pai foram de uma importância mística. A saúde do pai se deteriorou rapidamente, então Mooly pegou o primeiro voo do exterior para vê-lo. Ao desembarcar, descobriu que o pai havia entrado em coma; os médicos tinham dito nas últimas dez horas que ele poderia morrer a qualquer momento. Mooly correu para o quarto do hospital e pegou a mão do pai. *"Pai, estou aqui. Amo você. Estamos todos aqui ao redor da cama agora com você e te amamos."* O pai deixou escapar o último suspiro. Mooly ficou impressionado: era Memorial Day e a véspera do Shabat; esses eventos juntos simbolizavam para ele o significado transcendente da vida e da morte de seu pai.

Identidade essencial	Identidade relacional
Qual dos(as) seus(suas)...	De que maneira você se sente...
1. **crenças** parece atacada? 2. **rituais** parece em perigo? 3. **lealdades** parece tensa? 4. **valores** parece ameaçado? 5. experiências emocionalmente significativas **ou memórias parecem deslegitimadas?**	1. **não apreciado** pelas suas perspectivas ou esforços? 2. constrangido em sua **autonomia** para agir ou sentir como gostaria? 3. **dissociado**: alienado ou tratado como adversário? 4. desrespeitado em sua **posição**? 5. preso em um **papel** ofensivo?

Perguntas para decifrar o significado mais profundo de um conflito

Ouça para aprender, mesmo nos momentos difíceis

O conflito pode parecer inquietante, mas não deixe que isso o impeça de escutar a narrativa do outro lado. Abrace seu desconforto: é um sinal importante de aprendizado emocional. Com demasiada frequência, uma pessoa faz uma pergunta aberta e boa, mas responde de forma defensiva apenas momentos depois. Seu objetivo é ouvir para *compreender*, não para refutar.

Embora a escuta ativa seja um método popular, é insuficiente em um conflito com fortes cargas emocionais. Se você repetir mecanicamente as palavras dos outros, demonstrará apenas que pode ouvir o que eles estão dizendo, sem demonstrar compreensão do seu significado mais profundo. Em um conflito com fortes cargas emocionais, é esse significado mais profundo que quer ser ouvido. Simplesmente repetir os sentimentos de rejeição da outra parte pode deixar seus mitos sem serem reconhecidos. Então, em vez de repetir, ouça proativamente como a identidade do outro está envolvida dentro do conflito.[23]

A parte mais importante da audição ocorre dentro de você. Indignação justificada, vergonha e pensamentos críticos podem preocupar tanto sua atenção que você literalmente fica surdo para a mensagem da outra parte. Portanto, é fundamental praticar a avaliação do seu estado emocional a cada poucos minutos, observando sentimentos feridos, tensão física em seu corpo e pensamentos de raiva. Atentando a essas experiências, você pode afastá-las e lidar com elas *depois* de prestar atenção na experiência do outro. O resultado é que você se torna um ouvinte mais poderoso e evita reações bruscas.

Depois de ouvir atentamente para aprender a narrativa do outro, compartilhe a sua, mas lembre-se de seu objetivo: fazer com que a outra parte ouça e reconheça. A melhor maneira de fazer isso é se expressar com uma linguagem não ameaçadora. Por exemplo, em vez de reclamar: "Você é um idiota completo por me acusar de abusar do poder", você pode dizer: "Uma grande parte de mim sente raiva da sua acusação. Essa foi a minha intenção...". Você evita o distanciamento da outra pessoa e também indica que, embora "uma grande parte" de você esteja com raiva, suas emoções são complexas; você deixa espaço aberto para a reconciliação.

3. *Revele seus mitos — e os deles*

Para alcançar uma solução duradoura para um conflito, você deve transformar a maneira como vê fundamentalmente seu relacionamento com o outro lado — seu mito de identidade. Dois líderes podem assinar um acordo de paz, mas se eles se virem como adversários, o acordo não será cumprido. Seu mito da identidade inconscientemente coloca você e o outro lado como oponentes arquetípicos que se relacionam de maneiras previsíveis: você pode se ver como Davi enfrentando Golias ou como uma vítima mantida refém por um sequestrador, mas nos dois casos está enfrentando o enfraquecimento que sente diante de um poderoso adversário. Para recuperar o controle sobre seu conflito, você precisa revelar esses arquétipos e os mitos que lhes dão forma.

Existem vários benefícios práticos na discussão de arquétipos. Primeiro, eles permitem que você saia de si mesmo para ver seu relacionamento de longe. Torna-se mais fácil imaginar mudanças no relacionamento porque você está falando não diretamente de si mesmo, mas de imagens metafóricas.

Segundo, os arquétipos permitem a discussão de questões emocionais por meio de imagens simbólicas, em vez de falar diretamente de suas próprias emoções.[24] As pessoas em conflito costumam relutar em compartilhar seus sentimentos; elas não gostam de se sentir vulneráveis e têm medo de dizer coisas que podem provocar uma reação hostil. Discutir arquétipos pode acabar com esse medo.

Terceiro, é fácil lembrar os arquétipos. Durante um conflito, pode ser difícil ficar totalmente consciente de todos os detalhes das emoções, reclamações, desejos e medos de cada lado. Uma imagem arquetípica, por outro lado, é memorável, visual e repleta de informações emocionais. Você pode não se lembrar das emoções complexas do outro lado, mas pode se lembrar facilmente que elas viram *você* como um Golias. O arquétipo pode ajudá-lo a contextualizar rapidamente os encontros seguintes e promover a compreensão empática.

Por fim, revelar um arquétipo pode abrir sua mente para ver além de sua própria dor. Enquanto o conflito restringe sua atenção para seu próprio sofrimento, um foco nos arquétipos expande sua capacidade de contextualizar seu conflito.[25] Você se vê não apenas como uma vítima solitária do conflito, mas como um personagem em um drama primordial.[26] A pergunta que o confronta passa de "Por que eu?" para "Por que nós?". Por que nós, humanos, sofremos nas mãos dos poderosos? Por que nós, humanos, sofremos com a perda do amor? O arquétipo retira a picada de isolamento do conflito.

Acho essa abordagem especialmente reconfortante. Se eu e minha esposa brigamos, lembro-me de que isso acontece com todo mundo: casais discutem; eles sempre discutiram e sempre discutirão. Mia e eu não estamos sozinhos em nosso sofrimento emocional, mas estamos reencenando um drama arquetípico antigo. Contextualizar o conflito dentro do amplo escopo da experiência humana é manter a situação em perspectiva.

Agora que você entende a importância dos arquétipos, pode usá-los como uma ferramenta para revelar os mitos de cada lado.

Crie uma metáfora para descrever suas relações conflitantes. Que imagem você acha que representa sua experiência emocional no conflito? Talvez você se sinta como um leão poderoso ou uma criança impotente. Qual imagem representa melhor a outra parte? Tente invocar personagens da mitologia, de um conto de fadas infantil ou de uma história espiritual — quanto mais criativo, melhor. Você pode imaginar a outra parte como um macaco furtivo, uma tempestade violenta ou um boxeador forte.

Se você estabeleceu um espaço corajoso, considere trabalhar com a outra parte para criar essas imagens. Eu promovi esse processo com oponentes em conflitos etnopolíticos e fiquei surpreso com a capacidade deles de construir imagens decididas mutuamente. Mas a parte mais valiosa é que, ao criar suas imagens, eles devem ouvir as perspectivas do outro, reconhecer pontos de vista diferentes e dar conta deles na sua decisão compartilhada.

Vários anos atrás, realizei um workshop no Oriente Médio para enfrentar divisões que surgiram entre xiitas e sunitas na região. As tensões estavam tão fortes que a discussão explícita do tópico em questão quase inevitavelmente teria resultado em uma discussão improdutiva.[27] Assim, dividi os participantes em vários grupos, cada um encarregado de encontrar uma metáfora para representar as relações xiitas-sunitas. Trinta minutos depois, cada um apresentou seus resultados. Um grupo descreveu o conflito entre os dois lados como um câncer destruindo seu próprio corpo, enquanto outro o viu como uma rivalidade crônica entre irmãos. Esta última imagem ecoou em todo o grupo e mudou a conversa para como curar uma divisão fraternal. Depois que um participante sugeriu que apenas líderes "dentro da família" poderiam mediar a reconciliação, o grupo imaginou estruturas nas quais as lideranças xiita e sunita poderiam se encontrar, trocar pontos de vista e conceber processos de reconciliação. Embora as questões que envolvem a reconciliação sejam complexas, exacerbadas pelas rivalidades geopolíticas, o exercício ajudou os participantes a esclarecer a natureza do desafio para que pudessem enfrentá-lo de maneira mais eficaz.

Existem vários métodos criativos para ajudá-lo a encontrar uma metáfora adequada. Para começar, escolha qualquer imagem e ajuste-a à sua situação. Você pode selecionar uma opção na tabela de arquétipos ilustrativos na página 202, como um leão, e imaginar como moldá-lo para expressar as especificidades de sua experiência emocional no conflito. Você é um jovem leão ameaçando a velha guarda? Ou um leão ferido, sofrendo, mas mantendo uma fachada séria?

Outro método é inventar uma metáfora com um aliado confiável. Este método funcionava bem com os pacientes de Jung. Carl Jung passou anos estudando a mitologia mundial; portanto, quando os pacientes contavam seus problemas, ele tinha uma rica reserva de mitos para retratar a experiência arquetípica deles. Seu confidente não precisa ser um estudioso junguiano de mitologia; um amigo criativo vai funcionar.

Você também pode representar sua imagem por meio da arte. Folheie algumas revistas para encontrar uma imagem que tenha ressonância com a sua experiência no conflito ou arrisque-se e desenhe uma imagem sua. O resultado pode ser esclarecedor. Em um curso de negociação com executivos de nível gerencial, pedi aos participantes que fizessem esboços de como se viam em um conflito atual. As imagens que surgiram foram impressionantes e incluíram tudo, de um soldado determinado a uma criança assustada.

Como você sabe que encontrou a metáfora "certa"? O segredo é a ressonância emocional. Você quer escolher uma que tenha ressonância com sua experiência emocional no conflito. A perfeição não é a meta; nenhuma imagem encapsulará totalmente seus sentimentos. Portanto, faça um *brainstorming* até criar uma metáfora que tenha ressonância suficiente para ser útil.

Esclareça a relação entre as imagens. Agora que você tem uma metáfora, pense na natureza do relacionamento entre as imagens. Talvez pareça uma guerra entre leões raivosos? Ou uma competição pelo amor e atenção do líder da manada?

O professor Vamık Volkan e seus colegas da Universidade da Virgínia e do Carter Center experimentaram o poder da metáfora em um contexto internacional, mediando o diálogo não oficial entre líderes da Rússia e da Estônia logo após o colapso da União Soviética. Durante uma das sessões, eles pediram aos participantes da Estônia e da Rússia que elaborassem uma metáfora para descrever a relação entre seus países.

Os representantes apresentaram duas imagens — um elefante para representar a Rússia e um coelho para representar a Estônia — e ponderaram a dinâmica entre o coelho e o elefante. Os animais poderiam ser amigos, pensaram, mas o coelho sempre deve permanecer vigilante, porque o elefante pode pisar nele sem querer. "Com a metáfora do elefante-coelho", observaram o professor Volkan e a colega Joyce Neu, "alguns russos passaram a ver os estonianos não apenas ingratos pela ajuda da União Soviética no passado, mas também como compreensivelmente cautelosos".[28] Os estonianos preocupavam-se em perder sua recém-adquirida autonomia, e cada país lutava para definir seus mitos em meio às areias movediças políticas. A exploração de metáforas permitiu que esses líderes discutissem com segurança seu relacionamento. Em vez de compartilhar diretamente seus sentimentos, eles os comunicaram de maneira indireta.

Para aprimorar sua metáfora, considere como ela poderia transmitir melhor o significado completo do conflito a partir da perspectiva de cada parte. Garanta que as imagens representem não apenas os interesses racionais em jogo, mas também os emocionais e espirituais. À medida que você alterna entre analisar o significado do conflito e refinar a metáfora, você esclarecerá a essência de seu mito de identidade.

Obviamente, você nem sempre concorda com a outra parte sobre quais imagens arquetípicas melhor representam suas relações. Você pode se ver como um gato dócil, enquanto eles são mais propensos a vê-lo como um leão hostil. Se tiver imagens divergentes, discuta por que cada um de vocês descreveu o relacionamento dessa forma. De fato, um exercício útil é fazer com que cada lado visualize arquétipos representando seu melhor palpite sobre como o outro lado imagina o relacionamento e, em seguida, discutir essas imagens.

4. Revise seus mitos[29]

O passo final da introspecção criativa é revisar seus mitos. Nesse estágio, você mantém as mesmas imagens que os dois lados criaram para si — suas identidades principais permanecem seguras —, mas reformulam o relacionamento entre essas imagens, da mesma forma que os representantes russos e estonianos reinterpretaram as relações entre o elefante e o coelho.

Visualize melhores relações entre as imagens. Considere esse conflito que tive com minha esposa. "Não estamos nos conectando", Mia me diz, e eu concordo. Compartilhamos nossas experiências pessoais e percebemos que nos sentimos frustrados e alienados. Estou ocupado ensinando e escrevendo meu livro; ela está trabalhando sem parar para cuidar de nossos filhos e da casa. Nas ocasiões em que temos dois minutos para conversar, não nos conectamos. Mesmo compartilhando nossas narrativas, nossa desconexão persiste.

Mais tarde naquele dia, temos um tipo diferente de conversa, pintando imagens de como cada um de nós se sente no contexto de nosso conflito. Decidimos que eu sou como uma nuvem, flutuando no mundo da teoria enquanto escrevo meu livro, enquanto Mia é uma âncora, enterrada no chão enquanto atende a um fluxo interminável de tarefas familiares. Já nos sentimos mais apreciados. O humor fica mais leve.

Imaginamos como a nuvem e a âncora podem se comunicar melhor. Às vezes, a âncora pode precisar de um helicóptero que a leve até as nuvens, mas não por muito tempo para que não fique sem combustível. Em outros momentos, a nuvem pode precisar flutuar até o chão. Também discutimos a possibilidade de nos juntarmos como uma pipa que está ancorada enquanto flutua no céu. Observe que nossos cenários não eram logicamente sólidos — uma âncora pegaria um helicóptero para dar uma volta? —, mas isso não importa. A introspecção criativa tem a ver com pegar a *essência* das emoções de sua experiência relacional, por mais dissonante que seja a combinação de metáforas.

Traduza ideias em ação. Considere como você pode aplicar na prática suas novas perspectivas ao seu relacionamento. No meu conflito com a Mia, cada um de nós apreciava o trabalho árduo do outro pela nossa família e valores sociais mais amplos. Também percebemos que estávamos nos comunicando em dois idiomas diferentes: eu estava falando de forma teórica e Mia, pragmática. Decidimos que cada um de nós "visitaria" o mundo do outro por pelo menos dez minutos por dia: a âncora visitaria as nuvens para falar sobre teoria, e a nuvem visitaria a âncora para discutir a vida cotidiana. Esses passos nos aproximaram.

Esse mesmo processo de introspecção criativa se mostrou útil em minha consulta com Maria e Gail, mãe e filha adolescente que lutavam para se conectar. As brigas delas duravam dias, ameaçavam "nunca mais falar" uma com a outra e, finalmente, faziam as pazes — apenas para começar tudo de novo uma semana depois. Quando discutimos imagens arquetípicas que, para elas, capturavam a essência da dinâmica relacional, Gail se viu como um peixe pequeno, sempre sendo ameaçado por um tubarão agressivo. A mãe concordava, só que ela se via como o peixe pequeno.

Quando pedi que descrevessem a natureza do relacionamento entre o tubarão e o peixe pequeno, elas tiveram uma conversa animada sobre as frustrações de cada uma, mas ambas expressaram um forte desejo de melhorar as relações. Gail sugeriu que deveriam descobrir como se tornar dois tubarões amigáveis que protegem agressivamente os sentimentos uma da outra. Sua mãe concordou e continuamos a explorar como traduzir isso em ação.

Elas tinham fracassado muitas vezes quando tentaram dividir seus sentimentos; rapidamente eram apanhadas pela compulsão à repetição e entravam em vertigem. O relacionamento delas tinha terminado tão prejudicado que a rota indireta da introspecção criativa provou ser um caminho especialmente seguro e eficaz para a reconciliação. A mãe agora podia ouvir, por trás das palavras zangadas de Gail, a dinâmica mais profunda em jogo, enquanto Maria percebia que sua raiva era apenas uma armadura para proteger sua identidade de danos.

Arquétipos ilustrativos

Relações familiares

- Criança desobediente
- Divorciado
- Irmão desleal
- Pai exigente
- Filho subserviente
- Cônjuge traidor
- Membro da família excomungado
- Filho adotivo
- Viúvo
- Primo distante
- Parente rival

Personagens convencionais

- Salvador
- Trapaceiro
- Bruxa
- Curador
- Herói
- Infiel
- Vilão
- Paciente
- Ladrão Conselheiro
- Adviser
- Vampiro
- Criança travessa

Mitologia grega

- Olímpicos — Sentados no Monte Olimpo usando o poder sobre os mortais abaixo.
- Zeus — Usava seu poder supremo para garantir a estabilidade e a segurança entre os deuses e os mortais.
- Sísifo — Condenado a empurrar uma rocha para o alto de uma montanha, apenas para vê-la rolar de volta quando se aproximava do topo.
- Hera — Profundamente ressentida pela traição de seu amado, pois era forçada a tolerar a incessante infidelidade de Zeus.
- Tântalo — Nunca conseguia obter o que o deixaria vivo, pois estava amarrado a uma árvore com seus frutos sempre fora do alcance.
- Teseu — Negociou com boa-fé, mas foi ludibriado e condenado à eternidade no inferno.

Reino animal

- Leão alfa — Lidera um grupo para atacar uma zebra solitária.
- Grande tubarão-branco — Entre os predadores mais destemidos dos mares, comerá tudo que estiver vivo.
- Rato — Cheio de recursos quando é atacado, compensando o tamanho com a agilidade.
- Elefante — Dominante na estatura, mas com um comportamento bastante gentil.
- Lobo — Segue grandes presas até que elas se cansem e então ataca.
- Guepardo — Rápido, gracioso e feroz. Ataca com rapidez, mas também rapidamente desiste.

Mas e se eles forem mais poderosos?

Um mito não é apenas uma narrativa, mas também uma ferramenta para exercer poder. O princípio básico é simples: quem controla seus mitos, controla você, então não é de admirar que o outro lado de um conflito tente moldar seus mitos para servir aos objetivos *deles*. Esse é o maior perigo da política de identidade. Considere como um marido emocionalmente abusivo cria uma narrativa de domínio sobre sua esposa, fazendo-a sentir que não pode deixar o relacionamento sem sofrer; ela não vê espaço para expressar sua dissidência. Ou considere como as narrativas raciais nos Estados Unidos, como as leis de segregação de Jim Crow, deram aos brancos acesso desproporcional a bens, serviços e redes de influência social.

Recupere o poder sobre seus mitos

Na maioria dos conflitos, cada lado sentirá que o outro está descaracterizando sua identidade ou degradando-a de alguma forma. Para recuperar o poder sobre seus mitos, siga estas etapas:

Primeiro, tome consciência dos mitos que o outro lado impõe sobre você. A esposa no relacionamento emocionalmente abusivo pode perceber que o marido está tentando defini-la como dependente e submissa. Ele é Zeus no Monte Olimpo; ela se sente como uma mortal fraca e indefesa. Para chegar a essa conclusão, ela se perguntava que identidade seu marido estava definindo para ela e se esse era um papel aceitável no relacionamento.

Segundo, identifique as fontes de poder do outro lado.[30] O outro lado tem os seguintes tipos de energia?

1. *Poder legítimo*: Ele ocupa uma posição de autoridade sobre você.
2. *Poder especialista*: Ele tem conhecimento ou credenciais especializados.
3. *Poder referente*: Ele tem conexões interpessoais influentes.
4. *Poder de recompensa*: Ele tem a capacidade de dar recompensas.
5. *Poder coercivo*: Ele tem a capacidade de ameaçar, punir ou impor sanções contra você.

6. *Poder informativo*: Ele tem acesso a informações que você ou outras pessoas desejam.

Em nosso exemplo, a esposa percebe que o mito de seu marido o consagra como o único *poder legítimo* no casamento, o único que pode decidir se é aceitável sair para jantar, viajar nas férias ou determinar as atividades de fim de semana. Ele se baseia no *poder especialista* ao afirmar que "sabe mais" do que ela sobre o que é bom para o casamento deles. Ele usa o *poder de recompensa* dando a ela uma "mesada" semanal, desde que ela cuide dos deveres da família. E ele comanda o *poder coercivo*, ameaçando cortar os recursos financeiros se ela deixar o relacionamento.

Terceiro, identifique as fontes de poder às quais você pode recorrer. A esposa frequenta um grupo de apoio semanal que amplia sua rede social e aprimora seu *poder referente*. Ela percebe que também pode atuar como detentora de *poder legítimo* em seu relacionamento, que pode tomar decisões importantes na escolha do destino de seu casamento. Ela consulta um advogado para saber mais sobre seus direitos financeiros e legais, melhorando seu *poder informacional* e diminuindo o *poder coercivo* de seu marido. Ela aumenta seu próprio *poder coercivo* organizando a possibilidade de ficar na casa da irmã, caso o marido se recuse a mudar de atitude.

Finalmente, recupera o controle sobre seus mitos. A esposa se aproxima do marido, expressa suas frustrações e exige que ele modifique seu comportamento, ou ela romperá o relacionamento. Existe credibilidade no aviso; ela se fortaleceu. O marido ameaça cortar os recursos financeiros, mas ela está bem preparada. Ele a despreza como "incapaz de sobreviver fora do relacionamento", mas ela está confiante em sua rede de apoio. O medo de perder a esposa o motiva a ceder às demandas dela, e relutantemente se une à mulher para reconfigurar o relacionamento, um processo que exige tempo, além de profunda e intensa deliberação e diálogo pessoal.

Mas e se o outro lado resistir ao diálogo?

Você não pode forçar o outro lado a revelar o mito dele, nem pode forçá-lo a ouvir o seu. De fato, se estiver tentando se reconciliar com alguém que sente que é mais poderoso do que você, deve *esperar* resistência. Ele pode ter medo de que, se concordar em falar com você, terminará se abrindo para a possibilidade de que você possa minar a narrativa dele — a fonte de poder dele.[31]

A melhor abordagem é persuadir o outro lado a dialogar; ameaças podem trazê-lo para a discussão, mas em um estado de ressentimento. Aqui estão algumas sugestões para romper a resistência do outro ao diálogo:

- Antes de falar com a outra parte, esclareça seu propósito em querer ter um diálogo. É um desejo interno de curar sua dor? Uma curiosidade para entender a perspectiva dele? Uma obrigação moral? Você pode satisfazer sua necessidade sem abrir um diálogo, como curar emoções dolorosas de forma independente.
- Inicie uma conversa com ele sobre como conduzir um diálogo sobre questões difíceis de relacionamento; assim, você discute não o conflito em si, mas o processo de falar sobre isso.
- Convide-o para um diálogo informal. A conversa fora dos holofotes é mais segura.
- Se ele ainda se recusar a conversar, você pode compartilhar suas perspectivas com ele sob a forma de uma mensagem ou texto — e solicitar que correspondam.
- Procure um aliado em comum que possa incentivar o diálogo conjunto. Ou convide um amigo colega ou outra pessoa confiável para organizar e facilitar isso.
- Veja todo esse processo como uma oportunidade para um aprendizado pessoal que requer paciência e compaixão.
- Se a situação for uma preocupação institucional, lute para mudar as estruturas institucionais, como leis ou políticas discriminatórias, para criar mais espaço para que sua voz seja ouvida e para que ocorra o diálogo.
- Como último recurso, talvez você precise sair do relacionamento, mas, antes disso, saiba para onde está indo.

Juntando tudo: o exemplo de um escritório

Descobrir seus mitos de identidade em um conflito exige trabalho — e uma vontade de abordar o conflito com um espírito criativo. Pode parecer infantil caracterizar-se como uma colher dobrada ou um coelho tímido, mas o efeito de abalar sua perspectiva em uma situação difícil pode ser profundo. Foi exatamente isso que Adam, um executivo respeitado, percebeu depois que trabalhamos juntos.

Adam acabara de deixar o comando de uma organização sem fins lucrativos para tentar a sorte no mundo corporativo. A atitude de seu novo supervisor, Jerry, não estava facilitando a transição. "Ele está querendo me pegar", disse Adam. "Há duas semanas, Jerry me pediu para fazer uma proposta para um cliente importante. Passei uma semana trabalhando nisso, dia e noite, no fim de semana, negligenciando minha família. Enviei e no dia seguinte ele criticou alguns detalhes menores e disse que achava que eu não teria sucesso nesse setor. Eu fiquei *enfurecido*."

Identificamos os principais interesses de Adam no conflito, que eram manter seu emprego e se posicionar para uma promoção. Exploramos suas principais preocupações, incluindo seu desejo de que Jerry apreciasse seu trabalho. E discutimos seu chamado espiritual no conflito: ser alguém que serve à sua comunidade.

Então nos voltamos para a questão do arquétipo. "Como você descreveria seu relacionamento com Jerry por meio de uma metáfora?", perguntei. Adam pensou por um momento e depois disse: "Ele é o sócio-fundador de um clube exclusivo, e todos nesse clube são ricos, bem-sucedidos e motivados por dinheiro. Ele me vê como um impostor, um intruso fazendo qualquer coisa para me tornar um membro do clube. Para ele, sou apenas o cara do 'sem fins lucrativos', um cara que não é um *verdadeiro* jogador corporativo. Não acho que ele acredite que tenho determinação para trabalhar com isso".

"E você tem?", perguntei.

"É claro", disse Adam, com um tom defensivo, hesitante.

"Você *tem*?", insisti.

"Para ser sincero", disse Adam, "estou com dúvidas se fui feito para o mundo corporativo. Não tenho certeza se me encaixo. Mas isso não dá a Jerry o direito de atacar meu desempenho".

"Claro que não", concordei. "Mas existem algumas questões em foco. Uma é saber se você *quer* trabalhar aqui. Outra é a perspectiva de Jerry. Uma terceira é o que você pode fazer para melhorar sua situação."

Nossa conversa aprofundou-se no mito da identidade de Adam. Qual era a narrativa relacional central desse conflito? Ele se sentia um vendido por ter deixado o setor sem fins lucrativos? Ele duvidava de sua capacidade de sobreviver nas selvas do mundo corporativo?

Em seguida, mudamos para a perspectiva de seu chefe, procurando dicas do mito *dele*. Adam sabia que os pais de Jerry eram ambos ativistas comunitários. Suspeitei que o espírito de Adam, com forte impulso comunitário, estivesse ameaçando Jerry, questionando sua carreira corporativa. Ao interagir com Adam, Jerry podia se sentir como um impostor ou, pior ainda, como um traidor dos valores de sua família, provocando o Efeito das Tribos.

O uso da metáfora ajudou Adam a pensar em como seguir suas aspirações na carreira de uma maneira que sustentasse sua identidade. Após nossa conversa, ele convidou Jerry para almoçar e abordou a questão de seus sentimentos conflitantes sobre a vida corporativa. Para sua surpresa, Jerry se abriu sobre suas próprias lutas, explicando que via seu trabalho como uma maneira de alimentar a família e dedicar o resto da vida ao serviço comunitário. Se eles nunca tivessem tirado um tempo para ter essa conversa, talvez nunca tivessem formado uma conexão — e o emprego de Adam poderia estar em perigo.

Resumindo

O primeiro passo para reconciliar relações tensas é apreciar melhor as perspectivas um do outro sobre o conflito. Mas discutir racionalmente os interesses um do outro é insuficiente para entender as questões emocionais mais profundas em jogo. Mesmo discutir emoções diretamente não é suficiente, pois as pessoas tendem a usar as mesmas palavras para descrever experiências drasticamente diferentes. Podemos "temer" um dia chuvoso ou que uma bomba caia em nossas cabeças.

Portanto, este capítulo apresentou a introspecção criativa como um método para ajudá-lo a esclarecer a narrativa emocional que alimenta seu conflito. Não há nada mais real para nenhuma das partes, nem mais emocionalmente poderoso, do que um mito de identidade. É uma história arquetípica plantada em um contexto contemporâneo, uma narrativa universal e pessoal, que lança luz sobre questões de profundo significado. Ao mostrar os mitos de cada lado, você dá um gigantesco passo em direção a eliminar as divisões.

Tabela de aplicação pessoal

1. O que o motiva pessoalmente no conflito?
   - Interesses racionais (dinheiro, outros itens tangíveis)
   - Preocupações emocionais (apreciação, autonomia, afiliação, status, papéis)
   - Pilares de identidade (crenças, rituais, lealdades, valores, experiências emocionalmente significativas)

2. O que pode estar motivando o *outro lado*?

3. Crie uma metáfora para descrever esse relacionamento hostil. Recorra à tabela neste capítulo para encontrar exemplos.

4. Como você poderia reformular essa metáfora para melhorar seu sentido de poder?

5. Você e o outro lado estão abertos a discutir? Em caso afirmativo, como poderiam criar um espaço corajoso? Pense em como estabelecer um código de confidencialidade e uma divisão para garantir o tempo necessário para cada lado compartilhar suas perspectivas.

12. Trabalhe a dor emocional

Antes de embarcar em uma jornada de vingança, cave dois túmulos.
— CONFÚCIO

NO AUGE DA Guerra Civil dos Estados Unidos, um soldado confederado, cansado de batalha, refletiu em um desespero silencioso: "Como alguém pode perdoar os inimigos contra os quais estamos lutando? Despojar-nos de nossas propriedades, expulsar-nos de nossas casas, afastar-nos de amigos e matar nossos melhores cidadãos no campo de batalha são crimes difíceis de perdoar. De qualquer forma, só quero ter a chance de retaliar e então posso perdoar com a graça de Deus".[1]

O soldado lutava com duas narrativas possíveis sobre como reagir ao sofrimento em que o Sul se encontrava: alguém o chamou para perdoar, pura e simplesmente, pela graça de Deus. Uma narrativa concorrente, muito mais convincente no lado emocional, incentivava-o a fazer justiça com as próprias mãos. Consiga o olho por olho — *depois* conceda clemência.

O dilema do soldado também é o nosso. O perdão apazigua nossa consciência, mas a retaliação alimenta nossa sede de vingança. Por mais que queiramos nos reconciliar com um membro da família ou colega, sentimentos de mágoa nos impelem a revidar, a empatar o jogo. Como o soldado confederado, podemos nos sentir compelidos a buscar vingança, às vezes com tanto ímpeto que sentimos que não temos escolha.

Mas temos uma escolha. Este capítulo apresenta um método para *trabalhar* a dor emocional e livrar-se da necessidade de vingança.[2] Não é fácil afastar o ressentimento profundo, entretanto, por mais que isso vá contra todos os seus instintos de retaliação, o efeito é libertador — e muito mais produtivo do que a outra opção.

Como trabalhar

A melhor maneira de curar a dor emocional é trabalhá-la. A dor está congelada dentro de você, e abordá-la transduz emoções negativas em uma força relacional positiva, assim como uma lâmpada transduz energia elétrica em luz. Esse processo exige que você olhe para dentro para localizar e entender sua dor emocional e, em seguida, obtenha controle sobre ela. O processo pode ser assustador, pois você pode enfrentar demônios internos que o convidam a se apegar à queixa e a retaliar com toda força.[3] No entanto, se você ignorar um corte na sua mão, ele ainda vai se curar, já se ignorar esses demônios internos, tudo se torna pior. A dor leva ao aumento da dor e, depois de um ponto, seu mundo explode.

Você está pronto? Verifique sua mochila

Seu destino emocional está com você. Não vai conseguir deixar de lado o rancor se não estiver emocionalmente pronto para deixá-lo. Então, pergunte para si mesmo: qual é a melhor alternativa para o rancor? (Chamo isso de sua MOCHILA.) Compare sua vida como ela é agora, com rancor, com uma visão realista da vida sem ela. Como as coisas seriam diferentes e possivelmente melhores?

Seu rancor tem um objetivo. Quando o outro lado ofende sua identidade, ele ataca sua ordem moral — seu senso de certo e errado — e você, naturalmente, sente-se desmoralizado e quer vingança. Pois *não* retaliar pode parecer desleal ao seu próprio sofrimento. Mas sustentar um rancor exige intensas energias pessoais que, ironicamente, podem corroer seu próprio bem-estar e integridade.

Então, verifique sua MOCHILA: como seria se livrar de suas emoções tóxicas? Como você se relacionaria com o outro lado? A escolha é sua: decida se está pronto para livrar-se do rancor. Você tem o poder de superar sua dor ou ignorá-la. Se você se sentir pronto para trabalhar isso, precisará percorrer três estágios: (1) testemunhar a dor emocional, (2) lamentar a perda e (3) contemplar o perdão. Resumindo: testemunhe, lamente, perdoe.

Estágio 1: Testemunhar a dor

Testemunhar significa reconhecer a dor emocional de uma pessoa, por mais difícil que seja aceitar essa realidade. É útil começar testemunhando sua própria dor e depois se envolver com o outro lado no mesmo processo, o que envolve ver a dor, entrar nela e decifrar seu significado.[4]

Veja a dor

Procure dois aspectos da dor emocional: *dor crua* e *sofrimento*. Dor crua é o sentimento visceral que você sente quando seu parceiro romântico diz: "Não te amo mais". Sente um aperto no peito, sua garganta contrai e sua cabeça lateja. Sofrimento é o sentido que você tem dessa dor, uma preocupação silenciosa: *O que há de errado comigo?*

Para detectar a dor crua, monitore suas emoções e sensações corporais. Visualize-se no calor do seu conflito e, lentamente, examine seu corpo da cabeça aos pés, procurando pontos de tensão. Seus ombros estão tensos? Você sente um nó no estômago? Pode se assustar com o que vai encontrar. A raiva pode consumir sua atenção em um conflito que o impede de notar as manifestações físicas de outras emoções poderosas, como vergonha, humilhação ou autopiedade. É tentador negar esses sentimentos dolorosos, mas até que você os reconheça, permanecerá à mercê deles.

Depois de identificar sua dor emocional, procure sinais de sofrimento — o sentido que você consegue perceber na sua dor. Esteja atento às coisas que diz a si mesmo quando se sente machucado:[5] *Não acredito que ele fez isso comigo! Ele vai pagar!* Observe os medos de inadequação escondidos sob seus pensamentos de raiva: *Por que essas coisas sempre acontecem comigo? Talvez eu esteja destinado a uma vida de sofrimento.*

Mas apesar de a dor ser inevitável, você *pode* reduzir seu sofrimento. Seu crítico interno tende a ser o pior de todos. O segredo é tomar consciência disso — desacelerar sua "máquina giratória" de autocrítica — e retrucar.[6] Não deixe seu crítico interno ter a última palavra. Na próxima vez que entrar em uma discussão acalorada, observe o fluxo de pensamentos que passa pela sua cabeça e diminua a velocidade para poder ouvi-los com atenção: *Ele é um idiota! Por que sempre me dá tanto trabalho? Talvez eu nunca me encaixe aqui.*

Então questione sua autocrítica. Lembre-se de um *defensor interno* — sua mãe amorosa ou um mentor querido — e responda às críticas com o comentário de apoio dessa pessoa: *Você se esforçou ao máximo e tem muito a oferecer ao mundo. Só porque ele não vê seus pontos fortes, não significa que você não tem nenhum.*

Entre na dor

Lembre-se de um lema simples: *para se curar, você deve sentir.* Você não pode testemunhar a dor se andar na ponta dos pés ao redor dela. É por isso que, sozinha, a solução de problemas é insuficiente: isso resolve problemas, não a dor. Você pode resolver a dor emocional apenas se confrontá-la diretamente e entender o que sente.

Encontre a coragem para experimentar sua dor. É fácil sentir raiva, porque permite culpar alguém por seu sofrimento. Mas emoções que chamam a atenção para suas deficiências, seja vergonha, culpa ou humilhação, são mais difíceis de reconhecer. Você pode ficar tentado a enterrar essas emoções, porque experimentá-las é algo necessariamente doloroso.[7] Mas novamente: para curar, você deve sentir — a insegurança do seu ciúme, a mortificação da sua vergonha, o peso da sua tristeza.

Apesar de você dever entrar em sua dor, não se permita afogar-se nela. Uma estratégia para fazer isso é imaginar-se desempenhando simultaneamente dois papéis: mergulhador e salva-vidas. Como mergulhador, você entra de cabeça na sua dor, observando e experimentando tudo o que vê da mesma maneira que um mergulhador absorve as vistas dos peixes e recifes de coral. Como salva-vidas, você permanece acima da superfície para proteger o mergulhador. No momento em que o mergulhador parece estar em risco de se afogar nas emoções, o salva-vidas puxa o mergulhador de volta à superfície. Em outras palavras, saiba quando dar um tempo nas emoções — dê um passeio, leia as notícias, recupere o fôlego. O mar estará esperando quando você estiver pronto para voltar.

Você pode contar com a ajuda de um terapeuta profissional para entender sua dor emocional. Isso é especialmente importante se você se sentir sobrecarregado, dominado por crises pessoais ou temendo por sua segurança física ou mental. Um bom terapeuta pode fornecer a segurança e a habilidade necessárias para lidar com emoções intransigentes.

Decifre o significado da dor

Comece esclarecendo a origem da sua dor. Quem disse ou fez o quê para prejudicar seu bem-estar emocional? Houve um único incidente traumático ou sua dor é resultado de muito tempo de abuso? Então decodifique a função dessa dor. Quando sinto dor de cabeça, por exemplo, é um sinal de que preciso reduzir o estresse. Da mesma forma, a dor emocional envia uma mensagem sobre o que está faltando ou não está funcionando em sua vida. Procure a sua mensagem. Se você sente um forte desejo de evitar um superior que menospreze uma de suas ideias, sua dor pode estar lhe dizendo que você precisa de mais elogios do que imaginava.

Depois de testemunhar sua própria dor emocional, volte sua atenção para a dor do outro. Imagine-se no lugar deles. O que poderiam estar sentindo? Por quê? Se você estiver preso na compulsão à repetição ou na vertigem, pode ser difícil sentir empatia por eles, mas continue tentando.

Você não pode, no entanto, forçar o outro lado a se curar. A vontade de cura é uma escolha pessoal. Um passo em falso comum é empurrar o outro lado para encontrar um terreno comum e "refrescar" o conflito, mas, se eles ficarem ofendidos, poderão sentir que você os está privando de sua ira justa e tentando neutralizar a influência que advém de estar com raiva e pronto para usar a força.

Nesse caso, o melhor que você pode fazer é estabelecer um ambiente propício à cura emocional, um espaço corajoso para testemunhar a dor um do outro.[8] Esse espaço pode ser facilitado por terceiros que se respeitam entre si, como um membro confiável da família ou um mediador profissional.[9] Se vocês dois se sentirem confortáveis para explorar a dor um do outro sem terceiros, é importante estabelecer regras básicas para promover uma conversa produtiva. Por exemplo, um casal que eu conheço pendurou as seguintes regras básicas na geladeira:

- Compartilhe a dor emocional, uma de cada vez.
- Ouça sem julgar um ao outro e repita os pontos centrais do outro.
- Assuma riscos emocionais.
- Lembre-se de cuidar um do outro.
- Lembre-se da "cláusula de escape" — que qualquer um de nós pode pedir uma pausa se estiver se sentindo sobrecarregado.

Estágio 2: Lamentar a perda

O segundo estágio do trabalho com a dor emocional é lamentar a perda que você sofreu.[10] Qualquer conflito envolve perda: um casal em processo de divórcio deve lamentar sua visão frustrada de uma vida juntos; irmãos que se reconciliam devem lamentar os anos que passaram separados; exércitos em luta devem lamentar suas baixas de guerra. O luto é, em essência, a metabolização emocional da perda.[11] Se você não vive o luto, fica preso em uma cápsula do tempo de emoções dolorosas. Para um futuro melhor, você precisa fazer um balanço emocional de sua perda e chegar a um acordo com ela.

Reconheça a perda

Observe o que você perdeu e que nunca poderá reaver. Seu conflito pode ter custado a confiança de um amigo ou seu casamento idílico. Essa perda pode parecer desorientadora, até devastadora, da mesma forma que a morte de um ente querido o deixa sem rumo: *Ela realmente morreu? Como pode ser?*

O luto é aceitar que o que estava no presente está agora no passado. Mas enquanto você pode entender *intelectualmente* que seu amigo o traiu ou que seu cônjuge o deixou, aceitar *emocionalmente* essa realidade é extremamente difícil. Ao enfrentar a realidade existencial, sua identidade relacional deve se transformar.

Eu vi esse processo acontecer quando amigos próximos da família sofreram a perda de sua filha adolescente, Nora. Durante anos, eles passaram por terapia para conseguir aceitar sua perda. Mas deixaram o quarto de Nora como estava quando ela morreu: os vestidos espalhados pelo chão, o diário sobre a cama. Então, numa terça-feira chuvosa, eles acordaram e sabiam que havia chegado o momento de reconhecer a perda e guardar os pertences de Nora. Embora o amor e a dor perdurassem, eles deram um passo emocionalmente doloroso, mas necessário, ao reconhecer a realidade da morte da filha.

Aceitar a perda

A dor da perda perdurará até você aceitá-la, até você resolver emocionalmente sua perda. Isso requer que você vá além do reconhecimento e aceite emocionalmente. Um dos principais desafios aqui é que a intensa dor da perda pode comprometer sua capacidade de enfrentá-la. Na verdade, quando seu cérebro registra uma experiência traumática, tende a desativar sua codificação da linguagem, preservando a experiência como uma impressão emocional, uma impressão totalmente não verbal.[12] Mas, sem palavras, você literalmente não pode aceitar sua dor e reivindicar controle sobre ela.

Então encontre as palavras. Pergunte a si mesmo: *Por que essa perda é tão dolorosa para mim? Qual é a melhor forma de criar significado a partir disso?* Você pode discutir essas perguntas com um amigo de confiança ou registrar seus pensamentos em um diário para colocar seus sentimentos em palavras.

A aceitação não precisa ser feita apenas por meio de palavras. *Ritual* é uma ferramenta poderosa para liberar sua dor e colocar um fim em sua experiência emocional. Por meio do ritual, você realiza uma cerimônia solene para apoiar sua transformação interna de um estado de perda para aceitação. Na religião judaica, por exemplo, no luto pela morte de uma pessoa, a família mais próxima do falecido pratica o shivá por sete dias, permanecendo em sua casa e recebendo um fluxo de amigos e familiares que trazem comida e bebida.

Os rituais mais potentes se conectam aos elementos básicos do nosso planeta: fogo, água, terra e ar. No ritual cristão do batismo, por exemplo, uma criança é imersa em água para simbolizar a admissão na igreja. Os mortos são frequentemente enterrados na terra. Religiões como o hinduísmo usam a cremação, destruindo o corpo no fogo. E muitas tradições espirituais espalham as cinzas dos mortos pelo ar.[13]

Para aceitar a perda, você pode celebrá-la. Uma nação pode honrar seus soldados caídos com um monumento. Os pais em luto podem preservar a memória do filho morto por meio de uma fundação sem fins lucrativos. Você também pode começar a aceitar a perda usando a arte, seja compondo uma canção triste, desenhando uma imagem de raiva ou escrevendo um conto nostálgico. Algumas das histórias e canções mais intensas do mundo nasceram da perda. Celebrar é transformar sua dor de uma experiência que tudo consome em uma entidade contida, uma estrutura tangível que coloca um capítulo da vida em repouso enquanto admite que a dor que a causou nunca será esquecida.

Assim como você precisa viver o luto pela perda, o mesmo acontece com o outro lado. Dê a ele espaço para expressar sua tristeza. Por trás de seus fortes ataques, pode haver um desejo de recuperar aquilo que, por meio do conflito, ele perdeu para sempre.

Estágio 3: Contemplar o perdão

Perdão é o terceiro estágio para lidar com a dor emocional — e, no geral, o mais exigente. O soldado confederado citado no início deste capítulo sentia-se vitimizado e com o dever de vingar o custo emocional sofrido por ele e seus companheiros. Como, ele se perguntava, poderia perdoar os autores dessas transgressões sem antes exigir sua visão da justiça?

Aquele soldado não tinha conhecimento de uma verdade crucial: perdoar é libertar-se da vitimização. Permanecer consumido pela raiva o manterá cativo daqueles que a praticaram. O perdão libera você e abre espaço em sua mente para atender a preocupações mais importantes. Se você gasta 40% do seu tempo repassando feridas antigas, alimentando sua raiva e planejando vingança, você tem apenas 60% para gastar em atividades mais benéficas. E embora o desejo de vingança sirva para mantê-lo firmemente preso no passado, o perdão pode libertá-lo para viver no presente.

Para perdoar, você não precisa se preocupar com a definição do termo no dicionário, mas com o desenvolvimento de um plano de ação prático para avançar na reconciliação. Por exemplo, você pode ter preparada uma expressão de perdão: *Apesar do que aconteceu — o que nunca esquecerei —, estou preparado para esquecer o passado, abandonar a ideia de vingança, conversar com você e trabalharmos juntos em direção a um futuro melhor.*

As qualidades únicas do perdão

Perdoar não é absolver. Um pai pode perdoar a filha por chegar depois da hora combinada, mas ainda assim vai deixá-la de castigo no fim de semana. O soldado confederado pode perdoar seus inimigos por suas ações, mas ainda pode iniciar um processo em um tribunal de justiça.

Perdoar não é esquecer. Um banco pode perdoar sua dívida, mas ainda manterá um registro do empréstimo. Duas nações podem lutar em lados opostos em uma guerra brutal, mas, depois que se reconciliam, os livros de história de cada grupo ainda registrarão o que aconteceu.

O perdão é um processo. Não há caminho rápido para o perdão. Exige tempo, esforço, paciência e o reconhecimento de que sua motivação para perdoar poderá flutuar. Um amigo pode trair sua confiança e você pode se recusar a perdoá-lo por anos, até que, de repente, em um dia inesperado, seu rancor desaparece.

Ninguém pode forçá-lo a perdoar, nem mesmo você. O autor C. S. Lewis tentou perdoar alguém por trinta anos e, quando finalmente estava pronto para fazer isso, percebeu que "tantas coisas são feitas com facilidade no momento em que você consegue realizá-las. Mas, até aquele momento, são simplesmente impossíveis, como aprender a nadar. Há meses em que nenhum esforço o manterá flutuando; depois vem o dia, a hora e o minuto após o qual, e para sempre, torna-se impossível afundar".[14]

É tentador *não* perdoar, pois você tem nas mãos a chave que pode permitir que o autor volte à sua comunidade moral. Essa pessoa já exerceu poder sobre você, violando sua dignidade, mas agora a dinâmica do poder está invertida. A escritora sul-africana Pumla Gobodo-Madikizela observou que "exatamente no momento em que o criminoso começa a mostrar remorso, a procurar um meio de pedir perdão, a vítima se torna o guardião do que o pária deseja — readmissão na comunidade humana".[15]

Para iniciar o processo de perdão, abra-se à possibilidade de perdoar. Imagine como seu relacionamento poderia ser se você fizesse isso. Considere os prós e os contras de perdoar — e de não perdoar — e registre-os usando a tabela abaixo. Em seguida, verifique sua intuição: como você *se sentiria* livrando-se deste rancor? Compare esse sentimento com a raiva que atualmente cria esse peso em você. Contemple o que parece certo. Converse com um confidente e examine seu dilema de todos os ângulos. Com o tempo, a clareza surgirá.[16]

Devo perdoar?	
Se sim:	**Se não:**
Quais são os prós?	Quais são os prós?
Quais são os contras?	Quais são os contras?

Finalmente, decida se deve (1) perdoar, (2) negar o perdão ou (3) revisar a questão posteriormente. Pense cuidadosamente em sua decisão e ouça seu coração. Se você decidir perdoar, se sentirá mais livre e com mais poder, mas esse não será o fim da história. Você ainda precisará liberar sua raiva, e a melhor forma pode ser invocar compaixão, sentir preocupação pelo sofrimento do outro. Então, quando você sentir a força da raiva, pergunte-se: *quero causar sofrimento em mim e nos outros, ou abraçar a compaixão?*

Mas e o imperdoável?

A filósofa Hannah Arendt propôs que certos comportamentos passam tanto do aceitável que só podem ser produto do que Kant chama de "mal radical", uma malevolência tão terrível que abandona todas as reivindicações de ética. Como judia que fugiu de sua terra natal na Alemanha em face do crescente nacionalismo e antissemitismo, Arendt testemunhou o Holocausto à distância e não conseguiu afastar a noção de que essa ação era tão extrema, tão absurdamente ofensiva para a humanidade, que era um ato de mal radical o que, em suas palavras, era "impunível" e "imperdoável".

Como Arendt, acredito que certos conflitos podem produzir uma dor tão intolerável que a transgressão *parece* imperdoável. Mas também acredito que supor de forma inquestionável que nunca poderemos perdoar outra pessoa é, em última análise, uma profecia autorrealizável. A cura pode levar gerações, até que as feridas emocionais sejam transformadas em cicatrizes de lembrança. Mas o perdão sempre está dentro do campo da possibilidade.

Desculpas: o outro lado do perdão

Um pedido de desculpas sincero é talvez a ferramenta mais poderosa para restaurar relações positivas. Um pedido de desculpas é uma expressão de arrependimento, uma mensagem de que você deseja retirar as ações que machucam a outra parte, tanto que está disposto a sacrificar seu orgulho no interesse da reconciliação.

Enquanto o perdão é uma decisão interna, um pedido de desculpas é um reconhecimento *interpessoal* de arrependimento. Você pode perdoar em qualquer conflito, com ou sem o agressor presente, mas não pode se desculpar para uma sala vazia. Pedir desculpas é comunicar diretamente para a outra pessoa que você sente muito e está sendo sincero.

Para fazer um verdadeiro pedido de desculpas, siga algumas diretrizes

Um pedido de desculpas sincero vem do coração, mas vários princípios orientadores podem ser úteis. Antes de se desculpar, examine essas diretrizes e pense em como você pode comunicá-las de forma autêntica. Quanto mais você puder integrá-las ao seu pedido de desculpas, mais eficaz será a sua comunicação:

1. Expresse remorso honesto.
2. Reconheça o impacto do seu comportamento.
3. Comunique que você aceita a responsabilidade.
4. Comprometa-se a não repetir a ofensa.
5. Ofereça reparação.

Decida se vai pedir desculpas em particular ou em público. Um pedido de desculpas em particular facilita a criação de afiliação e não coloca nenhum de vocês em grande risco de ser humilhado. Em casos complexos de *justiça restaurativa*, o autor de um crime pode se reunir em particular com a vítima para explorar perspectivas sobre a agressão e até mesmo se desculpar pelo delito. Em outros momentos, o pedido de desculpas pode ser feito publicamente, sobretudo quando a injustiça é política e coletiva. A Comissão de Verdade e Reconciliação da África do Sul forneceu uma plataforma para as vítimas de violência política contarem suas histórias de queixas e para que os autores admitissem e pedissem desculpas por seus erros. Em alguns casos, as vítimas até perdoaram os autores.[17]

Faça um pedido de desculpas, não uma apologia

Se você vai se desculpar, seja direto. Não confunda com remorso e atitude defensiva.[18] No livro de Platão, *A apologia de Sócrates*, Sócrates é julgado, tendo sido acusado de corromper as mentes dos jovens, descrer dos deuses reconhecidos pelo Estado e inventar novos deuses. No julgamento, ele faz uma *apologia*, uma palavra grega que se refere a um discurso em defesa de uma acusação — em outras palavras, o oposto de um pedido de desculpas. Por exemplo, o cônjuge que chega atrasado em casa para o jantar de aniversário não deveria dizer: "Sinto muito por magoar seus sentimentos por chegar tarde, mas eu tinha um projeto que precisava concluir". Esse discurso contraditório pode parecer, na superfície, um pedido de desculpas, mas seu subtexto é claro: não assumo nenhuma responsabilidade por machucá-lo.

Resumindo

Um conflito de forte carga emocional causa dor em todos os envolvidos, e é exatamente por isso que exige compreensão e compaixão. Se testemunhar a dor emocional de cada parte, lamentar a perda incorrida e avançar em direção ao perdão, você pode começar a se curar. Como observou o poeta Roethke: "Em um momento escuro, o olho começa a ver".

Tabela de aplicação pessoal

1. Como seria sua vida se você não estivesse no meio deste conflito?

2. Você está pronto para se aliviar do conflito? Se não estiver, o que é preciso para estar pronto?

3. O que mais causa dor neste conflito? Por quê?

4. Como você pode encontrar algum sentido emocional da sua dor? Considere o que você aprendeu sobre si mesmo e sobre a vida por meio deste processo ou como honrar tudo o que perdeu.

5. Como seria perdoar o outro lado? Decida se quer fazer isso.
   - Prós:
   - Contras:

6. O que você se arrepende de ter feito no conflito?

7. Você estaria aberto a pedir desculpas? Se sim, como pode expressar isso?

13. Crie conexões transversais

Em 1991, um homem chamado Cyril Ramaphosa recebeu um convite de um amigo para um fim de semana de pesca. Cyril adora o esporte e aceitou prontamente o convite. Quando já viajavam por três horas, seu anfitrião informou que Roelf Meyer e a família iriam almoçar com eles no sábado.

Esses eventos seriam de pouco interesse para a maioria das pessoas, se não fosse pelo fato de que Cyril Ramaphosa era secretário-geral do Congresso Nacional Africano e Roelf Meyer era o ministro da Defesa do Partido Nacional, então no poder na África do Sul. Em duas semanas, os dois homens deveriam começar a negociar algumas das questões mais controversas relacionadas à transição para um Estado democrático e multirracial.[1]

Naquela tarde de sábado, no interior da África do Sul, no entanto, política não era a única coisa em que pensavam. O filho de Roelf pediu a Cyril: "Você me ensina a pescar?". Cyril concordou, e lá foram todos. Roelf também decidiu tentar pescar, mas, quando lançou a linha na direção errada, o anzol agarrou seu dedo anelar e perfurou a carne. Ele se virou para Cyril e perguntou, melancolicamente: "O que se faz agora?".

Depois que a esposa de Cyril, que era enfermeira, tentou, sem sucesso, tirar o anzol, Cyril soube o que tinha que ser feito. "Pegue um alicate para mim", ele lhe pediu. Ele serviu um copo de uísque para Roelf e disse:

"Certo, beba isso, olhe para outro lado e confie em mim". Ele então puxou o anzol.

Duas semanas depois, em lados opostos da mesa de negociações, os líderes se encontravam em um impasse. Por muitos anos, o Partido Nacional prendeu um grande número de pessoas que resistiam ao *apartheid*, incluindo o líder do Congresso Nacional Africano, Nelson Mandela, e muitos de seus colegas. Em 1991, muitos, mas não todos, foram liberados. O Partido Nacional estava disposto a libertar os presos políticos restantes se o CNA deixasse a resistência armada; o CNA, por sua vez, recusava-se a deixar a resistência armada enquanto os prisioneiros não fossem libertados. A negociação emperrou na questão de quem iria ceder primeiro.

Roelf inclinou-se sobre a mesa e disse a Cyril: "Estou ouvindo você dizer: *Confie em mim*".

Ele ordenou a libertação dos prisioneiros e, uma semana depois, o Congresso Nacional Africano anunciou o fim da luta armada.[2]

A espinha dorsal da reconciliação, como ilustra essa história de forma tão forte, é a conexão humana. Quando as pessoas brigam, elas tipicamente veem sua conexão como antagônicas, como *nós* versus *eles*. Mesmo em meio a um conflito de forte carga emocional, há maneiras de estabelecer conexões positivas que aprofundam os relacionamentos e transcendem o interesse próprio. O segredo é construir o que eu chamo de *conexões transversais*.

O PODER DAS CONEXÕES TRANSVERSAIS

Os relacionamentos podem ser fortalecidos por meio de diversos vínculos entre você e o outro. Quanto mais numerosos e significativos forem esses vínculos, mais forte será seu relacionamento.[3] Cyril e Roelf se conectaram por meio de sua aventura de pesca, suas conversas no campo e seu papel comum como negociadores. Essas conexões variadas inspiraram confiança e permitiram a solução criativa de problemas. Dentro de seu casulo de conexão, eles foram capazes de argumentar com *mais* veemência; cada um se sentiu seguro o suficiente no relacionamento para expressar suas preocupações de forma desinibida e compartilhar informações. Você também estará mais bem-posicionado para influenciar um aliado do que um adversário. Amigos ouvem com mais vontade os amigos do que os inimigos.

Para ajudá-lo a promover relações de cooperação, este capítulo apresenta uma estratégia proativa para a construção de conexões transversais. O método mostra como (1) avaliar seu nível atual de conexão, (2) prever como poderiam ser relações melhores, (3) decidir se deve mudar seu relacionamento e, se sim, (4) recorrer a três ferramentas para fortalecê-lo.

Passo 1: Avalie seu nível atual de conexão (usando a estrutura Reach)

A conexão humana tem diferentes níveis de profundidade; quanto mais profundo o seu vínculo, maior a probabilidade de que vocês continuem unidos, mesmo durante conflitos turbulentos.[4] Para ajudá-lo a avaliar o status de um relacionamento, desenvolvi a **Estrutura Reach**, que fornece um guia simples para avaliar sua proximidade emocional. Embora sua sensação de proximidade possa flutuar — você se sente íntimo de seu cônjuge esta manhã, mas distante à tarde —, as páginas a seguir o ajudarão a se sintonizar com essa dinâmica.

A *estrutura* Reach

Este modelo distingue entre cinco níveis de conexão, que formam, em inglês, o acrônimo *Reach* — um lembrete para *alcançar* a conexão. Em ordem crescente de profundidade emocional, os níveis são:
1) reconhecimento da existência;
2) compreensão empática;
3) apego;
4) cuidado; e
5) afinidade venerada.

Nível 1: Reconhecimento da existência. A outra pessoa o invisibiliza ou reconhece sua existência? No filme *O panaca*, Steve Martin interpreta Navin Johnson, um atendente de posto de gasolina que tenta encontrar seu lugar no mundo. Um dia, uma nova lista telefônica chega ao posto de gasolina, e Navin pula de alegria quando encontra seu nome. "Eu sou alguém agora!", grita ele, "Milhões de pessoas olham esta lista todos os dias! Esse é o tipo de publicidade espontânea — seu nome impresso — que ajuda as pessoas!" Sua alegria sublinha o poder da forma mais fundamental de conexão humana: o reconhecimento da existência.

Todos queremos sentir que somos "alguém" — uma pessoa que é visível e ouvida, uma parte significativa do mundo.[5] Imagine-se participando de uma reunião com colegas durante a qual eles ignoram tudo o que você diz. Ou imagine-se na mesa de jantar com sua família, e por mais que tente falar algo, ninguém sequer olha na sua direção. A sensação de angústia que você sente nessas situações é palpável. Grupos etnopolíticos podem sentir extrema frustração quando não recebem reconhecimento político ou são excluídos de discussões diplomáticas.[6] Sentir-se não reconhecido é sentir-se como um ninguém, e ninguém quer isso.

Nível 2: Compreensão empática. O outro julga sua experiência emocional irrelevante ou a aprecia de forma autêntica? Empatia é habitar a paisagem emocional de outra pessoa. Você sente a experiência dele ou dela e entende o significado emocional que ele ou ela atribui a isso.[7]

Existem dois tipos de empatia. A *empatia cognitiva* refere-se a uma compreensão intelectualizada da experiência emocional de alguém, mas que não inspira uma resposta emocional. Imagine um psicopata prestes a atacar uma adolescente: ele consegue, com seu charme, levá-la até o carro dele com sua profunda compreensão cognitiva das vulnerabilidades da garota, lendo suas emoções, mas sem ressonância emocional própria. Se você sente *empatia emocional*, por outro lado, experimenta de forma conjunta os sentimentos da outra parte. O cérebro está equipado com circuitos para tornar isso possível, e esse circuito é especialmente ativo em relacionamentos significativos. A neurocientista alemã Tania Singer mostrou que, somente por ter visto seu parceiro romântico receber uma picada de inseto na mão, *suas* redes neurais são ativadas e você experimenta o tom emocional da dor dele.[8]

Nível 3: Apego. O outro o percebe como descartável ou emocionalmente insubstituível? Por meio da conexão, você experimenta um vínculo duradouro.[9] Talvez a maior dor no casamento seja descobrir que seu cônjuge está tendo um caso, sinalizando que você é substituível. A conexão implica coesão; uma cola emocional que o conecta à outra parte. É por isso que a conexão é tão útil para a reconciliação: ela leva a relações coesas.

Procure dois sinais reveladores da conexão. O primeiro é um *desejo de ficar emocionalmente conectado*. Meu filho de quatro anos, Liam, sempre se agarra às pernas da mãe quando ela está trabalhando no computador ou fazendo o jantar, e nunca quer se afastar muito dela. Alguns casais divorciados continuam a brigar muito depois do divórcio, em parte para alimentar seus sentimentos inabaláveis de conexão. Esse desejo de manter uma conexão ajuda a explicar um comportamento aparentemente irracional. Um exemplo clássico é a esposa descontente que faz as malas, anuncia que já está cansada do relacionamento e sai batendo a porta, sendo seguida pelo marido, que grita: "Também não posso viver assim! Espere um minuto, e vou com você".

O segundo sinal de conexão é *ansiedade da separação*. Quando sua necessidade de conexão emocional não é atendida, os alarmes internos de ansiedade começam a tocar. Para o pequeno Liam, isso se traduz em uma birra: "Mamãe, ME ABRAÇA!". Quando ele se reconecta com a mãe, analgésicos parecidos com opiáceos se ativam no cérebro dele, reforçando sua conexão e fazendo com que sorria. Os mesmos alarmes de ansiedade tocam para o casal divorciado que não suporta ficar junto, mas não consegue se separar.

Nível 4: Cuidado. Você sente que o outro é indiferente ao seu destino ou o valoriza? Em uma ponta do espectro, a outra parte valoriza tudo em você; o amor é incondicional. A extensão em que outra pessoa voluntariamente se sacrifica pelo seu bem-estar é um bom indicador do grau de cuidado que sente por você. Conheço uma mãe na Flórida que estava tão profundamente preocupada com seu filho adolescente, um viciado em cocaína, que chamou a polícia para prendê-lo; ela sacrificou o relacionamento dos dois por estar preocupada com a vida dele.

"O oposto do amor não é ódio, é a indiferença", escreveu o Prêmio Nobel Elie Wiesel. Como sobrevivente do Holocausto, ele percebeu que, para os judeus nos campos de concentração da Segunda Guerra Mundial, talvez a única coisa mais dolorosa do que a insuportável crueldade dos nazistas era a indiferença inicial da comunidade internacional à situação.

Nível 5: Afinidade venerada. O outro o vê como ideologicamente incompatível ou como um espírito afim? Afinidade venerada é um vínculo transcendente baseado em laços espirituais ou ideológicos. Malcolm X inicialmente zombou da noção de integração racial, mas depois viajou para Meca e observou "dezenas de milhares de peregrinos, do mundo todo. Eram de todas as cores, de loiros de olhos azuis a africanos de pele negra. Mas todos estávamos participando do mesmo ritual, exibindo um espírito de unidade e fraternidade que minhas experiências nos Estados Unidos tinham me levado a acreditar que nunca poderia existir entre o branco e o não branco".[10]

O nacionalismo é outro exemplo de afinidade venerada. O soldado no campo de batalha arrisca a vida e os membros para salvar um camarada caído, motivado não apenas pelos cuidados com o indivíduo, mas também pelo patriotismo. Na verdade, qualquer experiência transcendente, religiosa ou de outra natureza, pode servir de base para a afinidade venerada. Quando meu primeiro filho, Noah, tinha um ano, eu o levei à praia ao amanhecer, e juntos observamos o sol lançar seu reflexo ondulado no oceano. Senti uma afinidade venerada com ele e com a beleza natural que nos cercava.

Faça um balanço da sua conexão

Agora que você tem uma noção melhor dos cinco níveis de conexão, pode usá-los para avaliar a qualidade de seus próprios relacionamentos. Comece pensando em alguém com quem você está em conflito, como um membro da família, colega ou vizinho. Faça uma reflexão honesta para avaliar seu nível atual de conexão. Você se sente reconhecido? Você se sente compreendido emocionalmente? Você se sente conectado? Você se importa com eles? Sente uma afinidade venerada com eles?

Consulte a tabela a seguir, que pode ajudá-lo a analisar a tensão relacional. Em uma empresa familiar, por exemplo, você pode sentir que seu irmão o entende emocionalmente, mas não da maneira como gostaria. Isso sugere uma lacuna de empatia (nível 2). Dentro de cada nível da estrutura, coloque um *A* na linha em que você percebe qual é a sua *atual* conexão. Então pergunte a si mesmo: Qual é a minha conexão *desejada* neste nível? Coloque um *D* nesse local. A diferença entre os graus de conexão atuais e os desejados representa a quantidade de tensão que você sente. Observe quaisquer lacunas entre o nível de conexão percebido e o desejado.

Agora coloque-se no lugar do outro e imagine como ele se sente conectado a você. Ele sente que você o reconhece? Que você o entende emocionalmente? Revise a tabela a seguir, considerando o nível de conexão percebido, e se ele aspira mais ou menos.

Nível de conexão	Espectro de sentimentos possíveis
1. Reconhecimento	Invisível — Plenamente reconhecido
2. Empatia	Julgado emocionalmente — Apreciado
3. Conexão	Substituível — Insubstituível
4. Cuidado	Insignificante — Estimado
5. Afinidade venerada	Espiritualmente separado — Espiritualmente unificado

Passo 2: Visualize melhores relações

Depois de avaliar seu nível atual de conexão, visualize o tipo de relacionamento que você deseja. Quanto mais detalhada sua imagem, tanto mais ela pode transformar um conflito. No final, você deseja cultivar uma visão compartilhada de cooperação tão palpável que pareça não apenas realista, mas inevitável.[11]

Um exemplo brilhante vem do dr. Martin Luther King Jr., que tinha um sonho ousado de um possível futuro para as relações raciais. Parado no Memorial de Lincoln, no auge das divisões raciais nos Estados Unidos, ele não apenas criticou as políticas governamentais daquele momento, mas articulou sua visão de uma nação racialmente integrada, imaginando que "um dia nas colinas vermelhas da Geórgia, os filhos de ex-escravos e os filhos de ex-proprietários de escravos poderão sentar-se juntos à mesa da irmandade". O dr. King entendeu que, para se libertar dos grilhões da divisão social, os norte-americanos precisavam de um modelo social inclusivo no qual pudessem acreditar.

Ao criar sua própria visão de melhores relações, lembre-se das seguintes diretrizes:

1. Que ela seja vívida. Uma visão vívida é concreta e tem ressonância emocional. Imagine um pequeno videoclipe representando sua visão de relações melhores. Você está de bom humor ao conversar com seu ex-cônjuge? Está trabalhando junto com seu rival no local de trabalho em um projeto? Está sentado lado a lado com seu vizinho para discutir a disputa de cerca?

2. Suspenda o julgamento. Não critique sua visão. No calor do conflito, qualquer pensamento de reconciliação pode parecer irreal. Mas, sem alguma visão de reconciliação, você se condena a continuar o conflito. Assim como você não julga seus sonhos enquanto dorme, não julgue suas visões quando estiver acordado. Seu objetivo é imaginar uma imagem vibrante de como *poderia* ser o futuro. Permita-se imaginar novas possibilidades.

Esse processo pode ajudar a resolver conflitos em qualquer nível. Eu promovi um workshop para líderes israelenses e palestinos dos setores público e privado no qual desafiei o grupo a criar visões concretas de como poderia ser a paz vinte anos no futuro.[12] A princípio, o ceticismo era forte e vários participantes reclamaram que o exercício seria uma perda de tempo, pois a paz parecia inatingível. Mas eu os incentivei a pensar criativamente, por mais irreais que suas ideias pudessem parecer, e eles aceitaram. Em dez minutos, a sala estava elétrica e, quando o grupo apresentou suas ideias uma hora depois, os resultados foram impressionantes. Os participantes descreveram entusiasticamente as possibilidades de empreendimentos econômicos conjuntos, organizações sociais interligadas e novas colaborações políticas. Por terem sido encarregados de visualizar medidas específicas de conexão, em vez de argumentar de forma abstrata sobre direitos políticos, o grupo trabalhou com grande entusiasmo. A possibilidade de paz estava ao alcance, o que levou esse grupo influente a apoiar uma iniciativa mais ampla e bem-sucedida de romper o impasse nas negociações formais. Embora as negociações políticas tenham fracassado, o grupo continuou a se reunir e a trabalhar em conjunto em busca de suas visões de paz.

Passo 3: Decida se você está disposto a mudar e pronto para isso

Você não pode simplesmente pular da visão à ação sem prestar atenção a um importante passo intermediário: determinar se você e o outro lado estão ambos *dispostos* e *prontos* para aprofundar as relações. Com muita frequência, as partes concordam com novas formas de conexão política ou pessoal, mas acabam renegando seus compromissos, porque não estão realmente dispostos nem são capazes de implementá-los. Portanto, faça as duas perguntas a seguir:

Você tem vontade de aprofundar sua conexão?

Vontade é a intenção deliberada de fazer alguma coisa. Existem dois tipos de vontade — emocional e política —, e você deve verificar cada uma delas para avaliar sua disposição de se conectar com a outra parte.

Vontade emocional refere-se à intenção de se abrir emocionalmente em um conflito por uma conexão aumentada. Se as dores do conflito forem profundas, você poderá descobrir que os poços da vontade emocional estão secos. Isso é compreensível; a vontade emocional muda com o tempo e a resistência de hoje pode se transformar na disposição de amanhã.

Em seguida, volte sua atenção para sua *vontade política*, que se refere ao seu compromisso de entrar em *ação* para melhorar sua conexão. Você pode desejar emocionalmente a reconciliação com um irmão afastado, mas não consegue reunir a determinação para pegar o telefone e iniciar o processo. Da mesma forma, o gerente de um departamento de pesquisa pode querer resolver a tensão com o departamento de marketing, mas resiste em usar seu capital político para que isso aconteça.

Depois de determinar o grau de sua vontade de mudar, tome uma decisão: você está *realmente disposto a mudar*? Um "sim" definitivo abre a possibilidade de maior conexão emocional. Um "não" definitivo indica que você poderá evitar uma conexão mais profunda no momento. A incerteza apenas o preparará para futuros problemas de relacionamento. Imagine um padre perguntando à noiva: "Você aceita esse homem como seu marido?". E ela respondendo: "Sim, mas apenas sob algumas condições específicas que gostaria de discutir mais profundamente". Esse casamento não vai funcionar. Nem sua tentativa de aprofundar a conexão, a menos que entre nela com vontade.

Você está pronto para aprofundar sua conexão?

É provável que a resposta seja sim se você estiver aberto a sentir empatia com as emoções do outro lado e compartilhar as suas. Mas, se você tiver vontade de aprofundar sua conexão, e não a disposição emocional, os problemas podem surgir.

Um bom exemplo é um relacionamento romântico em que o homem está ansioso para se casar, mas a mulher não. A relutância dela pode não ter nada a ver com seu amor ou compromisso. Pode ser que ela precise de mais tempo. Embora a prontidão emocional seja um conceito abstrato, é um estado com o qual muitos de nós nos familiarizamos ao longo de nossas vidas. Intuímos o "momento certo" para casar, comprar uma casa, ter filhos, mudar de emprego ou tomar outras decisões importantes da vida. Não consultamos um relógio para nos dizer a hora certa de tomar essas decisões; elas nascem dentro de nós.

Se você quer melhorar um relacionamento danificado, aumente sua disponibilidade para se conectar. Comece procurando as maneiras pelas quais você resiste à mudança. Está com medo de uma conexão mais próxima, sente ressentimento ou abriga uma dor não resolvida? Então trabalhe essa resistência. Enquanto mediava conflitos na Irlanda do Norte, por exemplo, o político George Mitchell ajudou os oponentes a não apenas se preparar *para a* mudança, mas a se preparar *para* mudar, percebendo que a disposição emocional exigia que as partes envolvidas se abrissem para novas maneiras de se relacionar. Mitchell trabalhou com líderes internacionais para preparar instituições e cidadãos para a nova realidade da paz. Esses esforços preliminares se mostraram essenciais para as negociações que levaram a um acordo de paz.

Passo 4: Fortaleça suas conexões

O filósofo Arthur Schopenhauer certa vez refletiu sobre a maneira como os porcos-espinhos se aquecem em uma noite fria: eles se aconchegam o suficiente para compartilhar o calor do corpo, mas mantêm distância suficiente para não serem picados pelos espinhos uns dos outros. A mesma noção se aplica a encontrar o nível "certo" de conexão humana. Eu chamo isso de *Princípio de Schopenhauer*: se você quer melhorar seu relacionamento, aproxime-se o suficiente para se beneficiar de uma conexão positiva, mas não tão perto a ponto de invadir o espaço do outro.[13] Adote o hábito de avaliar seu nível de conexão e refletir se está ficando muito distante — ou muito próximo — para sentir conforto.

Quando você quiser aprofundar seu relacionamento, use três formas de conexão: física, pessoal e estrutural. Elas são aplicáveis a uma ampla gama de contextos, seja a reconexão de uma família, organização ou nação dividida, e são essenciais para construir associações transversais robustas. Embora você não possa fabricar uma conexão autêntica, essas três dimensões criam as condições para um intercâmbio positivo.

Forma de conexão	Associe-se por meio da...
1. Física	Proximidade geográfica
2. Pessoal	Proximidade emocional
3. Estrutural	Participação em um grupo compartilhado

O poder da conexão física

Uma conexão física é a proximidade do seu corpo com o corpo do outro. Essa proximidade é um bom indicador da maneira como você e outras pessoas concebem suas relações. Ao discutir seu conflito, você se senta lado a lado como uma unidade única ou fica em lados opostos de uma mesa longa? Mesmo pequenas diferenças na orientação espacial podem ter um grande impacto. Na próxima vez em que jantar com um amigo, sente-se mais perto do que o normal e observe o efeito. Ele pode parecer desconfortável e, inconscientemente, recuar. Em uma negociação séria, as ramificações dessa proximidade mal calibrada podem ser desastrosas.

Fique ciente das barreiras físicas à conexão. A proximidade física pode ter um impacto poderoso e inconsciente no seu senso de conexão. Em uma organização, o simples fato de os funcionários estarem situados em andares diferentes do mesmo edifício é suficiente para dar origem à divisão tribal. Até os funcionários do mesmo andar podem se sentir mais aliados aos companheiros de seu setor do que dos colegas do outro canto. Em uma escala maior, as divisões físicas podem reforçar as da sociedade: pense no Muro de Berlim, uma barreira política concreta entre os alemães orientais e ocidentais, ou a segregação racial nos Estados Unidos, ao exigir que os negros se sentassem na parte de trás do ônibus e frequentassem estabelecimentos separados.

Como o psicólogo social Henri Tajfel demonstrou, a mera classificação de pessoas em grupos pode criar uma preferência dos membros por seu próprio grupo. Essa descoberta é replicada no Exercício das Tribos: antes do início das negociações, as tribos estão sentadas em seis grupos diferentes de cadeiras, criando a percepção de grupos distintos. Os membros da tribo imediatamente se sentem mais alinhados com sua própria tribo e distantes das outras, tanto no âmbito físico quanto emocional. Surpreendentemente, nenhum grupo nunca sugeriu reorganizar as cadeiras em um grande círculo que incluísse todos os participantes. Tenho certeza de que, se alguém fizesse isso, os muros da divisão tremeriam.

Crie a configuração para promover a conexão. Quando você participar de uma reunião, organize as cadeiras para incentivar a cooperação. Um de vocês está em uma plataforma elevada olhando de cima para baixo para os outros ou estão lado a lado? Sentar-se ao redor de uma mesa circular ou do mesmo lado de uma mesa tende a gerar uma conexão maior do que estar em lados opostos ou em níveis diferentes. Da mesma forma, você pode designar espaços específicos no trabalho ou em casa para diferentes tipos de conversa. Conheço um consultor que ofereceu conselhos úteis a um irmão e uma irmã que coadministravam uma grande empresa, mas brigavam constantemente por tudo, de decisões administrativas a ressentimentos pessoais. Como sua comunicação estava se deteriorando, os negócios começaram a sofrer. O consultor disse a eles para resolver disputas comerciais no escritório e as disputas familiares em casa e agendar um horário para cada uma delas. Essa instrução simples funcionou, porque ajudou os irmãos a compartimentar suas diferenças e lidar com cada uma delas em sua própria esfera.

O poder das conexões pessoais

Para Srđa Popović, cujo movimento de resistência da juventude ajudou a organizar a revolução que derrubou o presidente iugoslavo Slobodan Milošević, as conexões pessoais foram centrais. Na véspera de qualquer protesto, sua organização fazia com que um grupo seleto de estudantes universitários se reunisse com o chefe de polícia e explicasse: "É isso que vamos fazer. Sabemos que você terá que nos prender e teremos segurança lá para garantir que tudo esteja em ordem".[14] Dessa maneira, os revolucionários construíram metodicamente a afiliação com a polícia e os militares e os envolveram em sua causa.

Quando nos conectamos, estamos nos identificando com a experiência emocional um do outro, o que nos faz sentir mais próximos. Quer estejamos tentando finalizar um negócio importante ou reconciliar um conflito duradouro, o sucesso a longo prazo pode ocorrer apenas por meio da conexão pessoal, e cinco estratégias são especialmente úteis para promovê-la:

1. Relacione com aspectos importantes da vida deles. Faça perguntas para descobrir o que é emocionalmente importante para a outra parte. Seu objetivo é ir além de seu eu formal para aprender o que eles poderiam revelar a um bom amigo. Suas perguntas devem vir de um local de genuína curiosidade, estendendo a conversa para além do currículo e abordando tópicos mais pessoais:

"Você tem irmãos? Filhos? Conte como eles são."

"O que gosta de fazer?"

"Onde você cresceu? Ainda tem laços lá?"

É importante, no entanto, avançar gradualmente para o campo pessoal. Comece com uma conversa segura sobre o clima, o trânsito, as notícias de hoje — assuntos impessoais — para aumentar o nível de conforto e, gradualmente, indague sobre a vida pessoal da outra parte. Enquanto ela conta, ouça dicas sobre o que é significativo para ela. O que está tentando expressar? Sobre o que quer conversar? Se ela ficar dirigindo a conversa para um tópico específico, reconheça isso como uma pista de qual é a prioridade emocional dela.

Ao descobrir quais tópicos são mais significativos para ela, encontre uma conexão entre a experiência dela e a sua. Se, por exemplo, a outra parte revelar que a mãe morreu há alguns meses, você poderá responder: "Sinto muito. Lembro-me de quando estávamos todos juntos durante as férias e que mulher maravilhosa ela era. Você quer falar sobre isso?".

2. Revele aspectos significativos da sua vida pessoal. O outro lado dessa investigação é a revelação. Ao se abrir sobre sua própria vida, você demonstra sua humanidade, fornecendo informações com as quais outras pessoas podem se identificar e incentivando-as a compartilhar.

Ao revelar fatos sobre si mesmo, tente se conectar aos aspectos da vida do outro. "Entendo como pode ser cansativo criar filhos. Tenho três garotinhos e, embora eu os ame muito, eles me deixam completamente exaustos!" Descreva os eventos de maneira colorida, para que a outra pessoa tenha uma boa noção do que eles significam para você emocionalmente. "Ontem mesmo, cheguei em casa e descobri que Liam, de quatro anos, tinha pintado todo o chão da cozinha com tinta azul. Levamos duas horas para limpar tudo." Reúna a coragem para compartilhar seus pontos fortes *e* suas fraquezas. Você pode contar sobre outras áreas da sua vida de que sente orgulho — "Meu filho acabou de entrar na faculdade!" —, mas equilibre-as com os reconhecimentos de sua vulnerabilidade. "Estou preocupado se ele vai se acostumar a morar longe de sua família."

3. Sintonize com a química pessoal. Em uma situação de conflito, observe quando você sente uma conexão fácil e natural com a outra parte. Essa química pessoal melhorará sua conversa e a tomada de decisão.[15] Por outro lado, se sua conexão pessoal parecer fora de sincronia, considere pedir que alguém que *tenha* uma boa química com a outra parte atue como intermediária. Por exemplo, há alguns anos, pediram-me para mediar um conflito em andamento entre um chefe de Estado e um importante empresário. O chefe de Estado desprezava tanto o empresário que se recusava a comunicar-se diretamente com ele. Esses dois homens tinham que resolver diferenças políticas importantes, mas as conversas não avançavam. A reconciliação acabou por ocorrer por meio de assistentes que tinham boa química.

4. Observe ofertas para realizar conexão. Perceba as "ofertas de conexão" do outro lado — tentativas sutis de se afiliar a você — e reaja a elas.[16] Por exemplo, um marido pergunta à esposa se ela quer ver televisão e ela diz que não; precisa fazer o jantar. Quando o marido explode como resposta, a esposa não consegue entender a "raiva irracional" dele, nem ele, para dizer a verdade, até que reconhecem que o convite era uma oferta sutil de conexão que não foi atendida, que acabou fazendo com que ele se sentisse rejeitado e envergonhado. Casais felizes tipicamente fazem mais ofertas de conexão e respondem com mais frequência a elas. Mesmo em uma disputa internacional, os diplomatas mais eficazes estão sempre muito sintonizados com as sutis sugestões de conciliação e a moderação da retórica negativa.

5. Crie rituais de conexão. Você realiza inúmeros rituais todos os dias sem perceber, seja abraçando seus filhos antes de irem para a escola ou sentando-se à mesa para o jantar em família. Os rituais permitem que você aprofunde suas relações ao longo do tempo por meio de interação previsível e significativa. Portanto, considere introduzi-los em um relacionamento conflituoso. Eles não precisam ser demorados, apenas recorrentes e significativos.[17] Em um relacionamento romântico, por exemplo, você pode ritualizar o processo de cura pós-conflito, fazendo uma massagem. Durante um conflito de larga escala, você pode ritualizar aspectos do processo de negociação, como iniciar cada reunião com um minuto de silêncio em respeito a todas as vítimas, fazer refeições juntos ou comprometer-se a se comunicar uma vez por semana, mesmo em tempos políticos difíceis.

O *poder das conexões estruturais*

As conexões estruturais — o terceiro modo de conexão — são baseadas na associação compartilhada em uma organização. Você e a outra pessoa são membros do mesmo clube, instituição ou nação? Enquanto as conexões pessoais se concentram na proximidade emocional, as conexões estruturais se concentram na inclusão. Você pode usar três estratégias principais para promover esses vínculos:

Procure pontos em comum com a outra parte. Você pode ter nascido na mesma cidade e estudado na mesma escola, ou pode gostar do mesmo hobby. Pontos de semelhança estrutural não precisam ser monumentais para promover uma conexão positiva. Anos atrás, em um parque aquático no Oriente Médio, eu estava esperando em uma longa fila para descer um grande escorregador quando o homem atrás de mim perguntou: "De onde você é?". "Dos Estados Unidos", respondi. "Eu também!", respondeu ele com grande entusiasmo. Há milhões de cidadãos norte-americanos, e nos Estados Unidos essa conexão teria pouco significado. Mas, naquele contexto estrangeiro, o simples fato de ter a mesma nacionalidade provocou uma conversa de trinta minutos.

Crie uma comunidade de tribos. Os oponentes em um conflito geralmente ignoram a possibilidade de criar um grupo novo e inclusivo para lidar com diferenças de facção. Em apenas uma iteração do Exercício das Tribos, todos os participantes se reuniram e planejaram uma estratégia para se revoltar contra as instruções do alienígena. *Mas* nenhum grupo jamais pensou em transformar o alienígena de adversário em parceiro, lançando um Conselho Intergaláctico de Cooperação Tribal, com o alienígena como seu distinto membro fundador.

Na vida real, grupos divididos de qualquer tamanho podem se unir sob a égide da lealdade compartilhada. Nossas lealdades podem nos levar à familiaridade de nossa família, amigos ou tribo cultural. Mas é possível criar uma *comunidade de tribos*, uma estrutura abrangente na qual muitos grupos podem se unir em lealdade comum. A estratégia mais eficaz é identificar símbolos para unir esses grupos em uma comunidade. Os países, por exemplo, compreendem um espectro de tribos, cada uma com sua própria cultura e herança, ainda que a identidade nacional reine frequentemente. Por quê? Porque, como observa o estimado psicólogo social Gordon Allport: "as nações têm bandeiras, parques, escolas, prédios do capitólio, moedas, jornais, feriados, exércitos, documentos históricos" — símbolos que ancoram mentalmente o caráter único de uma nação na cabeça e no coração das pessoas.[18]

Existem muitos exemplos de grupos divididos que se reconciliaram e criaram uma comunidade abrangente de tribos. Após a Segunda Guerra Mundial, vários países europeus decidiram buscar uma maior unidade continental. Após numerosos esforços de integração internacional, o Tratado de Maastricht estabeleceu formalmente a União Europeia, um órgão governamental que une os Estados da Europa em uma série de atividades cooperativas econômicas, legais, educacionais, militares e relacionadas à saúde. Para solidificar sua realidade, a União Europeia criou uma bandeira e uma moeda comum, estabeleceu uma capital na Bélgica e criou um corpo diplomático. Embora a União Europeia não tenha corroído as diferenças de cultura ou idioma entre seus Estados membros, inspirou o crescimento econômico regional e a coesão com base nas especialidades e tradições de cada região.

Outro exemplo do poder de um corpo estrutural em larga escala vem do Oriente Médio. Fui instrutor e consultor da rede de Parceiros de Negociação Israelense-Palestino, fundada em resposta ao fracasso das negociações de Camp David II. Como parte desta rede,[19] os participantes israelenses e palestinos passaram uma semana em Cambridge, Massachusetts, onde aprenderam métodos de negociação e tiveram a oportunidade de construir relações dentro de grupos e entre eles. Poucos participantes tinham se encontrado antes do workshop, mas no decorrer do encontro eles trabalharam juntos no mesmo lado dos casos de negociação, conversaram informalmente em eventos sociais e desempenharam o papel de "alunos" nas palestras. Essas atividades ajudavam a que pudessem ver os outros não como adversários, mas como colegas trabalhando em colaboração em problemas comuns. Os resultados deste programa foram concretos e impressionantes. Por exemplo, o mortal impasse de 38 dias na Igreja da Natividade em Belém foi resolvido por meio de negociações a portas fechadas entre membros israelenses e palestinos dessa rede.

Destaque as conexões transcendentes. As conexões estruturais mais poderosas superam as preocupações cotidianas e nos conduzem à afinidade venerada. Uma conexão transcendente nos liga por meio da reverência mútua a um significado ou ideal superior, seja espiritual, histórico, cultural, natural ou comunitário. A congregação em uma cerimônia religiosa experimenta uma conexão transcendente com um poder sagrado, assim como um casal vendo um belo pôr do sol experimenta uma conexão transcendente com o mundo ao seu redor. As duas partes podem até ter convicções espirituais muito diferentes, mas se relacionam com o sentimento comum de reverência religiosa. Ao encontrar maneiras de nos unir em uma conexão transcendente, podemos trabalhar com mais facilidade conflitos de longa data e abrir o caminho para uma coexistência pacífica.

Quando a agitação civil cresceu na era do *apartheid* da África do Sul, o arcebispo Desmond Tutu concentrou seus esforços em promover a conexão transcendente, baseando-se no conceito tradicional africano de *ubuntu*, que ensina que "minha humanidade está inextricavelmente conectada à sua".[20] Enquanto seu país tentava escapar da sombra da divisão racial, *ubuntu* surgiu como uma poderosa força social, ajudando as pessoas a se transformar de adversárias em irmãs enraizadas em uma tradição espiritual compartilhada, afastando-se de uma história traumática e navegando em direção a um futuro interconectado.

Resumindo

Quando penso em como fortalecer conexões positivas, imagino os patins que meu filho Noah usa durante seus jogos de hóquei no gelo: os cadarços estão tão entrelaçados que leva cinco minutos depois de um jogo para desfazê-los. Da mesma forma, as conexões transversais ajudam a você e ao outro lado a permanecer conectados. Ao criar mais — e mais diversos — vínculos transversais, você aumenta a força e a resistência de seus relacionamentos, o que, por sua vez, ajuda a resolver construtivamente os conflitos com mais carga emocional.

Tabela de aplicação pessoal

1. Até que ponto você se sente conectado ao outro lado?

2. Imagine como seria um relacionamento melhor com o outro lado. Descreva-o.

3. Até que ponto você está aberto para melhorar seu relacionamento.

   1 2 3 4 5 6 7 8 9 10
   (não estou aberto)   (totalmente aberto)

4. O que você pode fazer para fortalecer sua conexão? Poderia sublinhar coisas em comum, perguntar sobre aspectos significativos da vida dele ou compartilhar informações pessoais? Seja específico.

14. Reconfigure o relacionamento

IMAGINE QUE VOCÊ recebe uma ligação do prefeito da cidade de Nova York. Apenas nove anos se passaram desde que extremistas islâmicos jogaram dois aviões contra os arranha-céus do World Trade Center. "Preciso da sua ajuda", diz o prefeito. "Temos que descobrir como resolver a controvérsia Park51. Estou convocando uma reunião com as principais pessoas envolvidas. Você poderia ser o mediador?"[1]

Um desenvolvedor comprou uma antiga fábrica de roupas Burlington, na parte sul de Manhattan, na esperança de transformá-la em uma mesquita e um centro cultural islâmico de quinze andares chamado Park51. Mas ocorreram protestos por causa da localização, que fica a uns dois quarteirões do terreno em que ficavam as Torres Gêmeas. Muitos oponentes acham que criar um centro islâmico tão próximo ao Marco Zero maculará o local e afetará emocionalmente as pessoas que perderam um ente querido no ataque. Mas os proponentes do projeto, igualmente apaixonados, argumentam que a mesquita enviará uma mensagem global de que as ações dos dezenove terroristas não são representativas do islamismo e que os Estados Unidos apoiam a tolerância religiosa.

A tarefa é clara: ajudar as partes opostas a encontrar uma solução viável para a controvérsia do Park51. Mas por que os dois lados deveriam se comprometer?

Neste livro, exploramos maneiras de resistir às Cinco Tentações da Mente Tribal e promovemos dinâmicas integrativas, incluindo o mito da identidade de cada lado, trabalhando com emoções dolorosas e construindo conexões transversais. Embora todas essas estratégias sirvam para melhorar suas relações, em qualquer conflito você ainda terá que descobrir como resolver os problemas reais em jogo sem comprometer sua identidade essencial. Neste capítulo, apresento o **Sistema SAS**, uma estrutura simples para ajudá-lo a resolver esses problemas.

Você não pode resolver o problema quando faz parte dele

Quando as identidades principais são ameaçadas, o conflito pode facilmente se transformar em uma *batalha de soma zero*: ou o outro lado aceita a sua identidade ou você aceita a deles. Como é improvável que você traia *sua* identidade, vê apenas uma opção viável: fazer a oposição desistir. Mas não é muito mais provável que eles aceitem a sua identidade do que você a deles, o que deixa os dois em um impasse preocupante. Dinheiro e outros ativos tangíveis podem ser negociáveis, mas a identidade essencial não pode. Como sugere o Exercício das Tribos, a maioria das pessoas prefere explodir o mundo a sacrificar seus egos.

Então como você *negocia* o inegociável? Isso é possível?

É, e a principal questão a ser lembrada ao fazer isso é: você não pode resolver um problema estando dentro dele. É preciso mudar seu objetivo de "vencer" uma batalha de identidade para reconfigurar seu relacionamento, assim sua identidade essencial e a do outro lado poderão coexistir. Mas a coexistência sozinha não é seu objetivo. Uma família, por exemplo, pode coexistir sofrendo por anos. Para realmente resolver divisões baseadas em identidade, você precisa reformular seu conflito como uma busca pela *coexistência harmoniosa*, abrindo assim a possibilidade de resolução sem comprometimento.

Reconfigure o relacionamento

Existem três passos para o sistema SAS:
1. Esclareça como a identidade está em jogo
2. Preveja cenários de convivência harmoniosa
3. Avalie qual cenário mais promove a harmonia

Depois de concluir essas etapas, você estará em uma posição forte para resolver problemas, mesmo os mais substanciais.

Esclareça como a identidade está em jogo

Lembre-se de como as Cinco Tentações podem enganá-lo e colocar seu conflito em uma espiral descontrolada. Você pode, a princípio, ficar meramente irritado com um colega por excluí-lo de uma reunião, mas em poucos minutos a vertigem e a compulsão à repetição o deixam com raiva. Portanto, procure o significado mais profundo do conflito — o mito da identidade. Geralmente, o conflito em questão, embora importante por si só, representa uma preocupação baseada em identidade. A controvérsia sobre o Park51 tratava da função prática do edifício, mas levava a questões mais profundas da identidade nacional: Quem é norte-americano? Quem pertence aos Estados Unidos e quem é de fora? Qual é o papel do islamismo na sociedade norte-americana?

Como essas questões são difíceis de discutir diretamente, o prédio tornou-se uma *representação emocional*, um objeto mediante o qual as pessoas poderiam expressar seus desejos e medos sobre a forma de suas identidades. Uma representação é um assunto mais seguro a ser discutido do que uma conversa sobre identidade direta.[2] Nesse caso, a mesquita é uma quantidade tangível; você pode discutir se deve ser colocada a dois ou dez blocos do Marco Zero. Mas, no momento em que compartilha explicitamente suas perspectivas pessoais sobre a própria identidade, você se abre para um ataque direto ao seu ego.

Esforce-se para entender os motivos mais profundos que levam cada lado ao conflito. Um ponto de partida útil é explorar como uma questão com forte carga emocional pode ser uma representação emocional para uma pergunta sobre identidade. A sua batalha interdepartamental tem realmente a ver com a distribuição de recursos ou, em última análise, é um conflito que a diretoria considera mais central para as operações? Sua discussão com seu irmão é realmente sobre a herança ou sobre o filho favorito da sua mãe?

Eu me preocupava muito com a necessidade de entender os motivos mais profundos há alguns anos, quando fui consultor de um jovem casal, Linda e Josh, cujo casamento estava à beira da dissolução. Eles tinham se conhecido na faculdade, namoraram por três anos e depois se casaram. O relacionamento deles era bom até as gêmeas completarem quatro anos e terem idade suficiente para saber a história do Papai Noel. O problema era que Linda é protestante e Josh é judeu. À medida que as festas se aproximavam, eles enfrentavam a questão perene de como comemorar de uma maneira que funcionasse para os dois. Quanto mais Linda pedia uma árvore de Natal, mais Josh recusava. Eles conversaram sobre isso sem parar, leram livros de negociação para ajudá-los a encontrar uma solução em que os dois lados saíssem ganhando e procuraram conselhos de amigos. Mas em pouco tempo, os ressentimentos ficaram tão profundos que encontrar um meio-termo parecia impossível, especialmente agora que suas filhas também estavam envolvidas no assunto.

Senti que a batalha pela árvore de Natal representava diferenças mais profundas na identidade que o casal precisava resolver e perguntei a eles: "Quais partes da sua identidade se sentem ameaçadas nesse conflito?". Eu ouvi qual dos Cinco Pilares da Identidade parecia mais atacado para cada um deles: crenças, rituais, lealdades, valores ou experiências emocionalmente significativas.

Linda explicou que tinha apenas dez anos quando a mãe morreu, deixando-a apenas com o pai. Linda sentia uma forte lealdade a ele, lembrando do ritual de acordar todo Natal com pilhas de presentes. A árvore havia se tornado uma representação do relacionamento próximo de Linda com o pai, que a nutria emocionalmente; sua ausência pareceria uma traição. Para Josh, o inverno inspirava uma lealdade a seus pais e avós, por isso defendia os rituais e valores judaicos. Ele imaginou a decepção deles se soubessem que havia uma árvore de Natal em sua casa, com suas filhas esperando os presentes do Papai Noel. Para ele, a árvore simbolizava uma traição ao próprio sangue, uma profanação vergonhosa das raízes de sua família.

Embora essa discussão tenha ajudado Linda e Josh a entender por que o outro havia sido tão resistente e renovado a conexão deles como casal, a questão prática de como lidar com a árvore de Natal ainda precisava ser resolvida.

Visualize cenários para a coexistência harmoniosa

O sistema SAS fornece três abordagens para a coexistência: separação, assimilação e síntese.[3] Nenhum método é adequado para todas as circunstâncias, mas as três perguntas a seguir irão ajudá-lo a criar uma ampla gama de cenários possíveis para solucionar seu conflito.

1. Como seria separar sua identidade da deles? Se você estiver em um casamento problemático, pode decidir se separar por um tempo ou pedir o divórcio. Se tem um vizinho invasor, uma cerca pode ajudar. Um primeiro passo para terminar uma guerra é retirar as tropas. Mesmo na minha própria família, o que faço quando meus dois filhos mais velhos brigam? Eu os separo.

Mas a separação física não é o único caminho possível. Você também pode buscar formas psicológicas de separação, como criar cercas ao redor de discussões sobre questões específicas do seu relacionamento. Quando eu era adolescente, minha mãe habitualmente me enchia de perguntas pessoais sobre as meninas com quem eu estava namorando. Eu dizia a ela: "Isso está proibido", o que manteve essas questões fora do nosso relacionamento. Às vezes, as nações usam a mesma tática, deixando de lado questões controversas para preservar boas relações e evitar uma escalada militar.

2. Como seria assimilar a identidade deles ou vice-versa? Assimilar é incorporar uma parte da identidade deles na sua. Enquanto a separação mantém sua identidade intacta, a assimilação a expande. Por exemplo, um amigo meu que emigrou da Rússia para os Estados Unidos rapidamente assimilou-se à cultura pragmática e acelerada norte-americana, mas também manteve sua identidade nacional falando russo em casa e desfrutando regularmente de *shashlik* e *borscht*.

Você pode assimilar a identidade essencial de outra pessoa por meio de conformidade ou conversão. Na conformidade, você segue as regras do outro sem internalizá-las. Durante a visita do presidente Barack Obama ao Japão, ele se curvou profundamente ao encontrar o imperador Akihito. Em outras palavras, o presidente agiu conforme o ritual japonês, mas não assumiu esse comportamento como parte integral de sua identidade; ele não se curvou a outros líderes que encontrou.[4] Na conversão, ao contrário, você *internaliza* aspectos da identidade central do outro, como quando um missionário convence um indivíduo a adotar uma nova religião como sua. Como a conversão é uma escolha que você faz, não compromete sua identidade essencial. Você mudou sua identidade, mas não pela força.[5]

3. Como seria a síntese de identidades? A terceira rota para reconfigurar seu relacionamento é a síntese: você redefine seu relacionamento com o outro lado para que sua identidade essencial e a deles coexistam.[6] Você está separado e conectado, autônomo e afiliado. Considere o grande número de grupos étnicos que vivem nos Estados Unidos, cada um com uma história cultural diferente, mas todos identificando-se como norte-americano.[7]

Encontrei um exemplo criativo de síntese durante uma visita à Coreia do Sul. Depois de realizar um workshop em Seul, minha anfitriã me levou ao distrito Jung, no coração da cidade. Ela apontou a antiga prefeitura, uma austera estrutura de concreto erguida durante o período da ocupação japonesa da Coreia.[8] Depois que a Coreia do Sul se tornou independente do domínio japonês, a sede do governo municipal de Seul permaneceu no edifício. Em 2005, no entanto, o prefeito Lee Myung-bak construiu uma nova prefeitura.[9] Mas o que seria feito com a antiga?

Os cidadãos de Seul estavam divididos. Alguns defendiam sua demolição: por que manter esse vestígio do passado doloroso da Coreia quando um novo prédio poderia expressar de forma mais eloquente sua modernização? Outros se opuseram à sua destruição, argumentando que todos os aspectos da história coreana mereciam reconhecimento.[10] Para cada lado, a prefeitura servia como representação da identidade sul-coreana.

Quando minha amiga me levou para caminhar pelo prédio, percebi que o governo municipal tinha resolvido esse dilema carregado de identidade por meio da síntese. Eles transformaram a antiga estrutura na Biblioteca

Metropolitana de Seul, que ficava à sombra da nova prefeitura — um moderno edifício de vidro cuja curvatura lembrava uma enorme crista de onda sobre seu antecessor.[11] Juntos, os dois edifícios apresentam uma história sobre a identidade multifacetada da Coreia do Sul, justapondo seu passado sombrio e presente radiante.[12]

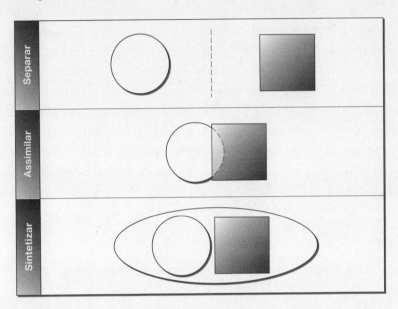

Revisitando a árvore de Natal. Linda e Josh chegaram a um impasse sobre como resolver o dilema da árvore de Natal. Para ajudá-los a explorar possíveis cenários de coexistência harmoniosa, eu os apresentei ao sistema SAS.[13] Embora cada um deles mantivesse crenças espirituais fixas, eles estavam abertos a explorar maneiras de diminuir a divisão. Expliquei que o objetivo deles era debater uma ampla variedade de opções, de realistas a improváveis, na esperança de que o pensamento criativo os ajudasse a encontrar uma que parecesse correta. Também pedi a eles para não avaliarem os méritos de cada cenário; isso aconteceria mais tarde.

O casal começou a visualizar cenários de separação. Os dois podiam fingir que o conflito não existia, cercando essa diferença irreconciliável de seu relacionamento durante a maior parte do ano e lidando com ela apenas quando o Natal se aproximava. Por outro lado, um deles poderia concordar explicitamente com o desejo do outro, mas isso criaria ressentimento. Ou eles poderiam dar o passo mais incomum de realmente dividir a casa. "Nesta parte da casa", eles poderiam concordar, "celebraremos o Natal. No resto, celebraremos o Hanukkah." Ou poderiam procurar um advogado e iniciar um processo de divórcio.

A seguir, eles consideraram cenários de assimilação. Josh poderia se converter às crenças religiosas de Linda e se tornar protestante. Ou ele poderia aceitar a árvore de Natal em casa, vivendo com um sentimento de traição a seus ancestrais ou descobrindo como acomodar a árvore dentro de suas crenças. Por outro lado, Linda poderia se conformar com os rituais do judaísmo, mantendo-se fiel à sua denominação protestante, mas observando os rituais judaicos. Ou ela poderia se converter ao judaísmo.

Por fim, o casal imaginou um cenário para sintetizar suas diferenças. Eles podiam comprar uma árvore para a casa, decorá-la em conjunto com os filhos e atribuir um significado pessoal a ela: Linda podia vê-la como uma árvore de Natal, Josh, como uma decoração festiva do Hanukkah.

Avalie qual cenário harmoniza melhor as diferenças

Dei a Linda e a Josh alguns minutos para refletir sobre os cenários e depois avaliar as opções. A pergunta na qual pedi para que se concentrassem foi: "Qual cenário — ou combinação — parece mais atraente e viável para vocês dois?".

Pese os prós e os contras. Como Linda e Josh perceberam, não existe uma abordagem perfeita para a coexistência. A separação pode reduzir a intensidade emocional de um conflito: separe as tropas e a crise é evitada. Mas apesar de a separação poder ser útil para *fazer* as pazes, pode se tornar um impedimento para *mantê-la*.[14] Na Irlanda do Norte, durante o período de hostilidade sangrenta conhecida como "Troubles", foram construídos "muros da paz" de ferro, tijolo e aço para proteger áreas que eram pontos críticos da violência. Durante uma recente visita à Irlanda do Norte, fiquei surpreso ao ver os muros da paz ainda de pé, mais de uma década após o Acordo de Belfast; de fato, o número de muros aumentou após o acordo de paz.[15]

Os muros mantinham as comunidades seguras, mas a um custo psicológico para uma sociedade integrada.[16]

Da mesma forma, embora a assimilação permita que você se junte ao outro, pode gerar ressentimento a longo prazo. Se você se adapta à identidade do outro, mas o ressentimento cresce, a reação pode ser intensa. Imagine que Josh decide aceitar a presença da árvore de Natal, mas depois muda de opinião quando a vê em sua casa. O ressentimento começa sutilmente, mas o envolve, levando-o para a vertigem enquanto ele se pergunta: *por que eu tenho que trair minhas raízes?*

São muitas as vantagens da síntese. Se você e o outro lado conseguirem encontrar uma maneira de suas identidades poderem coexistir, seu relacionamento poderá suportar fortes ventos contrários. Vocês se tornam cada vez mais interconectados e sentem a obrigação de permanecerem juntos nos bons e nos maus momentos. Como vocês estão "nessa juntos", o incentivo para sabotar o relacionamento foi neutralizado.

No entanto, mesmo a síntese não é uma panaceia. Pode ser extremamente difícil identificar uma área de conexão mutuamente aceitável dentro da qual os adversários possam coexistir. Como, por exemplo, um governo pode sintetizar as diferenças com uma organização terrorista? Há também o risco de que o partido mais poderoso tente se impor ao poder mais fraco; os dois terão se juntado à custa dos interesses da parte mais fraca. Finalmente, manter uma identidade sintetizada requer um esforço consciente de longo prazo. O casamento é um ótimo exemplo de síntese, mas o mero ato de dizer "Aceito" não é suficiente para sustentar um relacionamento.

Não brigue pelo relacionamento; construa em conjunto. É difícil conciliar um conflito se, por exemplo, você deseja sintetizar e o outro lado exige que você assimile. Qualquer incompatibilidade entre preferências resultará apenas em mais conflitos. Os opositores do Park51 exigiram que a mesquita fosse erguida mais longe do Marco Zero; eles queriam separação. Os proponentes do projeto inclinaram-se para a síntese, defendendo a localização original, mas incluindo na mesquita um centro comunitário com espaço para orações e um memorial para as vítimas dos ataques.

Em vez de disputar cenários, tente criar maneiras de reestruturar o relacionamento para lidar com os medos e desejos de cada parte. Linda e

Josh seguiram esse conselho e finalmente encontraram uma solução que combinava as três abordagens à coexistência. Eles concordaram em não ter uma árvore de Natal em sua própria casa, mas em celebrar o Natal todos os anos na casa do pai de Linda na Geórgia. Isso foi consistente com o mito de identidade de cada cônjuge: Linda, Josh e seus filhos experimentariam o Natal com o pai de Linda, honrando o apego de Linda ao ritual e respeitando as crenças de Josh. Enquanto isso, Linda reafirmou seu compromisso pré-marital de criar os filhos na fé judaica, o que acalmou os medos de Josh de trair sua herança. O casal passou a entender e aceitar as identidades um do outro, tecendo diferenças no relacionamento e crescendo no processo. Certamente, o acordo deles era um trabalho em andamento, mas tinham progredido.

Cuidado com as lutas pelo poder. As pessoas gostam do poder e temem perdê-lo. Assim, os poderosos muitas vezes querem que outros assimilem seus caminhos, enquanto aqueles que não têm poder preferem a síntese.[17] O confronto resultante pode se tornar explosivo. Um caso em questão é o Tratado de Versalhes, o acordo que encerrou a Primeira Guerra Mundial. As nações vitoriosas procuravam "humilhar e destruir totalmente seus inimigos, principalmente a Alemanha",[18] excluindo os alemães das negociações de paz e impondo sanções que drenaram a economia alemã. A Alemanha se sentiu humilhada, o que preparou o cenário "para um líder como Adolf Hitler e sua agenda ultranacionalista subirem ao poder, algo que era inimaginável apenas vinte anos antes".[19]

Reconheça quando você está envolvido em uma batalha pelo poder estrutural — a autoridade para, legitimamente, dizer aos outros o que fazer. Muitas negociações não envolvem poder estrutural: quando você pechincha sobre o preço de um carro novo, não está negociando o nível de autoridade do revendedor; não pode forçá-lo a dar o preço que deseja. Mas, se um grupo minoritário busca maior autoridade para tomar decisões, está negociando por mais poder estrutural. Da mesma forma, quando dois proprietários de uma empresa lutam por mais de 50% do patrimônio da empresa, seu conflito envolve poder estrutural; apenas um deles poderá ditar a política da empresa.

Os conflitos mais acalorados geralmente envolvem uma luta pelo poder, porque os poderosos temem perder o poder e os que não têm poder desejam mais. Portanto, procure proativamente reequilibrar as relações de poder. Aqui estão algumas sugestões:

- *Evite humilhar o outro lado, especialmente quando você é mais poderoso.* Após a Segunda Guerra Mundial, as nações vitoriosas procuraram não desonrar as nações derrotadas, mas ajudá-las a se reconstruir e se reintegrar na comunidade global por meio do Plano Marshall.
- *Procure mudança institucional.* A Lei dos Direitos Civis determinava a igualdade de tratamento entre negros e brancos nos Estados Unidos.
- *Recrute um mediador.* Um mediador pode nivelar o campo de jogo e garantir que cada uma das partes tenha tempo igual para expressar seus pontos de vista, as diferenças na resolução do problema e reconfigurar o relacionamento para satisfação mútua.
- *Lembre-se da necessidade de sacrifício.* Lembre-se de que a coexistência harmoniosa exige que cada parte renuncie a algum grau de autonomia em prol da coexistência harmoniosa.

De volta ao Park51

Pouco antes de o prefeito desligar, ele lembra: "Nova York e nossa nação estão contando com sua ajuda". Você inicia os preparativos para a reunião que facilitará — planejando a agenda, entrando em contato com os convidados, lembrando a cada um que a reunião será privada e não registrada. No entanto, você está preocupado, pois percebeu que parece haver apenas duas soluções possíveis: ou os proponentes ou os oponentes do projeto irão prevalecer. Poucos cenários mutuamente aceitáveis foram apresentados e aqueles que foram — como usar o local como mesquita e memorial — terminaram rejeitados.

Alguns dias depois, doze das partes envolvidas no debate se reúnem para um workshop de dois dias em um hotel no norte do estado de Nova York, fora dos holofotes da mídia. Depois de explicar o objetivo do workshop, você descreve as Cinco Tentações e promove uma discussão de duas horas sobre como elas podem estar aumentando o conflito. Os participantes discutem como a nação e a mídia entraram em estado de vertigem em torno do Park51; como a compulsão à repetição pode estar em jogo em reação ao trauma do 11 de Setembro; e como há um tabu em torno de discutir explicitamente a gama de atitudes em relação ao islamismo na sociedade norte-americana. Os membros individuais do grupo também percebem que a questão parece um ataque não apenas aos seus próprios valores sagrados, mas também aos valores e às crenças sagradas das outras partes envolvidas. Algumas almas corajosas até reconhecem que o Park51 pode ter sido usurpado para fins de política de identidade, reconhecendo que alguns políticos sem papas na língua exploraram o assunto nas eleições intermediárias que estão próximas.

Em seguida, você lidera o grupo por meio de uma versão aproximada da dinâmica integrativa, começando com cada participante compartilhando seu mito de identidade por cinco minutos e depois concedendo a palavra para que outros possam fazer perguntas sobre essa perspectiva. Você pede a cada participante para responder à pergunta: "Qual é o significado do Park51 pessoalmente para você?". Você lembra aos outros participantes que devem escutar com cuidado e respeito; o objetivo é aprender, não debater.

À medida que cada pessoa fala, surge um tema comum: todas as partes se sentem emocionalmente magoadas e com medo. Os ataques do 11 de Setembro afetaram profundamente a maneira como as pessoas veem sua identidade e segurança. À luz dos sentimentos compartilhados na sala, você pede a todos que se juntem em um momento de silêncio pelas vítimas do ataque. Quando todos ficam em silêncio, você sente a mudança na dinâmica do grupo. Eles estão compartilhando o luto, um passo importante no trabalho com a dor emocional. Eles estão fortalecendo sua conexão humana.

Os membros do grupo discutem o que os levou a falar sobre a controvérsia, cada participante se aprofundando em seus próprios motivos. Ao meio-dia, o grupo parece pronto para resolver as diferenças práticas. Você introduz o sistema SAS e estabelece duas regras básicas: (1) debater o maior número possível de cenários e (2) ainda não avaliar as ideias. Você começa perguntando ao grupo: "Quais são as formas de resolver o problema com o Park51?".

O grupo visualiza possíveis soluções e surgem dois cenários baseados em separação: mover o centro para um local mais distante do Marco Zero ou mantê-lo dentro da antiga instalação. Os cenários de assimilação incluem fazer do Park51 um centro cultural; transformá-lo em apenas um memorial para as vítimas do ataque terrorista; e incorporar a mesquita ao centro comunitário Park51. Os cenários de síntese incluem fazer do Park51 um centro para todas as religiões; mantendo-o como um centro cultural islâmico, mas acrescentando um memorial às vítimas do ataque terrorista; e fazer o que o ex-presidente Bill Clinton propôs: "Dedicar este centro a todos os muçulmanos que morreram no 11 de Setembro".[20]

Você pede aos participantes que avaliem conjuntamente quais cenários podem ser mais satisfatórios para todos os envolvidos. Um debate positivo acontece à medida que a lista é reduzida aos três cenários mais promissores. Você os compartilha com o prefeito, que responde com entusiasmo: cada cenário é preferível aos cenários binários que dominam o debate público. O prefeito discute as ideias em particular com as principais partes interessadas, que concordam em avançar com um dos três cenários recomendados — finalmente escolhendo um que sintetiza as preocupações implícitas nos mitos de identidade de cada parte interessada.

Resumindo

Você pode negociar o inegociável? Minha resposta é sim. O sistema SAS permite separar sua identidade essencial da identidade relacional para reconfigurar seu relacionamento. Sua identidade essencial é bastante fixa, portanto, é improvável que a tentativa de negociar seja produtiva. Em vez disso, concentre-se em ajustar sua identidade relacional, transformando a maneira como você e a outra parte coexistem.

O sistema SAS oferece três ferramentas para reconfigurar seu relacionamento e manter intacta sua identidade essencial: separação, assimilação e síntese. Cada uma dessas alternativas tinha prós e contras que devem ser cuidadosamente avaliados. Seu objetivo é identificar e, em seguida, desenvolver o cenário que mais serve ao mito de identidade de cada parte.

Então lembre-se: você não pode resolver um problema quando faz parte dele. Aplicando o sistema SAS, você pode sair do conflito para resolvê-lo.

Tabela de aplicação pessoal

1. Como você poderia reformular seu relacionamento para estimular a coexistência harmoniosa:
   - *Separar?* (Morar separado, cercar a discussão de assuntos específicos etc.)
   - *Acomodar?* (Conformar-se às regras dos outros; converter-se às crenças deles)
   - *Sintetizar?* (Inventar formas de unir a sua identidade com a deles)

2. Quais dos cenários acima — ou combinação deles — parece mais convincente e viável?

3. Como você poderia reformular na prática seu relacionamento?

Parte 4
Como negociar o inegociável

15. Gerencie a dialética

Uma antiga lenda nativo-americana fala de um avô que compartilha um segredo com seu neto: "Tenho dois lobos lutando dentro de mim. Um é o lobo do amor e da bondade. O outro é o lobo do ódio e da ganância".

Os olhos do garoto se arregalam. "Qual dos dois vencerá?", pergunta ele.

O avô faz uma pausa e responde: "O que eu decidir alimentar".

A reconciliação envolve um diálogo entre as pessoas, mas a parte mais difícil ocorre dentro de você. Em qualquer conflito, você deve decidir qual lobo alimentar. Consegue libertar-se de suas queixas, perdoar e seguir em frente? Você confia no outro lado o suficiente para aceitá-lo de volta? Você está fundamentalmente disposto a mudar? As respostas para essas perguntas não estão em nenhum livro, mas em seu coração.

O que torna essas perguntas especialmente difíceis é que elas envolvem impulsos contraditórios. Embora você queira resolver seu conflito, também deseja se proteger. Convidar o outro lado de volta à sua vida é arriscado, pois ele *deve ter* feito oposição a você. Ele *deve ter* machucado você. Como pode ter certeza de que ele não fará isso de novo? A vulnerabilidade necessária para transcender suas diferenças, portanto, causa ambivalência inevitável sobre a reconciliação. Mesmo os mais compassivos entre nós experimentarão um desejo de vingança; a alma mais gentil reconhecerá uma pitada de ressentimento; os mais aceitos sentirão uma pontada de julgamento.

Eu chamo esses impulsos concorrentes de *dialética relacional*. Eles são os lobos dentro de você, e puxam suas emoções em duas direções diferentes: em direção ao relacionamento e para longe dele. Num conflito, impulsos contraditórios não podem ser evitados nem resolvidos, pois fazem parte da sua arquitetura humana. Mas, quando você se conscientizar deles, poderá decidir qual alimentar.

Uma breve história da dialética

O conceito de dialética remonta a milhares de anos. O filósofo grego Heráclito de Éfeso propôs uma *unidade de opostos*: a noção de que tudo no mundo é determinado pelo seu oposto. Na política dos Estados Unidos, por exemplo, a agenda do Partido Republicano pode afetar a do Partido Democrata e vice-versa. Essa é a essência da dialética: a natureza de como duas perspectivas opostas se relacionam.

O filósofo Immanuel Kant levou o conceito um passo além.[1] Ele propôs que as ideias se desenvolviam em três etapas: uma *tese* se choca contra uma *antítese*, produzindo uma *síntese*. Essa fórmula simples e elegante lança luz sobre a evolução das ideias, da história e da economia — praticamente qualquer campo de pensamento. Um pescador medieval supõe que o mundo plano termine no horizonte (uma tese). Mas, então, um dia ele vai com seu navio tão longe que finalmente chega à costa oposta de sua terra natal, fazendo com que reexamine sua suposição (antítese). Por fim, ele conclui que o mundo é redondo (síntese).

Apesar do brilhantismo de Kant, sua teoria tinha buracos — ou, em termos dialéticos, sua tese não era isenta de antítese —, e o filósofo alemão Georg Wilhelm Friedrich Hegel tentou preenchê-los. Hegel acreditava que o conceito de antítese era muito confuso, então propôs que uma ideia progrediria por três estados: abstrato, negativo e concreto. Uma tese inicial é abstrata e não testada e carece da precisão "negativa" de tentativa e erro.

Toda ideia, por mais que seja ponderada, contém uma incompletude intrínseca. A ideia de que o mundo termina no horizonte contém um erro interno, uma "negativa", que é superada apenas por uma nova ideia que completa a dialética.[2] Quando o abstrato se encontra com o negativo, surge uma síntese mais concreta.[3]

A dialética apresenta a ambivalência necessária, um conflito inevitável dentro de si. Mas eles não precisam proibi-lo de chegar a uma solução — se você souber gerenciar suas forças contraditórias.

NAVEGANDO POR UM PUNHADO DE CONTRADIÇÕES[4]

Diversas dialéticas dominam o mundo emocional do conflito: *aceitação versus mudança*; *redenção versus vingança*; e *autonomia versus afiliação*. Você busca redenção, mas nutre vingança. Você tenta aceitar a outra parte, mas espera que ela mude. Você cria afiliação, mas se sente limitado dentro dela. Para lidar com essas dialéticas de maneira eficaz, adote uma estratégia com três partes.

Primeiro, seja consciente da dialética que luta dentro de você. Se não for atendida, a atração da dialética pode sabotar até o seu acordo mais satisfatório. Portanto, fique ciente de como ela está afetando você. Sente-se resistente à reconciliação? Hesitante em mudar?

Segundo, alimente a força que o leva aonde você quer ir. Se você deseja melhorar seu relacionamento com seu ex-cônjuge, talvez porque tenham um filho, primeiro reconheça a batalha interna, puxando-o ao mesmo tempo para a redenção e a vingança. Então, para reconstruir seu relacionamento, concentre-se na redenção, mesmo que você aceite que anos de raiva acumulada podem saturar seu coração com pedidos de vingança. Reconheça os sentimentos hostis, mas não os alimente.

Terceiro, reconheça que a dialética também afeta a outra parte. Ao tomar consciência de seus desafios dialéticos, você pode ajudar a aliviar os medos dele sobre a reconciliação com *você*. Por exemplo, pode deixar que seu ex-cônjuge saiba que entende como deve ser difícil estabelecer uma parceria com *você* depois de toda a dor que infligiu no passado.

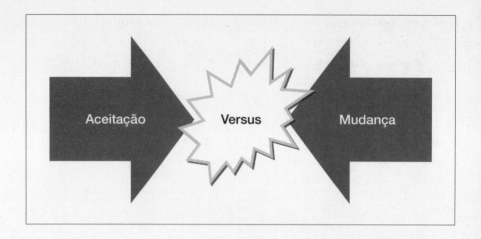

Dialética #1: Aceitação versus mudança

A maioria dos conflitos depende de duas verdades essenciais: a primeira é que todos os envolvidos querem ser aceitos e a segunda é que ninguém quer mudar. Considere a situação enfrentada por Susan e Ron, casados há trinta anos, sentados no sofá assistindo à televisão. Susan diz: "Minha meta de ano novo é perder dez quilos, e eu tenho que começar restringindo meus lanches. Você vai me ajudar?".

"Claro", diz Ron com um sorriso de apoio.

"Ah", Susan retruca, "então você acha que eu como demais?".

Ron, assustado, acaba preso em uma dialética que existe na mente de Susan. Subjacente ao seu pedido de apoio, havia duas perguntas potentes: *Devo me aceitar como sou ou mudar? Ron me aceita como sou, ou ele acha que eu deveria mudar?* Ao apoiar a meta de Ano-Novo de Susan, Ron involuntariamente atrapalhou seu apoio a ela.

Obviamente, a dialética não tem uma resposta "certa". Se Ron tivesse respondido: "Você não precisa perder peso. Está perfeita desse jeito", Susan poderia muito bem ter dito: "Por que você nunca me apoia?".

Desejamos aceitação

Quando você se sente aceito por quem realmente é, com todos os seus defeitos, você se sente consolado e liberado. Não precisa mais se preocupar com o que diz ou como se comporta. Sente confiança de que, não importa o que aconteça, a outra pessoa o apoiará.

Quando você se sente julgado, experimenta o oposto. O julgamento é o inimigo da aceitação. Todo mundo tem um sistema de radar emocional que alerta para qualquer indício de não aceitação. Sempre que alguém o acusa de um sentimento "injusto", pensamento "errado" ou traço de caráter "defeituoso", você se sente rejeitado. E isso machuca.

Mas a forma mais dolorosa de julgamento vem de dentro. Você falha em aceitar partes ou a totalidade de si mesmo, julgando severamente seu próprio comportamento, sentimento ou pensamento e concluindo que é inadequado. O psicólogo William James descartou um de seus próprios livros como "uma massa repugnante, distorcida, tumultuada e inchada, testemunhando apenas dois fatos: primeiro, que não existe ciência da psicologia, e segundo, que William James é um incapaz".[5] James era uma das mentes mais veneradas de sua época, mas até mesmo ele era suscetível a críticas severas ao seu trabalho e, por extensão, a si mesmo.

É extraordinariamente difícil se libertar da autocrítica. Você acaba preso em um padrão autoperpetuante de pensamento defeituoso — o que os psicólogos chamam de *distorções cognitivas*: quanto mais você se critica, mais acha que merece a crítica.[6]

Resistimos à mudança

O conflito o satura com tensão, fazendo com que você queira alterar o comportamento da outra parte, mas não o seu. Se acredita que está certo, então por que *você* deveria mudar? Mas como a outra parte tem exatamente a mesma lógica, quanto mais você exige que a outra mude, menos os dois se sentem aceitos. Nas palavras de Hegel, cada um de vocês sente que o outro lado lança um "negativo" à sua perspectiva, algum erro ou brecha, levando os dois a manter obstinadamente suas posições.

Várias vezes, no Exercício das Tribos, testemunhei como a pressão pela mudança se choca com o desejo de aceitação. Na primeira rodada do exercício, os líderes tribais frequentemente tentam persuadir outras tribos a se unirem à deles, enfatizando o apelo de sua própria tribo e diminuindo o mérito das outras. O que esses líderes não levam em conta, no entanto, é como a identidade é resistente à mudança. Quanto mais pressão externa uma tribo sente para mudar, mais ela exige que outras tribos a aceitem como é. Surge uma batalha de autonomia, com cada tribo insistindo que os outros aceitem a deles como líder. O resultado é um choque quase inevitável.

As Cinco Tentações diminuem ainda mais sua motivação para mudar. A vertigem, por exemplo, empurra-o a um mundo distorcido de confronto. A compulsão à repetição o leva a se aprofundar em padrões de divisão. Os tabus impedem até que você fale sobre mudanças com o outro lado. E tanto o ataque ao sagrado quanto à política de identidade fortalecem as linhas de divisão.

Aceitação ou mudança?

Ao reconhecer a dialética de aceitação/mudança, é possível melhorar a maneira como você e a outra parte lidam com a tensão. Aconselhei um casal, Marshall e Betty, que lutavam com intensas brigas crônicas. Marshall explicou como Betty inesperadamente perdia a paciência e como ele tentava acalmá-la dizendo coisas como: "Acalme-se, podemos resolver isso". Mas Betty ficava mais irritada fazendo com que Marshall recuasse.

Nenhuma das partes se sentia aceita por seu estilo de expressão emocional. Betty estava à vontade expressando sua raiva, embora isso deixasse Marshall ansioso. Ele tinha crescido em um lar que evitava conflitos; sua família raramente expressava emoções fortes. Os pais de Betty, por outro lado, explodiam um com o outro regularmente, mas sempre se reconciliavam. Quanto mais Betty expressava raiva, menos Marshall a aceitava, e quanto mais Marshall tentava mudar a raiva de Betty, mais rejeitada ela se sentia, o que apenas alimentava ainda mais sua raiva. Esse casal estava preso em uma espiral desastrosa, no centro da qual estava a dialética da aceitação versus a mudança.

Depois que apresentei essa observação a Marshall, ele começou a ver o relacionamento de um jeito diferente. Quando o casal brigou de novo, Marshall reagiu de uma maneira diferente. Ele reconheceu e aceitou seu sentimento de desconforto com a raiva de Betty, mas não reagiu nem tentou acalmá-la. Para sua surpresa, a raiva de Betty diminuiu. Ao aceitar suas lutas dialéticas, Marshall ajudou a reconfigurar seu relacionamento.

Para reconciliar um conflito de forte carga emocional, são necessárias aceitação e mudança; o segredo é saber o que aceitar e o que mudar. É uma batalha difícil mudar a identidade central de alguém, pois as pessoas resistem a mudanças em suas crenças e valores essenciais. Mas aceitar um relacionamento tenso e improdutivo não serve a ninguém.

Portanto, tente aceitar a identidade essencial do outro como ela é, reconhecendo sem julgamentos seus valores e crenças. Enquanto isso, tente reconfigurar seu relacionamento, incorporando a identidade essencial de cada parte em uma narrativa relacional mais ampla. Marshall reestruturou seu relacionamento conjugal reconhecendo a raiva de Betty, sem reagir — e essa estratégia funcionou.

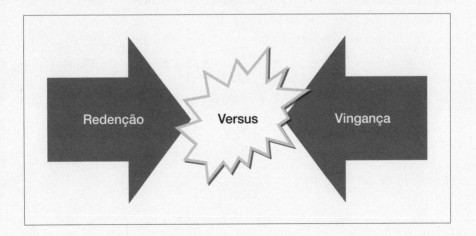

Dialética #2: Redenção versus vingança

Se você nos espetar, nós não sangramos? Se fizer cócegas, não rimos? Se nos envenenar, não morremos? E se nos ofender, não devemos nos vingar?

— WILLIAM SHAKESPEARE, O MERCADOR DE VENEZA

Imagine contar um segredo profundo e sombrio a uma amiga íntima, e descobrir que ela o divulgou no site dela. Você fica horrorizado. No momento em que ela o trai, a dialética entre vingança e redenção chama sua atenção. Por um lado, uma força instintiva obriga a retaliar para restaurar seu senso de ordem moral, talvez publicando alguns dos segredos dela em seu site. Por outro lado, porque ela é uma amiga, uma voz interior pede que você a confronte e converse. Que voz você deve ouvir?

O desafio é separar o impulso da ação. Mesmo uma ofensa trivial à sua identidade pode desencadear um forte impulso de vingança. Se você não perceber o impulso, permanecerá à mercê dele. Mas, embora não consiga evitar o impulso, reflita bem como responder.

Para tomar consciência do impulso de vingança, observe todas as fantasias de retaliação que você está tendo.[7] Se vive sendo humilhado por seu chefe, você sonha em expor as falhas dele ao mundo? Fantasias não têm limites; elas podem ser antissociais ou chocantes. Uma pequena parte de você pode aproveitar esses devaneios, pois eles apaziguam um ego ferido e invocam um sentido de justiça: seu chefe o faz sofrer, e agora você quer que ele tome uma dose do próprio remédio. Mas você decidir retaliar de fato é uma situação totalmente diferente.

O lado bom da vingança

A vingança pode capacitá-lo, dando-lhe acesso a justiça, poder e catarse.

Justiça. A vingança o motiva a corrigir a injustiça, a "ficar quites".[8] Parentes que o excluem de uma festa de Natal não devem esperar receber um convite para sua próxima reunião de família. As chamas da vingança são alimentadas por um desejo não de remorso da parte ofensora, mas de punição. Você quer que seus parentes sintam visceralmente uma dor emocional comparável à que você sofreu nas mãos deles; e você ganha a satisfação de saber que agora eles realmente entendem seu sofrimento e estão pagando por ele. A justiça parece ter sido feita.

A ameaça de vingança também pode impedir futuras injustiças. Se o valentão da escola souber que sua filha o machucará se ele a insultar, ele pode pensar duas vezes antes de atacá-la novamente. De fato, sua filha pode ameaçar reagir com força excessiva. Embora sua ameaça possa parecer irracional, ela cria um amplo muro de dissuasão que pode promover a cooperação.

Poder. A vingança o estimula a melhorar sua posição em relação ao outro lado. O fato de sua filha desafiar o agressor pode ser uma maneira, para ela, de afirmar seu domínio e reordenar a hierarquia social. Essa vontade de aumentar seu status pode substituir o desejo de justiça.

Catarse. A vingança fornece uma forma de catarse expurgando emoções dolorosas. Como resultado, você se sente livre das cadeias de vitimização, liberadas da humilhação e da vergonha.[9] Na verdade, pesquisadores da Universidade de Zurique descobriram que, ao se vingar, o sangue flui mais para os centros de recompensa do seu cérebro, incluindo o núcleo caudado e o tálamo, as mesmas partes do cérebro que são ativadas se você consumir nicotina ou cocaína.[10]

O lado ruim da vingança

Embora a vingança ofereça recompensa em várias frentes, as pesquisas científicas e as evidências colocam em dúvida sua eficácia.

Justiça desequilibrada. A vingança pode realmente promover um senso de justiça, mas apenas para você. A outra parte perceberá sua justiça como injustiça, desencadeando um ciclo de retaliação mútua. Mesmo que você esteja convencido de que está fazendo o outro lado sofrer na proporção que ele lhe infligiu, é provável que considere sua punição excessiva. Como minha avó costumava dizer: "Se é seu dedo, dói mais". Em outras palavras, você considera sua própria dor mais severa do que quem a vê de fora. Isso torna improvável a crença de que a vingança impedirá novas ofensas.

Fortalecimento de curta duração. Embora a vingança possa fortalecê-lo brevemente, é provável que o agressor que se tornou vítima comece rapidamente a planejar suas próprias maneiras de retaliar. Por exemplo, quando um marido busca vingança contra sua ex-esposa — recusando-se a deixá-la voltar para casa para pegar seu quadro favorito, vamos supor —, ele se sente energizado pelo poder. Um dia depois, no entanto, ele se vê diante da realidade desoladora de novos processos legais.

Catarse fugaz. O doce sabor da vingança não dura muito tempo. Planejar a vingança da má conduta de um cônjuge ou colega desagradável pode parecer revitalizante, mas pesquisas sugerem que, depois de retaliar, acabamos nos sentindo *pior* do que havíamos esperado: questionamos nossa própria moralidade e cada vez mais ruminamos sobre o ofensor.[11] Além disso, a experiência catártica de vingança é apenas uma distração momentânea da dor emocional da perda. Um soldado que viu um camarada morrer em batalha pode sentir uma onda de justiça catártica ao atirar no agressor como retaliação, mas ele ainda deve viver com sangue nas mãos, a ameaça ainda maior de retaliação do inimigo e a realidade inalterada de que seu companheiro está morto.

Descarregar: Um meio termo?

Em vez de procurar vingança, você pode decidir descarregar sua raiva. Você pega um travesseiro, imagina-o como a pessoa que o machucou e bate nele; então conversa com um amigo próximo e conta os detalhes sangrentos de como se sente injustiçado. Certamente essas formas populares de catarse funcionam, certo? Errado. Uma enorme quantidade de evidências científicas demonstrou que descarregar a raiva realmente sai pela culatra: quanto mais você descarrega, mais forte é seu desejo de vingança.[12]

A descarga assume que sua raiva é como vapor em uma chaleira: se você abrir a tampa para liberar o vapor, a pressão será reduzida. Mas a raiva não funciona assim. Quanto mais você pensa sobre todas as formas com que foi maltratado, mais entra em um frenesi emocional.[13] Em vez de liberar a raiva, a descarga a reforça.

O professor Brad Bushman projetou um estudo incomum que marca essa questão.[14] Os sujeitos foram instruídos a escrever um ensaio sobre o aborto, pró-vida ou pró-escolha. Um aluno de outra sala avaliou os ensaios e os devolveu com um comentário manuscrito: *Este é um dos piores ensaios que já li!* Sem o conhecimento dos participantes, não havia nenhum aluno na outra sala — um pesquisador havia escrito o comentário como uma maneira de irritar os participantes. Os pesquisadores então dividiram os sujeitos em três grupos — um bateu em um saco de pancadas enquanto pensava no (fictício) desprezível aluno avaliador, um segundo bateu no saco de pancadas enquanto pensava em se tornar fisicamente apto e um terceiro ficou quieto por dois minutos.

Todos os três grupos usaram fones de ouvido e jogaram um jogo de computador contra o aluno (fictício) que havia avaliado seu ensaio. O perdedor em cada rodada do jogo seria atingido por um barulho alto, enquanto o vencedor escolheria a duração e a intensidade do barulho. O jogo foi manipulado para que os sujeitos ganhassem metade das vezes. Então, qual grupo ajustou o volume mais alto? Os que socaram o saco de pancadas foram igualmente agressivos,[15] tanto os que tinham acabado de pensar em sua desprezada contraparte como os que pensaram em sua própria aptidão física — e esses resultados apontam para os perigos de descarregar a raiva.

Obviamente, há outras formas de catarse que são muito mais eficazes. Uma quantidade enorme de evidências em psicologia clínica aponta para o valor de falar sobre seus sentimentos como uma maneira de dar sentido a eles. Embora a descarga se concentre em se livrar da raiva, métodos de catarse mais bem projetados usam o poder do diálogo para entender sua raiva e trabalhar com ela, como os descritos nos capítulos anteriores sobre dinâmica integrativa. O segredo, no entanto, está na sua mentalidade.

Concentre-se na redenção, não na vingança

Enquanto a vingança mina os relacionamentos, a redenção abre espaço para um espírito comunitário. Redimir um relacionamento exige que você acredite na possibilidade de se reconectar, fazer as pazes e restaurar os vínculos positivos. Mas a redenção é mais uma mentalidade do que uma habilidade. É caracterizada por *coragem* para reconhecer suas inseguranças, *compaixão* pelo sofrimento alheio e *determinação moral* para construir melhores relações. O potencial de redenção vive dentro de todos.[16] Aqui estão maneiras concretas de se ajudar a acessá-lo.

1. Reúna a coragem de olhar para dentro. Em uma conferência internacional há alguns anos, conversei com um negociador político de primeira linha no conflito entre israelenses e palestinos. Enquanto explorávamos algumas das questões delicadas que cercavam o conflito, suas bochechas ficaram vermelhas, seus braços se agitaram e a cadência de seu discurso se acelerou. Ao ver isso, finalmente perguntei a ele: "Você acha que as emoções o estão afetando no conflito?". Ele se irritou e respondeu: "Claro que não!". Era um caso claro de recusa em olhar para dentro de si. Em algum nível, sua análise estava certa — os fatores estruturais eram as principais causas do conflito em questão —, mas, dentro desse problema racional, por fora, ele e os outros envolvidos estavam paralisados emocionalmente. É preciso coragem para examinar de modo objetivo nossos medos e inseguranças, a fim de abrir a porta à redenção.

2. Sinta compaixão pelo sofrimento alheio. Você pode não concordar com as crenças ou ações da outra parte e pode até se sentir indignado pelas palavras ou ações dela. Mas lembre-se, ela é humana e, em um conflito de forte carga emocional, você pode ter certeza de que ela também está sofrendo. Ser sensível à angústia é a melhor maneira de restaurar relações positivas.

Em um estado de compaixão, você sente empatia pelo sofrimento da outra pessoa e sente o desejo de aliviá-la.[17] O Buda viu a compaixão como "aquilo que faz o coração do bom se mover com a dor dos outros". As raízes latinas da "compaixão" significam "sofrer com". A compaixão nos leva emocionalmente à ação.

Embora a capacidade de compaixão esteja dentro de cada um de nós, o desafio é evocá-la. Mas como você pode sentir preocupação por alguém que o machucou intencionalmente? Para começar, lembre-se de que sentir compaixão por alguém não impede que você busque justiça por qualquer irregularidade que ele ou ela possa ter cometido.

Segundo, investigue o sofrimento do outro. Você pode perguntar: "Como esse conflito o afetou pessoalmente?". Ouça não para defender, mas para entender.

Terceiro, imagine estar na *situação* da outra pessoa — não apenas no lugar — e se identifique com o sofrimento dela. Recentemente, voei de Boston para Chicago, e várias fileiras atrás de mim uma menina de quatro anos chorava o tempo todo. Eu e os outros passageiros compartilhamos olhares solidários, mas havia pouco que pudéssemos fazer além de aguentar. De repente, ocorreu-me que eu estava vendo essa garota como alguém fora da tribo, um objeto ao qual sentia que devia me opor. Decidi imaginar que ela fazia parte da minha própria família e logo meu aborrecimento se transformou em compaixão. Andei pelo corredor e tentei distrai-la fazendo algumas caretas. Seu choro parou por alguns minutos, e sua mãe olhou agradecida.

Uma quarta maneira de evocar compaixão é construir uma conexão emocional trivial que seja. Pares de estudantes em um experimento de laboratório que se sentaram um em frente ao outro e apenas bateram os dedos em sincronia com tons musicais demonstraram uma probabilidade 31% maior de serem voluntários para ajudar seu parceiro em uma tarefa tediosa de 45 minutos de acompanhamento do que os sujeitos em pares que não batiam os dedos em sincronia com a música. Os que batiam de forma sincronizada passaram em média sete minutos ajudando, enquanto os que não estavam sincronizados passaram apenas um.[18]

Mas como você pode sentir compaixão por um adversário *repreensível*? Fiz essa pergunta ao embaixador Lakhdar Brahimi, um diplomata ilustre que negociou a estabilidade política com ditadores e militantes no Afeganistão, Iraque, Síria, Libéria, África do Sul e Iêmen. Éramos membros de um conselho explorando métodos para promover a resolução global de conflitos. Com consideração característica, o embaixador Brahimi refletiu sobre a questão e disse: "Acho algo admirável neles". Ele proativamente procura reconhecer a humanidade em todos que conhece e trabalha para apreciar algo sobre eles, seja a dedicação que demonstravam como pais ou a lealdade a uma causa.

Outro método eficaz para despertar a compaixão é recorrer a práticas contemplativas. Uma técnica bem-pesquisada é conhecida como meditação da compaixão (LKM), que incentiva o fortalecimento das emoções positivas por meio do cultivo sistemático da bondade para si mesmo e para os outros. Essa técnica pode parecer insubstancial, mas a ciência apoia seu efeito positivo. O eminente neurocientista Richard Davidson e seus colegas descobriram que a prática da LKM fortalece os circuitos cerebrais ligados à sensibilidade empática[19] e a professora Barbara Fredrickson descobriu que a LKM está associada a "aumento em uma variedade de recursos pessoais, incluindo atenção, autoaceitação, relacionamentos positivos com outras pessoas e boa saúde física".[20]

Para praticar LKM, comece cultivando um sentimento de compaixão direcionado a si mesmo. Abrace-o e permita que ele flua por todo o corpo. Agora imagine que está irradiando esse mesmo sentimento positivo para seus entes queridos. Após alguns minutos, essa compaixão começa a emanar para colegas, conhecidos e desconhecidos. Depois, lembre-se das pessoas que o perturbam e estenda sua compaixão a elas.[21]

Resumindo, um conflito de forte carga emocional irá tentá-lo a procurar vingança. Não lute contra esses sentimentos, mas não sucumba a eles. Que este seja o seu mantra: concentre-se na redenção, não na vingança.

3. Invoque a determinação moral para melhorar as relações. Para combater a tentação de se vingar, aborde a redenção com determinação moral: cerre os dentes, mantenha-se firme no seu objetivo e não o abandone. Você pode fazer isso definindo primeiro seus valores orientadores e depois aferrando-se a eles. Esta segunda parte é o segredo. No Exercício das Tribos, por exemplo, as tribos alegam sempre que adotam valores profundos como igualdade, harmonia e compaixão, mas esses valores desaparecem quando começam a negociar.

Reserve alguns minutos para listar de três a cinco valores que você mais aprecia, como dignidade, compaixão, igualdade, justiça, segurança e respeito. Coloque-os na porta da geladeira como um lembrete diário. Ao gerenciar seu próximo conflito, reflita se você vive de forma consistente com esses valores. Caso contrário, revise seu comportamento ou redefina seus valores.

Em alguns conflitos, isso pode ajudar a definir um conjunto compartilhado de valores. Por exemplo, os cônjuges envolvidos em um padrão de conflito podem se sentar em um momento de paz e identificar três valores essenciais que definem seu relacionamento — dignidade, justiça, respeito, bondade, compaixão etc. — e concordam em se responsabilizar por mantê-los. Com isso, os cônjuges criam uma *aliança social*, um compromisso mútuo com o fundamento moral do relacionamento deles.[22] Nos conflitos seguintes, o mero fato de ter essa aliança social pode aumentar o respeito entre eles.

No entanto, nem todas as relações se reconciliam com tanta facilidade. A maior barreira para buscar a redenção reside na crença de que o outro lado simplesmente não pode ser redimido. Você condena o comportamento deles como imoral e os considera com uma desaprovação tão veemente que uma conexão emocional parece não apenas intolerável, mas impossível. Buscar redenção em tais casos, portanto, exige *fortaleza moral*, a força interna para tolerar uma conexão com alguém cujo código moral você condena.

Esse foi o desafio do meu colega Robert Jay Lifton, um ilustre acadêmico que entrevistou dezenas de médicos nazistas acusados de cometer terríveis experimentos médicos em homens, mulheres e crianças. Este trabalho testou a firmeza moral de Lifton, principalmente porque ele é judeu. Ele me contou que, ao iniciar esse estudo, consultou seu mentor, o estimado psicólogo Erik Erikson, que observou: "Sabe, você pode até fazer contato com a humanidade deles".[23] Para realmente entender a psicologia dos médicos nazistas, Lifton precisaria entrar na psique deles para entender como tinham justificado essas atrocidades para si mesmos e racionalizado a tortura médica como um ato virtuoso.

Lifton é um humanista dedicado, mas até ele descobriu limites para a redenção. Essas entrevistas fizeram com que tivesse "pesadelos de forma regular" e ele explicou que seu "maior desafio surgiu durante uma viagem à Baviera para entrevistar um dos médicos nazistas mais repugnantes da história. Cheguei à porta dele e conheci um idoso encantador que nunca havia sido julgado por seus crimes. Desde o momento em que ele abriu a porta, senti uma estranha afinidade com ele. É claro que me senti profundamente envergonhado com esse sentimento, levando em conta o que sabia sobre o passado dele. Mas o homem me recebeu com generosidade e respondeu a todas as minhas perguntas com total franqueza".

A dialética entre redenção e vingança logo veio à tona. Em geral, Lifton não aceitava comer com os entrevistados, que era sua maneira de separar o relacionamento objetivo necessário que ele precisava estabelecer para sua pesquisa de sua condenação moral às ações do sujeito. Mas, naquele dia em particular, Lifton estava no meio da floresta da Baviera, a quilômetros de qualquer restaurante e com medo de perder um tempo valioso para sua entrevista, aceitou. Como ele observa: "A hora seguinte foi uma das mais difíceis de toda a minha experiência na pesquisa. Despojado de nossos papéis na entrevista claramente definidos, fomos de repente empurrados para uma situação social e forçados a trocar conversa fiada". Ele se sentiu condenado por estar em "termos aparentemente afáveis com esse homem e com suas ideias monstruosas", mas concluiu que os objetivos de sua pesquisa justificavam suas ações. Mais tarde, ele reconheceu: "Não estou arrependido".[24]

Por mais resistente que possa ser a firmeza moral de um indivíduo, nem todos os relacionamentos são facilmente resgatáveis. Os líderes políticos dos lados opostos de um conflito podem reconhecer o valor social, econômico e político de longo prazo na restauração de boas relações, mas também reconhecem que fazer um aceno de paz será efetivamente um suicídio político. O que eles devem fazer?

Nesses casos, é melhor não abandonar a determinação, mas canalizá-la para uma direção diferente. Em conflitos politicamente difíceis, um terceiro pode ter que ser alistado para "forçar" um acordo. Os dois líderes políticos podem nomear seus representantes para se encontrar em particular com um funcionário de um país neutro que pode ajudá-los a estabelecer um acordo. O líder do terceiro país pode então convidar os líderes dos países em conflito para uma reunião de cúpula, onde finalizariam o acordo e tomariam decisões politicamente sensíveis "impostas" a eles.

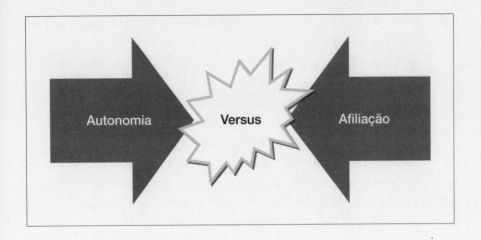

Dialética #3: Autonomia versus afiliação

Uma mística envolve o número um. Quando duas pessoas se casam, elas se juntam como uma. Quando uma criança é concebida, duas vidas criam uma. Quando as organizações se fundem, duas entidades se tornam uma. Mas esse processo de afiliação traz consigo uma tensão inerente. Os cônjuges sentem-se comprometidos um com o outro; a criança anseia por independência; e a organização que nasce da fusão se esforça para integrar suas entidades originais.

Esse duplo desejo de ser um *com* o outro (afiliação) e um *a partir do* outro (autonomia) representa a terceira dialética.[25] Acredito que essa é a dialética essencial da coexistência — e nos confronta com duas dinâmicas que podem escalar conflitos: uma que ameaça sua autonomia e outra que põe em risco sua afiliação.

A *disputa territorial*

Toda organização enfrenta disputas territoriais, lutas para proteger ou expandir seus domínios de autonomia. O fato de os funcionários trabalharem na mesma organização, algo que cria afiliação, também limita o espaço para a independência. A autonomia se torna um recurso finito pelo qual as pessoas competem; se alguém invadir seu território, elas atacam.

Considere um cenário comum: os CEOs de duas empresas concordam em fazer uma fusão. No papel, a fusão garante lucros altíssimos, mas, à medida que esses dois executivos implementam o acordo, a situação se torna desastrosa. A nova afiliação deu origem a uma disputa territorial: como os funcionários não foram devidamente introduzidos na nova organização criada, eles mantiveram lealdade às organizações originais. Eles efetivamente se tornaram duas tribos, em pânico com a possível perda de empregos, autoridade e cultura de seus membros. Como resultado, começam a lutar pelo poder, causando estragos na produtividade e no moral.

A liderança em uma fusão corporativa eficaz deve reconhecer a inevitabilidade das disputas territoriais e tomar medidas proativas para evitá-las. À medida que a liderança da empresa formula uma estratégia de fusão, deve nomear grupos de consulta de vários departamentos e multiníveis para criar formas de aumentar as chances de sucesso da fusão. Eles podem desenvolver políticas para garantir que os membros de cada "tribo" tenham papéis-chave na nova entidade. A institucionalização dos grupos de consulta ajudará a criar uma nova identidade corporativa à qual todos se sintam conectados. As disputas territoriais ainda acontecerão — a dialética de autonomia/afiliação é inevitável —, mas podem ser atenuadas por esforços preventivos para aprimorar o sentido de afiliação de todos à nova organização e à autonomia dentro dela.

A *invasão de espaço*

Enquanto uma disputa territorial é uma batalha pela autonomia, uma invasão de espaço é uma batalha pela afiliação. Nesse cenário, a tensão surge porque você se sente tão emocionalmente sufocado por um relacionamento que não consegue separar sua identidade da do outro. A afiliação excessiva colide com sua autonomia.

Invasões de espaço são inevitáveis nas famílias. Quando a sogra do meu amigo Peter ia fazer uma visita de alguns dias, os dois se davam bem. Mas, quando ela foi viver com eles por seis meses, as tensões aumentaram e ele não tinha tempo para ficar sozinho com sua esposa e seus filhos. Em pouco tempo, a sogra estava se metendo em todos os assuntos da família. Da perspectiva dela, estava dando ideias úteis; para ele, estava afetando sua capacidade de tomar decisões. Peter sabia que, se aumentasse sua frustração com a sogra, corria o risco de ofendê-la. Caso contrário, sua autonomia continuaria comprometida. Ele se sentiu preso em uma situação em que sempre perderia.

Mas ele não estava preso. Peter e eu conversamos sobre o assunto, e ele decidiu que, em vez de pôr em risco seu relacionamento com a sogra, discutiria o assunto com a esposa. Ela foi empática com ele e conversou em particular com a mãe sobre a melhor forma de estruturar os papéis de todos. A sogra entendeu e se distanciou de algumas decisões da família. O fato de a esposa de Peter ter aceitado a questão abafou construtivamente a invasão de espaço.

A menos que você seja capaz de gerenciar a tensão entre autonomia e afiliação, ela pode se tornar arrebatadora. Isso ficou claro para mim há vários anos quando conduzi em conjunto um programa de educação executiva em Harvard para executivos seniores de empresas e do governo. Com meu comediador, fizemos o Exercício das Tribos e, embora normalmente os participantes negociem sem microfone, tínhamos um disponível naquele dia. A ramificação inesperada foi que o microfone permitiu que os envolvidos falassem um de cada vez, reduzindo o caos e incentivando todos a ouvirem uns aos outros. Desde o início da negociação intertribal, um homem chamado John aproveitou de modo positivo essa situação e liderou as discussões. Ele ficou no meio da sala, entregou o microfone a cada tribo para compartilharem seus atributos, usou a lousa para mostrar os resultados e mediou um processo consensual de tomada de decisão. No meio da rodada final de negociações, John se virou para mim e disse: "Todos chegamos a um acordo".

"É mesmo?", perguntei, cético. Todos os seis representantes assentiram, apontando a tribo de John como a escolhida. Pedi a todos que voltassem aos seus lugares para que pudéssemos revisar o exercício, sussurrando para o meu comediador: "Isso vai ser uma conversa chata!".

Mas eu estava errado.

Abri a discussão perguntando ao grupo: "Como vocês estão se sentindo?".

Um empresário no fundo da sala levantou a mão e, apontando para John, perguntou: "Por que *você* pegou o microfone?".

"É", observou outro participante antes que John pudesse responder. "Quem autorizou *isso*? Na primeira rodada, todos tivemos a chance de usar o microfone. Na segunda você o monopolizou!"

"Você não prestou atenção ao que eu disse!", reclamou uma mulher em uma mesa vizinha, de braços cruzados. "Você parecia um ditador!"

"Mas eu salvei sua vida!", protestou John.

Um empresário da fila de trás, que estava balançando a cabeça, de repente se levantou e gritou: "Preferia *ter morrido* a estar em uma tribo com pessoas como você!".

Quando um silêncio caiu sobre a sala, pedi ao empresário que explicasse o que ele quis dizer com essa afirmação. Ele disse que ficou profundamente ofendido pelo grau com que John usurpou a autonomia de todos durante a negociação. Embora as intenções de John tivessem sido positivas — ele estava, afinal, tentando salvar o mundo —, ele não respeitou a independência de todos. Por isso, o empresário e a maioria dos participantes se sentiram enfraquecidos, humilhados e prontos para revidar.

Mas o que o John *deveria* ter feito? Afinal, ele tinha que escolher entre duas situações irreconciliáveis. Ao assumir o papel de liderança, ele salvou o mundo, mas à custa de incitar uma grande animosidade em relação a ele. Se não tivesse assumido a liderança, o mundo provavelmente teria explodido. Nenhuma das opções parecia boa. Embora a liderança de John tenha ajudado as tribos a chegarem a um acordo, não tenho dúvidas de que se essa fosse uma situação da vida real, a raiva que essas tribos agora sentiam teria iniciado um conflito civil.

Resumindo

Para resolver um conflito de forte carga emocional, você deve cultivar uma mentalidade comunitária. Mas, como um navio que mantém sua direção em alto mar, essa mentalidade exige que você monitore constantemente o empurrão e a tração da dialética. Você deve equilibrar aceitação com mudança; concentrar-se na redenção, não na vingança; e, acima de tudo, lutar por afiliação e autonomia, para nós e para eles, agora e sempre.

Esse é o caminho para a reconciliação.

Tabela de aplicação pessoal

Aceitação versus Mudança

1. De que forma você se sente rejeitado pela outra parte?

2. O que você acha difícil aceitar nela?

3. O que você pode fazer para ajudá-la a entender melhor sua perspectiva?

Redenção versus Vingança

4. Você já sentiu o impulso de querer vingança? Quando?

5. Você acha que a outra parte já sentiu o impulso de querer se vingar? Por quê?

6. O que você pode fazer para mostrar compaixão pelo sofrimento do outro?

Autonomia versus Afiliação

7. Você já se sentiu asfixiado pela relação?

8. O outro lado pode se sentir asfixiado às vezes?

9. Como você pode criar um "espaço para respirar" e ajudar seu relacionamento a prosperar?

16. Promova o espírito de reconciliação

Todo mito deve ter seu fim, e chegamos ao nosso. Viajamos para o mundo da resolução de conflitos e descobrimos ferramentas ao longo do caminho para neutralizar as forças divisoras do conflito e estimular a dinâmica integrativa. Mas um livro é apenas um livro: a teoria é útil apenas se for realmente usada. Portanto, coloque essas ideias em prática, tentando-as para ver o que funciona em seu conflito específico. Lembre-se, porém, que a reconciliação não é engenharia social: seu coração precisa estar totalmente envolvido no processo. O *espírito* de reconciliação é, em última análise, o que a faz funcionar. E, portanto, deixo para você alguns princípios essenciais:

1. A reconciliação é uma escolha

Ninguém pode forçá-lo a se reconciliar. Começa como um sentimento de que a mudança é possível. Pode ser difícil cultivar esse sentimento, porque o Efeito das Tribos conspira contra você, mas não é uma força invencível. Você pode quebrar o feitiço se quiser.

Para promover a mudança, torne-se o que Norman Vincent Peale chama de "possibilitador".[1] Coloque sua imaginação em uma busca pelo *positivo possível*.[2] Enquanto o conhecimento o limita ao que você *é*, a imaginação o abre ao que *pode ser*.[3] Einstein estava certo ao afirmar que a imaginação é mais importante do que o conhecimento.

2. Pequenas mudanças podem fazer uma grande diferença

Os efeitos da reconciliação são de grande alcance. Cada luta que você resolve de maneira produtiva se espalha pelo mundo. A reconciliação com um membro da família cria a possibilidade de melhores relações no trabalho, o que pode, por sua vez, se espalhar para sua comunidade em geral e depois para o mundo. Como observou o filósofo indiano Krishnamurti: "Uma pedra pode mudar o curso de um rio".

3. Não espere

Se estiver sofrendo com um conflito, dê a atenção que ele merece. A luta fundamental da reconciliação não é com outras pessoas, mas dentro de você. A resistência interna é o maior obstáculo à paz, e ninguém pode superá-lo para você.

Em *O Mágico de Oz*, a jovem Dorothy luta para voltar para casa, no Kansas, e sair da terra mágica de Oz. Em um grande momento de desespero, Glinda, a Bruxa Boa, aparece e diz que ela sempre teve o poder de voltar para casa. "Então por que não contou a ela antes?", pergunta o Espantalho. A Bruxa Boa responde: "Porque ela não teria acreditado em mim. Tinha que aprender por si mesma".

Não há solução rápida para obter reconciliação. É um processo no qual você deve trabalhar com deliberação ponderada e precisa começar em algum lugar. Em vez de culpar os outros e ver seus relacionamentos sofrerem, pergunte a si mesmo: *O que devo fazer agora — hoje — para levar esse conflito para mais perto da resolução?* A jornada de Dorothy terminou onde começou: no conforto de sua própria casa. Se você seguir a jornada da reconciliação, também terminará onde começou: dentro de si. Mas, no processo, alcançará a autotranscendência.

Anos após o exercício em Davos, encontrei o vice-primeiro ministro que havia participado do Exercício das Tribos. Ele me contou que o fracasso de seu grupo para salvar o mundo realmente o chocou. Como resultado, iniciou a prática de se preparar para todas as negociações futuras refletindo não apenas na estratégia racional, mas também em questões mais profundas da identidade em jogo para o outro lado e para si mesmo.

Este é o segredo para superar o Efeito das Tribos. O mundo não precisava explodir em Davos e não precisa explodir em sua vida. O potencial de reconciliação repousa firme em sua mente e em seu coração. Cabe a você decidir se deseja usá-lo.

Agradecimentos

"Nenhum homem é uma ilha", escreveu o poeta John Donne, cujas palavras ecoam com a minha experiência ao escrever este livro, que exigiu pesquisas sobre o campo da resolução de conflitos a partir de uma variedade de perspectivas e da interação com um grande número de pessoas. Sinto-me honrado por ter percorrido a jornada com esta comunidade inspiradora de familiares, amigos e colegas:

Comunidade de acadêmicos. Sou grato por tudo o que aprendi por minha colaboração com os falecidos professores Roger Fisher, da Faculdade de Direito de Harvard, e Jerome D. Frank, da Universidade Johns Hopkins, que compartilham da crença de meu avô de que o impossível é apenas um pouco mais difícil. Sou grato a Bob Mnookin, presidente do Programa de Negociação da Faculdade de Direito de Harvard (PON), e Jim Sebenius, diretor do Projeto de Negociação de Harvard, que forneceram inestimável apoio intelectual e incansável incentivo. Aprecio profundamente o enorme apoio e as ideias de Susan Hackley, diretora administrativa da PON, e de James Kerwin, diretor assistente.

A grande comunidade de estudiosos do PON abriu minha mente para uma ampla gama de aspectos importantes da negociação, e eu poderia escrever um capítulo sobre como cada pessoa influenciou o pensamento deste livro de maneira importante, mas por uma questão de brevidade, vou apenas expressar minha gratidão sincera a Eileen Babbitt, Max Bazerman, Gabriella Blum, Robert Bordone, Hannah Riley Bowles, Diana Chigas, Jared Curhan, Florrie Darwin, David Fairman, Mary Fitzduff, Marshall Ganz, Shula Gilad, Debbie Goldstein, Sheila Heen, David Hoffman, Kessely Hong, Peter Kamminga, Herbert Kelman, Kimberlyn Leary, Alain Lempereur, Jennifer Lerner, Jamil Mahuad, Deepak Malhotra, Brian Mandell, Melissa Manwaring, Hal Movius, Bruce Patton, Howard Raiffa, Nadim Rouhana, Jeswald Salacuse, Frank Sander, David Seibel, Ofer Sharone, Bosko Stankovski, Doug Stone, Guhan Subramanian, Lawrence Susskind, Gillien Todd, William Ury, Joshua Weiss, Michael Wheeler e Robert Wilkinson. Agradeço à equipe e aos consultores do PON: Warren Dent, Abigayle Earnes, Alex Green, Beth Hankes, Kristy Hanstad, Polly Hamlen, Keith Lutz, Gail Odeneal, Katie Shonk, Shiona Sommerville, Nancy Waters e Tricia Woods.

 As ideias deste livro também se beneficiaram da colaboração de algumas das maiores mentes no campo da psicologia. Aprecio profundamente o apoio intelectual e moral do eminente neurocientista Scott Rauch, presidente e psiquiatra chefe do Hospital McLean, afiliado a Harvard. E nenhuma palavra pode descrever minha admiração pelo dr. Philip Levendusky, emblemático diretor do departamento de psicologia da Faculdade de Medicina de Harvard/Hospital McLean, que foi um farol de apoio e orientação. Minha pesquisa também se beneficiou da contribuição e do apoio excepcionais de Thröstur Björgvinsson, Bruce Cohen, Cathie Cook, Sue DeMarco, Jason Elias, Lori Etringer, Judith Herman, Lisa Horvitz, Robert Jay Lifton, Michael Miller, Steve Nisenbaum, Cecelia O'Neal, Rachel Penrod-Martin, Mona Potter, Bruce Price, Richard Schwartz e Bruce Shackleton.

 O sistema mais amplo de Harvard tem sido uma fonte de inspiração intelectual, incluindo o Harvard Global Health Institute e seus professores e funcionários afiliados, com agradecimentos especiais a Ashish Jha, David Cutler e Sue Goldie. Tive a honra de receber uma bolsa Burke Global Health, que me proporcionou a oportunidade de refinar a teoria deste livro e traduzi-la em atividades curriculares. Além disso, ao explorar dimensões mais profundas da resolução de conflitos, beneficiei-me da participação na iniciativa Religião e Prática de Paz da Harvard Divinity School, liderada pelo deão David Hempton e pela aluna de doutorado Elizabeth Lee-Hood.

Alguns dos meus maiores aprendizados vieram da pesquisa colaborativa com meus alunos de Harvard, cujas novas perspectivas e mentes afiadas me mantêm alerta e me ajudaram a ver meus próprios pontos cegos. Agradecimentos especiais aos atuais e antigos assistentes de pesquisa e associados do Programa Internacional de Negociação de Harvard: Amira Abulafi, Sarah Abushaar, Vladimir Bok, Marissa Brock, Alexander Dagi, Harleen Gambhir, Jenny Gathright, Bushra Guenoun, Melda Gurakar, Amy Gutman, Eric Hendey, Joseph Kahn, Adam Kinon, Mariah Levin, Brooke McLain, Abigail Moy, Joy Nasr, Kendra Norton, Jasmine Omeke, Ashley O'Neal, Miranda Ravicz, Sarah Rosenkrantz, Jonny Tan, David Tang-Quan, Ty Walker, Kelsey Werner, Bessie Zhang e Ali Zu'bi. Agradeço também aos meus colegas de ensino em Harvard: Michaela Kerrissey, Kashif Khan, Sorapop Kiatpongsan e Mihan Lee, bem como Rebekah Getman, professora titular e diretora assistente de operações especiais do Programa de Negociação Internacional de Harvard.

Comunidade internacional. O Fórum Econômico Mundial, uma organização internacional independente, provou ser um importante laboratório do mundo real onde conduzi pesquisas práticas. Sou grato a seu fundador, que é uma inspiração, o professor Klaus Schwab, que vê nosso mundo não apenas como partes díspares, mas como um sistema global. Foi com o incentivo dele que realizei o exercício das tribos em Davos.

Este livro se beneficiou da minha colaboração com muitos estudiosos ilustres e líderes políticos e empresariais internacionais com os quais trabalhei em conjunto com o Fórum Econômico Mundial, incluindo Bertie Ahern, David Aikman, Bruce Allyn, Kwesi Aning, Louise Arbor, Ronit Avni, Selene Biffi, Betty Bigombe, Tony Blair, Kvell Bondevik, William Boulding, Jaime de Bourbon Parme, Lakhdar Brahimi, Caroline Casey, Miniya Chatterji, Andrew Cohen, Jennifer Corriero, Chester Crocker, Raghida Dergham, Kirill Dimitriev, Bineta Diop, John Dutton, Mary Galeti, Katherine Garrett-Kox, Pierre Gentin, Mack Gill, James Gilligan, Hrund Gunnstein, Julian Ha,

David Harland, Shamil Idriss, Martin Indyk, Parag Khanna, Steve Killelea, Tim Leberecht, Andrew Lee, Geir Lundestad, Daniel Malan, Jessica Matthews, Michèle Mischele, Mirek Miroslav, Amre Moussa, Christian Mumenthaler, Oksana Myshlovska, Priya Parker, Aaron Peirora, Jonathan Powell, Gilbert Proust, Mary Robinson, Alvaro Rodriguez, Marie-France Roger, Karim Sadjapour, Herbert Salber, Maria Schmitt, Dennis Snower, Jiro Tamura, Mabel van Oranje, Paul Van Zyl, Jim Wallis, Stewart Wallis, Scott Weber, Victor Willi, Yan Xuetong e Kyle Zimmer, junto com uma muito longa lista de jovens líderes globais inspiradores do Fórum Econômico Mundial.

Meu trabalho internacional foi aprimorado com o auxílio de Yasar Jarrar e Khaled El Gohary, meus colaboradores de longa data no Oriente Médio, bem como por meio de parcerias com os visionários construtores da paz Shafik Gabr, Bowei Lee e suas famílias inspiradoras. Sou grato a Romero Britto, que ingressou na minha aula de Harvard em várias ocasiões e trabalhou com meus alunos para criar obras-primas visuais que descrevem os princípios-chave em *Negociando o inegociável*. Finalmente, gostaria de expressar minha gratidão à inspiração de muitos outros amigos e colegas, incluindo Tom Abraham, Melissa Agocs, Oliver Amrein, Ulrich Aschoff, Dan e Simona Baciu, Michelle Barmazel, Andre Bisasor, Melissa Broderick, Javier Calderon, Monika Christen, Irene Chu, Peter Coleman, Nadia Crisan, Jennifer Delmuth, Alexandra Dimitriadis, Lior Frankiensztajn, Mariko Gakiya, Yolanda Garzon, Dean Tom Gibbons da Northwestern School of Professional Studies, David Grunfeld, Maya Hallett, Julien Hawary, Ashraf Hegazy, Paul Henry, Louis Herlands, Patrick Hidalgo, Angela Homsi, Chris Honeyman, Gowri Ishwaran, Walid Issa, Vera e Ivan Janik, Kyle Jones, John Kennedy, Ihab Khatib, Shiv e Urvashi Khemka, presidente Younghoon David Kim, Claire King, Audrey Lee, Evelin Lindner, Vanessa Liu, Mary McDavid, Oliver McTernen, Beat Meyer, Matthew Miller, Jennifer Morrow, Michael e Esther Mulroy, Sandro Muri, Joan Myhre, Joseph Nye, Juraj Ondrejkovic, Judah Pollack, Sonja Rauschütz, Javier Rojo, Catalina Rojas, Suzanna Samstag, Zoe Segal-Reichlin, Ofer Sharone, Karim Souaid, Kevin Steinberg, Erica Suter-Ganz, Jiro Tamura, Stephanie Teterycz, H. E. Abdulla Al Thani, Liz Tippett, Rui Pedro Tropa, Gustavo Luis Velasquez, Rory Van

Loo, Frank White, Deborah Whitney, Rebecca Wolfe, Yan Yanofsky, Craig Zelizer e Katie Marie Zouhary.

Comunidade de revisores. Um elenco de estrelas acadêmicas e profissionais internacionais revisou criticamente *Negociando o inegociável* e forneceu feedback detalhado e incisivo: Mina Al Oraibi, jornalista de renome internacional; o professor Cary Cherniss, codiretor do Consórcio de Pesquisa em Inteligência Emocional em Organizações; Catharyn Gildesgame, vice-presidente de planejamento estratégico e implementação no Hospital McLean; Jamil Mahuad, ex-presidente do Equador; professor Robert McKersie, Sloan School of Management, MIT; professor Leonard Riskin, Universidade da Flórida e Universidade Northwestern; professora Mary Rowe, *ombudsperson* e fundadora do MIT; Jeff Seul, presidente da Fundação de Apelo à Paz; e vários estudantes pesquisadores de Harvard.

Comunidade editorial. A tribo da Viking foi espetacular. Rick Kot, editor extraordinário, garantiu que todas as palavras e argumentos nessas páginas estivessem escritos da maneira mais clara e convincente possível. Ele me orientou durante o processo de publicação, atendeu meus telefonemas dia ou noite e realmente trabalhou para tornar este livro o mais sólido possível. Rick, meus mais profundos agradecimentos.

A equipe Viking ajudou a transformar o processo esmagador de publicação em uma aventura positiva. Meus agradecimentos a Brian Tart, Andrea Schulz, Carolyn Coleburn, Meredith Burks, Kate Stark, Lydia Hirt, Mary Stone, Chris Smith e Diego Núñez.

Há uma joia escondida no mundo editorial: Katie Arnold-Ratliff, editora de artigos da O, *The Oprah Magazine*. Pedi sua assistência editorial desde o início e ela pegou o que equivalia a uma serra editorial e foi aparando páginas, parágrafos e palavras para facilitar a leitura; confiei na intuição dela, e o livro é muito melhor por causa disso.

Guiando-me pelo complexo labirinto do mundo editorial estão meus ótimos agentes: Andrew Wylie, Sarah Chalfant e Jackie Ko.

Escrever um livro é uma coisa; espalhar as ideias é outra. Meus agradecimentos a Harry Rhoads, Jr., Christine Farrell e ao Washington Speakers Bureau, bem como a Mark Fortier, Courtney Nobile e o restante de sua equipe de publicidade, por me ajudarem a levar minhas ideias a um público mais amplo.

Comunidade sagrada. O círculo interno da tribo da minha família é minha sustentação. Ninguém influenciou minha maneira de entender o mundo mais do que meus pais. Sinto-me muito abençoado por tê-los em minha vida. Eles acreditam que a humanidade pode tornar o mundo um lugar melhor e me inspiraram a trabalhar nesse objetivo. Sou grato pelo apoio de minha brilhante irmã Madelyn, seu marido igualmente incrível, Mike, e do casal mais criativo que conheço, meu irmão Steve e sua esposa, Shira. Susan Dole é minha Outra Mãe — alguns podem chamá-la de minha sogra, mas isso parece mecânico demais, pois ela faz parte da nossa família de coração e alma; minha gratidão a Susan e a John.

Sou grato a Betsy e Peter, minha tia e tio, que ofereceram informações valiosas e me ensinaram o que significa ser um líder eficaz. Minha tia Margaret me ajudou a entender as dimensões mais profundas da existência que parecem escapar tão facilmente se não as compreendermos.

Nenhuma palavra pode descrever a profundidade da gratidão que sinto pela minha esposa e meus filhos por todo o amor e apoio. Muitas vezes procurei meus filhos para aprender com a pureza de suas perspectivas. Eles naturalmente veem as verdades simples por trás da complexidade teórica, e algumas de suas ideias chegaram a este livro. Então, obrigado, Noah, Zachary e Liam. Papai ama todos vocês mais do que o infinito vezes o infinito. Finalmente, muito obrigado à minha esposa, Mia. Agradeço por cada momento de cada dia com você e sou sempre grato por seus muitos sacrifícios para ajudar a tornar este livro uma realidade. Aprendi mais com você do que com qualquer pessoa neste planeta. Nossas diferenças são nossa força, nossas semelhanças são duradouras e meu amor por você é inegociável.

Apêndice I

Apêndice II: A Escada do Ser

A Escada do Ser é uma ferramenta conceitual que desenvolvi para expandir a consciência da interconectividade das pessoas. Como o conflito restringe nossa consciência de tais conexões, uma estrutura material pode ajudar a direcionar nossa atenção para a profundidade e amplitude dessas conexões, lembrando-nos da expansividade de nossa consciência relacional.

Por exemplo, durante as férias anuais da minha família em Rhode Island, minha esposa e eu temos o ritual de sentar na varanda e observar o pôr do sol. Sentimos uma conexão transcendente um com o outro. Por outro lado, quando discutimos, reforçamos os muros da identidade, nos vemos como diferentes e "perigosos" e nos defendemos contra ataques. Nesses momentos de alta tensão, nossa conexão transcendente fica em segundo plano. Ela ainda está aí, mas não a percebemos mais. O conflito cria a ilusão de separação.

A Escada do Ser nasce com uma visão do filósofo existencial alemão Martin Heidegger de que os seres humanos não são coisas, mas maneiras de estar no mundo. Não existimos como uma entidade separada do mundo em que vivemos, mas estamos intrinsecamente conectados a ele. O mundo não existe sem a nossa consciência, assim como a nossa consciência não existe sem o mundo.

Consequentemente, a Escada do Ser chama a atenção para cinco níveis de autoconsciência. Nenhum nível é mais "real" do que outro, assim como a camada externa de uma cebola não é mais autêntica do que seu núcleo.

Em um conflito, pode ser útil identificar seu nível de ser e depois considerar a que nível você aspira.

Nível I: *Ser puro*

Nesse nível, você percebe o mundo pela perspectiva do *eu*, de pura consciência. Como uma criança nova no mundo, você não sente nenhum limite entre o ego e os outros, entre os mundos interno e externo. Sua identidade não tem nenhum censor. Durante o calor do conflito, como no calor da paixão, você entra em um fluxo tão poderoso que perde o sentido do *eu*, a história que conta a si mesmo.

Mas você experimenta conflitos nesse nível, mesmo que não esteja ciente disso. Sem uma estrutura do ego e do outro, você não sente culpa, raiva ou vergonha — apenas necessidade e satisfação. Se uma mãe não alimenta o recém-nascido, o bebê não chora de raiva, chora por necessidade.

Nível II: *Ser em relação*

Nesse nível, seu *ego* é acompanhado pelo *eu*: você constrói uma única narrativa central sobre quem você é, quem é o outro e como se conectam. Porque você conhece apenas uma única história sobre si — um *eu* solitário —, você a protege intensamente contra qualquer ameaça percebida.

Nível III: *Ser em relações*

Nesse estágio, você se torna consciente do seu repertório de entidades constituintes. Você pode ser um empresário, pai, amigo e pacificador. Cada parte da sua identidade tem sua própria narrativa com sua própria sugestão emocional, equipando-o com uma variedade de roteiros para se relacionar com os outros e consigo mesmo. A qualquer momento, você pode acentuar e "viver em" uma subidentidade ou outra.

Nível IV: *Ser no mundo*

Este nível reconhece que você tem várias visões de mundo e tem subidentidades em cada uma delas. Cada visão de mundo enquadra como você cria sentido a partir de um conjunto particular de subidentidades, fornecendo a elas uma filosofia coesa do ser.

Por exemplo, eu tenho um amigo de infância coreano-americano. Os pais dele emigraram para os Estados Unidos antes do seu nascimento, mas toda a sua vida em casa teve como base as normas tradicionais coreanas. Ele aprendeu duas visões de mundo distintas — coreana e norte-americana — e construiu um conjunto de subidentidades para se relacionar com as pessoas em cada cenário. A maneira como ele agia, reagia e pensava em si mesmo quando estava em casa com sua família era muito diferente de seu comportamento e da forma de pensar na escola com seus amigos.

Nível V: *Ser transcendente*

A forma mais expansiva de consciência relacional é o reconhecimento de que suas visões de mundo estão unidas por meio de uma *conexão singular da humanidade comum*. Você e os outros não são seres separados, esferas flutuantes de identidade; ao contrário, estão essencialmente interconectados por meio de sua humanidade compartilhada. Você transcende sua concha de ser, mantendo seu ego ao mesmo tempo que ele existe dentro de um plano transcendente de coexistência universal.

Para atingir uma mentalidade transcendente, reconheça que sua identidade em um conflito existe dentro de uma ampla rede de interconexão. Conflitos de forte carga emocional o empurram para baixo na Escada do Ser, em direção a um entendimento mais egoísta de si mesmo no mundo. Para resolver essas situações, lute contra essa tendência. Procure entender em que nível de ser você está atualmente e suba conscientemente a escada para se tornar cada vez mais consciente da grandiosidade de seu ser.

Paradoxalmente, o nível v e o nível i são fundamentalmente iguais. A experiência da plena transcendência é a mesma da experiência da pura consciência. Cada um resulta em uma experiência indiferenciada de estar no mundo. Assim, a Escada do Ser pode ser melhor vista como o "Círculo do Ser", pois quanto mais profunda a nossa experiência de ser, mais voltamos ao seu estado original.

ESCADA DO SER

Nível	Como é?
I. Ser puro	(EU)
II. Ser em relação	(EU) (MEU)
III. Ser em relações	(EU) (MEU) (EU) (MEU)
IV. Ser no mundo	(EU) (MEU) (EU) (MEU) (EU) (MEU) (EU) (MEU)
V. Ser transcendente	(EU)(MEU)(EU)(MEU) (EU)(MEU)(EU)(MEU) (EU)(MEU)(EU)(MEU) (EU)(MEU)(EU)(MEU)

Notas

1. Introdução: Por que este livro?

1. Minhas histórias pessoais neste livro são baseadas em situações reais, embora eu tenha mudado alguns fatos para proteger a identidade das partes envolvidas. Liderei o workshop na Sérvia com as comediadoras e boas amigas Jennifer Delmuth e Melissa Agocs.
2. A dinâmica integrativa nos leva para além da resolução de problemas chegando à criação de significado conjunto, tentando entender quem somos em relação um ao outro e como, juntos, podemos trabalhar e conviver melhor. É tanto uma teoria da mente quanto uma teoria da prática, apresentando um método psicologicamente focado para transformar a identidade de um obstáculo em um ativo.

    Tradicionalmente, o campo da negociação concentra-se em elementos discretos da negociação. O ponto central dessa abordagem foi o trabalho do meu mentor, o professor Roger Fisher, diretor fundador do Projeto de Negociação de Harvard, que desenvolveu os Sete Elementos da Negociação, fatores críticos para a compreensão do cenário das negociações. Os Sete Elementos são interesses, opções, legitimidade, compromissos, alternativas, relacionamento e comunicação. Se fôssemos comparar a teoria da negociação com o corpo humano, os sete elementos seriam os órgãos e a dinâmica integrativa (um método que apresento neste livro) seria o dinamismo interativo entre esses órgãos. Um conflito de forte carga emocional é construído sobre o dinamismo, como evidenciado pelos impulsos sísmicos que anularam o pensamento racional dos líderes de Davos. A dinâmica integrativa explica essas forças poderosas que estimulam as pessoas racionais a agir de maneiras aparentemente irracionais, chamando a atenção para a identidade relacional de cada parte. Mesmo quando a identidade central de um lado parece irreconciliável com a identidade central do outro, pode haver maneiras de mudar o sistema de relações, reduzindo assim os conflitos e melhorando a cooperação.

Capítulo 2: A identidade é importante (mais do que você pensa)

1. Eu adaptei partes deste capítulo de um artigo que publiquei, "Relational Identity Theory: A Systematic Approach for Transforming the Emotional Dimension of Conflict", em *American Psychologist* (Shapiro, 2010).

2. Ibid. Defino uma tribo como qualquer grupo cujos membros se considerem (1) *afins,* (2) com *parentesco* em suas conexões relacionais e (3) *envolvidos emocionalmente* no aprimoramento de seu grupo. Como descrevo no artigo, todos os três elementos são necessários para que um grupo seja considerado uma tribo:

Ser do mesmo tipo indica que os membros do grupo se identificam como parte de um grupo de identidade comum. Grupos etnopolíticos — como árabes palestinos e judeus israelenses, católicos e protestantes da Irlanda do Norte — podem ser tribos, mas tribos geralmente *não* são construídas a partir de laços étnicos ou de sangue. Em vez disso, as tribos são construídas social e psicologicamente. Elas podem surgir sempre que indivíduos compartilham uma identidade comum, seja como moradores de um bairro, membros de uma seita religiosa, corporação, nação ou organização política internacional.

Uma tribo, no entanto, é mais do que apenas uma afiliação solta ou uma coalizão unida por propósitos puramente instrumentais. *Conexão de parentesco* especifica a natureza relacional do grupo de identidade, porque os membros da tribo se definem subjetivamente como "do mesmo tronco". Essa conexão pode se basear literalmente em qualquer característica compartilhada, como traço físico, ideologia, idioma, "lar" geográfico, missão organizacional ou convicção religiosa. Como resultado da conexão de parentesco, os membros intensificam sua identificação com a tribo e, consequentemente, intensificam o significado emocional que atribuem ao relacionamento com os membros da tribo.

Os membros se sentem *envolvidos emocionalmente* na existência e no aprimoramento de sua tribo. Tornam-se tão emocionalmente envolvidos na sobrevivência e no aprimoramento da tribo que estão dispostos — e as normas do grupo muitas vezes exigem deles — a deixar de lado o interesse próprio para proteger e defender um ao outro e promover as causas do grupo. Esse investimento, em sua forma mais potente, pode levar os membros da tribo a sacrificar suas próprias vidas ou as de seus filhos.

3. Promovo o Exercício das Tribos como exercício de sala de aula, não como um experimento controlado. Adapto as perguntas do exercício a cada grupo; recrio a sala para que pareça fechada, escura e apertada; coloco música percussiva intensa para tocar com o objetivo de manter o ambiente emocional elétrico e tenso; e, de outro modo, tomo a liberdade de moldar o contexto a fim de aumentar a probabilidade do Efeito das Tribos. Mas também asseguro que as tribos tenham a oportunidade de salvar o mundo. Nas raras ocasiões em que o mundo é salvo, as tribos tendem a tomar o exercício de ânimo leve e não assumem a propriedade de sua identidade tribal recém-criada: elas veem o exercício apenas como um jogo. Mas, quando os grupos entram emocionalmente no mundo marginal da fantasia/realidade, o mundo quase inevitavelmente explode.

4. Eu me abstenho de usar o rótulo "conflitos baseados em identidade" por dois motivos. Primeiro, *todo* conflito implica sua identidade em maior ou menor grau. A carga emocional de um conflito deriva de *suas* necessidades frustradas, *seus* valores frustrados, *suas* crenças frustradas. Sua identidade define o que você considera significativo e calibra a intensidade de sua resposta emocional; portanto, faz pouco sentido designar apenas alguns conflitos como baseados em identidade. Segundo, a identidade nunca é a única base de conflito. Rotular um conflito com base na identidade é presumir a superioridade geral da identidade e desconsiderar outras raízes potenciais, que variam de tendências neurobiológicas a forças macroeconômicas, de estruturas sociológicas a motivações políticas.

5. Por exemplo, ver Damasio, 1994. Ele se concentra especificamente nas inter-relações entre emoção, cognição e tomada de decisões.

6. Para alcançar relações harmoniosas e sustentáveis, a resolução de conflitos exige abordar três dimensões. Primeiro, você precisa *resolver* suas diferenças substanciais, como aquelas que tratam de distribuição de terras ou dinheiro. Segundo, você precisa *transformar* a natureza emocional do seu relacionamento, passando de serem adversários a aliados. Terceiro, você precisa *internalizar* seu relacionamento revisado. Assim, a resolução de conflitos inclui resolução, transformação e reconciliação, cada uma abordando uma dimensão vital da resolução de conflitos: interesses, emoções e identidade. Ver Kelman, 1956, e Rouhana, 2004.

7. Ver Lerner et al., 2015, e Shapiro, 2004.

8. Como este livro se concentra em conflitos de forte carga emocional, é importante distinguir entre (1) *emoções positivas e negativas*, que descrevem como nos sentimos, seja animados ou deprimidos, e (2) *emoções úteis e problemáticas*, que descrevem o impacto comportamental de nossos sentimentos. Semelhante à minha última distinção é a do Dalai Lama entre emoções "aflitivas" e "não aflitivas". Se o medo o instigar a matar seu vizinho, a emoção é negativa

e aflitiva (problemática). Se o medo o instigar a salvar a vida de seu filho, a emoção é negativa e não aflitiva (útil). Ver Dalai Lama, 2005, pp. 27-28.

9. Os pesquisadores conjugais Harville Hendrix e Helen LaKelly Hunt argumentam de maneira semelhante no contexto das relações conjugais; ver Hendrix e Hunt, 2013, p. 54. O psicólogo Ruthellen Josselson (1992) discute o espaço entre eles.

10. Charles Horton Cooley (1902) criou o termo "self como espelho" (looking-glass self) para descrever sua teoria de que o ego de uma pessoa emerge por meio da compreensão de como os outros a percebem.

Capítulo 3: A identidade é negociável?

1. Ver *Alice no País das Maravilhas*, de Lewis Carroll.

2. Os cientistas políticos há muito debatem se a identidade étnica é *primordial* (fundamentalmente existente) ou *construída* (decorrente da interação humana). Em outras palavras, existe uma qualidade inata ou ela é construída por meio da interação social? Acredito que a identidade é construída dentro das restrições de estruturas sociais, forças políticas, suposições culturais e determinações biológicas, implicando que todos temos alguma — mas não total — liberdade para criar nossas identidades. A sociedade nos apresenta o que eu chamo de *modelos de identidade*, roteiros sociais a partir dos quais nos concebemos e temos autonomia para escolher entre esses modelos. Como Kempny e Jawlowska (2002, p. 4) observam: "As identidades estão inseridas em práticas sociais coerentes e integradoras".

Assim, as identidades culturais podem ser transferidas ao longo das gerações, dando-lhes a aparência de primordialismo, embora possam mudar e muitas vezes mudem. David Laitin (1983) oferece um estudo de caso convincente que ilustra que as identificações culturais como a identidade nacional não são imutáveis; o próprio conflito pode mudar a identidade de um grupo. Para outras perspectivas importantes sobre o debate ao redor de primordialismo/construtivismo, veja o trabalho dos estudiosos Samuel Huntington, Clifford Geertz, Alexander Wendt e Robert Hislope.

3. Marcia (1988) propõe duas dimensões para a construção da identidade: exploração e compromisso. A exploração é um processo de classificação por meio de várias maneiras de ser, enquanto o compromisso representa a adoção de um conjunto de ideais. Depois de se comprometer com um conjunto de ideais, você ganha um sentido de continuidade, propósito e fidelidade — antídotos para a confusão de identidade. Ver também Schwartz, 2001, p. 11.

4. Embora cientistas políticos, psicólogos e sociólogos tenham produzido centenas de definições de identidade, é claro que não há maneira perfeita de analisar esse tópico complexo; a

análise que fiz neste capítulo foi projetada para introduzir conceitos importantes para ajudá-lo a lidar melhor com os conflitos em sua própria vida. Tentei criar uma definição inclusiva de identidade, em resposta ao fato de que os estudiosos de identidade geralmente a conceitualizam por meio da visão de seu campo estreito de investigação. Os psicólogos sociais, por exemplo, tendem a ver a identidade como um marcador social, mas negligenciam suas qualidades físicas e espirituais.

Minha definição de identidade é ampla e imperfeita, mas pragmática. É suficientemente estreita para concentrar sua atenção nas características que se chocam em um conflito e ampla o suficiente para capturar toda a amplitude de atributos que o definem. Você tem um corpo físico com órgãos, bombeamento de sangue, partes móveis e tecido interconectado. Você tem memórias estáveis e mutáveis sobre pessoas, lugares e coisas. Você tem uma personalidade em evolução com muitos subsistemas que governam grande parte do seu comportamento. Você tem um panorama de crenças, algumas que defende com força e outras mais fracas, juntamente com pensamentos fugazes, humores variáveis e processos mentais automáticos para perceber a realidade. Você desempenha uma variedade de papéis, como filho, pai e colega. Na verdade, essa lista poderia estender-se *ad infinitum*, o que sugere por que a identidade é tão problemática em um conflito. Existem muitas partes interconectadas.

5. Ver Stone, Patton e Heen, 1999.

6. Ver o apêndice para detalhes. Proponho que existem vários níveis de identidade que criam uma complexidade dinâmica.

7. Ver William James, 1890, e G.H. Mead, 1934, cujo uso do *eu* e *meu* foi central em sua teoria sociológica chamada interacionismo simbólico.

8. É importante notar três aspectos da sua *identidade central*. Primeiro, sua identidade central é "central" porque é bastante estável entre situações e relacionamentos. Por exemplo, seu sobrenome faz parte de sua identidade central; você não muda de nome toda vez que interage com uma pessoa diferente. Segundo, sua identidade central abriga mais do que apenas suas crenças mais profundas; inclui qualquer característica estável sobre você, seja central *ou* periférica à sua vida. O fato de gostar da cor amarela mais do que da azul faz parte da sua identidade central, embora possa ter um significado pessoal mínimo em comparação com a lealdade aos seus pais. Terceiro, sua identidade central é mais do que apenas a história que você conta a si mesmo. Inclui características inconscientes e biológicas — mente e corpo — que mantém a continuidade nas interações. O professor Jonathan Turner tem uma definição semelhante de "identidade central", definindo-a como "as concepções e emoções que os indi-

víduos têm sobre si mesmos como pessoas que carregam na maioria dos encontros" (Turner, 2012, p. 350).

9. Ver Amartya Sen, 2006, p. 30.

10. Ver L. Mlodinow, *Subliminar: Como o inconsciente influencia nossas vidas* (São Paulo: Zahar, 2014), 153. Para obter recursos adicionais, ver (1) H.T. Himmelweit, "Obituary: Henri Tajfel, FBPsS", *Bulletin of the British Psychological Society* 35 (1982): 288-89; (2) William Peter Robinson, ed., *Social Groups and Identities: Developing the Legacy of Henri Tajfel* (Oxford: Butterworth-Heinemann, 1996), 3-5; e (3) Henri Tajfel, *Human Groups and Social Categories* (Cambridge: Cambridge University Press, 1981).

11. Em apoio à minha proposta de que o objetivo da identidade é buscar significado, Frederic Bartlett observou anos atrás que se pode "falar de toda reação cognitiva humana — perceber, imaginar, lembrar, pensar e raciocinar — como um *esforço depois do significado*" (Bartlett, 1932, p. 44). À medida que interagimos conosco e com o mundo ao nosso redor, usamos esquemas mentais — narrativas — para dar sentido às nossas experiências. Temos o instinto de criar significado. Nesse sentido, toda a vida psicológica pode ser vista como a construção e aplicação de narrativas para criar significado pessoal.

12. Eu diferencio entre identidade nominal e semântica. Sua *identidade nominal* é como você e outras pessoas se rotulam, seja como norte-americano, alemão, professor ou amigo. Sua *identidade semântica* é o significado que você dá a esse rótulo: o que *significa* ser norte-americano, alemão, professor ou amigo? Da mesma forma, o antropólogo social Fredrik Barth (1981) diferencia entre *identidade nominal* e *associação virtual*.

13. Seu eu social não é inteiramente fixo. Ver Barth, 1969.

14. A teoria da identidade relacional sugere que você é definido por meio de suas relações com os outros, um conceito que teve eco com o filósofo francês Jean-Paul Sartre, que uma vez brincou: "Se o judeu não existisse, o antissemita o inventaria" (Sartre, 1965, p. 13).

A teoria da identidade relacional tem utilidade crucial para os formuladores de políticas que trabalham para evitar conflitos violentos em larga escala nas sociedades multiétnicas. É recomendável que os formuladores de políticas que tentam entender a vulnerabilidade de uma sociedade a conflitos violentos examinem o seguinte: (1) Afiliação: um grupo específico se sente excluído das principais plataformas políticas, sociais, econômicas e culturais? (2) Autonomia: um grupo específico se sente restrito em sua liberdade de afetar os processos de tomada de decisão em torno das dimensões políticas, sociais, econômicas e culturais relevantes? Quanto maior o número e a intensidade de ameaças à afiliação e à autonomia percebidas de um grupo, maior a probabilidade desse grupo combater a frustração de suas necessidades.

De acordo com a teoria da identidade relacional, os estudos da professora Frances Stewart, da Universidade de Oxford, sugerem que uma das principais razões para a manifestação de conflitos violentos nas sociedades multiétnicas não são as diferenças de igualdade entre os indivíduos ("desigualdade horizontal"), mas as desigualdades percebidas entre os grupos etnopolíticos ("desigualdade vertical"). Stewart e Brown (2007, p. 222) propõem que quando as diferenças culturais (sejam baseadas em etnopolítica, religiosas, gênero, idade ou outras linhas) coincidem com diferenças econômicas e políticas entre grupos, um profundo ressentimento pode nascer e levar a uma luta violenta.

15. A mente humana está constantemente avaliando o ambiente social em busca de ameaças à sobrevivência física e psicológica. A sobrevivência social exige que procuremos inconscientemente por ameaças à autonomia e afiliação. A amígdala pode contribuir para esse processo de avaliação, atuando como um "detector de relevância" para uma ampla gama de eventos, incluindo, entre outros, ameaças ao nosso bem-estar social e físico. Veja Sander et al., 2003.

16. Desenvolvi a teoria da identidade relacional para atender às necessidades práticas da resolução de conflitos. Essa teoria está enraizada na erudição de gigantes intelectuais como William James, Henri Tajfel, Erik Erikson e Jean Baker Miller. Embora a teoria da identidade relacional se baseie em ideias psicanalíticas, é também uma reação a elas. O criador da psicanálise, Sigmund Freud, teorizou que os humanos são movidos pelo princípio do prazer: buscamos o prazer e evitamos a dor. Ele via os seres humanos como motivados a satisfazer seus impulsos libidinais. O psicanalista Ronald Fairbairn se afastou radicalmente dessa suposição, argumentando que não somos buscadores de prazer, mas buscadores de objetos. No jargão psicanalítico, um "objeto" é a representação interna de uma pessoa ou grupo com quem estamos nos relacionando. Então Fairbairn estava dizendo que não nos relacionamos com as pessoas para cumprir nossos impulsos libidinais, mas exatamente o oposto: buscamos prazer em nos relacionar com os outros. Somos impulsionados por relacionamentos.

A pesquisa empírica de Fairbairn ressalta o instinto de se relacionar. Ele descobriu que crianças vítimas de abuso preferiam voltar para casa do que ficar em um porto seguro. Em outras palavras, em vez de a rejeição fazer as crianças se sentirem menos apegadas às mães, isso as faz sentir-se *mais* próximas. A necessidade não atendida de conexão poderia ser atendida apenas pela mãe. Ver Celani, 1994, p. 29. Da mesma forma, o psicanalista D.W. Winnicott (1952, p. 99) enfatizou a importância sistêmica do relacionamento na experiência humana, observando que na unidade mãe-filho "o centro de gravidade do ser não começa no indivíduo. Está na configuração total".

17. Ver Barth, 1969. Terrell Northrup (1989, p. 81) analisa a dinâmica dos conflitos de identidade e conclui que a estratégia mais eficaz para a resolução "parece ser a que começa [...] com a natureza do relacionamento, porque a pressão por mudanças nesse nível seria menos ameaçadora do que no nível das identidades das partes".

18. A identidade relacional tem menos a ver com as características que você *tem* do que as relações que você *constrói*. De fato, a identidade relacional pode ser definida como *relacionalidade em perspectiva*: você define sua identidade com base em como percebe suas relações com os outros.

19. Estudiosos de várias disciplinas convergiram em torno da autonomia e afiliação como forças motivacionais fundamentais que impulsionam o comportamento social. Alguns exemplos:

Mervin Freedman, Timothy Leary, Abel Ossorio e Hubert Goffey (1951) distinguem entre domínio/submissão e afiliação/hostilidade.

Carol Gilligan (1982) diferencia entre justiça e cuidado.

Ervin Staub (1993) contrasta identidades autônomas/individualistas e identidades relacionais/coletivistas.

Deborah Kolb e Judith Williams (2000) esclarecem a importância da defesa e da conexão.

Robert Mnookin, Scott Peppet e Andrew Tulumello (1996) enfatizam a tensão entre assertividade e empatia.

Erich Fromm (1941, pp. 39-55) contrasta identidade separada e unidade com o mundo.

Edward Deci, Richard Ryan e outros esclarecem o impacto da autodeterminação nas emoções e no comportamento. Ver Deci, 1980, e Deci e Ryan, 2000.

Lorna Benjamin (1984) codifica a tensão entre autonomia e afiliação com a Análise Estrutural do Comportamento Social (SASB), um derivado do trabalho de H. Murray sobre "personologia"; o SASB é um sistema para classificar interações sociais em termos de foco, afiliação e interdependência (ou seja, autonomia), permitindo uma melhor compreensão de como as pessoas percebem o significado de um evento social.

Jerry Wiggins (1991) revisa pesquisas sobre autonomia e afiliação, e seus correlatos conceituais.

David Bakan (1996) apresenta uma lógica profunda e convincente da importância fundamental da agência e da comunhão. Ele revela: "Adotei os termos 'agência' e 'comunhão' para caracterizar duas modalidades fundamentais na existência de formas vivas, agência para a existência de um organismo como indivíduo e comunhão para a participação do indivíduo em algum organismo maior do qual o indivíduo faz parte. Agência se manifesta em autoproteção, autoafirmação e autoexpansão; comunhão se manifesta no sentido de estar em harmonia com outros organismos. Agência se manifesta na formação de separações; comunhão, na falta de separações. Agência se manifesta em isolamento, alienação e solidão; comunhão em contato, abertura e união. Agência manifesta-se no desejo de dominar; comunhão, em cooperação não contratual" (pp. 14-15).

20. Autonomia e afiliação não são *completamente* fluidas: seus relacionamentos ganham continuidade estrutural por meio de *papéis* que você assume e do *status* que você tem. Essas estruturas são formas compactadas de autonomia e afiliação. Por exemplo, os participantes do Exercício das Tribos no Cairo rapidamente assumiram o papel de adversários. Uma vez estabelecido esse papel, eles sabiam o que esperar de seu relacionamento: afiliação adversa e desconsideração da autonomia um do outro.

Os papéis fornecem expectativas sobre o escopo de sua afiliação e autonomia. Se eu visito meu médico para um check-up anual e ele me diz para tirar a camisa, eu aceito prontamente. No papel de paciente, concedo-lhe autonomia para verificar minha saúde física e espero que ele mantenha uma distância profissional em nossa afiliação. Por outro lado, se eu estiver andando na rua e um estranho exigir que eu remova minha camisa, fujo rapidamente. O papel do estranho não confere as mesmas expectativas em relação à autonomia e à afiliação.

Seus relacionamentos também ganham continuidade por meio do status — sua posição em relação aos outros em alguma hierarquia. Em uma empresa, por exemplo, quanto maior a sua posição formal, mais autonomia você *consistentemente terá* para autorizar a tomada de decisões. Mas o status informal também estrutura suas relações. Em uma equipe de projeto, os funcionários sabem quem tem autoridade formal para a tomada de decisões, mas também sabem tacitamente a quem recorrer para obter conselhos sobre o projeto, apoio emocional ou uma conversa divertida.

Embora as funções e o status sejam razoavelmente estáveis, você pode redefini-los para ajudar a resolver um conflito. Ver Fisher e Shapiro, 2005, para detalhes.

Se você estabelecer relações estruturais *positivas*, a reconciliação se torna mais provável. Na verdade, o objetivo da reconciliação é *internalizar* relações estruturais positivas. Foi o caso de uma das poucas vezes em que o mundo foi salvo no Exercício das Tribos. Aconteceu no Oriente Médio durante um workshop para um grupo de líderes do governo. Quatro porta-vozes tribais se encontraram no centro da sala para negociar. Em minutos, chegaram a um acordo completo e final. Fiquei surpreso. Como isso aconteceu? Por acaso, três dos quatro negociadores eram oficiais militares e, enquanto negociavam, sua lealdade à tribo recém-criada empalidecia em comparação ao seu papel compartilhado como membros das forças armadas. Esse papel comum estabeleceu afiliação positiva e respeito mútuo pela autonomia. O oficial de patente mais alta propôs um acordo, os outros oficiais aceitaram e o único líder não militar seguiu o consenso do grupo. O papel comum e a hierarquia previsível de status constituíram uma estrutura relacional clara.

O contexto relacional estabelece expectativas sobre os limites de autonomia e afiliação, bem como as responsabilidades por uma quebra do contrato relacional implícito. Essas expectativas são manifestas nos papéis que desempenhamos e no status que temos. Para detalhes, ver McCall e Simmons, 1978, Stets, 2006, e Stryker, 2004.

21. A neurociência fornece ideias sobre as bases neuroquímicas da afiliação. Um neuropeptídeo chamado oxitocina promove relações de confiança, assim como as relações de confiança produzem oxitocina. Em um estudo, Zak et al. (2005) descobriram que os negociadores que sentiam que sua contraparte mostrava ser confiável experimentaram a liberação de oxitocina. Em outro estudo, Kosfield et al. (2005) administraram oxitocina aos participantes, que tinham muito mais probabilidade de confiar em seus colegas e de investir mais dinheiro com eles em um jogo de investimento que usava dinheiro real. Em uma terceira linha de estudo, Ditzen e outros estudiosos (2009) descobriram que a oxitocina intranasal aumenta a comunicação positiva e reduz os níveis de cortisol entre casais que estão em conflito.

Estudiosos de outras disciplinas também convergiram em torno da importância da afiliação. R. Baumeister e M. Leary (2000) conduziram uma revisão abrangente da evidência empírica sobre a necessidade de pertencer e concluíram que "os seres humanos são fundamental e geralmente motivados por uma necessidade de pertencer, isto é, por um forte desejo de formar e manter apegos interpessoais duradouros. As pessoas buscam interações afetivas positivas e frequentes em um contexto de relacionamentos afetuosos de longo prazo". Ver Baumeister e Leary 2000.

O cientista social Donald T. Campbell (1971, p. 105) observou que "os elementos próximos são mais prováveis de serem percebidos como partes da mesma organização". A observação de Campbell é extremamente perspicaz. Se agruparmos as pessoas como "próximas" em torno de alguma característica — sejam crenças religiosas, cor do cabelo ou qualquer outro atributo —, é mais provável que as vejamos compartilhando uma identidade. Uma única característica nos motiva a vê-las como unidas.

22. Shapiro, 2008.
23. Packer, 2006.
24. Ver Eisenberger et al., 2003.
25. Ver Herman, 1992, p. 51.

26. Edward Deci (1980) esclareceu o impacto da autodeterminação nas emoções e no comportamento. Se o seu escopo de liberdade percebida parecer indevidamente imposto, você reage negativamente e pode renunciar a interesses "racionais" com o objetivo de satisfazer seu desejo de autodeterminação.

27. Essas perspectivas derivam de minhas conversas com os líderes de cada lado do conflito. Além disso, minha escolha de palavras sobre o nome da terra está baseada no uso oficial do Departamento de Estado dos EUA. No entanto, ao me referir à República da Macedônia como tal, posso, sem querer, ofender a autonomia de alguns gregos que acham que devem ser os únicos árbitros do uso do nome "Macedônia".

28. Conflitos sobre autonomia e afiliação geralmente acontecem em nível simbólico. Um exemplo impressionante vem do livro do autor checo Milan Kundera, *A Ignorância*. A personagem principal do livro, Irena, volta para casa na República Checa depois de passar vinte anos na França; seu círculo de amigos não manifesta interesse em seu tempo no exterior, como se tivessem amputado esses anos da vida dela. Ao ocultar partes críticas da identidade central de Irena — aspectos de seu *eu* — eles impedem a autonomia de ser como ela quer ser. Irena fica angustiada com a afiliação: *Que partes de* mim *meus amigos vão aceitar? Que partes vão rejeitar? Posso suportar a rejeição — ou devo terminar com essas amizades?* Como na vida real, essas questões relacionais se manifestam indiretamente, por meio de mensagens simbólicas, como quando os amigos checos não demonstram interesse em beber o vinho francês de Irena (Kundera, 2002).

29. Esse relato confucionista é extraído de Wiggins (1991), cuja fonte é Hackett (1979, pp. 27-28). A noção de unidade original pode ser encontrada até mesmo na teoria evolucionista darwiniana, que foi fundada no pressuposto de que a linhagem humana se origina com a interconectividade de todos os seres vivos. Nesse sentido, o esforço pela unidade transcendente não é mais que a ambição de retornar ao nosso estado original de unidade. O Dalai Lama (2005) faz uma observação semelhante.

30. Descrevo várias "estruturas" de identidade — a arquitetura —, mas apoio a ideia do psicanalista Harry Stack Sullivan de que estruturas intrapsíquicas são uma ficção: na realidade, essas estruturas não são elementos materiais, mas padrões de transformação de energia. Ver Greenberg e Mitchell, 1983, p. 91.

Capítulo 4: Como evitar a tentação de entrar em conflito

1. O que gera a mentalidade nós-contra-eles do Efeito das Tribos? *A teoria da identidade relacional* sugere que quando há uma ameaça a aspectos importantes de autonomia e afiliação,

o Efeito das Tribos é acionado. A *teoria do conflito realístico* propõe que as ameaças aos recursos militares, políticos, sociais ou financeiros de um grupo geram identidade e etnocentrismo no grupo. *Teoria da identidade social* propõe que *mera identificação com um grupo* é suficiente para causar conflito: os indivíduos se identificam com o grupo e querem uma distinção positiva. Para mais informações sobre a teoria do conflito realístico, ver Sherif et al., 1961, pp. 155-84, e Campbell, 1965.. Para mais informações sobre a teoria da identidade social, ver Tajfel e Turner, 1979.

2. Tecnicamente, defino o Efeito das Tribos como uma rigidez divisória de nossa identidade relacional em relação a outra pessoa ou grupo.

3. Embora o Efeito das Tribos possa ser resistente à mudança, sua função é protetora. Nesta mentalidade, pretendemos proteger as pessoas e os princípios mais importantes para a nossa identidade. Na verdade, os biólogos evolucionistas trabalharam para quantificar em que grau protegemos nossos parentes e nossa espécie de ameaças externas. O biólogo indiano J. B. S. Haldane investigou a matemática da seleção de parentes e brincou: "Arriscaria minha vida por dois irmãos ou oito primos". Sua observação preparou o cenário para a *regra de Hamilton*, que quantifica a natureza da seleção de parentesco: $br - c > 0$. Na equação b é o "impacto benéfico na aptidão darwiniana do destinatário de qualquer ato social, c é o custo darwiniano para o indivíduo que executa o ato social, e r é o coeficiente de relacionamento entre as duas partes. A desigualdade resultante especifica as condições sob as quais a seleção natural deve favorecer atos de aparente altruísmo" (Mock, 2004, p. 20). Quando a desigualdade da regra for satisfeita, comportamo-nos de maneira altruísta; quando não estiver satisfeita, comportamo-nos por interesse próprio.

4. Em um artigo na *American Psychologist* descrevo várias qualidades da dinâmica tribal que podem ser úteis para a tribo, mas que também podem dificultar a reconciliação entre grupos:

a) **A lealdade à tribo tem prioridade.** As tribos são entidades muito emocionais, cujos membros provavelmente fazem um sacrifício maior por aqueles com quem estão mais intimamente relacionados.

b) **Normas tribais reforçam a lealdade.** De fato, o *tabu fundamental da tribo* é engajar-se em qualquer comportamento que prejudique a legitimidade da tribo e as relações que unem todos. A própria tribo pode ser vista como sagrada e sustentar sua existência pode se tornar uma missão santa. A deslealdade à narrativa de identidade da tribo pode levar a vergonha, humilhação, ostracismo e morte.

c) **A lealdade tribal tende a ser mais forte quando os membros compartilham uma narrativa de identidade coletiva que chamo de *mito de linhagens comuns*.**

Essa narrativa compartilhada une as pessoas pela crença de que são do mesmo grupo, ligadas por uma linhagem e destino comuns. Um grupo ameaçado pode se transformar rapidamente em uma tribo no momento em que seus membros se sentirem conectados por meio de um mito de linhagens comuns. Enquanto uma empresa multinacional em conflito pode se tornar uma tribo, as tribos mais coesas — aquelas pelas quais as pessoas estão mais dispostas a se sacrificar — tendem a ter como base linhagens espirituais ou reais. É mais provável que os membros sejam fortalecidos pela retidão quando lutam para cumprir o destino de Deus do que quando lutam pela visão de uma empresa.

d) O mito das linhagens comuns é resistente a mudanças. As tribos constroem uma narrativa baseada em sua história percebida de vitórias, perdas, trauma e vitimização, e essa narrativa é surpreendentemente resistente a transições políticas e sociais (Volkan, 1998). De muitas maneiras, a preservação da narrativa histórica de uma tribo é um exercício para estabelecer sua autonomia como uma entidade insolúvel (Shapiro, 2010).

5. O Efeito das Tribos é um aspecto fundamental de intenso conflito e lembra a caracterização do conflito proposta por Coser (1956) em seu livro clássico *The Functions of Social Conflict*: quanto mais intenso for um conflito, mais ele gerará (1) limites claros para cada parte, (2) estruturas centralizadas de tomada de decisão, (3) solidariedade estrutural e ideológica e (4) supressão de dissidência e desvio, uma dinâmica à qual chamo tabus.

6. Fortes emoções podem intensificar o Efeito das Tribos. Pesquisas experimentais demonstram que a excitação emocional reduz a complexidade cognitiva da percepção social, resultando em avaliações polarizadas da outra parte (Paulhus e Lim, 1994). Para indivíduos ou comunidades que vivem em constante estado de medo e ameaça, a polarização pode se tornar a norma. Na verdade, experimentos demonstram que as pessoas confrontadas com sua própria mortalidade aumentarão o significado percebido de seu próprio grupo e depreciarão o grupo externo (Greenberg et al., 1990).

7. Hans Magnus Enzensberger (1994), um eminente crítico político e literário alemão, sugere que o problema do conflito entre grupos não é a fragmentação, mas o *autismo*: os grupos se isolam em seu próprio círculo de vitimização autojustificada e não conseguem escutar, não conseguem ouvir, não conseguem aprender com ninguém fora do grupo. O que eles estão perdendo é *empatia* e seu consequente poder de aprender com as perspectivas dos outros.

8. Maalouf, 2001, p. 31.

9. A característica fechada do Efeito das Tribos pode resultar em parte de barreiras neurobiológicas à empatia que se estabelecem, categorizando o outro lado como diferente. A importante parte do seu cérebro que entra em ação quando você pensa sobre seus próprios

pensamentos e sentimentos é chamada de córtex pré-frontal medial ventral (vMPFC). Surpreendentemente, ele se torna ativo quando você ouve a perspectiva de alguém que considera ser *semelhante* a você, mas *menos* quando ouve a perspectiva de alguém que vê como *diferente* de você. A empatia parece tendenciosa em relação a pessoas com parentesco (Jenkins et al., 2007). Isso é consistente com minha crença de que, em uma situação de conflito, precisamos quase "nos forçar" a ter empatia com o outro lado. A empatia por um adversário não ocorre naturalmente no meio do Efeito das Tribos.

10. Kelly Lambert e Craig Howard Kinsley (2010) discutem uma resposta de ansiedade semelhante quando enfrentamos uma ameaça real ou imaginada. O estudioso de resolução de conflitos Terrell Northrup (1989) descreve quatro estágios de escalada de conflitos que implicam identidade, sendo a primeira a ameaça, seguida por distorção da realidade social para evitar invalidação, rigidez da interpretação do mundo e conluio no prolongamento do relacionamento conflituoso.

11. Uma ameaça à sua identidade faz com que você tema a desintegração de sua identidade. A dinâmica divisória, portanto, protege sua identidade contra danos, construindo um muro de defesas que podem incitar hostilidade e, ironicamente, criar as condições para conflitos existenciais.

12. O psicanalista Vamık Volkan (1996) descreve dois tipos de identidade: sua *identidade pessoal* é como uma roupa que somente você veste; protege-o dos perigos do ambiente ao seu redor. Sua *identidade social* é como uma "grande barraca de lona" que o protege e todos os que estão embaixo dela. Enquanto a barraca permanecer forte e o líder a sustentar, sua identidade social não será motivo de preocupação urgente. Mas, se alguém chacoalhar a barraca, todos os que estão embaixo vão se preocupar com a segurança coletiva e tentar voltar a reforçá-la. Do ponto de vista da teoria da identidade social, o Efeito das Tribos afeta a divisão entre grupos porque ilumina a identidade social de cada parte, o que suprime as relações positivas com outros grupos e solidifica as relações intragrupo. O conflito cria a percepção de *nós* e *eles* (Korostelina, 2007, 44).

Mas uma identidade forte alimenta o conflito ou nos protege dele? Por um lado, uma forte identidade social pode nos levar a aumentar nossa autoestima, desvalorizando grupos externos, aumentando a probabilidade de conflito entre grupos. Por outro lado, Erik Erikson (1956, 1968) sugere que, com uma forte identidade do ego, somos *menos* propensos a conflitos voláteis. Confiamos em quem somos e, portanto, não precisamos provar nossa superioridade por meio de conflitos. Para perspectivas diferenciadas, consulte o capítulo de Marilyn Brewer em Ashmore et al., 2001, e Gibson, 2006.

Finalmente, não é apenas o impulso agressivo que coloca em funcionamento o Efeito das Tribos. Às vezes, as pessoas estão simplesmente entediadas, e então começam uma briga para deixar a vida emocionante. Eu chamo isso de *síndrome do enfado*, e acho que ela tem um papel maior na escalada de conflitos do que as pessoas costumam presumir. Se jovens irmãos ficam entediados, por exemplo, um pode começar a provocar o outro e iniciar o Efeito das Tribos. Também no Exercício das Tribos, acho que as pessoas às vezes brigam ou adotam uma postura forte para tornar o exercício mais envolvente, mais emocionante. A intenção delas, a princípio, é tornar o exercício mais envolvente, mas os egos rapidamente ficam viciados, e o Efeito das Tribos assume o controle.

13. O narcisismo das pequenas diferenças pode ter raízes evolutivas. Darwin discutiu a "luta pela existência", que não é competição entre espécies, mas competição *entre relações próximas por alguma inovação hereditária* que permite que o sub-bando sobreviva ao longo das gerações. A sobrevivência no nível de espécie tende a ser mais comprometida pelas rivalidades, não entre espécies, mas dentro de uma espécie. Ver Lorenz, 1966.

14. À medida que nosso mundo se torna cada vez mais interconectado por meio da internet e de tecnologias relacionadas, há mais oportunidades para o narcisismo das pequenas diferenças. O campo social para nos compararmos com os outros é bastante aberto, e precisamos trabalhar mais para defender os limites psicológicos de nossa identidade a fim de manter nosso senso de singularidade.

15. A matriz relacional é uma representação simplificada do campo subjetivo das relações humanas, pois a autonomia e a afiliação são multidimensionais. Por exemplo, um homem religioso que submete sua lealdade ao divino sacrifica sua autonomia; no entanto, pelo mesmo ato, ele simultaneamente *expande* sua autonomia por meio da afiliação a um poder que ele acredita que trará uma eterna equanimidade. Como outro exemplo, amantes podem sentir um grande amor um pelo outro ao mesmo tempo em ficam ressentidos; eles podem se sentir autônomos em relação a alguns problemas, mas restritos a outros.

16. Suzanne Retzinger e Thomas Scheff (2000) sustentam que a raiz dos conflitos prolongados repousa na "alienação bimodal": isolamento entre grupos e envolvimento dentro de cada grupo. Isso é consistente com o Efeito das Tribos, no qual nos distanciamos das outras tribos e nos fundimos com "nossa própria espécie".

Também podemos experimentar o Efeito das Tribos dentro de nós. Por exemplo, imagine que eu comecei a discutir com minha esposa. Eu sei que devo sentir empatia e validar as perspectivas dela. Mas, em minha mente, há uma guerra tribal total entre diferentes "partes" de mim. O psicólogo Dick Schwartz (1995) chama a interação entre essas partes de "sistema familiar interno": tenho uma família inteira de partes e qualquer uma delas pode dominar, submeter, acomodar ou se rebelar. Então, em minha mente, minha "mãe" me pede para ouvir e reconciliar; meu "pai" me diz para resolver o problema e acabar com isso; meu "orgulho" me diz que *minha esposa* deveria ser empática comigo e não eu com ela; e meu "especialista em resolução de conflitos" se esforça para resolver o problema de maneira amigável e eficiente. Essas partes batalham dentro da minha mente, com o orgulho sentindo-se enfurecido por não ser ouvido enquanto a mãe me diz para me acalmar e estender um ramo de oliveira.

17. A tensão é um componente central de muitas teorias da motivação humana. As escrituras religiosas descrevem a tensão entre o bem e o mal, a luz e as trevas. Os psicólogos articularam forças construtivas e destrutivas de conflito, desde o trabalho seminal de Sigmund Freud, que postulou uma tensão fundamental entre uma força da morte (*thanatos*) e uma força vital (*eros*). Em uma famosa carta a Albert Einstein, ele expressou pessimismo de que os seres humanos conseguissem suprimir seus instintos agressivos, sugerindo no lugar que "o que podemos tentar é desviá-lo para outro canal que não o da guerra. [...] Se a propensão à guerra se deve ao instinto destrutivo, sempre temos seu contra-agente, Eros. [...] Tudo o que produz laços sentimentais entre homem e homem deve nos servir como antídoto da guerra" (Freud, 1932).

Quarenta anos depois, o professor Morton Deutsch (1973), da Universidade de Columbia, diferenciou conflitos construtivos e destrutivos, lançando luz sobre as forças que nos levam a ganhos ou perdas mútuos. O psicólogo Steven Pinker (2011) argumenta que o conflito violento é estimulado por cinco "demônios internos" (violência predatória ou instrumental, domínio, vingança, sadismo e ideologia), enquanto quatro "anjos melhores" (empatia, autocontrole, senso moral e razão) promovem a coexistência pacífica.

Na teoria da identidade relacional, vejo a luta entre esses chamados demônios internos e anjos melhores como dinâmica; por isso chamo os demônios internos de *cinco tentações da mente tribal* e articulo a força opositora como *dinâmica integrativa*, que pode ser estimulada pelo método das quatro etapas descrito neste livro. Enquanto a teoria de Pinker apresenta ideias importantes, seus demônios e anjos são predominantemente conceitos estáticos e discretos. Minha teoria baseia-se em suas ideias ao enfatizar que a resolução de conflitos é dinâmica e pragmática; isso requer *processos práticos* que os oponentes devem usar a fim de alcançar um estado de coexistência harmoniosa e sustentada.

18. As Cinco Tentações podem ser vistas como processos internos usados para isolar da consciência os sentimentos com forte carga negativa. Se alguém pisar em um tabu, rebaixar

o sagrado ou repetir velhos padrões (e, no conceito de Paul Russell, "não sentir"), somos capazes de tolerar o intolerável por meio do banimento psicológico. Freud desenvolveu um esquema estrutural de resistência e repressão para mostrar como o "banimento da ideia incompatível para o inconsciente e o consequente bloqueio de sua carga afetiva da liberação mais rápida permite que a ideia exerça seu efeito patogênico" (Greenberg e Mitchell, 1983, p. 33).

As Cinco Tentações podem reduzir as perspectivas de colaboração. A religião, por exemplo, pode não ser muito importante para o casamento de um casal inter-religioso até que ele se divorcie e precise decidir em qual religião criar os filhos; de repente, cada um se torna um fanático religioso. Um ataque ao sagrado os atraiu para o Efeito das Tribos, e fica difícil conseguir sair.

19. Segundo o Dalai Lama, o filósofo budista do século VII, Dharmakirti, propôs a lei psicológica de que dois estados opostos não podem coexistir sem que um mine o outro. Ele argumentou que, se um estado é mais forte, o estado oposto é mais fraco. Se você é quente, não é frio. Se você está feliz, não está triste. O Dalai Lama (2005, p. 146) conjectura que "o cultivo da compaixão pode diminuir por um período a força do ódio na mente". Isso sugere que, em vez de gastar muita energia na neutralização das Cinco Tentações, podemos nos esforçar para construir conexões transversais que revigorem as emoções positivas. Se suas feridas emocionais são potentes, no entanto, curá-las é frequentemente um pré-requisito para a construção de relações positivas.

Capítulo 5: Pare a vertigem antes que ela o consuma

1. Criei o conceito de vertigem em um artigo chamado "Vertigo: The Disorienting Effects of Strong Emotions on Negotiation", um trabalho para o Projeto de Negociação de Harvard. Apliquei o conceito em contextos de pós-conflitos no artigo seguinte com Vanessa Liu, "The Psychology of a Stable Peace" (Shapiro e Liu, 2005).

A vertigem distorce nosso senso de tempo e lugar e, portanto, compartilha características com a condição incomum conhecida como sinestesia, na qual os sentidos se entrelaçam. O jornalista russo S.V. Shereshevskii sofria dessa condição e descreveu sua experiência ao psicólogo Alexander Luria: "Se eu leio enquanto como, tenho dificuldade em entender o que estou lendo — o sabor da comida afoga o sentido" (Foer, 2006, p. 9). A vertigem induz em nós a mesma experiência geral, na qual nossos sentimentos contraditórios abafam os sentimentos dos outros; o mundo emocional em que entramos nos enche de fortes sensações e sentimentos que afetam como vemos, ouvimos e sentimos em nosso relacionamento com o outro.

2. É difícil aliviar a vertigem porque, quanto mais intensamente a experimentamos, maior é o nosso impulso emocional para mantê-la — e maior a nossa resistência à mudança de rumo. É como uma pessoa que bebe muito álcool — quanto mais bêbado fica, mais quer continuar bebendo e resiste a pedidos para parar.

3. A medicina moderna usa o termo "vertigem" como um marcador de diagnóstico para condições como "vertigem posicional" e "vertigem de zumbido", cada uma descrevendo um tipo de sensação rodopiante. Anos atrás, William James estudou a vertigem — possivelmente porque sofria de enjoo. Descobriu que dos duzentos estudantes de Harvard sentados em uma corda giratória que se desenrolava rapidamente, apenas um não experimentava tontura; das 519 crianças surdas, a maioria relatou pouca tontura. Isso enfatizou a importância do ouvido interno para a vertigem. Também evidencia a noção de que, em uma situação de conflito, algumas pessoas podem ter maior suscetibilidade do que outras a cair em um estado de vertigem. Suponho que as pessoas que têm uma identidade do ego mais forte e que são particularmente conscientes de si mesmas terão menos probabilidade de cair nesse estado de ser. Para mais informações sobre a pesquisa de James sobre vertigem, consulte James 1882 e Milar, 2012.

4. Dois pontos sobre a vertigem. Primeiro, não é necessariamente ruim. Dois adolescentes apaixonados ficam tontos pela vertigem positiva; nada pode tirá-los disso. Até frases que descrevem essa experiência — *perdido* de amor, ficar *caído*, *morrer* de paixão — retrata a natureza dinâmica da vertigem. Obviamente, a vertigem também tem seu lado sombrio. Ela incentivou o casal no shopping a cair nas garras do Efeito das Tribos. Assim como você pode se apaixonar, também pode se odiar. Enquanto se apaixonar é uma experiência que aprimora o ego, cair no ódio é uma experiência ameaçadora, que leva à autoproteção para evitar danos à nossa identidade. Neste livro, uso o termo "vertigem" para descrever seu lado negativo, embora acredite que o processo ótimo de negociação envolva oponentes que entram em um fluxo positivo intenso, uma vertigem positiva.

Segundo, a vertigem é diferente de um *sequestro da amígdala*, um termo cunhado por Daniel Goleman em seu livro seminal *Inteligência emocional*. Em um sequestro da amígdala, seu cérebro emocional ultrapassa o racional, resultando em uma explosão de raiva de curta duração. A vertigem pode coexistir com um sequestro da amígdala, mas é mais uma mentalidade relacional do que uma resposta emocional de curta duração. Você é consumido pela vertigem e ela pode ficar com você por dias ou meses. O professor e sua esposa podem ter resolvido seu conflito no shopping, mas continuaram se sentindo consumidos pela animosidade mútua; da mesma forma, dois grupos etnopolíticos podem viver e respirar o ódio por décadas após a assinatura de um acordo de paz.

5. Embora Aristóteles sustentasse que existem cinco sentidos — visão, audição, olfato, paladar e tato —, há um sexto: equilíbrio. A vertigem o leva a um estado de consumo relacional esgotador, no qual você perde o sentido de equilíbrio emocional.

6. Se você se levantar e girar em círculos, depois parar, terá uma visão muito distorcida da realidade, que é uma melhor representação de sua mente do que o mundo ao seu redor. É o mesmo com a vertigem.

7. Todos os cinco sentidos podem aumentar a sensação de vertigem. Tomemos o som, por exemplo. A batida da guerra excita as pessoas a se unir para combater um inimigo comum. No Exercício das Tribos, normalmente toco música percussiva frenética para despertar os participantes, que ficam tão focados em afirmar a superioridade de sua tribo que muitas vezes não percebem o tremendo impacto do som em seu frenesi emocional e comportamento agressivo.

8. Apesar de nos habituarmos com a vertigem, não nos habituamos com o sequestro da amígdala. Um casal divorciado pode experimentar o consumo da vertigem relacional por meses enquanto resolvem os detalhes dolorosos de seu divórcio, mas apenas enfrenta um sequestro da amígdala durante suas brigas periódicas.

9. A vertigem muda nossa perspectiva relacional de duas maneiras fundamentais. Nós nos tornamos (1) *autoabsorvidos*, recuando dentro de nós mesmos para segurança e confirmação de nossa autojustificação, e (2) *objetificação do outro*, ver o outro não como um sujeito, mas como um objeto. Quanto mais forte o nosso caso de vertigem, menor a nossa capacidade de perceber a subjetividade do outro. Em resumo, quanto mais sujeito eu sou, mais objeto você é.

10. A vertigem compartilha semelhanças fenomenológicas com a experiência da cópula. Quanto mais intensa cada experiência, mais você perde a consciência de tudo além da experiência relacional que o está consumindo.

11. Ver Fiske e Neuberg, 1990.

12. O psicólogo social Gordon Allport (1954, p. 9) nota sabiamente que "os pré-julgamentos se tornam preconceitos somente se não forem reversíveis quando expostos a novos conhecimentos".

13. À medida que as partes se classificam como adversárias, elas se concentram cada vez mais na própria dor e sofrem com uma capacidade reduzida de apreciar a humanidade uma da outra. O *modelo contínuo de formação de impressões* dos psicólogos sociais Susan Fiske e Stephen Neuberg (1990) sugere que, quando percebe inicialmente uma pessoa, você a categoriza em termos de idade, gênero e raça; isso é rápido e fácil de fazer. É provável que você mantenha sua categorização da pessoa se (1) o que observar for consistente com a sua

categorização inicial e (2) não estiver motivado para aprender mais sobre a pessoa. O último cria uma tensão entre velocidade e precisão; quanto mais precisa for sua percepção, mais tempo e mais esforço serão necessários. Você pode tentar, na terminologia de Gordon Allport (1954), "re-cercar" sua categorização ("Alguns de meus melhores amigos são judeus, mas..."). Fiske e Neuberg (1990) descobriram que a interdependência de tarefas tende a incentivar a apreciação dos atributos únicos do outro. Isso acontece se você estiver trabalhando em uma tarefa de equipe no trabalho, competindo com outra pessoa em um jogo de xadrez ou tentando entender melhor seu chefe; todas essas atividades requerem interdependência de tarefas.

14. Como a vertigem reduz drasticamente sua capacidade de autorrefletir, ela cria o que chamo de *vínculo de não reconhecimento*. Em um conflito tenso, a única saída parece ser que o *outro lado* reconheça sua dor e perspectiva. Mas nenhum dos lados da vertigem provavelmente reconhecerá a dor do outro, especialmente devido à objetificação mútua. Vocês estão em um estado de não reconhecimento, e deixar o conflito crescer pode parecer o único caminho a seguir.

15. A vertigem afeta sua percepção do tempo, que é muito mais flexível do que o tempo do relógio. O geólogo Michel Siffre (1964) especulou que existem três níveis de tempo: tempo biológico (o ritmo do seu corpo), tempo percebido (sua sensação de passagem do tempo) e tempo objetivo (o que o relógio diz). Aos 23 anos, ele passou dois meses em isolamento total em uma caverna glacial subterrânea, onde estudou padrões geológicos e suas próprias percepções da passagem do tempo. Quando voltou, dois meses depois, em 14 de setembro, achava que era 20 de agosto. O tempo percebido tinha sido distorcido. Mas, notavelmente, ao telefonar diariamente para conversar com seus assistentes, que acompanhavam o horário relatado em que ele acordava, comia e dormia, havia um claro padrão biológico. A conclusão: o tempo biológico tende a ser bastante regulado, enquanto o tempo percebido é muito mais fluido e depende do contexto.

A vertigem evoca emoções focadas no exterior — você não desfruta da vergonha, mas se deleita com a raiva — e isso afeta sua percepção da passagem do tempo. Ao se concentrar no outro, você perde a própria sensação da passagem do tempo, truncando essa sensação. Por outro lado, emoções autoconscientes, como tédio, vergonha ou depressão, diminuem a noção do tempo. William James (1890) sugeriu que, em tais contextos, o tempo se arrasta porque você "fica atento à própria passagem do tempo", exatamente como quando fecha os olhos por um minuto; pode parecer muito mais longo. Segundo Claudia Hammond (2012, p. 34), "os experimentos confirmam que pessoas com depressão dão estimativas de tempo que são, em média, duas vezes mais longas do que quem não está deprimido. Em outras palavras, o tempo está correndo na metade da velocidade normal". Em um estudo, os pesquisadores prepararam alguns participantes para se sentir rejeitados e outros para se sentir populares. Uma pesquisadora levou cada participante a uma sala privada, ligou o cronômetro, parou após quarenta segundos e perguntou quanto tempo havia passado. Os indivíduos que estavam se sentindo populares estimaram a passagem do tempo em 42,5 segundos, em média, enquanto os indivíduos rejeitados a mediram em 63,6 segundos (Twenge et al., 2003).

16. No relógio da vertigem, o tempo passou mais rapidamente do que pensou o casal que estava brigando. Em outras palavras, o tempo do relógio foi mais longo do que o tempo percebido, como mostrado aqui:

Hora do relógio passada: – (20 min)

Tempo percebido passado: – (5 min)

17. A vertigem distorce seu sentido comum de fluxo do tempo. O tempo tem uma assimetria inerente a ele: É tendencioso em termos de mudança do passado para o futuro. A vertigem pode quebrar essa regra de assimetria, desviando sua atenção para incidentes do passado, depois avançar para o futuro temido, depois talvez volte outra vez e, às vezes, aparentemente se congela em um momento emocional de angústia. Para mais informações sobre assimetria de tempo, ver Davies, 1974.

A vertigem parece desorientar o que o neurocientista Antonio Damasio chama de *tempo da mente*. Semelhante à teoria do tempo do geólogo Michel Siffre, é a descrição de Damasio (2002, pp. 66-73) de como os seres humanos experimentam o tempo de duas maneiras distintas: tempo do corpo e tempo da mente. O tempo do corpo rege seu relógio biológico, que é definido nos ritmos alternados de escuridão e luz (seu ritmo circadiano); está localizado no hipotálamo. O tempo da mente se refere à "passagem do tempo e à maneira como organizamos a cronologia", capturando a maneira pela qual, à medida que o tempo passa, nossa experiência do tempo pode parecer rápida ou lenta, curta ou longa. O tempo da mente está constantemente ativo, ajudando-nos a perceber tudo, desde a duração do silêncio entre duas notas musicais até o período desde a última vez que vimos um amigo. Damasio observou que pessoas que sofrem de amnésia têm o tempo do corpo intacto, mas o tempo da mente disfuncional.

Com base em estudos de pacientes com lesão cerebral, parece que três regiões são especialmente importantes para perceber a passagem do tempo:

1. O hipocampo, que nos ajuda a formar novas memórias. Quando está prejudicado, as pessoas experimentam *amnésia anterógrada*: elas não conseguem guardar novas memórias por longos períodos de tempo.

2. O lobo temporal, que é fundamental para formar e recordar memórias que têm uma marca de tempo. Danos ao lobo temporal parecem estar associados à *amnésia retrógrada,*

uma diminuição da capacidade de lembrar eventos pessoais que ocorreram em determinado momento, local e contexto.

3. O prosencéfalo, que desempenha um papel fundamental na identificação da cronologia de eventos passados. Se você machucar o prosencéfalo, lembrará dos eventos, mas não da cronologia de sua ocorrência.

18. Quando nossa sobrevivência está em risco, as emoções podem diminuir nossa percepção do tempo. "Um minuto se torna elástico e pode parecer quinze", observa Claudia Hammond (2002, p. 25). Paraquedistas iniciantes, por exemplo, subestimam a duração das quedas de outros, mas superestimam o tempo que passam no céu. Quando nossa sobrevivência está em jogo, o tempo percebido fica mais lento (p. 27). Isso ajuda a explicar por que as pessoas em zonas de guerra e condições de vida traumáticas podem sentir que viveram vidas intermináveis de sofrimento.

19. Essa relação entre medo e dilatação do tempo foi confirmada em experimentos. Em um estudo, o neurocientista David Eagleman convidou seus participantes a um parque de diversões, onde eles escalaram uma torre de 50 metros antes de cair em queda livre — de cabeça para baixo, sem amarras — em uma rede abaixo, aterrissando cerca de três segundos após o salto. Não surpreende que essa experiência tenha gerado um medo substancial nos participantes, aos quais foi feita uma pergunta ao retornar à terra firme: quanto tempo demorou o mergulho? Então, depois de assistir a outra pessoa caindo, eles fizeram outra pergunta: quanto tempo demorou a queda daquela pessoa? Em média, as pessoas estimaram que sua própria queda demorou 36% a mais do que as quedas observadas no solo. No meio da queda, o medo dos sujeitos fez parecer que o tempo estava diminuindo, expandindo-se.

De maneira mais geral, há uma literatura fascinante sobre a maleabilidade do tempo. Alguns artigos para começar: Gardner, 1967; Whitrow, 1972; McTaggart, 1908; Dennett e Kinsbourne, 1992; Johnson e Nishida, 2001; Angrilli et al., 1997.

20. Quase qualquer emoção pode distorcer sua sensação de tempo e espaço — até mesmo o amor. Richard Wiseman (2009) passou um dia na estação ferroviária de King's Cross, em Londres, abordando pessoas e casais abraçados fazendo a pergunta: "Com licença, você se importa de participar de um experimento psicológico? Quantos segundos se passaram desde que eu acabei de dizer as palavras 'Com licença'?". Wiseman descobriu que os casais abraçados subestimavam significativamente a quantidade de tempo que havia passado.

21. Podemos entender a dinâmica da vertigem por meio da representação visual da identidade relacional:

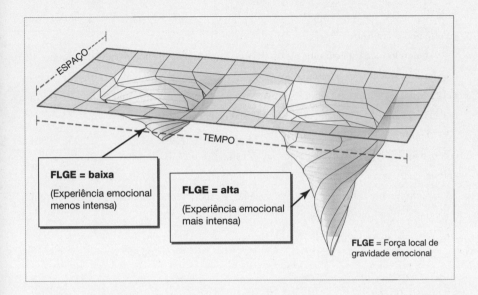

Sua identidade relacional existe em um campo relacional, que representa sua experiência de espaço e tempo dentro de uma interação. A sua localização neste campo é sempre relativa à dos outros. Em um conflito, você experimentará o tempo e o espaço do seu ponto de vista, assim como sua contraparte experimentará do deles. Você pode experimentar o tempo se movendo rapidamente, enquanto eles podem sentir que se move lentamente, dependendo de suas posições percebidas nesse campo.

Todo campo relacional tem distorções no espaço-tempo. Se você cair em um, entra no tempo e no espaço desorientadores da vertigem.

A intensidade de sua queda depende do que eu chamo de "força local da gravidade emocional". Os pilares sagrados da identidade estão localizados em regiões específicas do seu campo relacional; a força local da gravidade emocional é alta nessas regiões. Se alguém ofender algum desses pilares, deve esperar uma forte resposta emocional, pois é provável que caia rapidamente nessa região de tempo e espaço distorcida. Devido à intensidade da gravidade emocional, esses conflitos parecerão emocionalmente pesados e o tempo da mente parecerá muito mais rápido do que o tempo do relógio.

Aspectos não substanciais da sua identidade estão em outras regiões do seu campo relacional. A força local da gravidade emocional nessas regiões é baixa. Portanto, mesmo que qualquer uma dessas regiões esteja distorcida, você não cairá com tanta rapidez, nem com tanta intensidade e, como consequência, seu conflito não parecerá tão emocionalmente pesado. É provável que você experimente pouca diferença entre a passagem do tempo da mente e do tempo do relógio.

Quando você está em uma região em que a gravidade emocional é alta, fica muito mais resistente a mudar seus hábitos. Você se sente "preso" em seus caminhos, puxado para baixo pela gravidade. Quando questões sensíveis surgem e você se sente ameaçado, está em uma região do campo relacional no qual a força local da gravidade emocional é alta.

22. O professor David Eagleman conduziu estudos que mostram que estímulos repetidos parecem mais breves em duração do que novos estímulos de igual duração, sugerindo que novos aprendizados podem retardar nosso sentido interno de tempo (Eagleman e Pariyadath, 2009).

23. *Dentro* de um estado de vertigem, você pode experimentar momentos fugazes de tempo dilatado.

24. Ver Sebenius e Curran, 2001.

25. Ibid.

26. Ver Volkan, 2004.

27. Ignatieff, 1997.

28. Minha noção de *memórias do futuro* baseia-se no modo como a memória funciona no cérebro. Embora a maioria dos seres humanos experimente a vida em uma cronologia passado-presente-futuro, não há razão para que o cérebro deva necessariamente *catalogar* essas experiências em ordem cronológica. Na verdade, o cérebro cataloga a experiência de muitas maneiras diferentes; algumas memórias ganham mais acessibilidade com base no significado emocional, no impacto traumático ou no mero fato de repetição e familiaridade. E há outros fatores que distorcem o armazenamento cronológico de informações. Considere a *amnésia de fonte*, a incapacidade de lembrar quando, onde ou como você adquiriu memórias específicas; uma variedade de mecanismos pode causar essa amnésia, desde a doença de Alzheimer ou danos no lobo frontal até a futilidade de tentar armazenar *cada* estímulo que você percebe. Além disso, a professora Elizabeth Loftus (2005) mostrou que a memória é maleável: a desinformação pode ser facilmente implantada em nossas mentes, fazendo com que "lembremos" de um incidente falso como real.

Consequentemente, você pode ter certeza de um resultado que não aconteceu e pode nunca acontecer. Essa lembrança do futuro é talvez mais perniciosa do que a lembrança do passado, porque pode ameaçar, em termos inequívocos, o tecido fundamental da sua existência, levando-o a tomar medidas preventivas que alimentam o conflito. Assim, matematicamente, a memória de um evento futuro torna esse evento futuro mais provável. O evento é visto e sentido como um fato consumado. Embora um evento futuro nunca seja tão previsível quanto um evento passado, uma memória enraizada de um futuro temido aumenta a probabilidade de que esse evento realmente ocorra. Nesse sentido, o passado pode não ser o melhor prognosticador do futuro; nossas lembranças do futuro podem indicar padrões de comportamento conflituosos de forma melhor. Quando nos percebemos sob ameaça iminente, as lembranças de um futuro temido nos motivam a agir.

29. Assim como um choque elétrico muda sua experiência de consciência, um choque relacional muda sua experiência de consciência relacional. Isso é necessário, pois a vertigem o prende a um sistema emocional dinamicamente estático: você se aprofunda cada vez mais nos conflitos e não vê nenhuma saída. Assim, um choque no relacionamento é uma tática com o objetivo de mudar para um metaenquadre, a fim de expandir sua visão de sua própria subjetividade. Sacudir o relacionamento é uma maneira prática de decretar o que Kurt Lewin (1948), o avô da psicologia social, propôs como essencial à resolução de conflitos: "descongelar" um sistema difícil. O estudioso da liderança Ronnie Heifetz (1994) e o especialista em negociação William Ury (1991) sugerem outra tática para mudar para um metaenquadre: visualize-se em uma varanda observando-se em conflito.

30. Há riscos de usar a surpresa em uma negociação. Embora a viagem de Sadat a Jerusalém tenha abalado de modo construtivo as relações israelense-egípcias, suas ações tiveram enormes consequências para o Egito e o mundo árabe, com ramificações políticas no Cairo e também minando, em algumas comunidades, a unidade árabe.

31. Este caso é adaptado de uma situação da vida real; os detalhes foram alterados para proteger as partes interessadas.

32. Esta citação é de Dennis Ross (2002), enviado dos EUA para o Oriente Médio na época, que declarou mais detalhadamente: "O que sempre me preocupou em um caso como esse, no qual você tem um ciclo com vida própria, é que você precisa encontrar uma maneira de oferecer às pessoas um motivo para dar um passo atrás, fazer uma pausa, para pensar, para que as coisas não continuem fora de controle. Era o que estava acontecendo, então é por isso que basicamente pensamos que os traríamos aqui".

33. Livrar-se da vertigem exige que experimentemos a plenitude de nossas reações subjetivas no conflito e, ao mesmo tempo, tenhamos uma perspectiva de terceiros para o nosso conflito, passando a vê-lo pelo que chamo de uma *metaperspectiva*. Para atravessar esses dois mundos, geralmente é necessário um *ambiente de transição*, um espaço e tempo em que possamos explorar o que nos mantém envolvidos na vertigem e como poderíamos nos sentir se o superássemos. Para ideias relacionadas, ver Pizer, 1998. Um ambiente de transição contém mais do que apenas emoções tóxicas (Bion, 1967). Cria a base para relações de confiança. É por isso

que é importante criar um ambiente de transição baseado na segurança mútua e considerado legítimo por cada uma das partes interessadas.

34. Ver White, 1998.

35. Ver Wilde e Ellmann, 1969, p. 389).

36. Um bom exemplo de externalização do negativo vem de Rosamund Stone Zander, psicoterapeuta que fazia terapia com um casal à beira da separação. A esposa estava furiosa com o hábito do marido de recuar e o acusou de não a amar. Rosamund deixou escapar: "Quem *poderia* amá-la quando você age assim?". Sentindo-se aterrorizada com o que tinha acabado de dizer, ela continuou: "Mas não é você falando... é outra coisa. Vingança. A vingança está falando na sua voz. É uma criatura, sentada no seu ombro, e vai atacá-lo, não importa o que aconteça, mesmo que tenha que destruí-la no processo". Rosamund observou que a esposa agora "via o círculo vicioso em que ela [a esposa] tinha que culpar o marido pelo comportamento ultrajante dela apenas para manter sua sanidade, enquanto a Criatura da Vingança comemorava sua vitória" (Zander e Zander, 2000, p. 189).

Capítulo 6: Resista à compulsão à repetição

1. Adaptado de Burroughs, 1993.

2. Do filme de Chaplin, *Tempos modernos* (1936). Fui apresentado a este vídeo por meio de um artigo de revista sobre a compulsão à repetição por David Kitron (2003).

3. Ver Freud, 1920.

4. Freud (1920, p. 16) destacou o poder da compulsão à repetição em "pessoas cujas relações humanas têm o mesmo resultado: como o benfeitor que é abandonado com raiva depois de um tempo por cada um de seus protegidos, por mais que possam diferir um do outro [...] ou o homem que termina sendo traído por seu amigo; ou o homem que, repetidamente, no decorrer de sua vida, coloca alguém em uma posição de grande autoridade pública ou privada e, depois de certo intervalo, ele mesmo atrapalha essa autoridade e a substitui por outra; ou, novamente, o amante cujo relacionamento amoroso com uma mulher passa pelas mesmas fases e chega à mesma conclusão".

5. Freud (1920) viu a compulsão de repetir o comportamento disfuncional como motivada pelo desejo de buscar libertação. É uma reminiscência do conceito de Jacob Moreno de "fome de atos", no qual uma pessoa que sofre de doença mental se sente compelida durante o psicodrama a reencenar uma cena específica do passado (Moreno e Moreno, 1946).

6. Proponho três razões principais pelas quais resistimos a mudar nosso comportamento conflitivo: hábito, utilidade e identificação.

(1) Hábito. Esta é a primeira fonte de resistência à mudança. Toda vez que um marido critica sua esposa, ela pode responder com outra crítica. O casal não precisa pensar nessa interação. Simplesmente acontece. Um hábito é uma mera associação de estímulo e resposta. Esse hábito pode produzir animosidade no marido e na esposa, mas o hábito não se importa. Não é para agradar, recompensar ou punir. Apenas liga o estímulo (crítica do marido) à resposta (resposta da esposa). Quanto mais você faz, mais solidificado se torna. Resistimos a mudar nosso comportamento, pensamentos ou sentimentos simplesmente porque agimos como "sempre fazemos".

Um hábito pode ser benéfico ou prejudicial. Escovar os dentes é bom; fumar é ruim. Sua trilha completa de hábitos o liga à vida que você leva, assim como o une à sociedade. William James (1917, p. 142) observou que um hábito é o "agente mais conservador" da sociedade, mantendo-nos "dentro dos limites da ordenança". Ele continuou observando que um hábito "salva os filhos com fortuna dos levantes invejosos dos pobres. Só isso evita que os caminhos mais difíceis e mais repulsivos da vida sejam abandonados pelos que foram criados para pisar neles. Mantém o pescador e o ajudante no mar durante o inverno; mantém o mineiro na escuridão e prende o camponês à sua cabana e à sua fazenda solitária durante todos os meses de neve; protege-nos da invasão dos nativos do deserto e da zona congelada".

(2) Utilidade. Também resistimos à mudança se nosso atual padrão de comportamento for útil. Por que minha avó deveria parar de fumar se isso a aliviou de uma profunda ansiedade da morte? Por que um renegado político deveria parar de matar o que vê como "insetos sujos" se seu comportamento atual sustenta seu poder político? A utilidade significa que obtemos algum benefício tangível e pessoal com a repetição de comportamentos, sentimentos ou pensamentos. Pode haver boas razões morais ou de saúde para parar com esses comportamentos, mas essa não é a preocupação do utilitarista, cujos cálculos são baseados na análise amoral de custo-benefício. Os utilitários míopes — muitos de nós em um conflito de forte carga emocional — nem sequer consideram ponderar os custos e benefícios de nosso padrão de comportamento atual contra um padrão comportamental alternativo potencialmente mais construtivo. A pergunta que fazemos a nós mesmos não é: "Devo continuar lutando ou negociar?". Pelo contrário, é: "Os benefícios da luta superam os custos?". Se for assim, continuamos lutando.

Os psicólogos usam o termo "análise funcional" para descrever a busca pelos benefícios pessoais proporcionados a uma pessoa, repetindo um padrão de comportamentos, pensamentos ou sentimentos. Em essência, uma análise funcional avalia os benefícios pessoais que podemos obter de comportamentos que podem parecer disfuncionais à primeira vista. Por que um casal pode discutir repetidamente sobre trivialidades, quase todos os dias? Talvez a flecha de Cupido os tenha acidentalmente unido, mas talvez o conflito sirva a um propósito funcional mais profundo: toda vez que eles brigam, expressam suas frustrações e se sentem mais próximos depois. Pode ser que para alguns casais um conflito intenso tenha uma maior utilidade racional.

(3) *Identificação*. Nossa resistência mais profunda, a que alimenta a compulsão à repetição, vem da pressão percebida para mudar uma parte de quem somos. A compulsão à repetição pode ser motivada por hábito e utilidade, mas seu núcleo é a identificação com uma maneira particular de interagir com os outros. Uma ameaça à sua identidade pode levá-lo a repetir um padrão comportamental que o protegeu no passado. Você *encena* esse padrão, uma história movida pela emoção, repetidamente em um esforço em geral inconsciente para proteger sua identidade da mágoa ou da aniquilação, não importa até que ponto pode ser terrível o efeito dos comportamentos na sua sobrevivência real.

7. Ver Russell, 2006. Ver também Denise Shull (2003), que fornece evidências em apoio à neurobiologia da compulsão à repetição. Ela afirma que as experiências da infância influenciam os tecidos e a química cerebrais — variando da colocação de sinapses às memórias processuais fundamentais — criando filtros para o aprendizado, a percepção e o comportamento seguintes. Podemos repetir padrões anteriores de comportamento com base nas relações resultantes entre mecanismos e estruturas cerebrais, como a amígdala, apoiada pela adrenalina, dopamina e oxitocina.

8. Ver LaPlanche e Pontalis (1973, p. 78), que observam que "no nível da psicopatologia concreta, a compulsão para repetir é um processo ingovernável que se origina no inconsciente. Como resultado de sua ação, o sujeito se coloca deliberadamente em situações angustiantes, repetindo assim uma experiência antiga, mas não se lembra desse protótipo; pelo contrário, ele tem a forte impressão de que a situação é totalmente determinada pelas circunstâncias do momento".

Observe uma diferença importante entre comportamento impulsivo e compulsivo. Normalmente, encenamos um comportamento *impulsivo* para obter uma recompensa de curto prazo, dando pouca atenção às consequências do nosso comportamento. O comedor impulsivo, por exemplo, não percebe que está comendo muito bolo até acabar. O comportamento impulsivo é egossintônico: ele encena o comportamento porque gosta de como se sente. Por outro lado, tendemos a encenar um *comportamento compulsivo* para nos aliviar da ansiedade e da angústia, como quando somos excluídos da festa de um amigo, nos sentimos abandonados e obrigados a ligar para o amigo e gritar com ele. A compulsão é egodistônica: não gostamos do sentimento e agimos para nos livrar dele.

9. Paul Russell (1998, p. 45) observa que "o trauma na psique, como o trauma no corpo, cria danos que requerem reparo. Os laços de conexão, de apego, devem ser criados novamente".

10. Nossos cérebros abrigam o que os neurocientistas chamam de "redes neurais autoassociativas", modelos de memórias em nossos cérebros que nos permitem criar uma imagem completa de algo a partir de um pequeno fragmento de informação. Vamos supor que estou em conflito com meu vizinho por causa da divisa entre nossas propriedades. Nós nos sentamos para "conversar" e, enquanto fazemos isso, minha mente inconscientemente se apoia em um modelo relacional antigo de minhas relações com a estrela do futebol arrogante e violenta da minha escola. Esse modelo, uma rede neural autoassociativa, produz dois efeitos poderosos. Primeiro, preencho automaticamente qualquer ambiguidade de meu vizinho usando esse modelo arcaico. Quer meu vizinho seja ou não um cara violento, eu imediatamente atribuo intenções negativas e arrogância a todas as suas palavras ou ações. Se ele começar a reunião dizendo: "Estou feliz por termos nos encontrado", posso pensar: *Ele está obviamente dizendo isso para me deixar de bom humor, para que possa me manipular.* Segundo — e é aqui que nossa psicologia se torna realmente distorcida — ignoro as diferenças realistas como "ruído". Quando a rede neural autoassociativa é ativada, eu literalmente não vejo exceções ao modelo em minha mente. Meu vizinho pode aderir às minhas exigências e ter empatia pelas minhas queixas, mas sou cego às suas intenções. Simplesmente vejo seu comportamento arrogante e, enquanto o trato com insolência, ele *se torna* insolente. Crio o adversário que percebo que ele é.

Freud (1920) postulou que a compulsão à repetição pode derivar não de um instinto de viver, mas de um instinto de contrabalançar o de morrer, "um desejo na vida orgânica de restaurar um estado anterior das coisas". O objetivo da repetição é, assim, dominar o instinto destrutivo da morte.

11. Ver Russell, 1998.

12. Um aluno meu observou que a Bíblia chama a atenção para esse fenômeno. Mateus 7:3 declara: "Por que você repara no cisco que está no olho do seu irmão e não se dá conta da viga que está em seu próprio olho?".

13. Paul Russell (1998, p. 2) observa que a compulsão à repetição "parece assustadora. [...] Existe alguma resistência poderosa que parece operar contra todos os esforços para aprender a antecipar, evitar ou alterar a dolorosa repetição. A compulsão à repetição é resistente à educação".

14. Isso é consistente com a teoria de Paul Russell (1998, p. 46) sobre a compulsão à repetição. A resposta à lesão emocional (trauma) é a compulsão à repetição. O trauma nos confron-

ta com dois caminhos. Podemos (1) crescer e dominar nossas emoções feridas ou (2) evitar aprender novas maneiras de ser, ficando presos na compulsão à repetição. A compulsão à repetição, com seus correlatos afetivos, "esculpe exatamente o problema de relacionamento que ainda não foi resolvido" — como sentimentos de abandono, incompetência ou inutilidade.

15. Paul Russell (2006, p. 41) afirma que a compulsão à repetição é experimentada "com a completa convicção por parte da pessoa de que é um novo evento ocorrendo e totalmente determinado pelo presente".

16. Ver Russell, 1998.

17. Freud concebeu a repetição como um mecanismo de defesa, uma maneira de proteger contra sentimentos de inadequação, decepção e negligência. Tentamos repetidamente mudar para consertar essa sensação inadequada.

18. Libertar-se da compulsão à repetição requer uma negociação interna difícil. Paul Russell (1998, p. 111) afirma que "a única coisa que funciona [para transformar a compulsão à repetição] é a negociação, ou seja, uma negociação sobre se as coisas devem acontecer da mesma maneira desta vez". Em outras palavras, você repetirá o passado — com todos os seus custos — ou se esforçará em direção a um futuro mais desejável? Resolver esse dilema requer uma negociação interna difícil.

19. Como Russell (1998, 20) observa: "A compulsão à repetição é um convite para uma crise. A repetição pode ocorrer sozinha, mas a crise não. Meu modelo de GCI tem fortes paralelos com o Modelo ABC de Terapia Comportamental Cognitiva, de Albert Ellis, que ajuda as pessoas que lidam com sofrimento emocional a identificar o evento, o comportamento e a consequência de ativação. Uma grande diferença é que o modelo de Ellis se concentra em comportamentos discretos, enquanto o modelo de GCI se concentra em um ciclo de discórdia.

20. Para mais informações sobre marcadores somáticos, Damasio, 1994.

21. Uma estratégia-chave para se libertar da compulsão à repetição é *pegar a faísca antes da chama*: fique consciente de suas intenções comportamentais que precedem a compulsão à repetição. Há um espaço de tempo entre o padrão comportamental que se manifesta e sua capacidade de inibir seu desempenho. Essa é uma variação do que chamo de espaço intermediário, e é aqui que você detém o poder de quebrar padrões repetitivos inconscientes. Em um estudo bem conhecido, o neurocientista Benjamin Libet pediu aos participantes que olhassem para o relógio e movimentassem a mão sempre que quisessem — e então documentassem o momento exato em que decidiram mover a mão. Os participantes também foram conectados a um EEG para medir a atividade elétrica no cérebro. Libet descobriu com

segurança que os desvios dos traços de EEG ocorreram aproximadamente meio segundo *antes* do momento relatado em que os sujeitos anotaram que decidiram mover as mãos.

22. A compulsão à repetição é uma força emocional que resiste a mudar. Para combatê-la, você precisa resistir à sua resistência a mudar, o que pode parecer antinatural.

23. Este exemplo e a subseção são extraídos de Russell (2006, p. 39). O exemplo do esqui é adaptado de seu artigo.

24. Ibid.

25. Você precisa da força do ego para reconhecer a tentação da compulsão sem sucumbir a ela. O objetivo paradoxal é mudar enquanto permanece o mesmo; você foge da compulsão à repetição, mas não altera sua identidade essencial. Ver Russell (1998, p. 12), sobre a importância da força do ego para tolerar esse paradoxo.

26. Essas perguntas são adaptadas de Russell, 2006, p. 39.

27. Ver James, 1899.

28. Da mesma forma, o padre Joseph C. Martin, especialista em alcoolismo, alertou: "Esteja alerta contra o momento desprotegido". (Veja o vídeo dele *Relapse,* produzido por Kelly Productions, Inc., 1985.)

29. O professor Ronald Fisher descreve uma experiência semelhante ao facilitar o diálogo intergrupos em torno do conflito de Chipre. Os cipriotas turcos resistiam a avançar para a paz, com medo de que os eventos traumáticos do passado se repetissem. Fisher e o colega Herbert Kelman facilitaram uma discussão em que cada lado reconheceu a história traumática do outro e garantiu que esse comportamento nunca seria repetido. Em seguida, os participantes entraram na discussão sobre atividades cooperativas (Fisher, 2010).

Capítulo 7: Reconheça tabus

1. Ver Sobelman, 2010.

2. Uma comunidade pode variar em tamanho, de um par (como um casal) a um grande grupo social (como uma sociedade).

3. Radcliffe-Brown (1939) esclarece o conceito de tabu: "Nas línguas da Polinésia, a palavra significa simplesmente 'proibir', 'proibido' e pode ser aplicada a qualquer tipo de proibição. Uma regra de etiqueta, uma ordem emitida por um chefe, uma regra para que as crianças não se intrometam com as coisas dos mais velhos, pode ser expressa pelo uso da palavra tabu".

R.D. Laing (1969, p. 77) delineia ainda mais os dilemas sociais dos tabus, embora não faça referência explícita à palavra "tabu". Ele descreve como as famílias transformam certos assuntos em tabu; até falar sobre tabu é tabu, resultando em um duplo vínculo em torno de assuntos que impulsionam a dinâmica da família: "Existe uma resistência familiar combinada para descobrir o que está acontecendo, e existem estratégias complicadas para manter todos no escuro, e no escuro eles estão no escuro. Saberíamos mais do que está acontecendo se não fosse proibido e não fôssemos proibidos de perceber que somos proibidos disso".

4. Os tabus são socialmente construídos e definidos contextualmente. Em outras palavras, as fronteiras entre o que é tabu e o que não é variam entre os tipos de relações e a natureza do problema em questão. Fiske e Tetlock identificam quatro tipos de relações (compartilhamento comunitário, troca de mercado, classificação de autoridade e correspondência de igualdade) e levantam a hipótese de que "as pessoas considerarão as trocas como naturais e inteligíveis apenas até o limite das relações e operações socialmente significativas definidas debaixo da estrutura relacional relevante". Além desse limite, a troca será tabu. Eles fornecem o exemplo de um amante dizendo: "Quero mais beijos. Vou te abraçar o dobro, se você me beijar o dobro". Eles sugerem que essa troca parece errada, pois trata um relacionamento baseado no compartilhamento comunitário como outro baseado nas trocas de mercado. As normas para o que é tabu variam entre esses tipos de relacionamentos.

Fiske e Tetlock argumentam que conflitos entre relacionamentos de diferentes tipos — como uma obrigação com a comunidade versus com a autoridade — são especialmente estressantes: "Você deveria visitar sua mãe que está morrendo se a viagem exigisse o abandono de seu posto de guerra e significasse a desonra de sua unidade militar? Você deveria denunciar a traição de sua mãe às autoridades se descobrisse que ela é espiã do inimigo em tempo de guerra? Você deveria cometer um pecado mortal para proteger seu melhor amigo, que já fez o mesmo por você?".

Os dilemas de Fiske e Tetlock (1997) são emocionalmente provocativos, porque desafiam o que chamo de *tabu fundamental da tribo*: trair seu próprio grupo de identidade. Esses dilemas o forçam a definir suas lealdades — e seu nível de sacrifício a essas lealdades. Em última análise, essas perguntas o confrontam com decisões sobre o que você considera mais sagrado.

5. Os eminentes psicólogos sociais Lee Ross e Richard Nisbett (2011, p. 9) destacam uma visão importante de Kurt Lewin, o avô da psicologia social: "Ao tentar levar as pessoas a mudarem maneiras conhecidas de fazer as coisas, as pressões e restrições sociais exercidas pelo grupo informal de pares representam a força de restrição mais potente que deve ser superada e, ao mesmo tempo, a força de indução mais poderosa que pode ser explorada para alcançar o sucesso".

6. Suponho que os guardiões emocionais dos tabus são o medo e a vergonha. Tememos as consequências políticas, sociais, físicas ou econômicas de quebrar um tabu e tememos a vergonha da rejeição social.

7. O professor Stanley Schachter (1951) descobriu que os grupos podem tolerar um grau de desvio em relação a questões importantes, além dos quais o grupo rejeitará ou expulsará socialmente quem se desviar.

8. Os tabus são um mecanismo social conservador. Ninguém gosta de se sentir envergonhado ou alienado de sua própria comunidade; portanto, os tabus estabelecem limites sociais para comportamentos aceitáveis. Se você ultrapassar a linha do tabu, corre o risco de sofrer com a vergonha ou a alienação. No entanto, os tabus nem sempre preservam valores que servem ao bem comum. Durante uma visita ao Departamento de Estado dos EUA em 7 de outubro de 2009, eu fazia parte de um grupo de líderes que se reuniu com o embaixador Luis deBaca, que falou como os tabus frequentemente escondem o significado principal de nossa comunicação e nos distanciam da verdade. Ele observou que a sociedade usa o termo "violência sexual" em vez de "estupro", "tráfico" em vez de "escravidão" e "violência doméstica" em vez de "assassinato". Ele defendeu a importância de enfrentar e dominar a linguagem do tabu.

9. O psicanalista R. D. Laing (1970, p. 1) ilustra tabus por meio de sua descrição de "nós" em que as pessoas se envolvem: "Eles estão jogando um jogo. Estão brincando de não jogar um jogo. Se eu mostrar a eles que estão, quebrarei as regras e eles me punirão. Devo jogar o jogo deles, de não ver que estou vendo o jogo". É útil soltar os nós emocionais que promovem conflitos destrutivos.

10. Tetlock (2000) chama isso de "mero efeito de contemplação". A teoria postula que, quanto mais as pessoas acreditam que você contempla uma troca tabu, mais indignação moral elas sentem por você. Ver Tetlock et al., 2000.

11. Isso é verdade no Afeganistão, na Somália e no Paquistão. Ver "Riots Over US Koran Desecration", BBC, 11 de maio de 2005.

12. Kim Jong-un, líder da Coreia do Norte, conheceu Dennis Rodman durante uma exibição de basquete no país; eles construíram um relacionamento rápido e Rodman mais tarde chamou Kim Jong-un de "amigo para toda a vida". Ver Silverman, 2013. Muitos norte--americanos ouviram o comentário de Rodman e pensaram: *Rodman está louco? Deve estar! Como alguém pode fazer amizade com esse tirano irracional do Norte?* Até a CNN publicou um artigo intitulado "North Korea: Reality vs. The World According to Dennis Rodman" (LEVS, 2013). Mas isso tudo mostra exatamente o que quero dizer. Os tabus restringem

nosso pensamento, limitando o que vemos como possível dizer ou fazer em um conflito. Ver também Blake, 2013.

13. Partes substanciais desta história são extraídas do artigo "Balkans' Idolatry Delights Movie Fans and Pigeons", de Dan Bilefsky, no *New York Times*, 11 de novembro de 2007.

14. No artigo do *New York Times* (*ibid.*), Bojan Marceta, cinegrafista local de 28 anos, que conseguiu os fundos para encomendar a estátua, disse: "Ninguém das guerras dos anos 1990 ou da ex-Iugoslávia merece um monumento, porque tudo o que nossos líderes fizeram foi impedir nosso progresso (...) Minha geração não consegue encontrar modelos, então precisamos procurar em outro lugar. Hollywood pode fornecer uma resposta".

15. Ver "Rocky to Knock Out Disaster News", *Metro*, 7 de fevereiro de 2007.

16. A noção de nos purificar depois de fazer contato com o tabu existe pelo menos desde a viagem do capitão Cook ao Pacífico. Ele observa: "Quando acontece o *tabu*, com uma reverência a um grande personagem, ele é facilmente eliminado" (Cook, 1785). De fato, muitas religiões têm rituais de purificação, como a confissão cristã a um sacerdote, que resulta na absolvição do pecado em nome de Deus. Para ideias psicológicas sobre o processo de purificação, ver Tetlock et al., 2000.

17. Essas perguntas são adaptadas do trabalho do psicoterapeuta de Stanford, Irvin Yalom (1985, p. 147).

18. O professor Kurt Lewin (1948) destaca a importância dos "guardiões" em seu capítulo em Maccoby et al. Os guardiões têm um poder substancial. Por exemplo, se você quiser influenciar uma decisão do presidente de uma organização, pode ser inteligente discutir o assunto com a pessoa que ele mais confia.

19. Mandela, 1999.

20. Ibid.

21. O que torna histórico um acordo histórico? Ele quebra tabus. Mandela provou isso. Ele usou da coragem para quebrar tabus de longa data contra a promoção da igualdade racial — e mudou a história. Sem a quebra de tabus, é provável que a compulsão à repetição vença.

22. A pesquisa do psicólogo social de Harvard Daniel Gilbert (2005) sobre previsão afetiva sugere que não somos bons prevendo nosso nível futuro de felicidade. Uma maneira de obter maior perspectiva sobre o impacto de quebrar um tabu é solicitar a contribuição de um amigo ou colega de confiança.

23. Esta seção é baseada em parte no trabalho do economista Kenneth Boulding (1978, pp. 16-17), que chama esses acordos tácitos de "contratos sociais negativos".

24. Boulding propõe que a diferença entre guerra e paz se reduz a tabus. Em tempos de paz, os Estados Unidos poderiam bombardear um aliado com quem têm uma disputa, mas não fazem isso *porque é tabu*: "Qual é a diferença essencial entre uma parte beligerante e outra não beligerante? A resposta básica a essa pergunta parece ser encontrada na natureza do sistema de tabus das partes envolvidas. [...] Do ponto de vista da parte beligerante, a transição da paz para a guerra é em grande parte uma transição na posição da linha do tabu. Há toda uma gama de ações que são tabus na paz, mas que não são tabus na guerra".

Boulding continua observando que a autoimagem de cada parte é da maior importância: "A Ford Motor Company pode estar enfrentando uma concorrência severa da General Motors, mas, se algum dia ocorreu aos diretores da Ford Motor Company assassinarem os diretores da General Motors e explodirem sua fábrica, é muito duvidoso que esse pensamento sequer tivesse sido expresso em uma reunião da diretoria, simplesmente porque a autoimagem da Ford Motor Company não permitiria esse tipo de comportamento, mesmo que fosse fisicamente possível" (*ibid.*). Ele conclui com uma advertência: "As autoimagens, é claro, mudam sob estresse, e também se desgastam e mudam pela falta de estresse" (*ibid.*, pp. 15-16).

Da mesma forma, se o presidente dos Estados Unidos discordar do papa nas principais políticas, os tabus tornam inconcebível que os Estados Unidos bombardeiem o Vaticano. Infelizmente, atos de violência trágica — como o assassinato em massa de crianças em uma escola ou o uso de armas químicas na guerra — podem esticar a linha do tabu em uma direção negativa, neutralizando-o e colocando esse comportamento dentro do campo do possível para algumas poucas pessoas instáveis. Um antídoto é reafirmar linhas de tabus construtivas ("Não defenderemos esse comportamento desumano"), aplicá-las na medida do possível e legitimar essas linhas de tabus revisadas por meio de guardiões na comunidade de influência dos autores. De fato, evidências da antropologia documentam a importância crítica dos tabus contra a violência para a manutenção de sociedades pacíficas. Ver Fry, 2006.

25. Os tabus frequentemente ganham força com pessoas ou grupos que detêm poder estrutural dentro de uma comunidade; as proibições impedem comportamentos que ameaçam a estrutura de poder da comunidade.

26. Ver Boulding, 1978, pp. 16-17.

27. Até a estabilidade das relações internacionais depende de tabus. O direito internacional, por exemplo, não tem um mecanismo superior de policiamento — como não existe um governo global único —, o que significa que tabus contra a violação do direito internacional, juntamente com a resultante alienação social na comunidade global, tornam-se mecanismos críticos de policiamento.

Os tabus também são uma ferramenta na política de identidade. Se o presidente de um país declarar qualquer questionamento de sua intervenção militar como "antipatriótico", o tabu foi plantado. Obviamente, uma organização de base poderia realizar uma contracampanha declarando a própria intervenção militar como "antipatriótica". Agora, há um conflito sobre o que deve ser considerado tabu: a intervenção militar ou o questionamento dela.

Ver o *Report on the Middle East Summit 2008* do Fórum Econômico Mundial, Genebra, Suíça. Uma descrição da minha sessão ("Building Peace, Breaking Taboos") pode ser encontrada em http://www.weforum.org/pdf/SummitReports/middleeast08/workspace.htm, "Building Peace, Breaking Taboos".

28. Ibid.

Capítulo 8: Respeite o sagrado — não o ataque

1. O filósofo Mircea Eliade sustenta que o sagrado tem uma importância especial porque contém toda a "realidade": o sagrado sustenta a fonte de nossos valores. Se enfrentarmos um dilema moral, confiaremos em valores sagrados para decidir qual caminho seguir. Se alguém atacar o que consideramos sagrado, eles ameaçam o fundamento de nossa realidade.

Um ataque ao sagrado é o impacto mais severo na autonomia. Por exemplo, o psiquiatra político Robert Jay Lifton (2001) discute como, logo após os ataques de 11 de Setembro ao World Trade Center, um forte sentimento antiamericano no Oriente Médio tinha como base, em parte, a presença de soldados dos EUA "em vários lugares sagrados" no Oriente Médio, incluindo a Arábia Saudita.

2. Tetlock et al. (2000, p. 853) definem um valor sagrado como "qualquer valor que uma comunidade moral trate implícita ou explicitamente como tendo significado infinito ou transcendental que impeça comparações, trocas ou qualquer outra mistura com valores criados ou seculares". De maneira semelhante à minha teoria, eles observam que os valores sagrados têm utilidade infinita e, portanto, não podem ser comercializados ou comprometidos.

O sagrado tem um impacto único em nossa experiência de ser. Rudolf Otto (1917, p. 40) descreve a experiência espiritual de reverenciar o sagrado, chamando-o de "consciência numinosa". Essa é uma "experiência ou sentimento não racional, não sensorial, cujo objeto primário e imediato está fora do eu". Essa consciência tem sentimentos contrastantes de *mysterium fascinans*, um fascínio que o atrai ao objeto santificado e *mysterium tremendum*, um forte medo da autoridade real do objeto.

Qual é a função do sagrado? Considere várias possibilidades:

Em um nível psicológico, podemos ter um reservatório inato — uma necessidade básica — de experimentar emoções transcendentes. O sagrado desperta essas emoções, permitindo que possamos transcender os limites da existência comum e reconhecer nossa humildade em relação a um poder superior, um relacionamento profundamente significativo ou uma conexão com o que consideramos divino. Da mesma forma, o sagrado pode fornecer aos crentes uma fé inconsciente na onipotência; um sentido subjetivo e intersubjetivo de identidade, continuidade e coesão; e conforto e segurança para pessoas e comunidades durante períodos de ansiedade. Ver LaMothe, 1998.

No nível sociológico, o sagrado pode derivar do espírito inexplicável do fervor do grupo, o que Durkheim chamou de *efervescência*.

Em um nível teológico, o influente teólogo Paul Tillich teorizou que o sagrado (especificamente a religião) reprime a profunda ansiedade da humanidade em relação à perda e extinção. Ele argumentou que nenhuma terapia pode acalmar esses medos.

3. Durkheim (1912, p. 52) postulou: "Por coisas sagradas, não devemos entender simplesmente aqueles seres pessoais que são chamados de deuses ou espíritos; uma pedra, uma árvore, uma rocha, um pedaço de madeira, uma casa, em uma palavra qualquer coisa pode ser sagrada". Ele viu o poder do sagrado como derivado não de nenhuma essência sagrada intrínseca, mas de sua separação social do profano.

4. Qualquer coisa pode ser considerada sagrada: depende daquilo em que a pessoa acredita. Os estudiosos levaram esse princípio a sério e analisaram conflitos políticos envolvendo decisões tradicionalmente consideradas racionais por natureza. Por exemplo, ver a análise das negociações do professor Dehghani et al. (2009) sobre o programa nuclear iraniano.

5. Há um velho ditado dos Upanishads sobre o divino: "Quando, diante da beleza do pôr do sol ou de uma montanha, você faz uma pausa e exclama, 'Ah', está participando da divindade" (Campbell e Moyers, 1988, 258).

6. O sagrado tem a ver com a indivisibilidade da totalidade, independentemente das consequências. No entanto, o sagrado não é totalmente indivisível por si só. A capacidade humana de reinventar significado e reconciliar contradições é notável. Um líder espiritual, por exemplo, pode reinterpretar o texto sagrado e, assim, redefinir a compreensão da comunidade do inviolável.

7. Émile Durkheim (1912) contrasta dois mundos: o profano, que é a experiência mundana da vida cotidiana, e o sagrado, que inclui coisas separadas e proibidas. A religião, ele acreditava, é o que mantém esses dois mundos separados.

8. Ver o *Iran Data Portal* (2015) na Universidade de Princeton. Site: https://www.princeton.edu/irandataportal/laws/supreme-leader/khomeini/rushdie-fatwa.

9. Uma repórter do *New York Times* perguntou a Rushdie se ele tinha algum conselho para outros escritores sob ameaça semelhante. A resposta dele: "Não ceda. É uma questão de [...] saber quem você é e por que fez o que fez". Ver "Life During Fatwa: Hiding in a World Newly Broken", *New York Times*, 18 de setembro de 2002. Neste artigo, Charles McGrath entrevista Salman Rushdie.

10. Quando uma parte infunde um conflito com significado sagrado, há uma tendência para que o outro lado faça o mesmo. Por exemplo, terroristas enquadraram os ataques de 11 de Setembro ao World Trade Center na linguagem do sagrado — incluindo a declaração de Osama bin Laden de uma guerra santa contra os Estados Unidos — e líderes norte-americanos enquadraram sua resposta em termos de valores sagrados da vida, liberdade e instituições norte-americanas (Mahoney et al., 2002).

11. Este exemplo é inspirado em um clássico cartum da *New Yorker* de Mike Twohy, publicado em 31 de maio de 1999, no qual um casal entra em uma festa, entrega o dinheiro ao anfitrião e diz: "Não tivemos tempo de comprar uma garrafa de vinho, mas é isso o que teríamos gastado".

12. Baron e Spranca foram alguns dos primeiros pesquisadores a investigar o papel dos valores sagrados na forma como os seres humanos tomam decisões. Eles se referem aos valores sagrados como "valores protegidos" e os conceituam como resistentes à troca com valores econômicos. Eles descobriram cinco propriedades que se correlacionam com a resistência à troca: insensibilidade à quantidade, relatividade do agente, obrigação moral, raiva ao pensar em fazer a troca e negação da necessidade de trocas por meio de um pensamento mágico. Sua noção de "insensibilidade à quantidade" refere-se ao meu argumento anterior neste capítulo de que mesmo uma pequena ofensa a um valor sagrado pode ter um grande impacto emocional. Ver Baron e Spranca (1997) e Scott Atran e Robert Axelrod (2008), que ilustram a insensibilidade quantitativa do sagrado ao notar que os exércitos frequentemente arriscam a vida de muitos soldados para salvar alguns poucos como uma questão de dever sagrado.

  Philip Tetlock mostrou que é mais provável que conflitos sobre valores sagrados levem a barganha e impasse difíceis. Tetlock et al. (2000) fornecem evidências empíricas de que uma ameaça a um valor sagrado incita indignação moral e rigidez cognitiva. Estratégias difíceis de barganha se tornam mais prováveis. Ao reenquadrar o conflito como não sendo sobre valores sagrados, mas sobre "custos e benefícios", podemos transformar ou mascarar a natureza carregada de emoções de uma troca de tabus.

Por que o sagrado é resistente à resolução? Uma razão é que você não pode usar modelos convencionais de custo-benefício de tomada de decisão para medir a satisfação em um conflito por valores sagrados. A satisfação é medida ao longo do tempo, mas no mundo do tempo sagrado é infinita. Não há conceito de utilidade a curto ou longo prazo, apenas valor infinito para sempre. Como o sagrado é visto como eternamente de valor infinito, um ataque ao sagrado tende a instigar uma reação implacável e aparentemente desproporcional.

13. Um totem é o que consideramos sagrado, seja um livro, objeto ou texto sagrado. Ouça com atenção para descobrir o que é um totem para o outro lado, fornecendo a você uma visão do que ele pode valorizar no conflito.

14. A história de como você veio a ser é o que chamo de seu *mito de origem*, pois enraíza sua identidade por meio de uma conexão com o passado. A história do seu propósito de vida é o que chamo de seu *mito da profecia*, porque enraíza sua identidade por meio de uma conexão com o futuro.

15. Considere a questão de saber se a teoria da evolução deve ser ensinada no sistema escolar. Um campo de dissidentes sustenta um mito de origem de que o mundo foi criado por uma divindade toda-poderosa; ensinar narrativas alternativas — ou mesmo complementares — ameaça essa identidade central. Outro campo vê seu mito de origem como baseado na noção de que os seres humanos não necessariamente apareceram nesta terra totalmente desenvolvidos por meio da intervenção divina, mas evoluíram para sua estrutura e função atuais com o tempo em resposta a características físicas e comportamentais herdadas e à sobrevivência do mais apto.

16. Criei o termo "santuários de identidade" para descrever os espaços sagrados que servem como manifestação física de nossas crenças e valores mais caros.

17. O professor Abraham Joshua Heschel propõe o sábado judaico como a santificação do tempo, observando que os "sábados são nossas grandes catedrais".

18. Bazerman, Tenbrunsel e Wade-Benzoni (2008) propõem que, quando um negociador apela ao sagrado, três cenários são possíveis: (a) *A questão é verdadeiramente sagrada*. Os autores afirmam que esse problema não está aberto a discussão ou concessões. No entanto, neste capítulo, sugiro que mesmo essas questões sejam negociáveis, pois você pode recorrer à hermenêutica na tentativa de reinterpretar a concepção do sagrado. Você também pode falar na linguagem do sagrado e tentar adaptar sua mensagem à esfera de identidade do outro lado. (b) *A questão não é sagrada, mas é estruturada como uma tática, um meio para atingir um fim*. (c) *O problema é "pseudossagrado"* — sagrado sob algumas, mas não todas, as condições.

Na pesquisa de acompanhamento, Tensbrunsel et al. (2009) apresentam evidências de que as pessoas em uma disputa têm maior probabilidade de lutar por valores sagrados quando têm uma forte alternativa de vitória fácil. Em tais situações, elas podem "se dar ao luxo" de agir por princípio. Essa relação entre os valores sagrados e a força da alternativa de vitória fácil é exibida, independentemente de os participantes terem opiniões moderadas ou extremas sobre os assuntos em jogo. Essas descobertas sugerem que o contexto é importante em termos de com que força as pessoas definem uma situação como envolvendo valores sagrados, embora seja provável que existam algumas questões, em meus termos, *sagrado*, que são impermeáveis ao contexto.

19. Eliade (1958, p. 7) acreditava que o sagrado não é construído; ele se revela para nós. Ele se referiu a essa manifestação do sagrado como *hierofania*. Uma bandeira nada mais é do que um pano para todos, exceto para o nacionalista, que a experimenta como sagrada. O mesmo vale para os mitos: para o crente, eles não são apenas histórias, mas hierofanias.

20. Philip Tetlock et al. (2009) propõem três tipos de trocas:

troca de rotina: valor secular versus valor secular;

troca de tabu: valor secular versus valor sagrado; e

troca trágica: valor sagrado versus valor sagrado.

Em um artigo fascinante, Tetlock (2003, p. 323) examina maneiras de evitar o comprometimento de limites morais, a fim de alcançar um acordo negociado quando confrontado com uma troca de tabu. Por exemplo, ele observa que "os especialistas em eficiência em limpeza tóxica podem escapar da culpa por uma troca de tabu se atribuírem o excedente não à receita geral, mas ao fato de salvarem vidas de outras maneiras". Assim, a troca de tabu se transforma em uma troca trágica. Tetlock também observa que nem tudo está aberto à reformulação retórica: "Alguns tabus — direito ao aborto, racismo ou o solo sagrado de Jerusalém ou Caxemira — tornam-se tão arraigados em certas circunstâncias históricas que propor um compromisso é se abrir à difamação irreversível".

Concessões simbólicas (como um pedido de desculpas sincero e sem reservas) podem melhorar as chances de compromisso quando questões sagradas estão em jogo. Os professores Jeremy Ginges, Scott Atran, Douglas Medlin e Khalil Shikaki (2007) realizaram um estudo mostrando que as pessoas que negociam uma questão sagrada *aumentam* sua resistência ao compromisso quando recebem ofertas de incentivos materiais, enquanto *diminuem* sua oposição ao compromisso quando recebem ofertas de compromisso simbólico. O estudo concentrou-se no conflito israelense-palestino e usou indivíduos diretamente afetados pelo conflito.

Atran e Axelrod (2008) fornecem estratégias para resolver uma disputa que implica valores sagrados, como reconhecer os valores sagrados do outro lado. Por exemplo, após a Segunda Guerra Mundial, as antropólogas Ruth Benedict e Margaret Mead argumentaram com o governo que os EUA deveriam sinalizar respeito pelo imperador japonês, reduzindo assim a probabilidade de que os japoneses, que o reverenciavam, lutassem até a morte para salvá-lo.

21. Ver Raz, 1986.

22. Quando os conflitos se concentram em questões sagradas, as pessoas tendem a *não* aplicar análises instrumentais de custo-benefício, mas aplicar regras morais e intuição. Essa distinção crucial é expandida em Ginges et al. 2007. Além disso, os pesquisadores descobriram que as concessões simbólicas diminuem a oposição dos absolutistas morais aos acordos de paz.

23. Considere mais dois exemplos de como uma troca de tabu pode ser transformada em uma troca trágica. A professora Lily Kong (1993) discute como o governo de Singapura com frequência adquiriu e demoliu centros religiosos (instituições sagradas) para abrir espaço para moradias públicas, propriedades industriais e renovação urbana (preocupações seculares). O governo reprimiu a resistência local reformulando essa troca de tabus (preocupação sagrada versus preocupação secular) como uma troca trágica (construção sagrada versus bem público sagrado), argumentando que o valor comunitário das aquisições religiosas e das mudanças infraestruturais substituíam o valor dos prédios sagrados. Por exemplo, Kong entrevistou "um metodista [que] argumentou que, se tivesse que ceder um edifício religioso para que uma estrada pudesse ser alargada para diminuir o congestionamento, era para o benefício de todos e, como testemunho cristão, 'devemos fazer algo de bom pelo país e não pensar em nós mesmos primeiro'".

Um segundo exemplo concentra-se em Ariel Sharon, ex-primeiro ministro de Israel, que queria desocupar assentamentos israelenses em Gaza para devolver o controle aos palestinos. Um membro sênior do Conselho de Segurança Nacional mais tarde observou sua estratégia: "Nos colonos [que deveriam ser removidos de Gaza], Sharon percebeu tarde demais que não deveria tê-los censurado por desperdiçar o dinheiro de Israel e pôr em risco a vida dos soldados. Sharon me disse que percebia agora que deveria ter feito uma concessão simbólica e os chamado de heróis sionistas fazendo mais um sacrifício" (Atran et al., 24 de agosto de 2007, p. 1040).

24. William James vê o sagrado como uma propriedade do indivíduo, enquanto Durkheim o vê como "um imperativo social que afirma a sociedade e o vincula com o indivíduo" (Cole-

man e White, 2006). Em outras palavras, James se concentra nesse aspecto do sagrado "que vive dentro do seio privado", enquanto Durkheim o vê — e a religião de maneira mais ampla — como uma *função social*, criando um vínculo poderoso que motiva as pessoas a adotarem valores comunitários que preservem a continuidade social.

De acordo com minha teoria da identidade relacional, uma crença sagrada compartilhada pode se tornar uma fonte de afiliação, ligando vocês dois. Isso está de acordo com a teoria de Durkheim sobre a função comunitária do sagrado. No entanto, uma crença no sagrado paradoxalmente aprimora e reduz sua autonomia: ao se submeter ao sagrado, você limita sua autonomia a questionar a santidade do sagrado, mas simultaneamente expande sua autonomia por meio da conexão com o valor infinito do sagrado.

25. Robert Jay Lifton (1979) cunhou o termo "imortalidade simbólica" e propõe que a percebamos de cinco maneiras: *imortalidade biológica* (minha linhagem ultrapassa meu eu mortal); *imortalidade criativa* (minhas obras duram mais que o eu mortal); *imortalidade teológica* (meu espírito supera meu eu mortal); *imortalidade natural* (a natureza supera meu eu mortal: "do pó vens e ao pó voltarás"); e *transcendência experimental* (minhas experiências me levam para fora do meu eu mortal).

26. Para detalhes sobre o processo de santificação, ver Pargament e Mahoney, 2002. As pessoas também geralmente criam significado sagrado ao se envolver em rituais, peregrinações etc.

27. Ver Sadat, 1978.

28. Ver Mahoney et al., 1999.

29. O mesmo vale para a sociedade global contemporânea, na qual os incentivos financeiros muitas vezes não são suficientes para dissuadir os extremistas religiosos de cometer atos violentos. O que é necessário, em parte, são plataformas globais para os líderes religiosos, vistos como legítimos aos olhos dos extremistas, com o objetivo de denunciar a violência como um meio eficaz para lidar com diferenças baseadas em valores.

30. Segundo Ben Dupré (2009, pp. 72-75), o conceito de fundamentalismo deriva do fundamentalismo cristão norte-americano, um movimento que surgiu no início do século xx em reação às "tendências reformistas dos teólogos 'liberais'. [...] Um tema unificador de distintos fundamentalismos religiosos é a convicção de que existe um único conjunto autoritário de ensinamentos que contém a verdade essencial e fundamental sobre Deus (ou deuses) e o relacionamento dele (ou deles) com a humanidade. O texto sagrado é a palavra literal da divindade e enfaticamente não está aberto à interpretação e crítica. Da mesma forma, as injunções e códigos morais contidos no texto devem ser seguidos à risca".

A esfera de identidade que chamo de "fundamentalista" refere-se ao que Scott Atran chama de modelo de resolução de conflitos de "atores devotados" que, em contraste com o modelo de ator racional, descreve aqueles que estão dispostos a fazer sacrifícios extremos que são independentes de, ou parecem desproporcionais a, prováveis perspectivas de sucesso. Essa noção de devoção a um grupo ajuda a explicar o que poderia ser chamado de comportamento irracional dos participantes no meu Exercício das Tribos, que preferem morrer por seu parentesco recém-estabelecido a salvar o mundo. Para detalhes sobre o modelo de ator dedicado, ver Atran, 2003. Tetlock et al. (2000) propõem uma concepção semelhante de tomada de decisão sagrada, a *moralista-teológica intuitiva*.

31. Surpreendentemente, tanto os fanáticos religiosos quanto os deterministas biológicos estritos ocupam essa esfera fundamentalista da identidade, pois ambos acreditam que sua identidade se desenvolve por meio de forças fora de seu controle. Os fanáticos religiosos acreditam que um poder divino determina os parâmetros de sua identidade; os deterministas biológicos acreditam que a identidade é estabelecida por meio da biologia, estruturas do DNA e similares. Você é quem você é devido ao modelo da ordenança divina ou aos códigos biogenéticos preestabelecidos de seu corpo.

Na verdade, nós *todos* podemos ser fundamentalistas. O construtivista *acredita fundamentalmente* em sua visão de identidade, da mesma forma que o fanático religioso não pode ser convencido de outra maneira. Realmente, evidências neuropsicológicas sugerem que você não pode convencer os indivíduos a abrir mão do que consideram vital para sua própria identidade. Os pesquisadores descobriram que, quer avaliemos afirmações objetivas (2 + 2 = 4) ou subjetivas (Deus é real), cada uma recebe seu selo de crença ou descrença em locais primordiais do cérebro associados à emoção, ao paladar e ao odor. Ver Harris et al., 2008.

32. Estou usando o termo "anatista" de maneira bastante restrita. Em uma conversa com o professor Richard Oxenberg, estudioso de religião, (comunicação por e-mail em 20 de julho de 2015), ele observou: "A doutrina budista da *anatta* é mais uma doutrina funcional do que metafísica; ela é criada para fazer com que o adepto deixe de se ver como uma entidade isolada, separada e em oposição a todo o resto. Mas a pessoa de consciência nirvânica não vê a si mesma como não tendo identidade, vê como se estivesse (em algum sentido) identificada com tudo. É uma expansão da identidade, não uma eliminação dela. É uma sensação de ser 'um' com tudo. Assim, é uma superação da consciência dualista associada ao senso de ser um eu (isolado), opondo-se a, e ameaçado por, um mundo de não eu. É exatamente nesse sentido que Thich Nhat Hanh diz que a pessoa de consciência nirvânica transcende o pavor da morte,

porque passa a se ver como uma continuação de tudo o que precedeu 'ele' e que sobreviverá 'a ele'".

O Dalai Lama (2005, pp. 46-50) invoca a teoria budista do vazio que postula que "as coisas e os eventos são 'vazios', pois não têm nenhuma essência imutável, realidade intrínseca ou 'ser' absoluto que permita a independência. Essa verdade fundamental de 'como as coisas realmente são' é descrita nos escritos budistas como 'vazio' ou *shunyata* em sânscrito". O Dalai Lama afirma que "se, no nível quântico, a matéria é revelada como sendo menos sólida e definível do que aparenta, parece que a ciência está se aproximando das ideias contemplativas budistas de vazio e interdependência".

O Dalai Lama faz referência à distinção do filósofo budista Nagarjuna entre duas verdades: (1) *verdade convencional*, que é a realidade como a experimentamos, incluindo identidades principais e (2) *verdade absoluta*, que é o nível ontológico e mais profundo da realidade (p. 67). O Dalai Lama (p. 51) implica que assumir que os objetos são entidades discretas apresenta perigos éticos: "Uma vez fiz essa pergunta ao meu amigo físico David Bohm: Do ponto de vista da ciência moderna [...] o que há de errado com a crença na existência independente das coisas? Ele disse que, se examinarmos as várias ideologias que tendem a dividir a humanidade, como racismo, nacionalismo extremo e a luta de classes marxista, um dos fatores principais de sua origem é a tendência a perceber as coisas como inerentemente divididas e desconectadas. Deste equívoco nasce a crença de que cada uma dessas divisões é essencialmente independente e autoexistente".

Para mais ideias da filosofia budista sobre pensamento e sentimento, consulte *Pensamentos sem pensador: Psicoterapia pela perspectiva budista*, de Mark Epstein (Nova York: Basic Books, 1995).

33. Sou grato ao dr. Steve Nisenbaum, instrutor de psiquiatria da Faculdade de Medicina de Harvard, que destacou esse ponto em uma comunicação pessoal por e-mail.

34. A hermenêutica é o estudo da interpretação do texto. O diálogo pode ser visto como um texto vivo aberto à interpretação. O filósofo Martin Heidegger (1962) faz um bom relato da hermenêutica como uma maneira de entender o elo inextricável entre o eu e a cultura, o que ele chama de *estar no mundo*. O artesão, ele ilustra, é um indivíduo não separado de seu ofício — suas ferramentas, madeira e oficina —, mas totalmente conectado a ele. Heidegger observa que o artesão não está "colocado acima e contra o mundo", mas é um participante engajado em atividades imbuídas de significado cultural; eles são partes integradas de um todo mais amplo. Em outras palavras, cultura e ego não são independentes, mas intrinsecamente interconectados, o que significa que, em termos de resolução de conflitos, podemos mudar a

compreensão cultural para mudar a autopercepção, assim como podemos mudar a autopercepção para transformar o enquadramento cultural de um evento.

35. O psicólogo social Kurt Lewin observa que fazer um sacrifício por uma organização aumenta a lealdade a ela. Acredito que em qualquer conflito fazemos sacrifícios para lutar pelo "nosso" lado, aumentando assim nossa lealdade. Mas esse mesmo poder de sacrifício pode ser usado para benefício mútuo: se os oponentes dos dois lados de um conflito fizerem um sacrifício de igual magnitude percebida pelo bem de um acordo, isso pode ajudar a uni-los.

Capítulo 9: Use a política de identidade para unificar

1. Aristóteles acreditava que o Estado é um produto da natureza; para existir no Estado, os seres humanos são, por natureza, "animais políticos". Essa noção está diretamente relacionada à minha teoria do Efeito das Tribos. Aristóteles observou que "aquele que por natureza e não por acidente está sem um Estado, está acima da humanidade ou abaixo dela; ele é o 'sem tribo, sem lei, sem coração', a quem Homero denuncia — o pária que é amante da guerra; ele pode ser comparado a um pássaro que voa sozinho". Esse indivíduo é totalmente autônomo, sem se importar com afiliações, colocando-o fora da ordem moral, passível de buscar todos os meios necessários para satisfazer as necessidades internas. Este é um forte argumento para o valor positivo das tribos. Embora o Efeito das Tribos possa levar à agressão, sua função é proteger aqueles com quem nos afiliamos. Sem uma conexão tribal, corremos o risco de nos tornar "sem coração".

2. Harold Laswell, *Politics: Who Gets What, When, How* (Nova York: Whittlesey House, 1936).

3. Eu uso o termo "política de identidade" para me referir a um mecanismo psicológico neutro de influência. Isso contrasta com o uso político tradicional, muitas vezes liberalista, do termo, que se refere a minorias oprimidas lutando para ter mais poder político, como nos movimentos de direitos civis e feministas; esses "grupos de identidade" defendem a mudança de um sistema político para expandir seus direitos sociais e legais.

4. Foucault (1984) argumenta que a identidade não é uma "coisa" que temos, mas uma propriedade emergente da interação humana. Consequentemente, a identidade se torna uma ferramenta para definir relações de poder, como quando um governo prioriza recursos para "essas pessoas" em vez de "aquelas pessoas". Ver Gagnon, 1994.

5. As divisões étnicas criam conflito ou a política cria divisões étnicas? Segundo o professor Banton, a política aumenta a importância das divisões étnicas, levando grupos étnicos tradicionalmente pacíficos a sofrer períodos de violência. Para os hutus e os tutsis no Burundi e

em Ruanda, a mudança social precedeu a violência e aumentou a importância da identidade étnica. O professor Banton (1997, p. 76) concluiu que "a história recente de Ruanda e Burundi mostra que a consciência étnica não criou o conflito, pelo contrário, o conflito fez muito para aumentar a consciência étnica". A professora Martha Minow (1998, p. 119), reitora da Faculdade de Direito de Harvard, argumenta um sentimento semelhante: "As alternâncias de esquecer e lembrar-se marcam o caminho do poder". Em outras palavras, a política molda a dinâmica do poder, que molda as relações étnicas.

6. O líder maquiavélico pode usar a história como uma ferramenta para manipulação política. Grupos ameaçados são propensos ao que Vamık Volkan (2001) chama de *traumas escolhidos* e *glórias escolhidas*: "Essas são representações mentais compartilhadas de catástrofes ou triunfos passados que se tornaram marcas da identidade de um grupo. [...] No caso de traumas escolhidos, eles envolvem humilhações e perdas que não foram lamentadas adequadamente e, embora o evento real possa ter séculos, a representação mental dele está embutida no sentido de identidade do grupo e pode, quando reativado, fornecer combustível para a agressão ou uma sensação de vitimização nos dias atuais". Volkan afirma que muitos líderes sabem intuitivamente como estimular traumas e glórias escolhidos como ferramenta de influência política.

7. Ver De Waal, 1982, p. 207.

8. *Utani* é o vínculo entre tribos ou aldeias; os indivíduos que estão vinculados se referem um ao outro como *watani*, pessoas vinculadas por meio de *utani*. *Utani* institucionaliza a amizade e se isola da violência política por meio de bom humor, generosidade financeira e apoio em momentos difíceis, como cozinhar e limpar no funeral de um membro de uma tribo *utani*. Ver Tsuruta, 2006.

9. Ver Brubaker, 2004, p. 13.

10. Ver Putnam, 1988, e Walton e McKersie, 1965, que desmerecem a suposição de ator unitário dentro do contexto das negociações organizacionais. Ver também Lax e Sebenius, 2006, que fornecem uma estrutura útil para dissecar essas várias forças internas e externas que influenciam o processo de tomada de decisão.

11. Felizmente, minha vizinha não foi ferida na maratona.

12. Minha ideia de que a Irlanda do Norte deveria se concentrar na construção de uma identidade positiva era algo que claramente alguns outros líderes políticos já haviam percebido e estavam buscando.

13. As lideranças do Reino Unido e da República da Irlanda procuraram em muitas ocasiões pintar identidades positivas. Por exemplo, em maio de 2011, a rainha Elizabeth fez a

primeira visita de um monarca britânico à República da Irlanda, e a presidenta irlandesa Mary McAleese observou que a Irlanda e a Grã-Bretanha estavam "forjando um novo futuro, um futuro muito, muito diferente do passado, em termos muito diferentes do passado". (Ver "McAleese Hails 'Extraordinary Moment'", *Irish Times*, 16 de maio de 2011.) Quando a rainha Elizabeth lembrou sua visita vários anos depois, observou: "Agora cooperamos em toda a gama de negócios públicos; de fato, hoje não existe uma relação de trabalho mais próxima do meu governo do que com a Irlanda". (Ver "The Queen's Banquet Speech for the State Visit of Irish President Michael Higgins: In Full", *Belfast Telegraph*, 4 de agosto de 2014.) Em 2014, o presidente irlandês Michael Higgins fez uma visita de Estado ao Reino Unido, quando a rainha Elizabeth declarou: "Nós, que moramos nessas ilhas, devemos viver juntos como vizinhos e amigos. Respeitando a nacionalidade, soberania e as tradições um do outro. Cooperando para nosso benefício mútuo. À vontade na companhia um do outro". (Ver "Queen Says Ireland, Britain Should Live as Friends", *Irish Times*, 9 de abril de 2014.) Durante a visita, o presidente irlandês observou: "Como as duas ilhas entram em períodos de importantes centenários, podemos e devemos refletir sobre a importância ética de respeitar narrativas diferentes, mas profundamente entrelaçadas. Essa reflexão oferece uma oportunidade de criar um futuro brilhante no amplo terreno comum que compartilhamos e, onde diferimos em questões de interpretação, de ter empatia respeitosa pelas perspectivas do outro". (Ver "Irish President Talks of Lasting Reconciliation in Historic Speech", *The Guardian*, 8 de abril de 2014.)

14. Esta seção se beneficiou das perspectivas perspicazes de John Kennedy da Insight Strategies, que trabalhou incansavelmente para promover a paz na Irlanda do Norte.

15. Ver Fisher e Shapiro, 2005. O método ECNI é uma versão revisada do Bucket System, desenvolvida por Mark Gordon, consultor sênior do Projeto de Negociação de Harvard. Para abordagens semelhantes com o objetivo de decidir como decidir, ver Vroom e Yetton, 1976, e Bradford e Allan Cohen, 1998.

16. Ver Sebenius e Green, 2014.

17. Este grupo foi liderado por madame Ruth Sando Perry, ex-presidente da Libéria. Segundo Diop, a comunidade internacional apoiou o diálogo intercongolês para acabar com a crise, e sua equipe de mulheres líderes africanas contribuiu para esse objetivo.

18. Mary Parker Follett, pioneira no campo da resolução de conflitos, diferenciou o poder sobre (coerção) do poder com (cooperação).

19. Um princípio fundamental do partido dirigente de Nyerere era "combater o tribalismo e quaisquer outros fatores que impedissem o desenvolvimento da unidade entre os africanos".

Ver M. H. Abdulaziz, "The Ecology of Tanzanian National Language Policy", em *Language in Tanzania*, eds. Edgar C. Polome e C. P. Hill (Oxford: Oxford University Press, 1980).

20. Essa perspectiva sobre a liderança do presidente Nyerere deriva de uma conversa com um diplomata da Tanzânia na Cúpula do Fórum Econômico Mundial sobre a África, em Dar es Salaam, na Tanzânia, em 6 de maio de 2010.

Capítulo 10: Como superar as divisões — um método de quatro etapas

1. Unidade transcendente é o objetivo final da reconciliação. Os professores Erin Daly e Jeremy Sarkin (2007) descrevem a reconciliação como "a união de coisas que antes estavam unidas, mas que foram separadas — um retorno ou recriação do *status quo ante*, real ou imaginário".

A reconciliação pode acontecer *dentro de nós*; podemos resolver a tensão entre emoções conflitantes. O professor Bakan (1966, p. 45) baseia-se na teoria psicanalítica freudiana para descrever a transformação da neurose em reconciliação emocional: (1) Nós *separamos* o que gostamos do que não gostamos e reprimimos o último; (2) tentamos *dominar* nossa situação emocional; (3) nós *negamos* os sentimentos reprimidos; e (4) contemplamos os sentimentos que foram negados. Assim, a tarefa suprema da psicanálise é descobrir "a unidade interior que está por trás da separação e da repressão" (p. 48). Assim como acontece com a dinâmica integrativa, nosso objetivo é olhar debaixo da divisão por unidade transcendente.

Uma maneira de identificar a repressão é por meio de um conceito que Sigmund Freud (1925, p. 235) denominou *negação*. Um paciente diz a Freud: "Você pergunta quem pode ser essa pessoa no sonho. *Não* é minha mãe". Ao ouvir essas palavras, Freud está confiante de que a pessoa *é* a mãe: "Com a ajuda da negação, apenas uma consequência do processo de repressão é desfeita — o fato, a saber, do conteúdo ideacional do que é reprimido, não atingindo a consciência. O resultado disso é uma espécie de aceitação intelectual dos reprimidos, enquanto ao mesmo tempo persiste o essencial para a repressão" (p. 236).

2. Ver Fisher e Ury, 1981.

3. O exemplo laranja deriva de Fisher e Ury, 1981. Articulei primeiro a crítica a esta seção do exemplo em minha apresentação de dissertação em 1999 na Universidade de Massachusetts, Amherst. Além de uma dissertação empírica, apresentei ao meu comitê um cartum que eu mesmo desenhei de duas meninas brigando por uma laranja, dividindo a casca da laranja e discutindo momentos depois sobre um assunto não relacionado.

4. A solução colaborativa de problemas se torna extremamente difícil diante de fortes emoções negativas. Faço referência à pesquisa que mostra que, quando assumimos que alguém é semelhante a nós, examinamos suas características mentais como faríamos com as nossas, mas não fazemos o mesmo com pessoas consideradas diferentes. Ver Jenkins et al., 2008.

O desgosto pode obscurecer ainda mais nossos esforços para solucionar problemas. Suspeito que, à medida que o Efeito das Tribos ocorre, sentimos desgosto com o outro lado por sua perspectiva e por não ter empatia pela nossa perspectiva. O desgosto evoca uma tendência a desfazer-se daquilo que consideramos repugnante, uma forte reação negativa que pode anular as considerações racionais. Ver Han et al., 2010.

5. O professor Joseph Campbell descreve a transcendência como "uma experiência essencial de qualquer percepção mística. Você morre para sua carne e nasce em seu espírito. Você se identifica com a consciência e a vida da qual seu corpo é apenas o veículo" (Campbell e Moyers, 1988, p. 134).

6. O pesquisador pioneiro da paz John Paul Lederach (1997) descreve o *dilema da identidade*: os oponentes em um conflito prolongado podem resistir à paz porque suas identidades contraditórias são conhecidas.

7. Em *As variedades da experiência religiosa*, William James (1958, p. 165) discute a psicologia da conversão religiosa e introduz o conceito de um *centro habitual de energias emocionais*. Esta seção baseia-se em suas ideias.

8. A serotonina neuroquímica demonstrou aumentar a aversão ao dano. Ver Crockett et al., 2010.

9. O professor Peter Coleman, da Universidade Columbia, foi pioneiro na Teoria dos Sistemas Dinâmicos, que ajuda os oponentes a entender melhor as causas complexas dos conflitos e os caminhos a seguir. O professor Coleman e J.K. Lowe (2007) identificam quatro variáveis centrais úteis para resolver conflitos prolongados: (1) *complexidade cognitiva*: compreender as narrativas complexas de cada parte, (2) *tolerância de contradição*: tolerar informações que contradizem sua narrativa e resistir à simplificação de problemas ou soluções, (3) *abertura e incerteza*: buscar informações contraditórias e (4) *resistência emocional*: envolver-se em estratégias de enfrentamento emocional para canalizar sentimentos em ações construtivas.

A reconciliação do conflito etnopolítico é especialmente complexa, envolvendo vítimas e ofensores, além de vários métodos para curar e exercer a justiça, a busca da verdade e a reparação. Para um excelente recurso sobre reconciliação entre grupos, ver Bloomfield, 2003.

10. O professor John Brewer (2010, p. 127) argumenta que "os processos de paz exigem uma visão do futuro, tanto quanto uma embalagem emocional do passado".

11. Os professores Erin Daley e Jeremy Sarkin (2007, p. 134) observam que uma pergunta importante sobre o passado é: "Com que finalidade nos lembramos do passado? Pode ser com o objetivo de manter vivo o fogo da raiva ou da vingança ou para justificar as vítimas".

12. A capacidade de entender traumas — e, por extensão, resolução de conflitos — exige apoio político. Como observa Judith Herman (1992, p. 9), especialista em trauma de Harvard: "Na ausência de fortes movimentos políticos pelos direitos humanos, o processo ativo de testemunhar inevitavelmente dá lugar ao processo ativo de esquecer".

Capítulo 11: Revele os mitos de identidade

1. O professor Jerome Bruner (2002, p. 89) argumenta que a narrativa é o nosso "meio preferido, talvez até obrigatório, de expressar as aspirações humanas e suas vicissitudes, as nossas e as dos outros. Nossas histórias também impõem uma estrutura, uma realidade convincente sobre o que experimentamos, até mesmo uma posição filosófica". Bruner (1990, p. 77) afirma que uma narrativa envolve uma perspectiva necessária da experiência; não pode ser "sem voz".

2. Uma história é uma exposição com uma trama. Uma narrativa fornece perspectiva para a história. Poderíamos imaginar a história como um edifício, enquanto a narrativa é a sua interpretação desse edifício. Dez pessoas podem olhar para o mesmo prédio e todas têm interpretações diferentes. Em um conflito, a história é o drama que se desenrola, enquanto a narrativa é a perspectiva de cada pessoa sobre esse drama. Uma narrativa pode existir sem história. Quando ouço um blues, por exemplo, experimento uma narrativa pessoal que se desdobra, mas falta a trama de uma história. O objetivo da dinâmica integrativa é ajudar as partes a revelar e reconhecer as narrativas definidoras do outro — o mito da identidade — que expõe as perspectivas divergentes, formando uma história abrangente do conflito.

3. "Se pudéssemos ler a história secreta de nossos inimigos, encontraríamos tristeza e sofrimento suficientes para dissipar toda hostilidade", observou Henry Wadsworth Longfellow. Ver Henry Wadsworth Longfellow, *Prose Works of Henry Wadsworth Longfellow*, vol. 1 (Boston: James R. Osgood and Company, 1873), p. 452.

4. Em uma pequena reunião de acadêmicos da Harvard Business School, organizada pelo professor Michael Wheeler em 15 de fevereiro de 2007, o pesquisador de emoções Paul Ekman comentou: "Para muitos, será irresistível contar a história deles se acharem que você entenderá. Pouquíssimas pessoas não querem ser entendidas. Não tem a ver com a forma como eles veem minha história, mas *por que* fiz o que fiz da minha vida. A única razão para

bloquear esse desejo de contar que minha história é desprezo, meu desprezo por você". Ao entender os mitos de cada lado, entendemos por que vivemos a história que vivemos.

5. As elites poderiam ter se inspirado no trabalho do filósofo John Rawls para produzir um plano moralmente sólido para a distribuição de recursos. Rawls propôs que as partes que decidissem os princípios sociais para alocação de recursos ou direitos deveriam abordar sua decisão por trás de um "véu de ignorância" — isto é, sem saber quais seriam suas próprias circunstâncias naquela sociedade. Esse método minimiza vieses e preconceitos pessoais, pois trata todos os membros da sociedade com igual valor moral. Se as elites decidissem a alocação de recursos por trás de um véu de ignorância, também poderiam ter anunciado ao grupo mais amplo seu método de tomada de decisão, o que poderia ter acalmado pelo menos parte da raiva das classes mais baixas.

6. Essa distinção específica está baseada na discussão de Joseph Campbell (1988, pp. 60-61) sobre os arquétipos junguianos e seu papel na atemporalidade da mitologia. Campbell inspirou vários conceitos centrais neste capítulo, particularmente em relação a poder e propósito da mitologia na vida cotidiana.

7. Ver Jung, 1936.

8. Jung teorizou que seu inconsciente consiste em dois componentes principais: o inconsciente pessoal e o inconsciente coletivo. Seu *inconsciente pessoal* é o lar de sentimentos ocultos, fantasias secretas e traumas reprimidos. Seu *inconsciente coletivo*, por outro lado, abriga ideias e imagens formadas independentemente de sua experiência pessoal e compartilhadas por todos os seres humanos. Como mencionado, os arquétipos são o conteúdo do seu inconsciente coletivo.

9. Tecnicamente, Jung (1968, pp. 5-6) diferenciava entre o *arquétipo* (que fica alojado para sempre no inconsciente coletivo) e a *imagem arquetípica* (que invade a consciência e enquadra nossa compreensão intuitiva do mundo). Estou usando o termo "arquétipo" para me referir à imagem arquetípica. Nunca podemos ver o próprio arquétipo; vemos sua forma manifesta por meio de uma imagem arquetípica. Nas próprias palavras de Jung, "o termo 'arquétipo' se aplica apenas indiretamente às 'representações coletivas', já que designa apenas os conteúdos psíquicos que ainda não foram submetidos à elaboração consciente e são, portanto, um dado imediato da experiência psíquica. Nesse sentido, há uma diferença considerável entre o arquétipo e a fórmula histórica que evoluiu. Especialmente nos níveis mais altos de ensino esotérico, os arquétipos aparecem de uma forma que revela de maneira inequívoca a influência crítica e avaliadora da elaboração consciente. Sua manifestação imediata, como a encontramos em sonhos e visões, é muito mais individual, menos compreensível e mais

ingênua do que nos mitos, por exemplo. O arquétipo é essencialmente um conteúdo inconsciente que é alterado ao tornar-se consciente e percebido, e tira sua cor da consciência individual em que aparece. [...] O homem primitivo não está muito interessado em explicações objetivas do óbvio, mas tem uma necessidade imperativa — ou melhor, sua psique inconsciente tem um desejo irresistível — de assimilar todas as experiências sensoriais externas a eventos psíquicos internos".

10. É extremamente difícil "provar" que os arquétipos são primordiais e não construídos socialmente. Como um cientista pode validar a realidade de um arquétipo latente se ele ainda não está totalmente formado nem é visível? De fato, onde se encontra um arquétipo na mente? Para fins de resolução de conflitos, não há necessidade de ficar obcecado com a realidade dos arquétipos. Os conflitos acontecem na forma de uma narrativa, e qualquer narrativa tem temas fundamentais. A busca por arquétipos é, em última análise, uma busca por temas relacionais centrais que motivam emoção, cognição e comportamento em um conflito.

11. Ver Chomsky, 1972, e Cook et al., 2007.

12. Isso exige "imaginação ativa", termo cunhado por C.G. Jung, que o descreveu como uma técnica para desvendar conteúdo inconsciente em estado de vigília (Stevens, 1990).

13. Ver Eliade, 1958.

14. A introspecção criativa é um processo para revelar a identidade relacional arquetípica de cada oponente em relação ao outro lado.

15. Brian Arao e Kristi Clemens desenvolveram o conceito de "espaço corajoso" e discutiram a crítica de "concordar em discordar". Ver Brian Arao e Kristi Clemens, "From Safe Spaces to Brave Spaces", em L. Landreman, ed., *The Art of Effective Facilitation: Stories and Reflections from Social Justice Educators* (Sterling, VA: Stylus, 2013), pp. 135-50. Muitas das ideias que apresento sobre espaços corajosos são extraídas do excelente capítulo deste livro. Além disso, ver R. Boostrom, "Safe Spaces: Reflections on an Educational Metaphor," *Journal of Curriculum Studies* 30, n. 4 (1998): pp. 397-408.

16. Ver Arao e Clemens (ibid.).

17. O professor Vamık Volkan (1999) elucida um conjunto útil de dinâmicas emocionais a serem observadas em um conflito:

   1. *Deslocamento para um miniconflito*: As partes promovem uma minicrise durante o diálogo, que fornece uma iluminação condensada e simbolicamente rica das principais preocupações que alimentam a tensão.

   2. *O fenômeno do eco*: As partes ecoam eventos externos recentes, implicando suas identidades opostas.

3. *Competição para expressar traumas e glórias escolhidos*: As partes competem por quais queixas históricas são piores, recusando-se a sentir empatia pela dor e sofrimento do outro.

4. *O fenômeno acordeão*: Cada parte se aproxima mais da outra e depois se afasta, em um padrão repetitivo.

5. *Projeções*: As partes lançam aspectos desagradáveis de sua identidade sobre os outros.

6. *Colapso do tempo e transmissão transgeracional de trauma*: As partes fundem o trauma passado com a experiência presente, revivendo sentimentos associados ao trauma.

7. *Narcisismo das pequenas diferenças*: As partes atribuem grande importância a pequenas diferenças de identidade, marcando a divisão entre a identidade central de seu lado e a do outro, e protegendo-a de danos ou erosão.

18. O pesquisador de emoções N. H. Fridja (1988) define uma preocupação como "uma disposição mais ou menos duradoura de preferir estados particulares do mundo".

19. Ver Fisher e Shapiro, 2005.

20. Ver Fisher et al., 1991.

21. Meu conceito de questionamento comparativo está ligado em parte com as ideias teóricas de C. Sluzki (1992, p. 2), que sugere que as histórias são "sistemas semânticos autorregulados que contêm um enredo (o quê), personagens (quem) e cenário (onde e quando). Esses componentes narrativos, por sua vez, são mantidos juntos, regulados e, por sua vez, regulando a ordem moral (significado ou tema geral) da história, isolando efetivamente interpretações alternativas. Para mudar a natureza de uma história, uma técnica útil é mudar os rótulos para o comportamento, fazendo perguntas como: "Em que circunstâncias você se sente...?".

22. A maioria dessas perguntas é extraída de um artigo da professora Sara Cobb (2003), que chama essa forma de investigação de "questionamento circular", uma técnica desenvolvida na década de 1980 em Milão, na Itália, por terapeutas da família sistêmica; o questionário circular enquadra perguntas que convidam comparações ao longo do tempo, partes conflitantes ou relacionamentos.

23. Às vezes, um mediador ou facilitador pode precisar ajudar cada lado a realmente ouvir os mitos do outro lado. Retzinger e Scheff (2000, p. 76) afirmam: "Talvez o maior obstáculo ao progresso na negociação de conflitos travados seja que uma ou ambas as partes achem que suas histórias não foram contadas ou, se contadas, não foram ouvidas. Quando as duas partes se sentem profundamente ouvidas, o clima pode mudar a ponto de começar a negociação. A tarefa do mediador nesses casos é ajudar as partes a formular suas histórias de uma maneira que não ignore as emoções e ter certeza de que, quando contadas, sejam reconhecidas".

24. Como observam Philip Wilkinson e Neil Philip (2007, p. 15), "mitos, como poemas, funcionam por meio de metáforas. Eles dobram o mundo sobre si mesmo, até que pontos distantes e diferentes um do outro se tocam e se fundem, e essas equivalências nos mostram quem realmente somos".

25. Para entender os mitos de uma pessoa, você deve entender o impacto pessoal do conflito *bem como fatores contextuais* como influências políticas, sociais ou econômicas. Kurt Lewin (1997, p. 337), avô da psicologia social, postulou uma fórmula conceitualmente semelhante para prever o comportamento: o Comportamento (C) é uma função da Pessoa (P) e de seu Ambiente (A). Em resumo, $C = f(P, A)$. Ele explicou: "Para entender ou prever o comportamento, a pessoa e seu ambiente devem ser considerados como *uma* constelação de fatores interdependentes" (p. 338). Isso tem implicações para a reconciliação. Um mito é um produto não apenas do indivíduo *ou* do meio ambiente, mas do *resultado combinado*.

26. O historiador Joseph Campbell propõe que os mitos permitem que entremos em contato com partes de nós além de nossa própria consciência.

27. Este workshop foi realizado em maio de 2013 em Istambul, Turquia, em conjunto com a Cúpula do Oriente Médio do Fórum Econômico Mundial.

28. Ver Neu e Volkan, 1999.

29. A representação simbólica da experiência humana pode nos ajudar a enxergar, além da análise secular, os impulsos espirituais mais profundos do comportamento. A análise do ritual, por exemplo, pode concentrar a atenção nas práticas simbólicas que alimentam a fome de significado espiritual.

30. Essas fontes de poder são adaptadas de B. H. Raven, "A Power Interaction Model on Interpersonal Influence: French and Raven Thirty Years Later", *Journal of Social Behavior and Personality* 7, n. 2 (1992): pp. 217-44. Raven adicionou uma sexta base de poder — informação — em 1965. Ver B. H. Raven, "Social Influence and Power", em *Current Studies in Social Psychology*, eds. I. D. Steiner e M. Fishbein (Nova York: Holt, Rinehart, Winston, 1965), pp. 371-82.

31. Em um conflito com uma dinâmica de poder assimétrica, *cada* lado pode resistir a contar histórias. Aqueles que se consideram mais poderosos podem resistir a compartilhar sua narrativa por medo de perder poder. Aqueles que se percebem como *menos* poderosos podem resistir a compartilhar sua narrativa por medo de vingança.

    No entanto, mesmo que apenas um lado compartilhe sua narrativa, os dois lados podem se beneficiar. Considere o trabalho do eminente psicólogo social Ervin Staub, que realizou uma intervenção em Ruanda para promover a cura entre hutus e tutsis após o genocídio.

O conflito deixou mais de 1 milhão de pessoas mortas, principalmente pelas mãos dos hutus extremistas que mataram tutsis e hutus moderados. Quando Staub estava em Ruanda, os tutsis estavam agora no poder; mas ele trabalhou com um grupo misto de hutus e tutsis. Embora os hutus se abstivessem de compartilhar histórias, ele observou que fazê-los ouvir as histórias dos tutsis promoveu empatia e contribuiu para o processo de reconciliação. Ver Staub e Pearlman, 2001, p. 203.

Capítulo 12: Trabalhe a dor emocional

1. Ver Joseph Glatthaar, 2008, p. 151.
2. A retaliação pode ser uma jogada estratégica útil, no entanto deve ser o resultado de uma decisão consciente, não de uma resposta instintiva. Considere as relações entre Nick, de doze anos, e seu irmão mais novo, Joe. Se Nick roubar o livro favorito de Joe, este poderá retaliar roubando o favorito de Nick, enviando a mensagem: *não mexa comigo*. Mas, se Joe voltar e der um tapa na cara de Nick, a retaliação original pode não ter o efeito pretendido. O objetivo de lidar com a dor emocional é garantir que você esteja seguindo a melhor estratégia, em vez de simplesmente retaliar cegamente por uma ofensa percebida.
3. Helen Lewis (1971) observa que a maioria prefere virar o mundo de cabeça para baixo do que virar de dentro para fora.
4. Proponho, como regra geral, que a cura precisa ocorrer no mesmo nível de identidade que a dor: pessoal, social ou espiritual. Se o time de futebol do New England Patriots sofrer uma perda humilhante (dor à identidade social dos torcedores), a psique coletiva dos fãs se sentirá ferida e a psicoterapia individual significará muito menos cura do que se a equipe vencer na semana seguinte. Por outro lado, é improvável que uma ferida emocional proveniente de uma briga com seu irmão seja curada sem uma conversa sincera com essa pessoa. Precisamos promover a cura no mesmo nível da dor.
5. Assegure-se de que os oponentes tenham posse de todo o alcance de suas emoções. O psicólogo social James Averill (1982) observou que assumimos as emoções altruístas como nossas, mas tendemos a abdicar da responsabilidade pela raiva e pelas emoções aflitivas relacionadas. O filantropo não se desculpa por uma doação generosa feita por capricho, mas procura desculpar seu discurso ofensivo a alguém que critica suas práticas de negócios.
6. Essa abordagem é semelhante à terapia cognitivo comportamental, que aconselha as pessoas a perceber uma conversa interna negativa e responder em defesa de si mesmas. O filósofo indiano Krishnamurti (1991, p. 215) acreditava no uso do diário para captar esses pensamentos: "Essa máquina giratória deve diminuir a velocidade para ser observada; portan-

to, escrever todos os sentimentos pode ser útil. Como em um filme em câmera lenta, você é capaz de ver todos os movimentos; diminuindo, assim, a rapidez da mente, você é capaz de observar todos os pensamentos, triviais e importantes".

7. Compartilhar emoções dolorosas pode promover a autoconsciência. Podemos ter medo de ser julgados e depois sentir vergonha da nossa vergonha. Scheff (1988) chama isso de "espiral da vergonha". Em tal circunstância, podemos nos tornar extremamente sensíveis à nossa imagem aos olhos dos outros, conforme sugerido pela teoria de Charles Horton Cooley (1902, pp. 179-85) sobre o "self como espelho". Ele observou que "na imaginação percebemos na mente de outra pessoa algum pensamento sobre nossa aparência, maneiras, objetivos, ações [...] e somos afetados de várias formas por isso. Uma ideia desse tipo parece ter três elementos principais: a imaginação de sua aparência para a outra pessoa; a imaginação do julgamento dele dessa aparência; e algum tipo de sentimento pessoal, como orgulho ou mortificação" (p. 184). A vergonha tende a estar entre as emoções mais difíceis de reconhecer e superar. Enquanto a raiva tem a ver com o que você ou outra pessoa fez, a vergonha tem a ver com *quem você é*.

8. Ver Brian Arao e Kristi Clemens, "From Safe Spaces to Brave Spaces", em L. Landreman, ed., *The Art of Effective Facilitation: Stories and Reflections from Social Justice Educators* (Sterling, VA: Stylus, 2013), pp. 135-50.

9. Um mediador pode ser especialmente útil para ajudar os oponentes a lidar com a vergonha e a humilhação. Essas emoções ficam normalmente ocultas; falar sobre elas pode gerar mais vergonha. Embora as abordagens tradicionais para a resolução de conflitos nos incentivem a "descarregar" nossas emoções, isso pode envergonhar nossa contraparte e danificar os laços; mas a vulnerabilidade inerente ao diálogo direto também pode levar cada lado a sentir vergonha. Assim, em um conflito de forte carga emocional, um mediador pode estabelecer um espaço corajoso e ajudar com segurança os clientes a reconhecerem os mitos e sentimentos de rejeição, alienação e humilhação um do outro. Ver o trabalho do professor James Gilligan (1996) para mais informações sobre o poder da vergonha na escalada de conflitos.

10. Lifton (1979) argumenta que não podemos ir além da perda sem luto. Volkan (1981) propõe que ao promover o luto coletivo, como após um conflito comunitário, os grupos podem criar objetos para vincular as circunstâncias presentes às perdas passadas; monumentos, feriados e outros rituais podem servir a esse propósito.

11. Freud acreditava que tornar consciente o inconsciente é essencial para a cura mental. Em seu artigo "Remembering, Repeating, and Working-Through", ele discute dois caminhos para lidar com lembranças traumáticas: (1) *encenando*, quando inconscientemente lembra-

mos e representamos memórias traumáticas, repetindo padrões de comportamento disfuncionais e (2) *trabalhando* o trauma, ao lembrar conscientemente dele e aceitá-lo. Ver *The Standard Edition of the Complete Psychological Works of Sigmund Freud,* vol. 12, 1950 (publicado originalmente em 1914), pp. 145-56. Em *Luto e melancolia,* Freud argumenta que há duas respostas à perda: (1) *Melancolia* é uma resposta inconsciente à perda, uma fixação patológica no objeto perdido que nos consome emocionalmente, enquanto (2) *Luto* é um processo consciente de lamentar a perda; chegamos a aceitar e nos separar emocionalmente do objeto ou pessoa perdido e reformulamos nossas emoções em outro lugar. Ver *The Standard Edition of the Complete Psychological Works of Sigmund Freud,* vol. 14, 1950 (publicado originalmente em 1917), pp. 237-58.

12. Ver Herman, 1997, e Van der Kolk, 1988.

13. Sou grato a Polly Hamlen, do Programa de Negociação da Faculdade de Direito de Harvard, por suas ideias sobre a conexão entre o ritual e os elementos básicos do nosso planeta.

14. Ver C. S. Lewis, *Letters to Malcolm Chiefly on Prayer: Reflections on the Intimate Dialogue Between Man and God* (Nova York: Harvest Book, 1963), p. 106.

15. Ver Gobodo-Madikizela, 2003, p. 117.

16. O arcebispo sul-africano Desmond Tutu e sua filha, Mpho Tutu, enfatizam que você precisa decidir se quer renovar ou liberar um relacionamento. *Renovar* o relacionamento é perdoar e seguir em frente *dentro* do relacionamento; *liberar* o relacionamento é sair dele. Os autores enfatizam que "a preferência é sempre pela renovação ou reconciliação, exceto nos casos em que a segurança é um problema. [...] Renovar nossos relacionamentos é como colhemos os frutos que o perdão plantou. [...] É possível construir um novo relacionamento, independentemente das realidades do antigo. É até possível renovar um relacionamento nascido da violência" (Tutu e Tutu, 2014, p. 148).

17. O professor Jonathan Cohen (1999) escreveu um excelente artigo sobre as dimensões legais do pedido de desculpas. Ele argumenta que "os advogados deveriam discutir um pedido de desculpas com mais frequência com seus clientes, porque isso frequentemente transformaria *seus clientes* em pessoas melhores. [...] Em muitos casos, os benefícios potenciais do pedido de desculpas são grandes e, quando se toma cuidado na maneira como o pedido é feito — dentro de um mecanismo legal 'seguro', como a mediação, e com atenção a nuances como admitir falhas sem assumir responsabilidade, se uma cobertura de seguro estiver em jogo — os riscos de pedir desculpas são pequenos" (p. 1.068).

18. Enright e Coyle (1988) diferenciam desculpas de perdoar, justificar, esquecer, negar e reconciliar.

Capítulo 13: Crie conexões transversais

1. Ver o vídeo *Five Skills for Getting to Yes* (1996) com Roger Fisher.
2. Esta história deriva de três fontes: (1) conversa pessoal com Roelf Meyer na Tanzânia na Cúpula da África do Fórum Econômico Mundial; (2) sua apresentação no Programa de Negociação da Faculdade de Direito de Harvard em 11 de abril de 2014; e (3) uma entrevista em vídeo do professor Roger Fisher, feita por Cyril Ramaphosa e Roelf Meyer, sobre sua experiência de pesca e seu impacto no processo de negociação para acabar com o apartheid [veja o vídeo de Fisher (ibid.)].
3. Segundo a *hipótese de contato* do professor de Harvard, Gordon Allport (1954, p. 267), apenas reunir dois grupos não é suficiente para melhorar as relações entre eles. A natureza do contato afeta a natureza das relações. Ele observa que o "preconceito (...) pode ser reduzido pelo contato de status igual entre grupos majoritários e minoritários na busca de objetivos comuns. O efeito é bastante aumentado se esse contato for sancionado por apoios institucionais (leis, costumes ou atmosfera local) e se for de um tipo que leve à percepção de interesses e humanidade comuns entre os membros dos dois grupos".
4. Ver Josselson (1992) para um modelo relacionado que conceitua dimensões da conexão humana.
5. A afiliação é uma variável central em jogo. Assim como a inclusão é boa, a exclusão é ruim — e fica registrada nas mesmas áreas do cérebro em que sentimos dor física. Pesquisadores da Universidade da Califórnia examinaram o cérebro de participantes de um estudo por meio de um escâner de ressonância magnética funcional enquanto jogavam um game computadorizado de arremesso de bola. Os participantes pensaram que estavam jogando com outros dois jogadores; mas os dois eram, na verdade, adversários computadorizados. No começo, todos jogavam a bola um para o outro. Então, os dois adversários computadorizados excluíram sistematicamente o participante. Acontece que a exclusão ativou o córtex cingulado anterior dorsal (dACC), uma região central do cérebro que se ativa quando sentimos dor física. Eles descobriram que, mesmo quando os participantes sabiam que o programa de computador estava predefinido para excluí-los, *ainda* se sentiam rejeitados (Eisenberger et al., 2003).

Existem circuitos neurais para mitigar a dor da rejeição. Em um estudo, os pesquisadores administraram Tylenol por três semanas para metade dos participantes enquanto a outra metade recebeu uma pílula de placebo. Nenhum grupo sabia qual pílula estava ingerindo. Todas as noites, os participantes preenchiam um questionário sobre sua experiência sentida de exclusão. No nono dia do estudo, o grupo que tomou Tylenol relatou sentir menos dor social que o grupo placebo. A cada dia que passava, a diferença nos sentimentos de dor social se ampliava. Em um estudo de acompanhamento, os participantes que tomaram Tylenol por três semanas não se sentiram rejeitados em um jogo computadorizado de arremesso de bolas, mesmo quando ninguém jogou a bola em sua direção (DeWall et al., 2010). Esses estudos confirmam o senso comum de que a rejeição dói e que sua dor pode ser aliviada, mas levanta a difícil questão de *como mitigar a dor*. Dizer a duas nações em guerra para simplesmente tomar Tylenol erra o alvo.

6. Alguém pode ignorá-lo como uma maneira de obter vantagem. Uma nação poderosa, por exemplo, pode se recusar a reconhecer politicamente um grupo rebelde, a fim de evitar legitimar esse grupo.

7. Ver Iacoboni, 2009.

8. A professora Tania Singer et al. (2004) realizaram um estudo de referência mostrando o espelhamento da experiência empática e fizeram duas importantes descobertas. Primeiro, se você ou seu parceiro são atingidos, as mesmas partes da matriz de dor do cérebro são ativadas, incluindo o lobo da ínsula bilateral, o córtex cingulado anterior rostral, o tronco encefálico e o cerebelo. Em outras palavras, quando você sente empatia pela dor do seu parceiro, *suas redes neurais se ativam* para que você literalmente sinta a dor dele. Segundo, você não sente a dor do seu parceiro em sua plenitude experiencial. A empatia responde ao *tom afetivo* da dor do seu parceiro, mas normalmente sem a experiência sensorial completa. Você pode sentir a ansiedade do seu parceiro, mas sem um nó no estômago ou aperto no peito. Ver também de Vignemont e Singer, 2006.

Estudos de acompanhamento sugerem que, dentro de uma variedade de condições, a empatia relacionada à dor se estende a um parceiro que você não conhece. Assista ao vídeo de uma agulha picando as costas da mão de um estranho e não é surpreendente que se encolha de dor. Você não pode, no entanto, sentir a dor ou a alegria de todos, pois não haveria espaço emocional em seu cérebro para sentir as próprias emoções. A empatia emocional tende a se ativar naqueles relacionamentos considerados emocionalmente significativos ou principais para você. Para exemplos, ver Morrison et al., (2004).

9. Minha definição de apego é consistente com uma definição clássica fornecida pela psicóloga Mary Ainsworth (Ainsworth e Bell, 1970, p. 50), pioneira na teoria de apego, que definiu apego como "um laço afetivo que uma pessoa ou animal forma entre si e outro específico, um laço que os une no espaço e dura ao longo do tempo". John Bowlby (1969/1982, p. 194), outro pioneiro na teoria do apego, definiu o apego como uma "conexão psicológica duradoura entre os seres humanos".

10. Ver Malcolm X., *The Autobiography of Malcolm X: As Told to Alex Haley* (Nova York: Ballantine Books, 1964), pp. 346-47.

11. Tecnicamente, chamo isso de *memória de um futuro inevitável*, porque os oponentes desejam criar uma imagem mental do futuro tão vívida e tangível que nem podemos imaginar a realidade de um futuro alternativo.

12. Este workshop foi realizado em Sharm El-Sheikh, Egito, em 2008; usei essa mesma abordagem nos workshops seguintes no Oriente Médio.

13. Um benefício importante de conexões transversais é que *cada parte interessada* constrói um investimento emocional no relacionamento. Podemos ver isso como um casamento: o *princípio de menor interesse* sugere que aquele com menos interesse no relacionamento tem mais poder dentro dele. Se os dois lados mantiverem investimentos relativamente iguais no relacionamento, cada um terá um compromisso relativamente igual de permanecer nele (Waller, p. 1938).

14. Srđa Popović compartilhou esta técnica comigo durante uma conversa na Harvard Business School em 29 de novembro de 2012.

15. Matthew Lieberman (2013) descobriu que aos dez anos, nossos cérebros passaram 10 mil horas aprendendo a entender as pessoas e os grupos. Mesmo quando nosso cérebro está em pausa, é provável que pensemos no mundo social.

16. O professor John Gottman (2002, p. 229) cunhou a frase "oferta de conexão".

17. Esta seção sobre ritual baseia-se muito nas ideias em Gottman (2002, p. 229).

18. Ver Allport, 1958.

19. M. Crystal, "The Siege on Bethlehem" (palestra apresentada no Programa de Negociação da Faculdade de Direito de Harvard, Cambridge, MA, 20 de setembro de 2007).

20. O arcebispo Tutu compartilhou essa visão sobre a conexão humana durante a Plenária de Encerramento da Reunião Anual do Fórum Econômico Mundial em Davos, Suíça, em 2012.

Capítulo 14: Reconfigure o relacionamento

1. A situação do Park51 é baseada em fatos. Ficcionalizei partes para mostrar os pontos centrais deste capítulo. Por exemplo, na situação real, o prefeito Bloomberg apoiou o direito do Park51 de manter a localização do centro comunitário e da mesquita. Além disso, no momento da redação deste livro, não havia nenhuma solução definitiva para a situação. Eu não estive envolvido nos processos de negociação em torno do Park51.

2. Nos Estados Unidos, o debate nacional sobre as relações raciais tem sido frequentemente desencadeado por um único episódio de injustiça racial grave, que serve como estímulo para um diálogo mais amplo sobre as questões.

3. O professor Donald Horowitz (1985, pp. 64-65) elucida vários processos de fissão e fusão étnica: amalgamação, incorporação, divisão e proliferação (nos quais grupos produzem grupos adicionais dentro de suas fileiras). Ver também Byman, 2000.

4. A conformidade tem seus custos: algumas pessoas criticaram o presidente Obama por seguir um protocolo equivocado que menosprezava a estatura dos Estados Unidos ("Obama Draws Fire for Bow to Japanese Emperor", 2009).

5. De acordo com William James (1958, p. 165), a conversão ocorre quando você muda um conjunto de ideias periféricas para o seu ser para o "centro habitual da energia pessoal".

6. Alguns métodos para promover relações intergrupos podem parecer sintéticos, mas no final, não são. O multiculturalismo sem um guarda-chuva abrangente de governança e conexão compartilhadas é, sem dúvida, nada mais do que uma charada de síntese. A teoria do caldeirão é indiscutivelmente um método não de síntese, mas de acomodação de todos a uma identidade comum de grupo. A síntese exige que cada tribo preserve sua identidade independente enquanto se afilia a outras tribos por meio de uma identidade de grupo comum, construindo uma comunidade de tribos. Em outras palavras, o objetivo é otimizar tanto a autonomia quanto a afiliação. Para mais informações sobre identidade comum em grupo, ver Gaertner et al., 1993.

7. A psicóloga social Karina Korostelina (2007) descreve como o rei do Marrocos sintetizou identidades conflitantes das tribos árabes istiqlal e berber. Os berberes sofreram exclusão política e social, inclusive de 1956 a 1958, quando o Partido Istiqlal determinou que todos os cargos políticos fossem ocupados por árabes e proibiu as transmissões em língua berbere. O rei Mohammed reconheceu que uma identidade sintetizada era a única maneira de garantir a paz e a segurança. Segundo Korostelina, "o rei de Marrocos inventou o conceito de 'berberes arabizados' e satisfez as preocupações mais importantes dos árabes (como ensinar árabe em todas as escolas) e berberes (reconhecimento de seu partido político) no quadro de uma nação unificada".

O cientista político Donald Horowitz (1985, p. 598) fornece uma variedade de arranjos estruturais para promover a síntese: (1) dispersar o conflito proliferando os pontos de poder, de modo a tirar o calor de um único ponto focal, como dispersar o poder entre as instituições do centro, como no sistema dos EUA; (2) enfatizar diferenças intraétnicas, que desviam a atenção das diferenças interétnicas; (3) criar políticas que incentivem a cooperação interétnica; (4) criar políticas que incentivem o alinhamento de interesses e não a etnia; e (5) reduzir disparidades entre grupos.

8. Ver Dunbar, 2012, e Hong, 2014.
9. Hong, 2014, p. 284.
10. Ibid.
11. Ver Metropolitan Government, 2012.
12. Este resultado não agradou a todos. Uma crítica, por exemplo, foi que a onda sobre a antiga prefeitura era um insulto ao Japão, que havia sofrido recentemente com um tufão (Baseel, 2013).
13. Ver Haslam (2004, p. 128) para um modelo relacionado que descreve soluções baseadas em categorias para conflitos entre grupos.
14. A teoria da identidade social complica a afirmação de Robert Frost de que "boas cercas fazem bons vizinhos". Enquanto as cercas separam, elas também demarcam o *nós* do *eles*, preparando as bases para a comparação social e possível discriminação. Ver Tajfel e Turner, 1979.
15. Ver Pogatchnik, 2008.
16. Outra consideração à separação é o desafio da reintegração. Como, por exemplo, o governo deve remover os muros da paz? A resposta óbvia: "Apenas derrube-os!". Mas esse processo impõe a vontade do governo sobre a das comunidades, que podem não estar prontas para a mudança. Forçar mudanças é arriscar-se a provocar o Efeito das Tribos. Uma abordagem alternativa, apresentada por David Ford, ex-ministro da Justiça da Irlanda do Norte, é derrubar os muros da paz apenas com o consentimento da comunidade. Embora isso possa ser uma abordagem melhor em relação aos sentimentos emocionais locais, também leva tempo, coordenação e recursos.
17. Por exemplo, um estudo de universidades — uma predominantemente branca e outra predominantemente negra — descobriu que o grupo majoritário preferia políticas assimilacionistas, enquanto o grupo minoritário preferia políticas pluralistas (Hehman et al., 2012).
18. Ver Rodriguez-Vila, 2009, p. 27.
19. Ibid.
20. Ver J. Shapiro, *Bill Clinton Endorses Muslim Center Near Ground Zero*, em DNAinfo, 21 de setembro de 2010, http://www.dnainfo.com/new-york/20100921/downtown/bill-clinton-endorses-muslim-center-near-ground-zero.

Capítulo 15: Gerencie a dialética

1. O filósofo Georg Wilhelm Friedrich Hegel creditou a Kant a formação do modelo tese-antítese-síntese; Johann Fichte o refinou e popularizou (Buytendijk, 2010, p. 11).
2. Hegel conceitualizou o propósito da dialética como "estudar as coisas em seu próprio ser e movimento e, assim, demonstrar a finitude das categorias parciais de entendimento" (Hegel, 187, p. 149).
3. O método dialético de Hegel inspirou Karl Marx e Friedrich Engels a criar o "materialismo dialético", uma filosofia da ciência e da natureza fundamental para o sistema comunista da União Soviética. Marx argumentou que a luta dialética entre a burguesia (capitalistas e proprietários de terras) e o proletariado (trabalhadores manuais) produz um ciclo previsível de revoluções. Em outras palavras, as pessoas que ganham todo o dinheiro desfrutam de sua riqueza (tese), enquanto os trabalhadores manuais trabalham fisicamente para obter uma remuneração relativamente pequena (antítese). Os trabalhadores manuais compreensivelmente ficam frustrados e revoltados. À medida que novas elites tomam as rédeas e surgem novas revoltas, o sistema político se aproxima cada vez mais de sua síntese final — o comunismo — uma sociedade sem classes e sem Estado, baseada na propriedade comum e na satisfação baseada na necessidade, não no desejo materialista.
4. A frase "um punhado de contradições" é usada por Anne Frank em *O diário de Anne Frank*.
5. James, 1926, pp. 393-394.
6. Ver Beck, 1999. Ver também Burns, 1980.
7. A mitologia grega inclui três espíritos vingativos, conhecidos em latim como Fúrias: Alecto (cólera eterna), Tisífone (vingança) e Megera (rancor). Segundo Bob Bailey Mucker (2014, p. 16), "os gregos antigos tinham tanto medo de ofendê-las que raramente as mencionavam pelo nome". Em um conflito, essas três experiências relacionais — raiva, vingança e rancor — conduzem a uma grande quantidade de dinâmicas destrutivas.
8. Se sentimos que a outra parte infligiu intencionalmente sofrimento a nós, tendemos a experimentar o desejo de infligir sofrimento a ela pelo menos no mesmo grau em que sentimos que sofremos. Este é o clássico "olho por olho". Para quem está de fora, pode ser difícil entender como a escala de nossa retaliação é apropriada para o que eles podem perceber como algo pequeno. Mas quem está dentro pode ter experimentado a mesma ação como um grande ataque à identidade, justificando a intensa retaliação. Da mesma forma, em *Inferno*, o poeta italiano do século XIV, Dante Alighieri, descreve como, pelos pecados cometidos na Terra, suas almas sofrem punições proporcionais no inferno. Por exemplo, as

almas dos adúlteros, que ele chama de "malfeitores carnais", suportam os fortes ventos de tempestades violentas, uma punição adequada por suas decisões carnais erradas baseadas na luxúria. Na verdade, se nos sentimos vitimados, podemos experimentar um desejo dantesco de que o outro seja punido *contrapasso* — isto é, de uma maneira parecida ou contrastando com o próprio pecado.

9. O conceito de catarse tem uma história intelectual famosa. Aristóteles originalmente o usou como uma metáfora para ilustrar a força emocional por trás de peças trágicas. Dentro de *Romeu e Julieta,* os malfadados amantes cometem suicídio como sacrifício por seu amor, e a catarse aparece quando as famílias dos amantes reconciliam uma luta de longa data. Séculos depois, o médico austríaco Josef Breuer introduziu o conceito de catarse na psicologia. Ele hipnotizou pacientes traumatizados e os encorajou a expressar emoções reprimidas em torno do trauma, alegando que poderia curá-los de seus sintomas. Sigmund Freud (1925), pupilo de Breuer, incorporou a catarse à psicanálise, argumentando que as emoções se acumulam dentro de nós, como o vapor de uma chaleira, pressionando-nos a soltá-las ou "explodir". Isso é conhecido como modelo hidráulico da emoção.

10. Ver De Quervain et al., 2004.

11. Ver Carlsmith et al., 2008. Neste estudo, os participantes que puniram os "parasitas" em um jogo de troca econômica previam que se sentiriam melhor após o ato de vingança, mas, na verdade, se sentiram pior.

12. Ver C. Tavris, *Anger: The Misunderstood Emotion* (Nova York: Touchstone, 1989, rev. ed.).

13. A "teoria da neoassociação cognitiva da raiva e da agressão" ajuda a explicar por que ter pensamentos de raiva o deixa mais irritado. Ver Berkowitz, 1993.

14. Ver Bushman, 2002.

15. Os participantes que bateram no saco enquanto refletiam sobre sua contraparte ofensiva foram mais agressivos do que aqueles que socaram o saco e pensaram em condicionamento físico, embora essa diferença não tenha sido estatisticamente significativa.

16. Se alguém é capaz de compaixão, é capaz de redenção. Há evidências sólidas de que a compaixão é inata; o professor Dacher Keltner (2010) da Universidade da Califórnia em Berkeley propôs que os humanos têm um *instinto compassivo,* o que pode ser observado mesmo em crianças pequenas. As crianças que são pré-linguísticas ou apenas linguísticas "ajudam prontamente outras pessoas a alcançar seus objetivos em uma variedade de situações diferentes" (Warneken; Tomasello, 2006).

17. Ver Batson (1998), que se refere à compaixão como "preocupação empática".

18. P. Valdesolo e D. A. DeSteno. "Synchrony and the Social Tuning of Compassion", *Emotion*, 11 n. 2 (2011): pp. 262-66.
19. Ver Lutz et al., 2008. Esses pesquisadores vincularam a prática regular da LKM, ou seja, o cultivo ritual de emoções positivas em relação ao eu e aos outros por meio da prática contemplativa — ao circuito cerebral associado à empatia e à tomada de perspectiva.
20. Ver Fredrickson et al., 2008. Meditar na compaixão gera maior atividade cerebral em áreas responsáveis pela empatia e movimento planejado, sugerindo que a meditação pode preparar o cérebro *e o corpo* para aliviar o sofrimento dos outros. Ver Lutz et al., 2008.
21. Ver Sharon Salzberg, *Lovingkindness: The Revolutionary Art of Happiness* (Boston, MA: Shambhala, 2002).
22. Uma aliança social representa um acordo mais profundo do que um contrato social. Um contrato social implica um contrato instrumental que define os direitos e as responsabilidades das pessoas. Uma aliança social é um acordo moral, que pode construir relações positivas entre grupos nos quais a confiança foi rompida, seja governo e cidadãos, administração e força de trabalho, ou pais e filhos. O Conselho de Agenda Global sobre Valores do Fórum Econômico Mundial, do qual sou membro, criou uma iniciativa para incentivar os líderes empresariais e governamentais a criar suas próprias alianças sociais para promover a liderança baseada em valores. A construção de uma aliança social o confronta com perguntas difíceis sobre as características definidoras de quem você é e quem quer ser. Os valores não fornecem um caminho preciso a seguir, mas fornecem princípios fundamentais nos quais você pode basear as decisões.
23. Conversa pessoal com Robert Jay Lifton, junho de 2010.
24. Ver Lifton, 2011, pp. 276-77.
25. Baxter e Montgomery (1996) destacam a natureza dialética da autonomia e da dependência, apontando algumas das dinâmicas que aparecem quando um casal sente o desejo de ficar unido e ao mesmo tempo manter alguma autonomia.

Capítulo 16: Promova o espírito de reconciliação

1. Norman Vincent Peale afirmou: "Torne-se um possibilitador. Não importa se as coisas pareçam ou sejam sombrias, levante a cabeça e veja as possibilidades — sempre olhe para elas, pois estão sempre aí". Ver http://www.quotes.net/quote/4490.
2. O possibilitador pode usar a imaginação para o bem ou para o mal. Os nazistas passaram anos aprimorando tecnologias para matar em massa, começando com esquadrões de fuzilamento a curta distância, e depois percebendo a eficiência das câmaras de gás e dos crema-

tórios; o campo de concentração de Auschwitz cremava aproximadamente 4.400 pessoas por dia. Mas também existem inúmeros exemplos de indivíduos que usam sua imaginação para melhorar a condição humana.

3. Michelangelo descreveu o processo de esculpir *Davi* como um esforço para livrar a escultura de seu material supérfluo. Da mesma forma, acredito que o desafio da resolução construtiva de conflitos é ajudar as pessoas a remover o material supérfluo de suas relações para descobrir a humanidade compartilhada.

Bibliografia selecionada

AINSWORTH, M.; BELL, S. "Attachment, Exploration and Separation: Illustrated by the Behavior of One-Year-Olds in a Strange Situation". *Child Development* 41 (1970): 49-67.

ALLPORT, G. *The Nature of Prejudice*. Cambridge, MA: Addison-Wesley, 1954.

ANGRILLI, A.; CHERUBINI, P.; PAVESE, A.; MANFREDINI, S. "The Influence of Affective Factors on Time Perception". *Perception and Psychophysics* 59, nº 6 (1997): 972-82.

ATRAN, S. "Genesis of Suicide Terrorism". *Science* 299 (2003): 1534-39.

_____; AXELROD, R. "Reframing Sacred Values". *Negotiation Journal* 24 (2008): 221-46

_____; DAVIS, R. "Sacred Barriers to Conflict Resolution". *Science* 317 (2007): 1039-40.

BAILEY-MUCKER, B. *Classical Mythology: Little Books About Big Things*. Nova York: Fall River Press, 2014.

BAKAN, D. *The Duality of Human Existence: An Essay on Psychology and Religion*. Chicago: Rand McNally, 1966.

BANTON, M. *Ethnic and Racial Consciousness* 2 ed. Londres: Longman, 1997.

BARON, J. e SPRANCA, M. "Protected Values". *Organizational Behavior and Human Decision Processes* 70, nº 1 (1997): 1-16.

BARTH, F. *Ethnic Groups and Boundaries: The Social Organization of Culture Difference*. Oslo: Universitetsforlaget, 1969.

_____. *Guided and Guarded: German War-Corporal Turns to Mormonism*. Salt Lake City: Barth Associates, 1981.

BARTLETT, F. *Remembering: A Study in Experimental and Social Psychology.* Nova York: Macmillan, 1932.

BASEEL, C. "The Unfortunate Implications of Seoul's Tsunami-Shaped City Hall". *Rocket News* 24, 17 de novembro de 2013.

BATESON, G.; JACKSON, D., HALEY, J. e WEAKLAND, J. "Toward a Theory of Schizophrenia". *Behavioral Science* 1, nº 4 (1956): 251-64.

BATSON, C. "Altruism and Prosocial Behavior." Em *The Handbook of Social Psychology*, editado por Gilbert, D.; Fiske, S. e Lindzey, G., Nova York: McGraw-Hill, 1998, 282-316.

BAUMEISTER, R. e LEARY, M. "The Need to Belong: Desire for Interpersonal Attachments as a Fundamental Human Motivation". Em *Motivational Science: Social and Personality Perspectives*, editado por Higgins, E. e Kruglanski, A., 24-49. Filadélfia: Psychology Press, 2000.

BAXTER, L. e MONTGOMERY B. *Relating: Dialogues and Dialectics.* Nova York: Guilford, 1996.

BAZERMAN, M.; TENBRUNSEL, A. e WADE-BENZONI, K. "When 'Sacred' Issues Are at Stake". *Negotiation Journal* 24, nº 1 (2008).

BECK, A. *Prisoners of Hate: The Cognitive Basis of Anger, Hostility, and Violence.* Nova York: HarperCollins, 1999.

BENJAMIN, L. "Principles of Prediction Using Structural Analysis of Social Behavior". Em *Personality and the Prediction of Behavior*, editado por Zucker, A.; Aranoff, J. e Rubin, J., Nova York: Academic Press, 1984, 121-73.

BERKOWITZ, L. *Aggression: Its Causes, Consequences, and Control.* Nova York: McGraw-Hill, 1993.

BERREBY, D. *Us and Them: Understanding Your Tribal Mind.* Nova York: Little, Brown, 2005.

BILEFSKY, D. "Balkans' Idolatry Delights Movie Fans and Pigeons". *New York Times*, 11 de novembro de 2007.

BLAKE, A. "Dennis Rodman: Kim Jong-Eun Is My 'Friend'". *Washington Post*, 13 de março de 2013.

BLAKESLEE, S. "Cells That Read Minds". *New York Times*, 10 de janeiro de 2006.

BLOOMFIELD, D. *Reconciliation After Violent Conflict: A Handbook.* Estocolmo: International IDEA, 2003.

BOULDING, K. *Stable Peace.* Austin, TX: University of Texas Press, 1978.

BOWLBY, J. *Apego e perda.* Vol. 1, *Apego: A natureza do vínculo.* São Paulo: Martins Fontes, 2002.

_____. *Separação: angústia e raiva*, vol. 2: *Apego: a natureza do vínculo*. São Paulo: Martins Fontes, 2004.

BRADFORD, D. e COHEN, A. *Power Up*. John Wiley & Sons, 1998.

BREWER, J. *Peace Processes: A Sociological Approach*. Cambridge: Polity Press, 2010.

BREWER, M. "Ingroup Identification and Intergroup Conflict: When Does Ingroup Love Become Outgroup Hate?" Em *Social Identity, Intergroup Conflict, and Conflict Reduction*, editado por Ashmore, R.; Jussim, L. e Wilder, D. Oxford: Oxford University Press, 2001, 17-41.

_____. "The Social Self: On Being the Same and Different at the Same Time". *Personality and Social Psychology Bulletin* 17 (1991): 475-82.

BRUBAKER, R. *Ethnicity Without Groups*. Cambridge, MA: Harvard University Press, 2004.

BRUNER, J. *Acts of Meaning*. Cambridge, MA: Harvard University Press, 1990.

_____. *Making Stories: Law, Literature, Life*. Nova York: Farrar, Straus e Giroux, 2002.

BURNS, D. *Antidepressão: A revolucionária terapia do bem-estar*. São Paulo: Cienbook, 2017.

BURROUGHS, E. *The Beasts of Tarzan*. Charlottesville, VA: University of Virginia Library, 1993.

BUSHMAN, B. "Does Venting Anger Feed or Extinguish the Flame? Catharsis, Rumination, Distraction, Anger, and Aggressive Responding". *Personality and Social Psychology Bulletin* 28, nº 6 (2002): 724-31.

BUYTENDIJK, F. *Dealing with Dilemmas: Where Business Analytics Fall Short*. Nova York: John Wiley & Sons, 2010.

BYMAN, D. "Forever Enemies? The Manipulation of Ethnic Identities to End Ethnic Wars". *Security Studies* 9, nº 3 (2000): 149-90.

CAMPBELL, D. "Ethnocentric and Other Altruistic Motives." Em *Nebraska Symposium on Motivation, 1965, Current Theory and Research on Motivation*, vol. 13, editado por Levine, D. Lincoln: University of Nebraska Press, 1965, 283-311.

CAMPBELL, J. e MOYERS, B. *O poder do mito*. São Paulo: Palas Athena, 2014.

CARLSMITH, K.; WILSON, T. e GILBERT, D. "The Paradoxical Consequences of Revenge". *Journal of Personality and Social Psychology* 95 (2008): 1316-24.

CELANI, D. *The Illusion of Love: Why the Battered Woman Returns to Her Abuser*. Nova York: Columbia University Press, 1994.

CHOMSKY, N. *Studies on Semantics in Generative Grammar*. Haia: Mouton, 1972.

COBB, S. "Fostering Coexistence Within Identity-Based Conflicts: Toward a Narrative Approach".em *Imagine Coexistence: Restoring Humanity After Violent Ethnic Conflict*, editado por Chayes, A. San Francisco: Jossey-Bass, 2003, 294-310.

COHEN, J. "Advising Clients to Apologize". *Southern California Law Review* 72, nº 4 (1999), 1009-69.

COLEMAN, E. e WHITE, K. "Stretching the Sacred". Em *Negotiating the Sacred: Blasphemy and Sacrilege in a Multicultural Society*, editado por Coleman, E. e White, K. Canberra: ANU E Press, 2006.

COLEMAN, P. e LOWE, J. "Conflict, Identity, and Resilience: Negotiating Collective Identities Within the Israeli and Palestinian Diasporas". *Conflict Resolution Quarterly* 24, nº 4 (2007): 377-412.

COOK, J. *A Voyage to the Pacific Ocean*. Londres: H. Hughes, 1785.

COOK, V. e NEWSON, M. *Chomsky's Universal Grammar*. 3ª ed. Malden: Wiley-Blackwell, 2007.

COOLEY, C. *Human Nature and the Social Order*. Nova York: Scribner's, 1902.

COSER, L. *The Functions of Social Conflict*. Glencoe, IL: Free Press, 1956.

CROCKETT, M.; CLARK, L.; HAUSER, M. e ROBBINS T. "Serotonin Selectively Influences Moral Judgment and Behavior Through Effects on Harm Aversion". *Proceedings of the National Academy of Sciences* 107, nº 40 (2010): 17433-38.

DALAI Lama. *The Universe in a Single Atom: The Convergence of Science and Spirituality*. Nova York: Morgan Road Books, 2005.

DALY, E. e HUGHES, J. *Reconciliation in Divided Societies: Finding Common Ground*. Filadélfia: University of Pennsylvania Press, 2007.

DAMASIO, A. *O erro de Descartes: Emoção, razão e o cérebro humano*. São Paulo: Edição Econômica, 2012.

_____. "Remembering When". *Scientific American*, 1º de setembro de 2002, 66-73.

DARLEY, J. e BATSON, C. "'From Jerusalem to Jericho': A Study of Situational and Dispositional Variables in Helping Behavior". *Journal of Personality and Social Psychology* 27, nº 1 (1973): 100-108.

DAVIES, P. *The Physics of Time Asymmetry*. Berkeley: University of California Press, 1974.

DECI, E. *The Psychology of Self-Determination*. Lexington, MA: Lexington Books, 1980.

_____, e RYAN, R. "The 'What' and 'Why' of Goal Pursuits: Human Needs and the Self-Determination of Behavior". *Psychological Inquiry* 11, nº 4 (2000): 227-68.

DEHGHANI, M.; ILIEV, R.; SACHDEVA, S.; ATRAN, S.; GINGES, J. e MEDIN, D. "Emerging Sacred Values: Iran's Nuclear Program". *Judgment and Decision Making* 4, nº 7 (2009): 930-33.

DENNETT, D. e KINSBOURNE, M. "Time and the Observer: The Where and When of Consciousness in the Brain". *Behavioral and Brain Sciences* 15, nº 2 (1992): 183-247.

DE QUERVAIN, D.; FISCHBACHER, U.; TREYER, V.; SCHELLHAMMER, M.; SCHNYDER, U.; BUCK, A. e FEHR, E. "The Neural Basis of Altruistic Punishment". *Science* 305 (2004): 1254-58.

DEUTSCH, M. *The Resolution of Conflict: Constructive and Destructive Processes.* New Haven, ct: Yale University Press, 1973.

DE VIGNEMONT, F. e SINGER, T. "The Empathic Brain: How, When and Why?" *Trends in Cognitive Sciences* 10, nº 10 (2006): 435-41.

DE Waal, F. *Chimpanzee Politics: Power and Sex Among Apes.* Londres: Cape, 1982.

DEWALL, C.; MACDONALD, G.; WEBSTER, G.; MASTEN, C.; BAUMEISTER, R.; POWELL, C.; COMBS, D.; SCHURTZ, D.; STILLMAN, T.; TICE, D. e EISENBERGER, N. "Acetaminophen Reduces Social Pain: Behavioral and Neural Evidence". *Psychological Science* 21 (2010): 931-37.

DITZEN, B.; SCHAER, M.; GABRIEL, B.; BODENMANN, G.; EHLERT, U. e HEINRICHS, M. "Intranasal Oxytocin Increases Positive Communication and Reduces Cortisol Levels During Couple Conflict". *Biological Psychiatry* 65, nº 9 (2009): 728-31.

DUNBAR, J. "Seoul City Hall's Metamorphosis Pleases Book Lovers". Korea.net, 25 de outubro de 2012.

DUPRÉ, B. *50 Grande ideias da humanidade que você precisa conhecer.* São Paulo: Planeta, 2016.

DURKHEIM, E. *As formas elementares da vida religiosa.* São Paulo: Martins Fontes, 1996.

EAGLEMAN, D. e PARIYADATH, V. "Is Subjective Duration a Signature of Coding Efficiency?" *Philosophical Transactions of the Royal Society B: Biological Sciences* 364, nº 1525 (2009): 1841-51.

EISENBERGER, N.; LIEBERMAN, M. e WILLIAMS K. "Does Rejection Hurt? An FMRI Study of Social Exclusion". *Science* 302 (2003): 290-92.

ELIADE, M. *O sagrado e o profano: A essência das religiões.* São Paulo: WMF Martins Fontes, 2018.

ENRIGHT, R. e COYLE, C. "Researching the Process Model of Forgiveness Within Psychological Interventions". Em *Dimensions of Forgiveness: Psychological Research and*

Theological Perspectives, editado por Worthington, E. Filadélfia: Templeton Foundation Press, 1988, 139-61.

ENZENSBERGER, H. *Civil Wars: From L.A. to Bosnia*. Nova York: New Press, 1994.

ERIKSON, E. *Identity, Youth, and Crisis*. Nova York: W. W. Norton, 1968.

_____. "The Problem of Ego Identity". *Journal of the American Psychoanalytic Association* 4 (1956): 56-121.

FISHER, R. *Five Skills for Getting to Yes*. Vídeo. 1996. Produzido em associação com o CMI Concord Group, Inc., Wellesley, MA.

_____; Shapiro, D. *Além da razão: A força da emoção na solução de conflitos*. Rio de Janeiro: Alta Books, 2019.

_____; Ury, W. *Como chegar ao Sim: Como negociar acordos sem fazer concessões*. Rio de Janeiro: Sextante, 2018.

FISHER, Ronald. "Commentary on Herbert Kelman's Contribution to Interactive Problem Solving". *Peace and Conflict: Journal of Peace Psychology* 16, nº 4 (2010): 415-23.

FISKE, A. e TETLOCK, P. "Taboo Trade-offs: Reactions to Transactions That Transgress the Spheres of Justice". *Political Psychology* 18, nº 2 (1997): 255-97.

FISKE, S. T. e NEUBERG, S. L. "A Continuum of Impression Formation, from Category-Based to Individuating Processes: Influences of Information and Motivation on Attention and Interpretation". Em *Advances in Experimental Social Psychology*, vol. 23, editado por M. P. Zanna. Nova York: Academic Press, 1990, 1-74.

FOER, J. "How to Win the World Memory Championships". *Discover: Mind & Brain*, 2 de abril de 2006.

FOUCAULT, M. *The Foucault Reader*. Nova York: Pantheon, 1984.

FREDERICKSON, B.; COHN, M.; COFFEY, K.; PEK, J. e FINKEL, S. "Open Hearts Build Lives: Positive Emotions, Induced Through Loving-Kindness Meditation, Build Consequential Personal Resources". *Journal of Personality and Social Psychology* 95, nº 5 (2008): 1045-62.

FREEDMAN, M.; LEARY, T.; Ossorio, A. e Goffey, H. "The Interpersonal Dimension of Personality". *Journal of Personality* 20, nº 2 (1951): 143-61.

FREUD, S. "Negation". *Standard Edition* 19 (1925): 235-39.

_____. "Beyond the Pleasure Principle". *Standard Edition* 18 (1920): 1-64.

_____. "Why War? (Einstein and Freud)". *Standard Edition* 22 (1933): 195-215.

FRIDJA, N. "The Laws of Emotion". *American Psychologist* 43 (1988): 349-58.

FROMM, E. *Escape from Freedom*. Nova York: Farrar & Rinehart, 1941.
FRY, D. *The Human Potential for Peace: An Anthropological Challenge to Assumptions About War and Violence*. Nova York: Oxford University Press, 2006.

GAERTNER, S.; DOVIDIO, J.; ANASTASIO, P.; BACHMAN, B. e RUST, M. "The Common Ingroup Identity Model: Recategorization and the Reduction of Intergroup Bias". *European Review of Social Psychology* 4, nº 1 (1993): 1-26.
GAGNON, V. "Ethnic Nationalism and International Conflict: The Case of Serbia". *International Security* 19, nº 3 (1994): 130-66.
GARDNER, M. "Can Time Go Backward?" *Scientific American*, 1 de janeiro de 1967, pp. 98-108.
GEERTZ, R. "Religion as a Cultural System". Nova York: Fontana Press, 1965.
GIBSON, J. "Do Strong Group Identities Fuel Intolerance? Evidence from the South African Case". *Political Psychology* 27, nº 5 (2006): 665-705.
GILBERT, D. *Stumbling on Happiness*. Nova York: Vintage Books, 2005.
GILLIGAN, C. *In a Different Voice: Psychological Theory and Women's Development*. Cambridge, MA: Harvard University Press, 1982.
GILLIGAN, J. *Violence: Reflections on a National Epidemic*. Nova York: Vintage, 1996.
GINGES, J.; ATRAN, S.; MEDLIN, D. e SHIKAKI, K. "Sacred Bounds on Rational Resolution of Violent Political Conflict". *Proceedings of the National Academy of Sciences* 104, nº 18 (2007): 7357-60.
GLATTHAAR, J. T. *General Lee's Army: From Victory to Collapse*. Nova York: Free Press, 2008.
GOBODO-MADIKIZELA, P. A *Human Being Died That Night: A South African Woman Confronts the Legacy of Apartheid*. Boston: Houghton Mifflin, 2003.
GOTTMAN, J. e DECLAIRE, J. *The Relationship Cure: A 5 Step Guide to Strengthening Your Marriage, Family, and Friendships*. Nova York: Harmony, 2002.
GREENBERG, Jay e MITCHELL, S. *Relações objetais na teoria psicanalítica*. Porto Alegre: Artmed, 2004.
GREENBERG, Jeff, et al. "Evidence for Terror Management Theory II: The Effects of Mortality Salience on Reactions to Those Who Threaten or Bolster the Cultural Worldview". *Journal of Personality and Social Psychology* 58 (1990): 308-18.

HACKETT, S. *Oriental Philosophy: A Westerner's Guide to Eastern Thought*. Madison: University of Wisconsin Press, 1979.

HAMMOND, C. *Time Warped: Unlocking the Mysteries of Time Perception*. Toronto: House of Anansi Press, 2012.

HAN, S., LERNER, J. e ZECKHAUSER, R. "Disgust Promotes Disposal: Souring the Status Quo". Documento de Trabalho de Pesquisa da Harvard Kennedy School, Série RWP10-021 (2010).

HARRIS, S.; SHETH, S. e COHEN, M. "Functional Neuroimaging of Belief, Disbelief, and Uncertainty". *Annals of Neurology* 63, nº 2 (2008): 141-47.

HASLAM, S. *Psychology in Organizations: The Social Identity Approach*, 2ª ed. Nova York: Sage, 2004.

HEGEL, G. *The Logic of Hegel, Translated from the Encyclopaedia of the Philosophical Sciences by William Wallace*. Londres: Oxford University Press, 1817.

HEHMAN, E., GAERTNER, S.; DOVIDIO, J.; MANIA, E.; GUERRA, R.; WILSON, D. e FRIEL, B. "Group Status Drives Majority and Minority Integration Preferences". *Psychological Sciences* 23, nº 1 (2012): 46-52.

HEIDEGGER, M. *Ser e tempo*. São Paulo: Vozes, 2015.

HEIFETZ, R. *Leadership Without Easy Answers*. Cambridge, MA: Harvard University Press, 1994.

HENDRIX, H. e HUNT, H. *Making Marriage Simple: 10 Truths for Changing the Relationship You Have into the One You Want*. Nova York: Crown Archetype, 2013.

HERMAN, J. *Trauma and Recovery*. Nova York: Basic Books, 1992.

HIGGINSON, J. "Rocky to Knock Out Disaster News". *Metro UK*, 7 de fevereiro de 2007.

HIMMLER, K. e MITCHELL, M. *The Himmler Brothers: A German Family History*. Londres: Macmillan, 2007.

HITLER, A. *Mein Kampf*. Munique: Eher Verlag, 1925.

HONG, K. "Soul Spectacle: The City Hall, the Plaza and the Public". Em *City Halls and Civic Materialism: Towards a Global History of Urban Public Space*, editado por Chattopadhyay, S. e White, J., Nova York: Routledge, 2014, 276-95.

HOROWITZ, D. *Ethnic Groups in Conflict*. Berkeley: University of California Press, 1985.

HURLBERT, A. "Learning to See Through the Noise". *Current Biology* 10 (2000): R231-33.

IACOBONI, M. "Imitation, Empathy, and Mirror Neurons". *Annual Review of Psychology* 60 (2009): 653-70.

IGNATIEFF, M. *The Warrior's Honor*. Toronto: Viking, 1997.

JAMES, H. *The Letters of William James*. Boston: Little, Brown, 1926.

JAMES, W. *Talks to Teachers on Psychology: And to Students on Some of Life's Ideals*. Nova York: Henry Holt and Company, 1899.

_____. *The Principles of Psychology*. Nova York: Henry Holt, 1890.

_____. *Psychology, Briefer Course*. Londres: JM Dent & Sons, 1917.

_____. *As variedades da experiência religiosa: Um estudo sobre a natureza humana*. São Paulo: Cultrix, 2017.

_____. "The Sense of Dizziness in Deaf Mutes". *American Journal of Otology* 4 (1882): 239-54.

JENKINS, A.; MACRAE, C. e MITCHELL, J. "Repetition Suppression of Ventromedial Prefrontal Activity During Judgments of Self and Others". *Proceedings of the National Academy of Sciences* 105, nº 11 (2008): 4507-12.

JOHNSON, Allan. *Privilege, Power, and Difference*. 2 ed. Boston: McGraw-Hill, 2006.

JOHNSON, Alan e NISHIDA, S. "Time Perception: Brain Time or Event Time?" *Current Biology* 11 (2001): R427-30 .

JOSSELSON, R. *The Space Between Us: Exploring the Dimensions of Human Relationships*. São Francisco: Jossey-Bass, 1992.

JUNG, C. G. *Arquétipos e o inconsciente coletivo*, 11 ed. São Paulo: Vozes, 2014.

KAUFMAN, S. *Modern Hatreds: The Symbolic Politics of Ethnic War*. Nova York: Cornell University Press, 2001.

KELMAN, H. "Compliance, Identification, and Internalization: Three Processes of Attitude Change". *Journal of Conflict Resolution* 2 (1956): 51-60.

KELTNER, D. *The Compassionate Instinct: The Science of Human Goodness*. Nova York: W. W. Norton, 2010.

KEMPNY, M. e JAWLOWSKA, A., editores. *Identity in Transformation: Postmodernity, Postcommunism, and Globalization*. Westport, ct: Praeger, 2002.

KITRON, D. "Repetition Compulsion and Self-Psychology: Towards a Reconciliation". *International Journal of Psychoanalysis* 84, nº 2 (2003): 427-41.

KOLB, D. e WILLIAMS, J. *The Shadow Negotiation: How Women Can Master the Hidden Agendas That Determine Bargaining Success*. Nova York: Simon & Schuster, 2000.

KONG, L. "Negotiating Conceptions of 'Sacred Space': A Case Study of Religious Buildings in Singapore". *Transactions of the Institute of British Geographers, New Series* 18, nº 3 (1993): 342-58.

KOROSTELINA, K. *Social Identity and Conflict Structures, Dynamics, and Implications*. Nova York: Palgrave Macmillan, 2007.

KOSFELD, M.; Heinrichs, M.; Zak, P.; Fischbacher, U. e Fehr, E. "Oxytocin Increases Trust in Humans". *Nature* 435 (2005): 673-76.

KRISHNAMURTI, J. *The Collected Works of J. Krishnamurti*. Dubuque, IA: Kendall/Hunt, 1991.

KUNDERA, M. *A ignorância*. São Paulo: Cia das Letras, 2015.

LAING, R. *Knots*. Londres: Routledge, 1970.

_____. *The Politics of the Family*. Londres: Tavistock, 1969.

LAITIN, D. "The Ogaadeen Question and Changes in Somali Identity". Em *State Versus Ethnic Claims: African Policy Dilemmas*, editado por Rothchild, D. e Olorunsola, V. Boulder, CO: Westview Press, 1983, 331-49.

LAMBERT, K. e KINSLEY, C. "Disorders of Anxiety: Obsessive-Compulsive Disorder and Tourette's Syndrome". Em *Clinical Neuroscience*, 2 ed. Nova York: Worth, 2010.

LAMOTHE, R. "Sacred Objects as Vital Objects: Transitional Objects Reconsidered". *Journal of Psychology and Theology* 2 (1998): 159-67.

LAPLANCHE, J. e PONTALIS, J.B.. Traduzido por D. Nicholson-Smith. *The Language of Psychoanalysis*. Nova York: W. W. Norton, 1973.

LAX, D. e SEBENIUS, J. *Negociação 3-D: Ferramentas ponderosas para modificar o jogo nas suas negociações*. Porto Alegre: Bookman, 2008.

LEDERACH, J. *Building Peace: Sustainable Reconciliation in Divided Societies*. Washington, DC: United States Institute of Peace Press, 1997.

LERNER J.S.; LI, Y.; VALDESOLO, P. e KASSAM, K. "Emotion and Decision Making". *Annual Review of Psychology* 66 (2015): 799-823.

LEVINE, R. e CAMPBELL, D. *Ethnocentrism: Theories of Conflict, Ethnic Attitudes, and Group Behavior*. Nova York: Wiley, 1971.

LEVS, J. "North Korea: Reality vs. The World According to Dennis Rodman". CNN, 10 de setembro de 2013.

LEWIN, K. "Group Decision and Social Change". Em *Readings in Social Psychology*, editado por Maccoby, E.; Newcomb, E. e Hartley, E., 265-84. Nova York: Holt, 1948.

_____. *Resolving Social Conflicts: Selected Papers on Group Dynamics*. Nova York: Harper, 1948.

LEWIS, H. *Shame and Guilt in Neurosis*. Nova York: International Universities Press, 1971.

LIBERMAN, V.; Samuels, S. e Ross, L. "The Name of the Game: Predictive Power of Reputations Versus Situational Labels in Determining Prisoner's Dilemma Game Moves". *Personality and Social Psychology Bulletin* 30, nº 9 (2004): 1175-85.

LIEBERMAN, M. *Social: Why Our Brains Are Wired to Connect*. Nova York: Crown/Archetype, 2013.

LIFTON, R. *The Broken Connection: On Death and the Continuity of Life*. Nova York: Simon & Schuster, 1979.

_____. Transcrição da entrevista de Bill Moyers na PBS, 17 de setembro de 2001. Disponível em: <http://www.pbs.org/americaresponds/moyers917.html> Acesso em: 22 nov. 2015.

_____. *Witness to an Extreme Century: A Memoir*. Nova York: Free Press, 2011.

LINDNER, E. "Healing the Cycles of Humiliation: How to Attend to the Emotional Aspects of 'Unsolvable' Conflicts and the Use of 'Humiliation Entrepreneurship'". *Peace and Conflict: Journal of Peace Psychology* 8, nº 2 (2002): 125-38.

LOFTUS, E. "Planting Misinformation in the Human Mind: A 30-Year Investigation of the Malleability of Memory". *Learning & Memory* 12 (2005): 361-66.

LORENZ, K. *On Aggression*. Nova York: Harcourt, Brace & World, 1966.

LUTZ, A.; BREFCZYNSKI-LEWIS, J.; JOHNSTONE, T. e DAVIDSON, R. "Regulation of the Neural Circuitry of Emotion by Compassion Meditation: Effects of Meditative Expertise". *Public Library of Science (PLoS) One* 3, nº 3 (2008).

MAALOUF, A. *In the Name of Identity: Violence and the Need to Belong*. Nova York: Arcade, 2001.

MACK, J. "The Enemy System". Em *The Psychodynamics of International Relationships*. vol. I, *Concepts and Theories*, editado por Volkan, V.; Julius, D. e Montville, J. Lexington, MA: DC Heath, 1990.

MAHONEY, A.; PARGAMENT, K.; ANO, G.; LYNN, Q.; MAGYAR, G.; MCCARTHY, S.; PRISTAS, E. e WACHHOTZ, A. "The Devil Made Them Do It? Demonization and the 9/11 Attacks". Artigo apresentado na Reunião Anual da American Psychological Association, Washington, DC: 2002.

_____; JEWELL, T.; SWANK, A.; SCOTT, E.; EMERY, E. e RYE, M. "Marriage and the Spiritual Realm: The Role of Proximal and Distal Religious Constructs in Marital Functioning". *Journal of Family Psychology* 13 (1999): 321-38.

MANDELA, N. Transcrição da entrevista realizada em *Frontline*, PBS, 25 de maio de 1999. Disponível em: <http://www.pbs.org/wgbh/pages/frontline/shows/mandela/etc/script.html> Acesso em: 22 nov. 2015.

MARCIA, J. "Common Processes Underlying Ego Identity, Cognitive/Moral Development, and Individuation". Em *Self, Ego and Identity: Integrative Approaches*, editado por Lapsley, D. e Power, F. Nova York: Springer-Verlag, 1988, 211-66.

MCCALL, G. e SIMMONS, J. *Identities and Interactions*. Nova York: Free Press, 1966.

MCTAGGART, J. "The Unreality of Time". *Mind: A Quarterly Review of Psychology and Philosophy* 17 (1908): 456-73.

MEAD, G. H. *Mind, Self, and Society: From the Perspective of a Social Behaviorist*. Chicago: University of Chicago Press, 1934.

MILAR, K. "William James and the Sixth Sense". *Monitor on Psychology* 43, nº 8 (2012): 22-24.

MINOW, M. *Between Vengeance and Forgiveness: Facing History After Genocide and Mass Violence*. Boston: Beacon Press, 1998.

MLODINOW, L. *Subliminar: como o inconsciente influencia nossas vidas*. São Paulo: Zahar, 2014.

MNOOKIN, R.; PEPPET, S. e TULUMELLO, A. "The Tension Between Empathy and Assertiveness". *Negotiation Journal* 12 (1996): 217-30.

MOCK, D. *More Than Kin and Less Than Kind: The Evolution of Family Conflict*. Cambridge, MA: Belknap Press of Harvard University Press, 2004.

MORENO, J. e MORENO, Z. *Psychodrama*. Nova York: Beacon House, 1946.

MORRISON, I.; LLOYD, D.; DI PELLEGRINO, G. e ROBERTS, N. "Vicarious Responses to Pain in Anterior Cingulate Cortex: Is Empathy a Multisensory Issue?" *Cognitive, Affective, & Behavioral Neuroscience* 4, nº 2 (2004): 270-78.

NEU, J. e VOLKAN, V. "Developing a Methodology for Conflict Prevention: The Case of Estonia". Série de Relatórios Especiais, Programa de Resolução de Conflitos, The Carter Center, 1999.

NIEDERHOFFER, K. e PENNEBAKER, J. W. "Sharing One's Story: On the Benefits of Writing or Talking About an Emotional Experience". Em *Oxford Handbook of Positive Psychology*, 2ª ed., editado por Snyder, C. e Lopez, S. Nova York: Oxford University Press, 2009, 621-32.

NORTHRUP, T. "The Dynamic of Identity in Personal and Social Conflict". Em *Intractable Conflicts and Their Transformation*, editado por L. Kriesberg, S. Thorson, e T. Northrup. Syracuse, NY: Syracuse University Press, 1989, 55-82.

"Obama Draws Fire for Bow to Japanese Emperor." Foxnews.com, 16 de novembro de 2009.

OTTO, R. *The Idea of the Holy*. Oxford: Oxford University Press, 1917.

PACKER, G. "The Lesson of Tal Afar". *New Yorker*, 10 de abril de 2006.

PARGAMENT, K. e MAHONEY, A. "Sacred Matters: Sanctification as a Vital Topic for the Psychology of Religion". Série de artigos de trabalho (02-17), Universidade estadual de Bowling Green, Centro de Pesquisa Demográfica e Familiar, 2002.

PAULHUS, D. e LIM, D. "Arousal and Evaluative Extremity in Social Judgments: A Dynamic Complexity Model". *European Journal of Social Psychology* 24, nº 1 (1994): 89-99

PINKER, S. *Os anjos bons da nossa natureza: Por que a violência diminuiu*. São Paulo: Cia das Letras, 2017.

PIZER, S. "Facing the Nonnegotiable". Em *Building Bridges: The Negotiation of Paradox in Psychoanalysis*. Hillsdale, NJ: Analytic Press, 1998.

POGATCHNIK, S. "Despite Peace, Belfast Walls Are Growing in Size and Number". *USA Today*, 3 de maio de 2008.

PUTNAM, R. "Diplomacy and Domestic Politics: The Logic of Two-Level Games". *International Organization* 42, nº 3 (1988): 427-60.

RADCLIFFE-BROWN, A. *Taboo: The Frazer Lecture 1939*. Cambridge: Cambridge University Press, 1939.

RAZ, J. *A moralidade da liberdade*. Rio de Janeiro: Elsevier, 2011.

RETZINGER, S. e SCHEFF, T. "Emotion, Alienation and Narratives: Resolving Intractable Conflict". *Mediation Quarterly* 18, nº 1 (2000): 71-85.

"Riots Over US Koran 'Desecration'". BBC, 11 de maio de 2005.

RODRIGUEZ-VILA, F. "Why Reconciliation?" *Poder Enterprise*, 1 de março de 2009.

ROSENHAN, D. "On Being Sane in Insane Places". *Science* 179 (1973): 250-58.

ROSS, D. "Transcript of WBGH Interview by Will Lyman", 2002. De WBGH *Frontline*, produzido e dirigido por Dan Setton e Tor Ben Mayor. Disponível em: <http://www.pbs.org/wgbh/pages/frontline/shows/oslo/etc/script.html> Acesso em: 22 nov. 2015.

_____ e NISBETT, R. *The Person and the Situation*. Padstow, Reino Unido: Pinter & Martin, 2011.

ROUHANA, N. "Identity and Power in the Reconciliation of National Conflict". Em *The Social Psychology of Group Identity and Social Conflict: Theory, Application, and Practice*, editado por Eagly, A.; Baron, R. e Hamilton, E. Washington, DC: American Psychological Association, 2004.

RUSSELL, P. "The Compulsion to Repeat". *Smith College Studies in Social Work* 76, n⁰ˢ. 1-2 (2006): 33-49.

_____. "The Role of Paradox in the Repetition Compulsion". Em *Trauma, Repetition, and Affect Regulation: The Work of Paul Russell*, editado por Teicholz, J. e Kriegman, D. Nova York: Other Press, 1998.

_____. "Trauma and the Cognitive Function of Affects". Em *Trauma, Repetition, and Affect Regulation: The Work of Paul Russell*, editado por Teicholz, J. e Kriegman, D. Nova York: Other Press, 1998.

SADAT, A. *In Search of Identity: An Autobiography*. Nova York: Harper & Row, 1978.

SANDER, D.; GRAFMAN, J. e ZALLA, T. "The Human Amygdala: An Evolved System for Relevance Detection". *Reviews in the Neurosciences* 14 (2003): 303-16.

SARTRE, J. e BECKER, G. *Anti-Semite and Jew*. Nova York: Schocken Books, 1965.

SCHACTER, S. "Deviation, Rejection and Communication". *Journal of Abnormal and Social Psychology* 46 (1951): 190-207.

SCHEFF, T. "Shame and Conformity: The Deference-Emotion System". *American Sociological Review* 53, nº 3 (1988): 395-406.

SCHWARTZ, R. *Internal Family Systems Therapy*. Nova York: Guilford Press, 1995.

SCHWARTZ, S. "The Evolution of Eriksonian and Neo-Eriksonian Identity Theory and Research: A Review and Integration". *Identity: An International Journal of Theory and Research* 1, nº 1 (2001): 7-58.

SEBENIUS, J. e CURRAN, D. "'To Hell with the Future, Let's Get On with the Past': George Mitchell in North Ireland". Harvard Business School Case 801-393, 2001; revisado em março de 2008.

_____ e Green, L. "Tommy Koh: Background and Major Accomplishments of the 'Great Negotiator, 2014'". Artigo apresentado na Harvard Business School, 2014.

SEN, A. *Identidade e violência: A ilusão do destino*. São Paulo: Iluminuras, 2016.

"Seoul's New City Hall Opens." *Chosun Ilbo*, 2012. Disponível em: <http://www.pbs.org/wgbh/pages/frontline/shows/oslo/etc/script.html> Acesso em: 22 nov. 2015.

SHAPIRO, D. "Emotions in Negotiation: Peril or Promise?" *Marquette Law Review* 87, n. 737 (2004): 737-45.

_____. "The Greatest Weapons in Iraq". *Harvard Crimson*, 19 de março de 2008.

_____. "Relational Identity Theory: A Systematic Approach for Transforming the Emotional Dimension of Conflict". *American Psychologist* 65, n. 7 (2010): 634-45.

_____ e LIU, V. "Psychology of a Stable Peace". Em *The Psychology of Resolving Global Conflict: From War to Peace*, editado por M. Fitzduff e C. Stout. Westport, CT: Praeger, 2005.

SHAPIRO, J. "Bill Clinton Endorses Muslim Center Near Ground Zero". *DNAinfo*, 21 de setembro de 2010.

SHERIF, M.; HARVEY, O.; WHITE, B.; HOOD, W.; SHERIF, C. e WHITE, J. *Intergroup Conflict and Cooperation: The Robbers Cave Experiment*. Rev. ed. Norman, OK: University Book Exchange, 1961.

SHULL, D. "The Neurobiology of Freud's Repetition Compulsion". *Annals of Modern Psychoanalysis* 2, nº 1 (2003): 21-46.

SIFFRE, M. *Beyond Time*. Nova York: McGraw-Hill, 1964.

SILVERMAN, J. "'Vice' Season Finale on HBO Gives Fresh Look at Dennis Rodman's Meeting with North Korea's Kim Jong-Un". *New York Daily News*, 29 de maio de 2013.

SINGER, T.; SEYMOUR, B.; O'DOHERTY, J.; KAUBE, H.; DOLAN, R. e FRITH, C. "Empathy for Pain Involves the Affective But Not Sensory Components of Pain". *Science* 303 (2004): 1157-62.

SLUZKI, C. "Transformations: A Blueprint for Narrative Changes in Therapy". *Family Process* 31, nº 3 (1992): 217-30.

SOBELMAN, B. "Israel: Officials Find Morocco a Tough Room These Days". *Los Angeles Times*, 31 de outubro de 2010.

STAUB, E. "Individual and Group Selves: Motivation, Morality, and Evolution". Em *The Moral Self*, editado por Noam, G. e Wren, T. Cambridge, MA: MIT Press, 1993.

_____ e PEARLMAN, L. "Healing, Reconciliation, and Forgiving After Genocide and Other Collective Violence". Em *Forgiveness and Reconciliation: Religion, Public Policy, & Conflict Transformation*, editado por Helmick, R. e Petersen, R. Filadélfia: Templeton Foundation Press, 2001.

STETS, J. "Identity Theory". Em *Contemporary Social Psychological Theories*, editado por Burke, P. Stanford, CA: Stanford Social Sciences, 2006.

STEVENS, A. *On Jung*. Londres: Routledge, 1990.

STEWART, F. e BROWN, G. "Motivations for Conflict: Groups and Individuals". Em *Leashing the Dogs of War: Conflict Management in a Divided World*, editado por Crocker, C.; Olser Hampson, F. e Aall, P. Washington, DC: United States Institute of Peace Press, 2007.

STONE, D.; PATTON, B. e HEEN, S. *Conversas difíceis*. Rio de Janeiro: Elsevier, 2004.

STRYKER, S. "Integrating Emotion into Identity Theory". Em *Theory and Research on Human Emotions (Advances in Group Processes)*, vol. 21, editado por Turner, J., 1-23. Emerald Group Publishing Limited, 2004.

TAJFEL, H. *Differentiation Between Social Groups: Studies in the Social Psychology of Intergroup Relations*. Londres: Academic Press, 1978.

_____. "Experiments in Intergroup Discrimination". *Scientific American* 223 (1970): 96-103.

_____ e TURNER, J. "An Integrative Theory of Intergroup Conflict". Em *The Psychology of Intergroup Relations*, editado por Worchel, S. e Austin, W., 33-47. Monterey, CA: Brooks/Cole, 1979.

TEMPOS *modernos*. Filme. 1936. Dirigido por Charlie Chaplin.

TENBRUNSEL, A.; WADE-BENZONI, K.; TOST, L.; MEDVEC, V.; THOMPSON, L. e BAZERMAN, M. "The Reality and Myth of Sacred Issues in Negotiation". *Negotiation and Conflict Management Research* 2, nº 3 (2009): 263-84.

TETLOCK, P. "Thinking the Unthinkable: Sacred Values and Taboo Cognitions". *Trends in Cognitive Science* 7, nº 7 (2003): 320-24.

_____; KRISTEL, O.; ELSON, S.; GREEN, M. e LERNER, J. "The Psychology of the Unthinkable: Taboo Trade-offs, Forbidden Base Rates, and Heretical Counterfactuals". *Journal of Personality and Social Psychology* 785 (2000): 853-70.

TILLICH, P. *Dynamics of Faith*. Nova York: Harper, 1958.

TSURUTA, T. "African Imaginations of Moral Economy: Notes on Indigenous Economic Concepts and Practices in Tanzania". *African Studies Quarterly* 9, nº 1-2 (2006): 103-21.

TURNER, J. *Contemporary Sociological Theory*. Newbury Park, CA: SAGE Publications, 2012.

_____; OAKES, P.; HASLAM, S. e MCGARTY, C. "Self and Collective: Cognition and Social Context". *Personality and Social Psychology Bulletin* 20, nº 5 (1994): 454-63.

TUTU, D. e TUTU, M. *O livro do perdão*. Rio de Janeiro: Valentina, 2014.

TWENGE, J.; CATANESE, K. e BAUMEISTER, R. "Social Exclusion and the Deconstructed State: Time Perception, Meaninglessness, Lethargy, Lack of Emotion, and Self-Awareness". *Journal of Personality and Social Psychology* 85, nº 3 (2003): 409-23.

URY, W. *Supere o não: Como negociar com pessoas difíceis*. São Paulo: Benvirá, 2019.

VAN DER KOLK, B. "The Interaction of Biological and Social Events in the Genesis of the Trauma Response". *Journal of Traumatic Stress* 1 (1988): 273-90.

VOLKAN, V. "Bosnia-Herzegovina: Ancient Fuel of a Modern Inferno". *Mind and Human Interaction* 7 (1996): 110-27.

———. *Chosen Trauma, the Political Ideology of Entitlement and Violence.* Berlim, 2004. Disponível em: <http://www.vamikvolkan.com/Chosen-Trauma%2C-the-Political-Ideology-of-Entitlement-and-Violence.php> Acesso em: 22 nov. 2015.

———. *Killing in the Name of Identity: A Study of Bloody Conflicts.* Charlottesville, va: Pitchstone, 2006.

———. *Linking Objects and Linking Phenomena: A Study of the Forms, Symptoms, Metapsychology, and Therapy of Complicated Mourning.* Nova York: International Universities Press, 1981.

VOLKAN, V. "Psychological Concepts Useful in the Building of Political Foundations Between Nations: Track II Diplomacy". *Journal of the American Psychoanalytic Association* 35, nº 4 (1987): 903-35.

———. "September 11 and Societal Regression". Em *Group Analysis*, 456-83.

———. "The Tree Model: A Comprehensive Psychopolitical Approach to Unofficial Diplomacy and the Reduction of Ethnic Tension". *Mind and Human Interaction* 10 (1999): 142-206.

VROOM, V. e YETTON, P. *Leadership and Decision-Making.* University of Pittsburgh Press, 1976.

WALLER, W. *The Family, a Dynamic Interpretation.* Nova York: Cordon Company, 1938.

WALTON, R. e MCKERSIE, R. *A Behavioral Theory of Labor Negotiations: An Analysis of a Social Interaction System.* Nova York: McGraw-Hill, 1965.

WARNEKEN, F. e TOMASELLO, M. "Altruistic Helping in Human Infants and Young Chimpanzees". *Science* 311, nº 5765 (2006): 1301-3.

WHITE, F. *The Overview Effect: Space Exploration and Human Evolution*, 2ª ed. Reston, VA: AIAA, 1998.

WHITROW, G. *What Is Time?* Londres: Thames & Hudson, 1972.

WIGGINS, J. "Agency and Communion as Conceptual Coordinates for the Understanding and Measurement of Interpersonal Behavior". Em *Thinking Clearly About Psychology: Personality and Psychopathology*, vol. 2, editado por Cicchetti, D. e Grove, W. Minneapolis: University of Minnesota Press, 1991, 89-113.

WILDE, O. e ELLMANN, R. *The Artist as Critic: Critical Writings of Oscar Wilde*. Nova York: Random House, 1969.

WILKINSON, P. e PHILIP, N. *Mythology*. Londres: DK, 2007.

WINNICOTT, D. *What Is Psycho-analysis?* Londres e Hull: A. Brown and Sons, 1952.

WISEMAN, R. *Quirkology: The Curious Science of Everyday Lives*. Londres: Pan Books, 2007.

YALOM, I. *The Theory and Practice of Group Psychotherapy*. Nova York: Basic Books, 1985.

ZAK, P.; KURZBAN, R. e MATZNER, W. "Oxytocin Is Associated with Human Trustworthiness". *Hormones and Behavior* 48 (2005): 522-27.

ZALTMAN, G. e COULTER, R. "Seeing the Voice of the Customer: Metaphor-Based Advertising Research". *Journal of Advertising Research* 35, nº 4 (julho a agosto de 1995): 35-51.

ZANDER, R. e ZANDER, B. *A arte das possibilidades*. São Paulo: Lua de Papel, 2016.

ÍNDICE

abandono, 83-85, 87, 92, 94-96, 100
aceitação, 216, 263-264, 278
   da perda, 216
   de um tabu, 113
   versus mudança, dialética da, 261-262, 265, 279
Acordo de Belfast, 250
Acordos de Oslo, 112
acrescentar uma nova rotina ao repertório, 88, 96-97
afiliação, 42-43, 45-47, 132, 190, 208, 220, 298, 302, 338, 354, 357
   e autonomia, 43, 261, 275-279, 303-307, 311
afinidade venerada, 225, 228-229, 240
afirmação de identidade, 145
África do Sul, 220, 223, 240, 271
agrupar, 164
Ainsworth, Mary, 355
Akihito, imperador do Japão, 248
aliança social, 273, 361
Alice no País das Maravilhas (Carroll), 35

Allport, Gordon, 239, 315-316, 354
alma, 150, 191
altruísmo, 308
ambientes físicos, promover a cooperaçãoem, 73
ambiguidade construtiva, 143
ameaça à identidade, 50, 52
amnésia, 50, 317
   anterógrada, 317
   de fonte, 320
   retrógrada, 317
amolecer o tabu, 114-117, 119, 123
ampliar o sentido de tempo, 75
análise funcional, 323
analogia do barco salva-vidas, 136
anatomia da compulsão à repetição, 82
anatta, 339
ansiedade, 83, 85, 93, 188, 310, 323-324, 333
ansiedade de separação, 227
antítese, 260, 359
apego, 141, 225, 306, 325, 355

apologia, 221
Apologia de Sócrates, A (Platão), 221
Arafat, Yasser, 73
Arao, Brian, 348
Arendt, Hannah, 219
Aristófanes, 116
Aristóteles, 150, 315, 341, 360
armadilhas, 144, 152
arquétipos, 178, 186-188, 195-196, 206, 347-348
   ilustrativos, 202
assimilação, 247, 250-251, 255
associação, tabus sobre, 110
astronautas, ponto de vista, 74
ataque ao sagrado, 53-54, 126-127, 129, 131-133, 137, 145, 264, 313, 332, 335
   construindo conexões transversais e, 223-225
ataques de 11 de Setembro, 254-255, 332, 334
atentados na maratona de Boston, 160
Atran, Scott, 334, 336, 339
autismo e conflito entre grupos, 309
autoconsciência, 293, 352. *Ver também* consciência.
autocrítica, 212, 263
autodeterminação, 304, 307
autoestima, 310
autoimagem, 98, 331
autonomia, 275-277
   definição, 44
   versus afiliação, dialética, 275-277, 279
autorreflexão, 62, 68-69
avaliar o nível atual de conexão, 225
   poder de,
avanço rápido, 75

Averill, James, 351
Axelrod, Robert, 334, 337

Bakan, David, 304, 344
Baker, James, 157
Banton, Michael, 341-342
Baron, Jonathan, 334
barreiras
   à libertação, 85
   à resolução de conflitos, 181
   à conexão, 234
Barth, Fredrik, 302
Bartlett, Frederic, 302
batalha de soma zero, 244
Baxter, Leslie, 361
Bazerman, Max, 134, 335
Benedict, Ruth, 337
Benjamin, Lorna, 304
biologia, mitos enraizados na, 186-187
Blair, Tony, 121-122
blasfêmia, 130
   tabus sobre, 109
Bohm, David, 340
Boulding, Kenneth, 120, 330-331
Bowlby, John, 355
Brahimi, Lakhdar, 271
brave, sigla, 40, 178
Breuer, Josef, 360
Brewer, John, 345
Bruner, Jerome, 346
Buber, Martin, 51
Bucket System, 343
budismo (Buda), 141, 270
Bush, George H. W., 157
Bushman, Brad, 269

campanha política, 74, 110, 155, 159
Campbell, Donald T., 306
Campbell, Joseph, 345, 347, 350
campo de visão, expandir, 68, 73, 75
Carroll, Lewis, *Alice no País das Maravilhas*, 35
catarse, 266-269, 360
catarse fugaz, 268
catedrais no tempo, 133
cenário político, 152-153, 155, 158
central (*Ver* identidade central)
chamado, 191, 206
Chaplin, Charlei, 81-82
Chomsky, Noam, 187
ciclo de discórdia, 85, 88-92, 95, 97, 100, 326
Cinco Pilares da Identidade, 39-40, 132, 246
Cinco Tentações da Mente Tribal, 20, 52-55, 173, 176, 244-245, 253, 264, 291, 312-313
   ataque ao sagrado, 53-54, 126, 129, 131-133, 137, 332
   combater, 52, 55
   gráfico das, 54
   política da identidade, 54
   Matriz Relacional, 54
   compulsão à repetição, 53, 264
   tabus, 53
   vertigem, 53
Clemens, Kristi, 348
Cobb, Sara, 349
coerção (poder coercitivo), 167, 343
coexistência harmoniosa, 244, 247, 249, 253, 256, 312
   no sistema SAS, 245
   visualize cenários para, 247, 249

Cohen, Jonathan, 353
colapso do tempo, 67, 349
Coleman, Peter, 345
comediantes e tabus, 115-116
compaixão, 52, 55, 93, 177, 219, 221, 270-272, 313, 360
comportamento compulsivo, 324
comportamento impulsivo, 324
compromisso, 95, 98, 113, 146, 231-232, 273, 297, 300, 356
   explorar questões tabus sem, 112
compromissos em questões sagradas, 336
compulsão à repetição, 53-54, 81-88, 90-91, 105, 186, 264, 322, 324-327, 330
   enraizada, 87
   e tabus, 105
   libertar-se da, 98-100
   resistente à educação, 86, 325
comunidade de tribos, 238, 357
conexão física, 233-234
conexão humana. *Ver* conexões transversais.
conexões de parentesco, 298
conexões estruturais, 238, 240
conexões pessoais, 114, 235, 237-238
conexões transcendentes, 240
conexões transversais, 54, 224-225, 240, 244, 313, 356
   avaliar o nível atual de, 225
   construir, 223-225, 244, 313
   decidir se está disposto a mudar, 231
   poder das, 224
   visualize melhores relações, 229-230
confidencialidade, 112, 121
   código de, 189, 208
conflito israelense-palestino, 103, 165, 336

Ver também Jerusalém.
conflito na Irlanda do Norte, 121
conflito na Iugoslávia, 65, 150-151, 330
conflito, força fundamental do, 28
conflitos baseados em identidade, 299
conflitos com vários grupos, 164
conflitos de forte carga emocional, 17-19, 23, 29-31, 36, 38-40, 53, 55, 65, 67, 111, 173-176, 179-181, 184, 189, 265, 270, 291, 295-299, 323, 352
conformidade, 248, 357
Confúcio, 47, 209, 307
confusão entre o sagrado e o secular, 129-131
Congresso Nacional Africano (CNA), 223-224
consciência, 65, 113, 133, 155, 293-294, 312, 344
  da identidade, 32, 38
  do cenário político, 152-153, 155, 158
  do sagrado, 132
  dos tabus, 108-109
  dualista, 339
  étnica, 342
  fluxo de, 141
  nirvânica, 339
  numinosa, 332
  relacional, 295, 321
  Ver também autoconsciência
construção social do tabu, 104
consultar, no método ECNI, 163
contextos que promovem a cooperação, 43, 73-74, 267, 297
continuum de conscientização, 155
contornos emocionais do conflito atual, 94
conversão relacional, 176

convicções pessoais sobre o sagrado, 128, 142
controvérsia Park, 51, 243, 245, 251
Cook, James, 103-104, 330
Cooley, Charles Horton, 300, 352
coragem, 95, 117, 189, 212, 236, 270, 330
Coreia do Norte, 110
Coreia do Sul, 248-249
Corpo que cai, Um (filme), 60
córtex cingulado anterior, 44, 354-355
Coser, Lewis, 309
Coyle, Catherine, 353
crenças, 32, 40-41, 48, 111, 265, 301
  como Pilar da Identidade, 39-40
  sistema de, 26
  Ver também crenças sagradas
crenças sagradas, 126, 130-133, 254
criar,
  processos de tomada de decisão inclusivo, 153, 162
  conexões transversais. *Ver* conexões transversais
cuidados, na estrutura *Reach*, 225
culpa, 31-33, 54, 113, 157, 212, 282

Dahlan, Mohammed, 102-103, 105
Dalai Lama, 299, 307, 313, 340
Daly, Erin, 344
Damasio, Antonio, 90, 317
Darwin, Charles, 307-308, 311
Davidson, Richard, 272
Davos, 25
  Exercício das Tribos, 28-33, 45, 175, 283, 287, 297
De Waal, Frans, 153

Debaca, Luis, 329
Deci, Edward, 304, 307
deformações do tempo, 64-65, 316-318
deformações espaciais, 65
desculpas, 71, 138, 178, 219-221, 353
   sinceras, 219, 336
descarga, 268-269
desenhando, mãos (Escher), 37
desgosto, 345
determinação moral, 270, 272
Deutsch, Morton, 312
dialética, 26
   aceitação versus mudança, 262, 264-265
   autonomia versus afiliação, 275-276
   conceito, 260-261
   redenção versus vingança, 266, 274
   relacional, 260
diálogo,
   ciclo construtivo de, 97
   estabelecer "espaço corajoso" para um genuíno, 188-189
   poder do, 269, 340
   resistência ao, 204-205
dilema da árvore de Natal, 249
diminuição da autorreflexão, 62, 68-69
desacelere, 75
dinâmica integrativa, 176-181, 254, 281, 291, 297, 312, 344-346
   princípios de, 178
dinâmica tribal, 28, 308
Dinnar, Samuel "Mooly", 193-194
Diop, Bineta, 166, 343
discussão sobre a colcha, 59-61, 68, 70, 75
disputa de nome entre Grécia e Macedônia, 44
disputa territorial, 275-276

dissonância e jazz, 173
distorções cognitivas, 263
distribuição de recursos, 246, 347
divino, 126
domínio, 30-31, 153, 203, 267, 275, 304
dor,
   crua, 211
   decifre o significado, 213
   entrar na, 212-213
   emocional, 54, 66, 178, 209-210, 214, 217, 254, 351
   testemunhe a, 211
   ver também dor emocional, trabalhar a
dor emocional, trabalhar a, 54, 66, 178, 210-211, 351
dramatização, 106
Dupré, Ben, 338
Durkheim, Émile, 137, 333, 337-338

Eagleman, David, 318, 320
Efeito das Tribos, 12, 20, 49-55, 60-61, 67, 159-160, 207, 291, 299, 307-311, 341
   antagonista, 50
   fechada, 51
   impositiva, 51
   o que aciona, 51
   superar, 52, 283
efeito visão geral, 74
efervescência, 333
Egito, 45, 70-71, 321
ego, 140-141, 294, 310, 300, 310, 314, 327, 340
   força do, 327
   identidade do, 310, 314
Einstein, Albert, 282, 312
Ekman, Paul, 346

elevador, ponto de vista, 75
Eliade, Mircea, 187, 332, 336
Ellis, Albert, 326
emotividade, 190
   exemplos ilustrativos de,
   métodos para resolver a,
emoções,
   e *Homo emoticus,* 30
   negativas, 73, 345, 299
   positivas, 43, 190, 272, 299, 313, 361
   problemáticas, 299
   úteis, 299
empatia (compreensão empática), 226, 232, 270, 304, 309-312, 355
empatia cognitiva, 226
empatia emocional, 226, 355
Engels, Friedrich, 359
Enright, Robert, 353
Enzensberger, Hans Magnus, 309
epigenética, 186
Equador, 145
Erikson, Erik
Escada do Ser, 293-296
Escadas de Influência, 153-154, 165
Escher, M. C., 37, 49
esclarecer como a identidade está em jogo, 19, 39, 192, 283
escuta ativa, 194
esfera anatista, 140-141, 143, 339
Esfera DE (*ver* Esfera da Identidade)
Esfera de Identidade, 131, 140, 335
   adaptar a mensagem à, 140, 142-143
   anatista, 143
   construtivista, 143
   fundamentalista, 143
   quantumista, 143

espaço,
   ampliar o sentido de, 73
   deformações espaciais, 65
   invasões de espaço, 276-277
   ponto de vista de uma nave espacial, 74
   vertigem e percepção de, 65
espaço corajoso, 188-189, 197, 208, 348, 352
espaço seguro, 188-189
   ver também espaços corajosos.
espiritualidade, 190-191
estabelecer uma zona segura, 108, 111-113, 121-122
estabelecer um "espaço corajoso", 188-189, 208, 214, 348, 352
estado de espírito construtivista, 141, 143
estado de não reconhecimento, 316
estado de transe, 64, 68, 70
estado turbulento, 150
estar em relações, 43
estar no mundo, 293, 296, 340
estereótipos (estereotipar), 63
estimativas de tempo, 316
estratégia de negociação. *Ver* negociar o sagrado
estrutura,
   quantumista, 141-142
estrutura *Reach*, 225
   afinidade venerada na, 228-229
   apego, 229
   cuidado, 227, 229
   compreensão empática, 226, 229
   reconhecimento da existência, 226, 229
   visualize melhores relações, 229
estrutural,
   conexão, 233, 238

continuidade, 305
poder, 165-166, 252, 331
   solidariedade, 309
transformação, 178, 181
eterno retorno, 187
excluir, no método ECNI, 163
exemplo de um escritório, 206
Exercício das Tribos,
   em Davos, 28-33, 45, 283, 287, 297
   no Cairo,
expandir o campo de visão, 68, 73-75
experiências,
   emocionalmente significativas, como pilar de identidade, 39-40, 132-133, 147, 246
   sagradas, 133
expressão pessoal, tabus na, 109
externalizar
   o negativo, 77-79

Fairbairn, Ronald, 303
falácia da identidade fixa, 36, 47
fátua, 128, 130-131
fazer um de dois, 46
Femmes Africa Solidarité, 166
fenômeno acordeão, 349
fenômeno do eco, 348
feridas emocionais, 95
figura de autoridade, 40, 72, 120
Fisher, Roger, 12, 190, 297, 354
Fisher, Ronald, 327
Fiske, Susan, 63, 315-316, 328
fixação no negativo, 66, 69
Follett, Mary Parker, 343
fome de atos, 322
força do ego, 327

força fundamental do conflito, 28
Ford, David, 358
formas de conexão,
   estrutural, 233
   física, 233
   pessoal, 233
formular opções para diminuir a divisão, 143
fortalecer conexões, 178, 233, 240-241
fortalecimento de curta duração, 268
fortaleza moral, 273
Foucault, Michel, 341
Fredrickson, Barbara, 272
Freud, Sigmund, 186, 303, 312-313, 322, 325-326, 344, 352-353, 360
Fridja, N. H., 349
Fromm, Erich, 304
Frost, Robert, 358
Fujimori, Alberto, 145
fúrias, 359
fusão corporativa, 47

gatilhos, 88-91
Gilbert, Daniel, 330
Gillespie, John "Dizzy", 173, 176
Gilligan, Carol, 304, 352
glórias escolhidas, 342, 349
Gobodo-Madikizela, Pumla, 218
Goleman, Daniel, 314
Gordon, Mark, 343
Gottman, John, 356
Gowing, Nik, 102-105
Grande Todo, 47
Grécia e Macedônia, disputa de nome, 44
Guanxi, 114, 154
Guerra de classe, 185

Guerra do Iraque, 43, 62
Guerra Fria, 114, 157, 166
Guerra nas estrelas (filme), 55, 77

hábitos, 63, 83, 87, 233, 320, 323
  cuidados com as recaídas, 98
  resistência a mudança e, 320, 322-323
Haldane, J.B.S., 308
Hamlen, Mary "Polly", 353
Hammond, Cláudia, 316, 318
Hawthorne, Nathaniel, 107
Hegel, Georg Wilhelm Friedrich, 260, 263, 359
Heidegger, Martin, 293, 340
Heifetz, Ronnie, 321
Hendrix, Harville, 300
Heráclito de Éfeso, 260
Herman, Judith, 346
hermenêutica, 144, 335, 340
Heschel, Abraham Joshua, 335
hierofania, 336
hipervigilância, 64
hipótese de contato, 354
Hitchcock, Alfred, 60
holocausto, 29, 66, 96, 219, 227
homem-bomba, 140
Homo economicus, 30
Homo emoticus, 30-31
Homo identicus, 31-32
Horowitz, Donald, 357
humilhação, 18, 30, 66, 187, 211-212, 267, 308, 352
Hunt, Helen LaKelly, 300

ideias
  abstratas, 260
  concretas, 260
  negativas, 260
identidade,
  características da, 36-38, 41, 43
  central, 38, 42, 175, 265, 298, 301, 335, 349
  desbloquear o poder da, 32
  dilema da, 345
  do ego, 310, 314
  étnica, 300, 342
  natureza da, 143
  natureza dual da, 36
  negativa, 152, 159-160, 168
  nominal, 302
  positiva, 152, 159-162, 168, 342
  relacional, 38, 159, 188, 194, 215, 255, 298, 302
  semântica, 302
identificação e resistência à mudança, 322, 324
Ignorância, A (Kundera), 307
imagem arquetípica, 196, 347
imaginação mitopoeica, 188
imortalidade simbólica, 139, 338
impacto, no método GCI, 88, 90-91
Implacável Nós, 159, 167-168
Incidente em Marraquexe, 101
Inconsciente,
  coletivo, 347
  emoções dolorosas e, 84, 96
  pessoal, 347
incomensurabilidade constitutiva, 135
indiferença, 227
influência, rede de posições de, 153
influência política, 153, 350
informar, no método ECNI, 163

interesses, 18, 175, 190-192, 208, 297, 299, 307, 354
introspecção criativa, 199-201, 348
　etapas principais de, 188-189
　espaço corajoso para um diálogo genuíno, 188
　identificar o que está em jogo, 188-189
　revelar os mitos e, 178, 188, 196
　revisar os mitos e, 188, 199
invasão de espaço, 276
Irã, 128
Issa, Walid, 144

James, William, 263, 303, 314, 316, 323, 337-338, 345, 357
jazz, 173-174
Jerusalém, 32, 72, 102, 121, 130-131, 139, 321, 336
jogo de dois níveis, 156
julgamento, 230, 263, 265, 315
julgamento de Salomão, 125
Jung, Carl, 186, 188, 198, 347-348
justiça, 266-268, 272-273, 304, 345
justiça desequilibrada, 267
justiça restaurativa, 220

Kabila, Joseph, 166
Kant, Immanuel, 219, 260, 359
Keltner, Dacher, 360
Kim Jong-un, 110, 329
King, Martin Luther, Jr., 229-230
Kinsley, Craig Howard, 310
Kissinger, Henry, 143
Koh, Tommy, 164
Kong, Lily, 337
Korostelina, Karina, 357

Krishnamurti, 282, 351
Kundera, Milan, 307

lado sombrio da Força, 55, 77-78
Laing, R. D., 327, 329
Laitin, David, 300
Lambert, Kelly, 310
lealdades,
　como Pilar da Identidade, 40, 48, 132-133, 147
　sagradas, 133
　tribais, 73
Lederach, John Paul, 345,
Lei dos Direitos Civis, 166, 253
Leis de Jim Crow, 203
Letra escarlate, A (Hawthorne), 107
Lewin, Kurt, 321, 328, 330, 341, 350
Lewis, C. S., 218
Lewis, Helen, 351
libertação, 87, 322
　barreiras para a, 85
　ver também libertar-se da compulsão à repetição
libertar-se,
　da compulsão à repetição, 83, 87, 88, 91, 98, 326
　dos tabus, 108, 117
Lieberman, Matthew, 356
Lifton, Robert Jay, 273-274, 332, 338, 352
linguagem
　do sagrado, 137, 140, 142, 334-335
　do tabu, 329
　sagrada, 137-138
　secular, 137-138
linhagem comum, mito da, 309
Lisístrata (Aristófanes), 116

livrar-se,
 da vertigem, 68, 72, 74, 321
Longfellow, Henry Wadsworth, 346
Luria, Alexander, 313
lutas pelo poder, 252
luto, 214-216, 352-353

Macbeth (Shakespeare), 158
Macedônia, disputa de nome, 44-45, 307
Mágico de Oz, O (filme), 282
Mahuad, Jamil, 145
Malcolm X, 228
mal radical, 219
Mandela, Nelson, 117-118, 224, 330
mapear o cenário político, 152-153, 155
marcadores somáticos, 90, 326
Marceta, Bojan, 330
Martin, Joseph C., 327
Martin, Steve, 226
Marx, Karl, 359
materialismo dialético, 359
Matriz Relacional, 54, 311
Mcmaster, H. R., 43
Mead, Margaret, 301, 337
mediador, 65, 72, 99, 214, 243, 253, 349, 352
meditação da compaixão (LKM), 272, 361
medo, 92-93
 abstratos, 75
 de discutir questões tabu, 106, 108
melancolia, 102, 353
memoriais, celebração de 216
memórias,
 do futuro, 67, 320, 356
 negativas, 66
mentalidade comunitária, 55, 177, 278, 291

 aberta, 177
 compassiva, 177
 cooperativa, 177
mentalidade divisora, 20, 49, 177
 antagonista, 50, 177
 autojustificada, 177
 fechada, 177
mentalidade fundamentalista, 141
metáfora, 78, 138, 198-200, 206-207, 350, 360
 descrever relações conflitantes, 197-198
metaperspectiva, 321
método ECNI, 162-163, 343
método GCI, 88
método zoom, 145-146
métodos convencionais de resolução de conflito, 174
Meyer, Roelf, 223, 354
Michelangelo, 362
Milošević, Slobodan, 150-152, 155, 235
Minow, Martha, 342
Mitchell, George, 232-233
mitos da identidade, 54, 195, 207, 244-245, 346
 recuperar o poder sobre os, 203
 sistema SAS e esclarecimento dos, 245
mito de origem, 335
mito da profecia, 335
mitologia grega, arquétipos ilustrativos, 202, 359
modelo contínuo de formação de impressões, 315
modelos,
 de identidade, 300
 de memórias, 325
 de tomada de decisão, 162

estrutura *Reach*, 225
social inclusivo, 230
modo de conexão,
   estrutural, 233, 238
   físico, 233-234
   pessoal, 233, 237
   ver formas de conexão.
momentos desprotegidos, 99, 327
montanha, criação de uma, 181
Montgomery, Barbara, 361
Moreno, Jacob, 322
motivação humana, 312
   reconhecer as profundezas, 190
mudança,
   decidir se está disposto e pronto para, 281, 358
   de assunto, 72
   resistência à, 263-264, 308-309, 314, 323, 327
   versus aceitação, 262, 264
multiplicidade da identidade, 38
Muro de Berlim, 234

Nacionalismo, 151, 219, 228, 340
narcisismo das pequenas diferenças, 52, 311, 349
natureza da identidade, 143
   ver também identidade central; identidade relacional
navegar por um punhado de contradições, 261
negação, 334, 344
   nos Acordos de Oslo, 112
negativo, fixação no, 66, 69
negociação posicional, 174-175
negociar, no método ECNI, 163

negociar o sagrado, 126, 129, 131, 142
Netanyahu, Benjamin, 73
Neu, Joyce, 199
Neuberg, Steven, 63, 315-316
neurociência, 30, 82, 96, 186, 306
New York Times, The, 122, 330, 334
Nisbett, Richard, 328
nível de conexão, 178, 229
   avaliar o, 225, 228-229, 233
níveis de influência política, 153, 166, 342
nomeando a vertigem, 69
nomeie a dinâmica, 76
Northrup, Terrell, 304, 310
nós contra eles, 18-19, 50, 176, 307
novas rotinas, adicionar ao repertório, 96
Nyerere, Julius, 167, 343-344

Obama, Barack, 160, 248, 357
objetificação do outro, 315
obstáculos, 61, 105
   à negociação do sagrado, 129
ofertas para conexão, 237
olho por olho, 209, 359
ostracismo, 105, 308
Otto, Rudolf, 332
ouvir para aprender, 194
Oxenberg, Richard, 339
oxitocina, 306, 324

Palanca, 154
Panaca, O (filme), 226
Partido Nacional da África do Sul, 117, 223-224
patriotismo, 228
Peale, Norman Vincent, 281, 361
peão político, 152-153

pequenas mudanças fazem grandes diferenças, 89, 282
perdão, 178-179, 209, 217-220
  qualidades únicas do, 217
perguntas para decifrar um significado mais profundo do conflito, 194
Perry, Ruth Sando, 343
Philip, Neil, 350
Pinker, Steven, 312
plano de ação,
  criar, 113, 217
  para tabus, 108, 113
  ver também sistema AAQ.
poder de recompensa, 203-204
poder do mito, 184
poder especialista, 203-204
poder estrutural, 165-166, 252, 331
poder legítimo, 203-204
poder oculto da identidade, 32
poder referente, 203-204
política de identidade, 53, 149-152, 155-156, 254, 264, 332, 341
  armadilhas, 152
  criar um processo de tomada de decisão inclusivo, 153, 162
  definição, 150
  finalidade da, 151
  mapear o cenário político, 153
  protegendo-se da exploração, 153, 164
ponto de vista de uma nave espacial, 74
Popović, Srdj, 235, 356
Popper, Karl, 149
positivo possível, 282
possibilitador, 281, 361
pressões políticas, sintonize-se com, 156-157

primordialismo, 300
principais dimensões da resolução de conflito, 29
princípio de menor interesse, 356
princípio de Schopenhauer, 233
princípio do prazer, 82-83, 303
processo de tomada de decisão, 153, 162, 342
processo de tomada de decisão inclusivo, criar, 153, 162
processo exclusivo de tomada de decisão, 153
Programa Internacional de Negociação de Harvard, 20
proibição e tabu, 104, 113, 327
projeções, 349
propósito no conflito, 70, 76, 79
proteção, tabus e, 104-105
proteger-se de ser explorado, 152-153, 164
proximidade emocional e conexões pessoais, 225, 233, 238
proximidade física, 234
pseudossagrado, 134-135, 335
psicanálise, 82, 344, 360
punição e tabus, 104, 107, 111
Putnam, Robert, 156

quebrar tabus, 107, 116-117
questionamento comparativo, 349
questionamento circular, 349
questões sagradas, 130-131, 142, 146, 336-337

racionalidade, 29-30, 190
Radcliffe-Brown, A., 327
Ramaphosa, Cyril, 223, 354

rancor, 210-211, 218, 359
Raven, B. H., 350
Rawls, John, 347
Raz, Joseph, 135
Reach, estrutura, 225
reafirmação moral, 113, 122
realidade emocional, enquadramento dos mitos, 185-187
rebobinar, 76
recaídas, proteção contra, 98
reconciliação, 197, 217, 220, 224, 227, 259-261
  fomentar o espírito de, 281
reconfigurar o relacionamento, 204, 244, 248, 253, 255, 265
  ver também sistema SAS
reconhecer a perda, 215
reconhecer o tabu, 109, 131
reconhecer o que cada lado considera sagrado, 137, 146, 337
reconhecimento
  da existência, 225-226
  da tentação da compulsão, 95, 327
  de questões tabu, 109, 113
  do que cada lado considera sagrado, 126-128, 130-131, 137, 146
redenção, 270-273
  versus vingança, dialética da, 261, 265-266, 279
redes de influência, 203
redes informais de poder, 155
redes neurais, 226, 325, 355
reformular, questões como sagradas ou seculares, 136
regra comum, 188
Regra de Hamilton, 308

reino animal, arquétipos ilustrativos, 202
rejeição social, 44, 329
relacional, dialética, 260. *Ver também* dialética
relações com os chimpanzés, 153
relações de cooperação, 15, 43, 73, 157, 162, 167, 177, 225
relações familiares, arquétipos ilustrativos, 202
relações harmoniosas, 47, 52, 179, 299
relações políticas, 154, 156, 167
relações xiitas-sunitas, 197
representação emocional, 245
resistência à mudança, 314, 323
resistir ao impulso de repetir os mesmos padrões, 88, 91
resolução colaborativa de problemas, 139, 175
resolução de conflitos, 299, 310, 312, 321, 339
  definição, 29n
  dimensões centrais, 29
  métodos convencionais de, 352
resolução de problemas, 297
Resolution, HMS, 103
resolver, 29
resolver problemas na esfera de identidade de cada lado, 140, 142
respeito ao sagrado, 125-128, 130
resposta a ameaças, 51
restringir comportamentos prejudiciais, 83, 91, 96
retaliação, 209-210, 266-268, 351, 359
Retzinger, Suzanne, 311, 349
revelação, 236
revelar os mitos, 178, 183, 188, 196
revisar os mitos, 199

visualize melhores relações, 200
rituais,
  aceitar a perda, 215-216
  de conexão, 237
  como pilar de identidade, 39-41, 132, 192
  sagrados, 133
  Ver também rituais sagrados
rituais sagrados. *Ver* rituais
rivalidade entre irmãos, 197
Robinson, Peter, 160
Rocky, estátua, 110-111
Rodman, Dennis, 110, 329
Ross, Dennis, 73, 321
Ross, Lee, 328
roteiro de conflito, 62, 65, 70
rotinas, adicionar novas ao repertório, 96
Rushdie, Salman, 128, 130-131, 334
Russell, Paul, 92, 313, 325-327

sabotadores, 157-158
  intencionais, 158
  involuntários, 158
sacrifício, 146, 253, 328, 339, 341
sacudir o relacionamento fora do estado de transe, 70-71, 321
Sadat, Anwar, 70-71, 139, 321
sagrado, 135
  convicções sobre, 128
  definição, 332
  função do, 332
  linguagem do, 137-138, 142
  negociar o, 129, 142, 146
  significado infinito, 127
  significado, intrínseco, 127
  significado inviolável, 127

  terreno comum no, 139
  valores, 136-137, 139, 254
  Ver também Ataque ao sagrado
sagrado sagrado, 135
sala de negociação, criação de, 73
santuários de identidade, 133, 335
Sarkin, Jeremy, 344, 346
Sartre, Jean-Paul, 302
Schachter, Stanley, 329
Scheff, Thomas, 311, 349, 352
Schopenhauer, Arthur, 233
Schwartz, Richard, 311
secular,
  confundimos sagrado e, 129
  separar o sagrado do, 129, 131, 134
  linguagem, 137-138
seleção de parentesco, 308
sensibilizar-se sobre o sagrado, 131, 138
sentido de tempo, 64
  reorientar, 75
sentimentos,
  dolorosos, 96
  identifique, 100
  recuperar o poder sobre, 94
sentimentos extrínsecos, deixar de lado, 94
separar,
  o sagrado do secular, 131, 134
separação, 247, 250, 254-255, 344
sequestro da amígdala, 314-315
ser puro, 294, 296
ser transcendente, 295
Ser, Escada do,
  do mesmo tipo, 298
  em relação, 294, 296
  em relações, 294, 296
  no mundo, 295-296

puro, 294, 296
transcendente, 295
Sérvia, 65-66, 110, 150-151, 297
Sete Elementos da Negociação, 297
Sexwale, Tokyo, 117
Shakespeare, William, 158, 266
Sharm El-Sheikh, 120, 122, 356
Sharon, Ariel, 337
Shereshevskii, S. V., 313
Shull, Denise, 324
Siffre, Michel, 316-317
significado da dor, decifrar, 213
significado infinito do sagrado, 127, 332
significado intrínseco do sagrado, 127
significado inviolável do sagrado, 127
síndrome do enfado, 311
Singer, Tania, 226, 355
síntese, 247-248, 251-252, 255, 260-261, 357
sistema AAQ, 108, 113, 117
sistema SAS, 244-245, 247, 249, 254-256
Sluzki, Carlos, 349
Sócrates, 221
sofrimento, 84, 138, 151, 211-212, 270-271, 326, 346, 349, 359
Spranca, Mark, 334
status, 190, 208, 305-306, 354
Staub, Ervin, 304, 350-351
stereos, 63
Stewart, Frances, 303
Sullivan, Harry Stack, 307
surpresa, poder da, 70
suspensão de julgamento, 230

Tabela de Análise de Tabus, 117-118, 121
Tabelas de Aplicação Pessoal, 123, 147

aceitação versus mudança, 279
autonomia versus afiliação, 279
descrição, 24
e compulsão à repetição, 100
e conexões transversais, 241
e conflitos, 48, 169, 208, 222
e crenças sagradas, 147
e dor emocional do conflito,
e identidade pessoal, 48
e liberar-se da vertigem, 79
e motivações pessoais, 208
e política de identidade, 147
e reformular relacionamentos, 241, 256
e tabus, 123
redenção versus vingança, 279
tabus,
componentes do, 104
construtivos, 119, 331
sobre blasfêmia, 109
obstáculos para lidar com, 105-106, 108
Tabela de Análise de, 118
tipos de, 109-110
troca de, 336
Tajfel, Henri, 39, 234, 303
Tanzânia, 154, 167, 354
tempo da mente, 317, 319-320
tempo do corpo, 316-317
tempo percebido, 316-318, 320
Tempos modernos (filme), 81, 322
tentação da compulsão, 95, 327
Tentações da Mente Tribal. *Ver* Cinco Tentações da Mente Tribal
teoria da identidade relacional, 20, 302-303, 307, 312, 338
teoria da identidade social, 39, 308, 310, 358

teoria do caldeirão, 357
teoria do conflito realístico, 308
teoria dos Sistemas Dinâmicos, 345
teoria da evolução, 307, 335,
terapeuta, 213, 330
terapia cognitivo comportamental, 351
terra sagrada, partilha da, 145
tese, 260, 359
testemunhar a dor, 211-212, 214, 221
Tetlock, Philip, 106, 135-136, 328-329,
   332, 334, 336, 339
Thich Nhat Hanh, 339
Tillich, Paul, 333
Tiwintza, 145
tomar consciência dos sintomas da
   vertigem, 68-69
totem, 355
trabalhar a dor emocional. *Ver* Dor
   emocional, trabalhar a.
transformação emocional, como objetivo da
   dinâmica integrativa, 178, 181
transformação estrutural, como objetivo da
   dinâmica integrativa, 178, 181
transmissão transgeracional de trauma, 66,
   349
Tratado de Maastricht, 239
Tratado de Versalhes, 252
trauma, 325, 346-347, 353, 360
traumas escolhidos, 342, 349
tribos, uso do termo, 26
troca de rotina, 336
troca de tabus, 334, 336-337
troca trágica, 136, 336-337
Tutu, Desmond, 240, 353, 356
Twohy, Mike, 334

ubuntu, 117, 240
Ulisses, 52-53
União Europeia, 239
unidade, 228, 234
unidade transcendente, 173-174, 179-180
unidade de opostos, 260
Ury, William, 12, 321, 344
utani, 154, 342
utilidade,
   e resistência à mudança, 323, 335
   racional, 324

valentão (bullying), 267
valores. *Ver v*alores sagrados.
valores protegidos, 334
valores sagrados, 132-134, 136-137, 139,
   332, 334-337
vergonha, 62, 66, 83, 92-93, 137, 308, 316,
   329, 352
verificar sua mochila, 210-211
   estágio 1: testemunhe a dor, 211
   estágio 2: luto pela perda, 214
   estágio 3: contemplar o perdão, 217
Versos satânicos, Os (Rushdie), 128
vertere, 60
vertigem,
   conceito, 53, 313
   consciência dos sintomas de, 68-69, 79
   distorce a percepção de tempo e espaço,
      60, 64, 68, 313, 317
   e exclusão, 68
   e matriz relacional, 54
   e memórias do futuro, 67
   livrar-se da, 68
   obstáculos para superação da, 61-68
   ponto de vista da, 68

véu de ignorância, 347
vingança versus redenção, dialética, 261, 265-266
visão, expandir o campo de, 68, 73, 75, 321
Volkan, Vamik, 66, 198-199, 309-310, 342, 348
vontade de mudar, 232
vontade emocional, 231
vontade política, 231

wasta, 154
Wheeler, Michael, 346
White, Frank, 74, 337-338
Wiesel, Elie, 227

Wiggins, Jerry, 304, 307
Wilde, Oscar, 76
Wilkinson, Philip, 350
Wiseman, Richard, 318
workshop com refugiados adolescentes, 65
Workshop Sharm El-Sheikh, 120-122, 197

Yalom, Irvin, 330

Zander, Rosamund Stone, 322
Zomlot, Husam, 103
zona segura para questões de tabu, 108, 111-113, 121

Este livro, composto na fonte Fairfield,
foi impresso em papel natural 70g/m² na Corprint.
São Paulo, novembro de 2022.